Basiswissen Softwarearchitektur

Die Autoren

Torsten Posch studierte technische Informatik an der Berufsakademie Ravensburg als Student der DaimlerChrysler Aerospace AG. Er arbeitete mehrere Jahre als Entwickler, Berater und Projektleiter im Umfeld von UML und Objektorientierung. Torsten Posch ist Mitglied der Geschäftsleitung bei method park und lebt in Berlin. Sein Themenschwerpunkt als Berater heute ist Anforderungsmanagement und Softwarearchitektur. Er ist Vorsitzender des iSQI German Software Architecture Board.
Seine E-Mail-Adresse lautet swa@torsten-posch.de.

Dr. **Klaus Birken** studierte Informatik in Erlangen und promovierte über die Parallelisierung numerischer Verfahren an der Universität Stuttgart. Er ist Mitbegründer und langjähriger Geschäftsführer der Protos Software GmbH. Dr. Birken ist Autor zahlreicher Veröffentlichungen und Vortragender auf internationalen Konferenzen, auch zum Thema Softwarearchitektur. Derzeit arbeitet er als Softwarearchitekt bei Harman/Becker Automotive Systems.
Seine E-Mail-Adresse lautet swa@birken.info.

Michael Gerdom studierte Informatik an der Universität Erlangen-Nürnberg. Aus Kundenprojekten hat er mehrere Jahre praktische Erfahrung im Einsatz von objektorientierten Technologien und UML. Zurzeit ist er bei method park im Bereich Beratung und Schulung tätig. Sein aktueller Themenschwerpunkt ist Softwarearchitektur. Er ist Gründungsmitglied des iSQI German Software Architecture Board.
Seine E-Mail-Adresse lautet swa@michael-gerdom.de.

Torsten Posch · Klaus Birken · Michael Gerdom

Basiswissen Softwarearchitektur

Verstehen, entwerfen, bewerten und dokumentieren

 dpunkt.verlag

Lektorat: René Schönfeldt
Copy-Editing: Sandra Gottmann, Bonn
Satz und Herstellung: Verlagsservice Hegele, Dossenheim
Umschlaggestaltung: Helmut Kraus, Düsseldorf
Druck und Bindung: Koninklijke Wöhrmann B.V., Zutphen, Niederlande

Bibliografische Information Der Deutschen Bibliothek

Die Deutsche Bibliothek verzeichnet diese Publikation
in der Deutschen Nationalbibliografie; detaillierte bibliografische Daten
sind im Internet über <http://dnb.ddb.de> abrufbar.

ISBN 3-89864-270-4

1. Auflage 2004
Copyright © 2004 dpunkt.verlag GmbH
Ringstraße 19 b
69115 Heidelberg

Inhalt

Geleitworte

» Das Buch ›Basiswissen Softwarearchitektur‹ vermittelt dem Leser einen sehr guten Überblick über das komplexe Thema. Es beschreibt umfassend und praxisnah und der Leser erhält eine hervorragende Unterstützung für das Seminar ›iSQI Certified Professional for Software Architecture‹. Darüber hinaus ist es hilfreiche und nützliche Literatur für alle, die in der Software-Entwicklung als Projektleiter, Architekt oder Entwickler tätig sind.«

Prof. Dr. Bernd Hindel,
Wissenschaftlicher Leiter des International Software Quality Institure (iSQI)

» Preparing for a role as a software architect is difficult; this book overcomes that difficulty, teaching the required knowledge in a complete yet concise form. With a strong eye to practical use, the authors of this book show how to rapidly and successfully use UML 2.0 for describing application architectures.«

Richard Mark Soley, CEO Object Management Group (OMG)

Vorwort

Klassische Softwareentwicklungsmethoden versagen mit zunehmend komplexer werdender Software, da sie zu einer Kostenexplosion am Ende des Projektes führen bzw. Innovation erschweren, da Altsysteme nur mit sehr großem Aufwand zu erneuern oder zu ersetzen sind. Um dem entgegen zu wirken, ist in der Softwareentwicklung der Trend zu beobachten, dass mehr und mehr Aufwand in die frühen Phasen der Softwareentwicklung investiert wird. Hierzu zählen insbesondere das Anforderungsmanagement und die Softwarearchitektur. Letzteres ist Thema dieses Buches.

Wir – die Autoren dieses Buches – sind seit langem in der Software-entwicklung tätig. Angefangen als Entwickler, später Designer oder Projektleiter, sind wir heute Softwarearchitekten oder Berater für Soft-warearchitekturen. Zusammengefunden haben wir im Rahmen der Ausarbeitung des Lehrplanes für den *iSQI Certified Professional for Software Architecture*, einem Weiterbildungsprogramm zum Soft-warearchitekten, an dem sich Experten aus ganz Deutschland beteili-gen. Im Rahmen dieser Zusammenarbeit ist auch die Idee für dieses Buch entstanden.

Das Buch ist technologieneutral geschrieben und richtet sich somit an alle Softwareentwickler, Designer, Architekten und in wichtigen Teilen auch an Projektleiter. Verschiedene, konkrete Technologien werden zur Veranschaulichung in den Beispielen verwendet. Der Schwerpunkt liegt jedoch auf den Themen, die allen Softwarearchitek-turen gemein sind: angefangen bei der Definition und Bedeutung, über das Vorgehen, den Entwurf, die Dokumentation, die Bewertung, bis hin zu Werkzeugen des Architekten und Produktlinien. Das Buch gibt somit einen umfassenden Überblick aller Themen, die für den Einsatz von Softwarearchitektur in der Praxis notwendig sind. Gleichzeitig stellt es eine gute Vorbereitung für jeden dar, der eine Zertifizierung zum iSQI Certified Professional for Software Architecture anstrebt. Zur Vertiefung spezieller Themen dient weiterführende Literatur.

Neben vielen kleinen Beispielen in den einzelnen Kapiteln enthält das Buch ein eigenes Kapitel mit einer kompletten Fallstudie »Fahr-zeugnavigation«. Diese dient dazu, die wesentlichen Themen des Buches nochmals an einem praktischen Beispiel zusammenzufassen. Wir haben uns bewusst dagegen entschieden, die Fallstudie auf die einzelnen Kapitel zu verteilen, um den Zusammenhang zu gewährleisten.

Von der Bedeutung und dem Nutzen von Softwarearchitekturen sind wir aus eigener, praktischer Erfahrung überzeugt. Mit dem Buch hoffen wir, auch Ihnen die vielseitigen Aspekte um Softwarearchitektur näher zu bringen und Ihnen damit den Einsatz von Softwarearchitekturen in Ihren Projekten zu erleichtern. Über Rückmeldungen, Anregungen, Kritik oder Fragen freuen wir uns. Erreichen können Sie uns über die Webseite zum Buch unter **www.sw-architecture.com**.

Torsten Posch, Berlin
Klaus Birken, Stuttgart
Michael Gerdom, Erlangen
Juli 2004

Danksagung

Der Ausgangspunkt für das vorliegende Buch war unsere Zusammenarbeit mit Frank Hoffmann im Rahmen der Erstellung des Kurses iSQI Certified Professional for Software Architecture. In vielen Arbeitssitzungen sind dort die Ideen entstanden, die später die Initialzündung für dieses Buch darstellten. Frank Hoffmann danken wir gemeinsam herzlich und freuen uns auf weitere Zusammenarbeit in spannenden Projekten.

René Schönfeldt, unser Lektor beim dpunkt.verlag, hat uns stets sehr unterstützt und uns trotz einiger Verwerfungen im Zeitablauf mutig begleitet. Ihm und der anonymen Gutachterriege des dpunkt.verlags danken wir sehr für wertvolle Kommentare und deren Interpretation.

Der solide wirtschaftliche Hintergrund ist nicht unwesentlich bei der Freiheit, sich Hunderte von Arbeitsstunden Zeit zum Schreiben eines Buches zu nehmen. Wir danken unseren Unternehmen, die uns diese Möglichkeiten und Freiheiten gegeben haben durch teilweise massiven Support und Bereitstellung von Infrastruktur.

Auch in das vorliegende Buch sind unzählige Gespräche, Diskussionen und Anregungen eingeflossen. Insbesondere danken wir in diesem Zusammenhang Paul-Roux Wentzel, Thomas Schütz und Torsten Pretzsch.

Der größte Dank gilt unseren Lebenspartnerinnen und Familien, die besonders an vielen Abenden und Wochenenden mit großer Geduld unser Tun beobachteten und unterstützten: Charlotte, Caroline, Julia und Mathis.

Torsten Posch, Berlin
Klaus Birken, Stuttgart
Michael Gerdom, Erlangen
Juli 2004

Hinweise für den Leser

Das Buch ist in drei Teile untergliedert. Teil I enthält ein Kapitel zu den Grundlagen der Softwarearchitektur. Das Kapitel vermittelt dem Leser ein Bild, was zu einer Architektur gehört und welche Bedeutung sie hat. Kapitel 2 beschreibt die Wechselwirkungen zwischen der Organisation des Unternehmens und der Architektur. Im Fokus stehen vor allem die Rolle des Architekten sowie die Interaktion zwischen Projektleiter und Architekt. Teil II beschreibt in Kapitel 3 das Vorgehen bei der Architekturerstellung und in den weiteren Kapiteln einzelne vertiefende Themen. Kapitel 4 befasst sich mit Einflussfaktoren für die Architektur, den resultierenden Risiken und Lösungsstrategien. Kapitel 5 geht detailliert auf das zentrale Thema Entwurf ein und greift die Erkenntnisse aus dem vorherigen Kapitel auf. Kapitel 6 gibt einen Überblick über wichtige Prinzipien bei der Dokumentation und bezieht sich auf die UML 2 als konkrete Notationsform. In Kapitel 7 werden Strategien zur Bewertung einer Architektur vorgestellt. Dabei wird die Architecture Tradeoff Analysis Method (ATAM) als szenariobasierte Bewertungsmethode vorgestellt. Kapitel 8 gibt einen Überblick über das Handwerkszeug eines Architekten. Es werden Methoden und Werkzeuge für den Architekten vorgestellt. Den Abschluss von Teil II bildet eine Fallstudie, die anhand des Beispiels Navigationssoftware die vorher beschriebenen Themen nochmals aufgreift. Im letzten Teil des Buches wird in Kapitel 10 das Thema Produktlinien behandelt. Hier soll gezeigt werden, welche besondere Rolle die Architektur für eine erfolgreiche Umsetzung von Produktfamilien spielt.

Im Weiteren wollen wir einige Empfehlungen zum Lesen der einzelnen Kapitel geben.

Die Kapitel 1–3 vermitteln einen Überblick zum Thema und sollten von jedem gelesen werden. Kapitel 4–8 stellen vertiefende Informationen zu einzelnen Themengebieten bereit und können unabhängig gelesen werden. Auch die Fallstudie in Kapitel 9 kann sowohl parallel zu den anderen Kapiteln als auch einzeln gelesen werden. Das Kapitel kann als Einstieg in das Buch dienen. Der Leser bekommt dann anhand eines praktischen Beispiels einen Überblick zu allen wichtigen Themen. Er kann eventuell nicht alle vollständig einordnen, bekommt aber über entsprechende Querverweise in die Kapitel Hilfestellungen. Das Kapitel kann auch als wiederholender Abschluss gelesen werden.

Kapitel 10, »Produktlinien«, ist ein eigenständiges Thema, das besonders für Architekten von Plattformsoftware und das Management interessant ist.

Abschließend möchten wir noch direkt einige Zielgruppen ansprechen:

- Management, Projektleiter und Qualitätsmanager sollten die Kapitel 1–3 für einen Überblick über das Thema lesen. Die Fallstudie in Kapitel 9 kann dann das Verständnis weiter vertiefen. Außerdem beschreibt Abschnitt 10.1 im Kapitel »Produktlinien« wichtige Aspekte für übergreifende Architekturen.

- Architekten sollten das ganze Buch lesen. Auch Entwicklern empfehlen wir, das ganze Buch zu lesen, um ein umfassendes Verständnis zu bekommen.

- Leser, die leichter anhand konkreter, praktischer Beispiele lernen, sollten mit Kapitel 1 beginnen und sich dann der Fallstudie zuwenden. Mit Hilfe der Querverweise können dann einzelne Kapitel vertieft werden.

Teil I:
Grundlagen und Organisation

1 Grundlagen

Wir sind alle stolz auf die Werkzeugmaschinen, die in den entlegensten
Gebieten der Welt hohes Ansehen genießen. Deutsche Automobile
zählen zu den Prestigeobjekten schlechthin. Aber man muss wissen,
dass z. B. die schwäbische Werkzeugmaschine heute zu 70% ihres
Werts aus Mikroprozessoren und Software besteht. Die neuesten
Autogenerationen, ob aus Wolfsburg, München oder Sindelfingen,
sind in Wahrheit kleine Rechenzentren, die auch fahren können. Auch
der hartnäckigste Computerhasser wird schon sehr bald fünf davon
bedient haben, bevor er aus dem Bad kommt.
Erwin Staudt, Vorsitzender der Geschäftsführung IBM Deutschland.
Stuttgarter Zeitung, 29.09.2002

Warum benötigen wir eine Softwarearchitektur? Was genau ist Softwarearchitektur, und welche Ziele verfolgt sie? Welche Auswirkungen gibt es, wenn wir in unseren Projekten keine explizite Softwarearchitektur haben? Woran erkennen wir eigentlich eine gute Softwarearchitektur?

Im ersten Kapitel dieses Buches wollen wir die grundlegenden Fragen zum Thema Softwarearchitektur klären. Der Leser bekommt ein deutliches Bild davon, was Softwarearchitektur ist, was sie leistet und wie sie uns in unseren Projekten helfen kann, bessere Software zu entwickeln. Somit wird die Basis gelegt, um in den anschließenden Kapiteln die verschiedenen Aspekte von Softwarearchitektur vertiefend zu besprechen.

Das Kapitel ist in drei Abschnitte eingeteilt. Im ersten Abschnitt wird dargestellt, warum Softwarearchitektur benötigt wird und wo ihre Wurzeln liegen. Der zweite Abschnitt führt aus, was exakt Softwarearchitektur ist. Dazu gehört eine Definition, die Ziele, die sie verfolgt, sowie die Faktoren, welche Softwarearchitektur beeinflussen. Der letzte Abschnitt geht nochmals ausdrücklich auf ihre Bedeutung ein und welche Symptome bei fehlender Softwarearchitektur auftreten.

1.1   Warum Softwarearchitektur?

Zunehmend komplexere Software

Unsere heutige Gesellschaft ist in einem hohen Maße abhängig von Software. Der Grad der Abhängigkeit nimmt dabei von Jahr zu Jahr zu. Verstärkt übernehmen Softwaresysteme Aufgaben, welche in vorhergehenden Produktgenerationen noch durch Hardware oder Mechanik gelöst wurden. Kommunikationsbusse ersetzen Verkabelungen und erhöhen den Grad der Vernetzung von Systemen. Displays ermöglichen komplexe grafische Benutzeroberflächen. Hinzu kommt, dass Software aufgrund der rasanten Entwicklung der Elektronik eine enorme Bandbreite an neuer, leistungsfähiger Funktionalität liefern kann.

Gesellschaft und Unternehmen sind heute von Software abhängig.

Fehler in Softwaresystemen können weitreichende, teils verheerende Auswirkungen haben. Dies reicht vom Verlust wichtiger persönlicher Daten über für eine Firma lebensbedrohliche Systemausfälle, bis hin zur Gefährdung zahlreicher Menschenleben. Eine Online-Bank, deren Webportal ausfällt, hat schlagartig alle ihre Filialen geschlossen. Ein Fehler in einem Flugsicherungssystem kann den Tod für viele Menschen bedeuten. Diese kritische Abhängigkeit unserer Gesellschaft von Software verlangt zugleich ein hohes Maß an Verantwortung von der Software-Entwicklungsgemeinde. Im gleichen Atemzug, indem Software der Schlüssel für die Funktionsfähigkeit von Produkten wird, wird sie auch das marktunterscheidende Element. Die Wettbewerbsfähigkeit eines Unternehmens entscheidet sich heute dadurch, ob dieses in der Lage ist, Softwaresysteme effizient und effektiv zu entwickeln. In der Automobilindustrie liegt bereits ein Großteil der Wertschöpfung in den elektronischen Systemen, wie z. B. Navigation oder Fahrsicherheit.

Ziele von Methoden der Softwareentwicklung

Um den stets wachsenden Anforderungen gerecht zu werden, verfolgen die *Methoden zur Softwareentwicklung* vor allem drei wesentliche Ziele: die Verkürzung der Entwicklungszeiten (engl. time to market), die Reduzierung der Wartungs- und Entwicklungskosten sowie die Verbesserung der Qualität von Software. Dieses *Spannungsdreieck* der Softwareentwicklung ist in Abb. 1-1 dargestellt. Neuere Methoden versuchen dies vor allem zu erreichen, indem sie den Grad der Wiederverwendung erhöhen und die Entwicklungsprozesse verbessern. Bekannte Vertreter hierfür sind strukturierte Analyse und Design sowie Objektorientierung. Letztere hat durch das Konzept der Klassen und Vererbung dazu beigetragen, den Grad der Wiederverwendung zu erhöhen und damit das Spannungsdreieck adressiert.

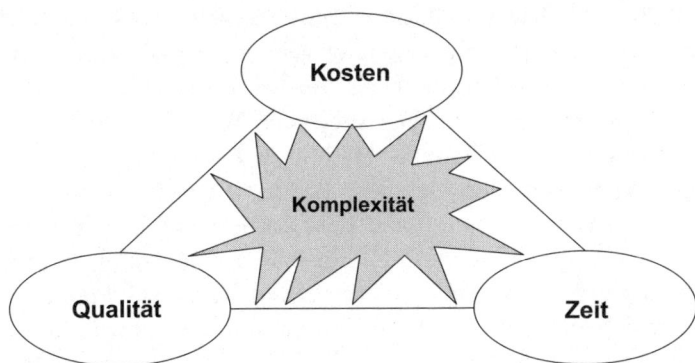

Abb. 1-1 Das Spannungsdreieck der Softwareentwicklung unter dem Druck der steigenden Komplexität ist die treibende Kraft der Methodenentwicklung.

Softwarearchitektur spielt in beiden Bereichen – der Wiederverwendung und der Prozessverbesserung – eine Schlüsselrolle. Sie beschreibt die Strukturen des Systems auf den obersten Abstraktionsebenen in Form von Bausteinen der Software mit deren Beziehungen. Softwarearchitektur entstand aus der Notwendigkeit heraus, immer größere und komplexer werdende Softwaresysteme zu beherrschen. Die gedanklichen Grundlagen zu diesem Gebiet wurden bereits zwischen 1960 und 1980 durch Parnas, Brooks, Dijkstra und andere gelegt. Deren Veröffentlichungen behandelten die Notwendigkeit zur sauberen Einteilung der verschiedenen Strukturen von Softwaresystemen sowie die Wichtigkeit der Partitionierung und Strukturierung von Softwaresystemen. Jedoch erst um 1990 herum, als große Systeme zunehmend die Regel wurden, fand das Thema weitreichende Anerkennung und Aufmerksamkeit in Forschung und Industrie. Erst in neuerer Zeit wurde für diese Thematik der Begriff der Softwarearchitektur geprägt.

Softwarearchitekten sind ausgewiesene Personen in einem Projekt, die die Softwarearchitektur erstellen. Sie sind keine Entwickler – sollten aber, bevor sie zum Architekten wurden, Software entwickelt haben. Den Architekten obliegt die technische Verantwortung in der Softwareentwicklung. Softwarearchitekten sehen sich heute vor der Herausforderung, zunehmend komplexere Software bauen zu müssen und dabei die neuesten Technologien einzusetzen. Gleichzeitig müssen die Produkte bei hoher Qualität immer schneller auf den Markt kommen. Hinzu kommt, dass sich Technologien in einem rasanten Tempo ändern. Im Bereich des Internets hat sich zum Beispiel in nur wenigen Jahren eine komplett neue Art von Softwaresystem entwickelt. Die eingesetzten Technologien entwickelten sich anfangs von einfachen Skriptsprachen, wie HTML, bis zu komplexen Komponententechnolo-

Ursprung von Softwarearchitektur

Herausforderungen eines Softwarearchitekten

gien wie J2EE. In gleichem Maße veränderten sich Strukturen und Mechanismen, nach denen solche Systeme gebaut wurden. Ständig musste Neuland betreten werden. Zugleich wurden die Systeme um ein Vielfaches komplexer: von einfachen statischen Webseiten einzelner Einrichtungen oder Privatpersonen, bis hin zu komplexen dynamischen Online-Portalen von Unternehmen. Neben der Beherrschung dieses Technologiewandels kommt hinzu, dass der Softwarearchitekt ein System so entwerfen muss, dass die heutigen Technologien durch zukünftige ersetzt werden können. Erfolgreiche Softwareprodukte haben die Fähigkeit, sich an die im Laufe der Zeit ändernden Anforderungen anzupassen. Dies gilt für Geschäftsanwendungen ebenso wie für technische Systeme.

Explizite Softwarearchitektur als mächtiges Werkzeug

Softwarearchitektur ist das mächtigste Werkzeug, um diesen gewachsenen Anforderungen standzuhalten. In der heutigen Software-Entwicklungspraxis sind die meisten Softwarearchitekturen jedoch implizit und nur wenige detailliert beschrieben. Softwarearchitektur muss jedoch als treibende Kraft im Mittelpunkt der Entwicklung stehen. Es ist gängige Praxis, erst zu implementieren und dann auszutesten, ob z. B. das System die geforderten Laufzeiten einhält. Softwarearchitektur befähigt Unternehmen bereits vor Implementierungsbeginn, fundierte Aussagen über die *Qualitätsmerkmale* und *Risiken* des Systems wie Laufzeiten, Robustheit oder Änderbarkeit zu treffen.

1.2   Was ist Softwarearchitektur?

Softwarearchitektur ist noch immer eine junge Disziplin. Eine einzelne, allgemein akzeptierte Definition gibt es nicht. In den Veröffentlichungen seit 1998 lässt sich jedoch erkennen, dass zunehmend ein Konsens herausgebildet wird. Hier spielen vor allem die Arbeiten des Software Engineering Institute der Carnegie Mellon Universität (SEI), Siemens Corporate Research sowie einzelner Autoren aus dem universitären und Beratungsbereich eine entscheidende Rolle. Bei unserer Beschreibung, was Softwarearchitektur ist, orientieren wir uns an diesen Arbeiten und bringen sie in einen gemeinsamen Kontext.

1.2.1 Definition von Softwarearchitektur

Aufbau der Definition

Im Folgenden werden wir den Begriff Softwarearchitektur definieren. Die *Definition* setzt sich aus mehreren Bestandteilen zusammen:

- Zeitliche Einordnung in den Entwicklungsprozess

- Festlegung der Aspekte von Software, die durch die Architektur beschrieben werden

- Abstraktionsebenen und Detaillierungsgrad von Softwarearchitektur

- Beantwortung der Frage, was eine gute Softwarearchitektur ist

Zeitliche Einordnung von Softwarearchitektur in die Entwicklungsphasen

Nach Christine Hofmeister [Hofmeister00] bildet Softwarearchitektur die Brücke zwischen Anforderungsanalyse und Implementierung. Als solche kommt sie nach der Definition der Anforderungen und vor dem Feindesign, der Implementierung, Integration und dem Test. Dies ist eine grobe Abfolge der Aktivitäten aufgrund deren anfänglicher Abhängigkeiten zueinander. Reale Softwareentwicklung findet inkrementell in Iterationen statt. In den verschiedenen Iterationen wiederholen sich die Aktivitäten mit unterschiedlichen Schwerpunkten und können sich überlappen.

Brücke zwischen Anforderungen und Implementierung

Abb. 1-2 Die Softwarearchitektur beschreibt die Strukturen des Systems und deren Beziehungen. Damit bildet sie die Brücke zwischen Anforderungen und Implementierung.

Welche Aspekte von Software beschreibt die Architektur?

Len Bass [Bass98] definiert Softwarearchitektur als die Strukturen des Systems, welche die *Architekturbausteine*, deren extern sichtbare Eigenschaften sowie die *Beziehungen* und *Interaktionen* zwischen diesen umfassen. Das *Verhalten* der Architekturbausteine ist Teil der Architektur, insoweit es aus der Sicht eines anderen Architekturbausteins sichtbar ist oder andere beeinflussen kann. Ein wesentlicher Bestandteil von Softwarearchitektur ist somit die Definition der *Schnittstellen*

Definition nach Len Bass: Strukturen, Schnittstellen, Verhalten und Sichten der Architekturbausteine. Dabei bestehen Softwaresysteme nicht nur aus einer einzigen Struktur, sondern aus mehreren. Bei der Dokumentation von Softwarearchitektur werden diese Strukturen durch unterschiedliche *Sichten* (engl. views) dargestellt. Strukturen eines Softwaresystems können unter anderem die statische Struktur, die Prozessstruktur oder die physikalische Struktur sein. Zieht man als Vergleich den Bauplan eines Gebäudes heran, so hat der Maurer eine andere Sicht auf das Gebäude als der Elektriker. Beide interessieren sich vorrangig für unterschiedliche Strukturen des Gebäudes. Ein Gebäude hat noch zahlreiche weitere solcher Strukturen. Auch wenn diese Strukturen sehr unterschiedlich sind, beschreiben sie doch alle zusammen die Architektur des Gebäudes. Welche Strukturen für die Softwarearchitektur jeweils von Bedeutung sind hängt zum Teil von dem zu entwickelnden System ab. Auf Strukturen und deren Sichten wird noch konkreter im Kapitel 6, »Dokumentation«, eingegangen.

Arten von Architekturbausteinen

Ein Softwaresystem ist aus unterschiedlichen Bausteinen aufgebaut, die sich je nach Abstraktionsebene in ihrer Komplexität unterscheiden. Auf der untersten Ebene kann bereits eine Funktion als Baustein bezeichnet werden. Abhängig vom Vorgehen schließt sich daran die Klasse oder das Modul an. Auf Architekturebene sind typische Bausteine Klassenstrukturen, Frameworks, Pakete, Komponenten oder Subsysteme. Häufig wird in Definitionen von Softwarearchitektur anstatt Architekturbaustein der Begriff *Komponente* verwendet. In diesem Zusammenhang ist das Gleiche gemeint. Der Begriff Komponente ist im Rahmen konkreter *Komponententechnologien*, wie J2EE oder .Net, inzwischen jedoch sehr eng festgelegt, so dass er für die Definition von Softwarearchitektur nicht mehr geeignet ist. Komponenten im Sinne von Komponententechnologien können eine Art von Architekturbaustein im Sinne der Definition von Softwarearchitektur sein.

Frühe Designentscheidungen und Softwarearchitekturdesign

Zusammenfassen lässt sich die Definition derart, dass Softwarearchitektur die Zerlegung des Systems in seine Hauptbestandteile auf der obersten Ebene ist. Sie definiert die Architekturbausteine, deren Verantwortlichkeiten, Instanzen, Schnittstellen und wie diese miteinander interagieren. *Softwarearchitekturdesign* ist der zugehörige Designprozess. Softwarearchitektur manifestiert somit die frühesten und wichtigsten Designentscheidungen für das Softwaresystem. Diese haben weitreichende Auswirkungen. Sie bestimmen zu einem Großteil, ob es dem Softwaresystem möglich sein wird, die gestellten Anforderungen zu erfüllen.

Ein Beispiel soll diese enorme Bedeutung der frühen Designentscheidungen verdeutlichen. Die Nachfolgegeneration eines Automobils wird mit einem Display im Cockpit ausgestattet. In diesem sollen Informationen vom Bordcomputer, Radio und Telefon dargestellt werden. In der bestehenden Softwarearchitektur sind diese drei Geräte bereits Architekturbausteine in Form von Subsystemen, die kaum Beziehungen zueinander haben. Die drei Subsysteme werden zudem von unterschiedlichen Zulieferunternehmen realisiert. Der Softwarearchitekt entscheidet sich nun, die grafische Ausgabe auf dem Display jedem Subsystem selbst zu überlassen, indem es direkt auf die Grafikbibliothek zugreifen kann. Um Konflikte zu vermeiden, erhält jedes Gerät seinen eigenen Bereich auf dem Display. Dieses Vorgehen erleichtert die Abstimmung zwischen den Zulieferfirmen und optimiert die ansonsten kritischen Laufzeiten für die Grafikausgabe. Das System funktioniert mit dieser Variante gut. Was jedoch übersehen wurde ist, dass zukünftig noch ein Navigationssystem hinzukommen soll, das ebenfalls auf dem Display dargestellt wird. Alternativ muss zudem ein größeres Display in der Mittelkonsole genutzt werden können. Die bestehende Architektur bereitet für diese Änderungsanforderung gravierende Probleme. Das Navigationssystem benötigt das gesamte Display. Die einzelnen Geräte müssen somit ihr Konkurrenzverhalten untereinander abstimmen. Eine solche Koordination ist bisher nicht möglich, da jedes System autark arbeitet. Ebenso problematisch ist die alternative Ausgabe auf dem größeren Display. Zum einen ist auch hier wieder eine Koordination notwendig, und zum anderen wird eine abweichende Grafikausgabe benötigt. Da die einzelnen Geräte jedoch direkt auf die Grafikbibliothek des kleineren Displays zugreifen, ist dies mit größerem Änderungsaufwand verbunden. Hätte der Architekt die Änderungsanforderung von Beginn an berücksichtigt und die Display-Ausgabe in einen eigenen Architekturbaustein verlagert, mit dem alle beteiligten Geräte kommunizieren, wäre die Realisierung der Änderung um ein Vielfaches einfacher, da nur ein einzelner Architekturbaustein davon betroffen gewesen wäre.

Detaillierungsgrad und Abstraktionsebenen

Wie bereits erwähnt, beschreibt Architektur die Software auf den obersten Abstraktionsebenen. Softwarearchitektur abstrahiert somit und versteckt Details. Sie betrachtet nicht das Innenleben von Architekturbausteinen. Klassen und Algorithmen sind nur dann Bestandteil einer Architektur, wenn sie sich an den Grenzen von Architekturelementen befinden, wenn sie also beschreiben, wie diese untereinander, mit der Außenwelt oder der Ausführungsplattform interagieren [Hofmeister00]. Existiert z. B. ein Baustein, der Dienstleistungen wie Sortieren oder Suchen anbietet, so sind die Sortier- und Suchalgorithmen nicht Architekturbestandteil. Teil der Architektur sind jedoch die

Architektur abstrahiert von Details

Schnittstellen, über welche die Dienstleistungen bedient werden. Dennoch muss Softwarearchitektur genug Informationen beinhalten, um als Basis für Analyse, Bewertung, Entscheidungsfindung, Risikominimierung und Projektmanagement dienen zu können.

Maßstab: Systemgröße, Qualitätsmerkmale und Gewissheit

Welcher *Detaillierungsgrad* soll somit erreicht werden? Jan Bosch [Bosch00] definiert den Detaillierungsgrad einer Softwarearchitektur als Funktion der Größe des Systems, der Qualitätsmerkmale und dem Maß an Gewissheit, das erreicht werden soll. Bei großen Systemen wird es für die Softwarearchitektur nicht möglich sein, in die Herausforderungen einzelner Teile einzudringen. So können Sie nicht die Gesamtarchitektur eines Airbus entwerfen und gleichzeitig die Laufzeiten für die Grafikausgabe der LCD-Displays am Sitzplatz des Passagiers berücksichtigen. Dennoch sind die Qualitätsmerkmale, wie Leistung, Laufzeiten, Sicherheit, Robustheit, Änderbarkeit usw., der wichtigste Faktor, um den Detaillierungsgrad zu bestimmen. Das Ziel von Softwarearchitekturdesign ist es, mit einem ausreichenden Maße an Gewissheit, eine Softwarearchitektur zu entwickeln, die alle Anforderungen inklusive der Qualitätsanforderungen erfüllen kann. Existieren somit Qualitätsanforderungen, die sehr herausfordernd sind, muss Softwarearchitekturdesign in eine beachtliche Detailtiefe gehen, um kritische Teile des Systems zu betrachten. Nehmen wir wieder unseren Airbus. Ausfallsicherheit stellt hier für viele Teile der Software ein Qualitätsmerkmal dar, für welches Sie ein hohes Maß an Gewissheit in der Architektur erreichen müssen. In einem gewissen Maße können Sie die Ausfallsicherheit z. B. durch Redundanz bereits auf der obersten Ebene einbauen. Jedoch ist es hier auch wahrscheinlich, dass Sie einzelne Entscheidungen bis auf Codeebene überprüfen müssen. So können *Architekturvorgaben* für Ausnahmebehandlung oder Speichermanagement gemacht werden, die direkt in Form von Codierungsvorlagen bereitgestellt werden. Eventuell müssen auch Laufzeiten von konkurrierenden Prozessen in Form eines Prototyps überprüft werden, so dass es zu keinem Systemausfall kommen kann.

Detaillierungsgrad variiert je nach Risiko.

Der Detaillierungsgrad muss nicht für die gesamte Architektur gleich sein, sondern kann je nach *Risiko* für einzelne Bereiche variieren. Entscheidend ist es somit sicherzustellen, dass es der Software mit den durch die Softwarearchitektur festgelegten Strukturen und Mechanismen möglich ist, die Anforderungen zu erfüllen. Zu beachten ist, dass dies aber noch keine Garantie dafür ist, dass alle Anforderungen auch wirklich erfüllt werden. Schlechtes Feindesign und schlechte Implementierung können dies ebenso verhindern.

Projektmanagement hat Einfluss auf Detaillierung.

Auch andere *Einflussfaktoren*, wie z. B. solche aus dem Projektmanagement, spielen eine Rolle für den Grad der Detaillierung. Dem

Projektmanager muss es möglich sein, auf Basis der Softwarearchitektur den Projektplan für die Entwicklung und somit die Aufteilung von Arbeitspaketen auf Entwickler und Teams planen zu können. Hierfür benötigt er ein gewisses Maß an Zerlegung.

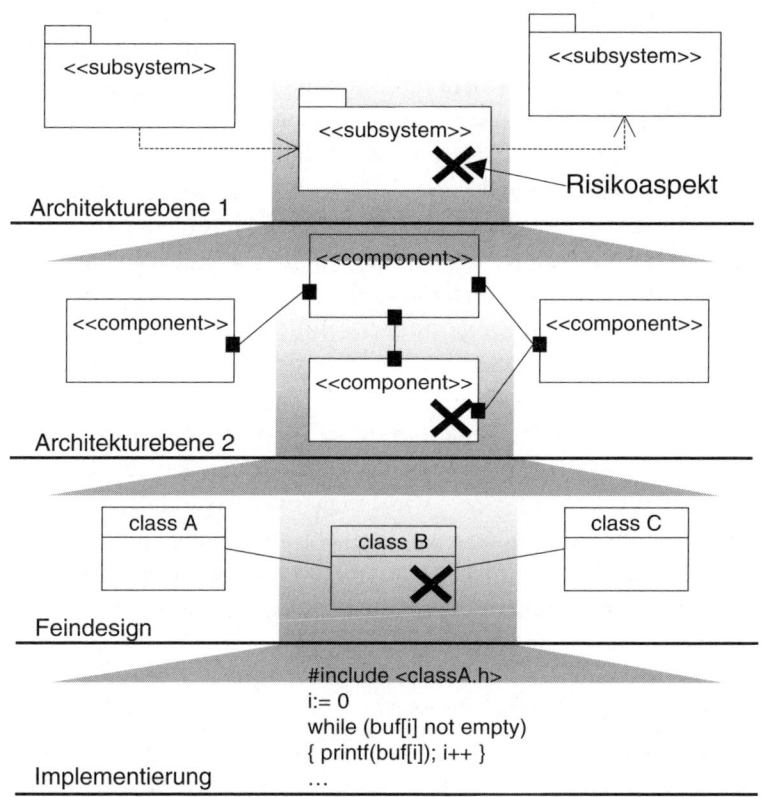

Abb. 1-3   Architektur bewegt sich auf den oberen Ebenen. Einzelne Risikoaspekte müssen in tiefere Ebenen hinein beleuchtet werden.

Zusammenfassend lässt sich sagen, Softwarearchitektur bewegt sich auf der Ebene der Hauptbestandteile von Software – den Architekturbausteinen – und beschreibt deren Schnittstellen, Beziehungen, Verhalten und Instanzen. Sie muss aber auch sicherstellen, dass die Architekturbausteine die von ihnen geforderten Aufgaben und Qualitätsmerkmale erfüllen können. Wenn diese Sicherheit für bestimmte Bereiche nicht gegeben ist, muss dementsprechend intensiver in die Details des Bausteins vorgedrungen werden. Dem Projektmanager muss die Softwarearchitektur die Planung der Arbeitspakete ermöglichen. Alle wei-

Kompakt: Was bestimmt den Detaillierungsgrad?

teren Details gehören in den Aufgabenbereich des Feindesigns und der Implementierung.

Architekturebenen und gewachsene Unternehmen

Für sehr große Systeme existieren nicht nur eine *Architekturebene* und eine Ebene des Feindesigns. Hier haben wir es mit mehreren Hierarchieebenen zu tun. So werden z. B. auf der obersten Ebene Subsysteme, deren Beziehungen, Verhalten und Instanzen definiert. Es handelt sich also laut unserer Definition um eine Architektur. Alles, was darunter liegt, ist aus Sicht dieser Ebene streng genommen Feindesign. Die einzelnen Subsysteme sind jedoch so groß, dass in diesen nochmals eine Ebene mit Subsystemen definiert wird. Aus Sicht dieser Ebene handelt es sich wieder um Architektur. Schritt für Schritt kommen wir der untersten Ebene aus Klassen und Methoden näher. In der Praxis wird es nun kaum möglich sein, von der obersten Ebene so weit ins Detail zu gehen, um sicherzustellen, dass die Subsysteme dieser Ebene ihre Anforderungen garantiert erfüllen können. Hier spielt die Erfahrung, das Wissen des Unternehmens eine entscheidende Rolle. Kein Unternehmen wird ein solches System bauen, ohne entsprechende Erfahrungen auf diesem Gebiet, in dieser Domäne, zu haben. Firmen, die solch große Systeme bauen, sind über lange Zeit gewachsen. Sie haben das entsprechende Wissen, wie deren Architekturen funktionieren. Ist dies nicht der Fall, müssen sie eine sehr aufwändige und teure Entwicklung durchlaufen. Oder können Sie sich als Spezialist für Datenbanken vorstellen, morgen die gesamte Software eines Airbus zu planen und zu bauen?

Was ist eine gute Softwarearchitektur?

Eine gute Architektur ermöglicht es einem speziellen System, seine Anforderungen zu erfüllen!

Um die Definition von Softwarearchitektur abzurunden, stellt sich noch die Frage, was eine gute Softwarearchitektur ist? Was ist die richtige Softwarearchitektur? [Bass98] definiert eine gute Architektur als solche, die es einem System ermöglicht, seine Verhaltens-, Qualitäts-, und Lebenszyklusanforderungen zu erfüllen. Eine schlechte Architektur ist demnach eine, die ein System daran hindert. Es gibt somit keine generell richtige Architektur. Eine Softwarearchitektur ist mehr oder weniger fit für das gegebene Problem. Sie kann im Kontext konkreter Ziele bewertet werden.

Beispiel: Gleiche Funktionalität, zwei verschiedene Architekturen

Als Beispiel soll eine Datenbankanwendung dienen. Über die reine Funktionalität, welche die Datenbank leisten soll, wird schnell Einigkeit zwischen den Beteiligten hergestellt werden können. Der Architekt muss dann auf Basis der geforderten Funktionalität eine Architektur für die Datenbank entwerfen. Wie bei vielen Softwarelösungen kann er aber auch hier in seinen Entwurfsentscheidungen abwägen, ob das System geringere Laufzeiten – also kürzere Zugriffszeiten – oder weniger

Speicher beanspruchen soll. Im ersten Fall mit den schnelleren Zugriffszeiten wird er Daten nach Bedarf mehrfach halten sowie Berechnungen bereits im Vorfeld durchführen und deren Ergebnisse speichern. Dies benötigt Speicherplatz. Im zweiten Fall verzichtet er auf die doppelte Datenhaltung und Vorausberechnung. Dadurch verringert sich der Speicherplatzbedarf. Im gleichen Maße werden längere Zugriffszeiten nötig. Je nach Anwendung der Datenbank kann nun die eine oder andere Architekturlösung die richtige sein. Entscheidend neben den funktionalen Anforderungen sind die zusätzlichen Verhaltens- und Qualitätsanforderungen, die an die Datenbank gestellt werden. Muss sie z. B. nur wenige Daten halten und in einem eingebetteten System, wie einem Mobiltelefon, laufen, so wird man vorsichtiger mit dem Speicherbedarf umgehen. Die Zugriffszeiten sind in diesem Fall weniger kritisch. Eine Architekturlösung, die dies berücksichtigt, wäre somit eine gute Architektur. In einem anderen Fall haben wir eine Datenbank auf einem Server mit verteilten Zugriffen auf sehr viele Daten. Dort werden eher die Zugriffszeiten der kritische Aspekt sein. Speicher spielt auf unserem Server keine Rolle. Eine völlig andere Architekturlösung, wie im ersten Fall, die dies berücksichtigt, ist eine gute Architektur. Umgekehrt, hätten wir für unsere verteilte Datenbank eine wunderschöne, Speicher sparende Architektur entworfen, wäre dies sicherlich mit einer der schlechtesten denkbaren Lösungen geworden. Im Kapitel 4, »Einflussfaktoren«, und Kapitel 7, »Bewertung«, werden wir genauer darauf eingehen, wie Sie eine für Ihr spezielles System gute Softwarearchitektur entwerfen.

Über diese Kriterien hinaus gibt es noch allgemeine Ziele und Aufgaben, die jede Architektur erfüllen muss. Solche allgemeinen Ziele werden im nächsten Abschnitt erläutert. Allgemeine Ziele im Spezielleren sind aber auch Kriterien für einen guten Entwurf oder eine gute Dokumentation. So setzt sich eine gut entworfene Architektur aus wohl definierten Abstraktionsschichten zusammen; und eine gute Dokumentation ist aus Sicht des potenziellen Lesers geschrieben. Wie ich zu einer guten Softwarearchitektur komme, werden wir Schritt für Schritt in den weiteren Kapiteln des Buches genauer beschreiben.

Allgemeine Kriterien für eine gute Architektur

1.2.2 Ziele und Aufgaben von Softwarearchitektur

Was will Softwarearchitektur erreichen? Was muss sie leisten, und wie bringt sie dies zuwege? Um diese Fragen zu beantworten, betrachten wir zunächst vier wesentliche Ziele, die eine Softwarearchitektur verfolgt:

Vier Ziele der Softwarearchitektur

- Das Entwicklungsprojekt effizienter gestalten.

- Risiken minimieren durch frühes Berücksichtigen der Einflussfaktoren.

- Verständnis schaffen bei allen Beteiligten.

- Kernwissen über das System konservieren.

Effizientere Entwicklung   Wie kann Softwarearchitektur die Effizienz des Entwicklungsprojekts steigern? Indem sie an drei Punkten ansetzt. Punkt eins ist, dass Softwarearchitektur das Rückgrat eines jeden *iterativ inkrementellen Entwicklungsprozesses* darstellt. Ohne sie ist es nicht möglich, eine Software wirtschaftlich, inkrementell zu entwickeln. Sie stellt den notwendigen *Integrationsrahmen*, indem die Software heranwachsen kann [Kruchten00]. Stellen Sie sich vor, ein System inkrementell entwickeln zu wollen, ohne das Ganze schon angedacht zu haben. Dies würde bedeuten, dass mit jeder neuen Anforderung, die inkrementell eingebaut wird, die Architektur zurecht gebogen werden muss. Ab einer bestimmten Systemgröße würden Sie unendlich viel Zeit für die Überarbeitung benötigen. Der zweite Punkt ist, dass Softwarearchitektur die Grundlage der Projektplanung und des Projektmanagements bildet. Insbesondere ist sie die Basis für Projektorganisation. Den Architekturbausteinen können Teams zugeordnet werden und den Teams wiederum Arbeitspakete. Mit Hilfe der Softwarearchitektur ist es dem Projektleiter möglich, sein Projekt aktiv zu führen, da sie ihm die essenziellen Informationen liefert. Da Architektur abstrahiert, gibt sie dem Projektmanager Einblick in die Entwicklung auf dem von ihm benötigten Abstraktionsniveau. Dies erleichtert es festzustellen, in welchen Bereichen technische oder zeitliche Probleme auftreten, so dass entsprechende Gegenmaßnahmen eingeleitet werden können. Zudem ist die Architektur das Artefakt, auf dessen Basis Änderungen verhandelt und gemanagt werden können. Der dritte wesentliche Punkt ist, dass Softwarearchitektur das Fundament bildet, das effektives, unabhängiges, verteiltes Arbeiten der Entwicklungsteams ermöglicht. Softwarearchitektur definiert Struktur, deren Beziehungen, Verhalten und Schnittstellen. Entwicklungsteams werden auf Basis dieser Struktur zusammengestellt. Softwarearchitektur enthält alle Informationen, damit diese Teams unabhängig voneinander in ihren Bereichen arbeiten können. Softwarearchitektur ist der Rahmen für die Implementierung.

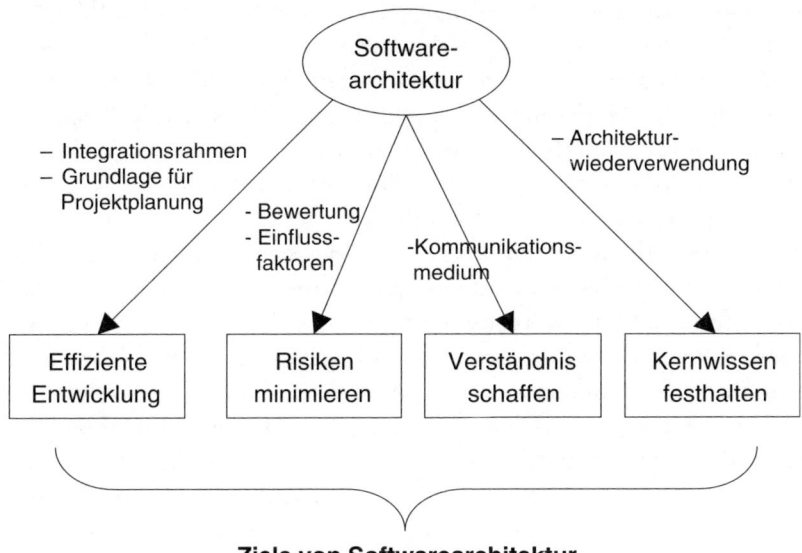

Ziele von Softwarearchitektur

Abb. 1-4   Softwarearchitektur verfolgt vier Ziele. Die wesentlichen Aspekte hinter den Zielen sind an den Pfeilen notiert.

Das zweite Ziel von Softwarearchitektur ist es, *Risiken* der Entwicklung zu minimieren. Dies erreicht sie, indem Einflussfaktoren früh berücksichtigt werden. Einflussfaktoren sind Anforderungen, Umstände oder Tatsachen, die den Entwurf der Architektur maßgeblich beeinflussen. Arten von Einflussfaktoren sind z. B. Qualitätsanforderungen wie Sicherheit oder auch Managementanforderungen wie Zeit- und Kostenvorgaben. Softwarearchitekturdesign richtet sich nach diesen Einflussfaktoren. Das heißt, es werden bewusst Entscheidungen getroffen, welche die Einflussfaktoren berücksichtigen. Denken Sie an unser Datenbankbeispiel aus dem vorherigen Abschnitt und den Abwägungen zwischen den Qualitätsanforderungen für Speicher und Laufzeit. Die Softwarearchitektur ist somit das erste Artefakt, das ausdrückt, wie die Software ihre Anforderungen erreichen will. Dementsprechend kann sie auch mit Blick auf die Einflussfaktoren analysiert und bewertet werden. Es ist also möglich vorherzusagen, ob eine Softwarearchitektur in der Lage ist, den gestellten Anforderungen gerecht zu werden. Wäre dies nicht möglich, könnte man jede beliebige Architektur wählen. Dies werden wir im Kapitel 7, »Bewertung«, noch ausführlicher darstellen.

Verständnis schaffen bei allen Beteiligten ist ein weiteres wichtiges Ziel. Softwarearchitektur dient als *Kommunikationsmedium* zwischen den *Stakeholdern* und insbesondere zwischen allen Mitarbeitern des

Risiken minimieren

Verständnis schaffen

Entwicklungsprojektes. Unter den Stakeholdern werden alle Personen verstanden, die ein Interesse an dem System haben. Dies können sein der Kunde, Manager, Benutzer, Architekten, Entwickler, Tester, Qualitätssicherung, Marketing, Wartungsmitarbeiter usw. Auf Basis der Architektur können unterschiedliche, teils widersprüchliche Forderungen ausgedrückt, verhandelt und gelöst werden. Sie ist die Basis für Schulungen von neuen Projektmitgliedern. Somit dient sie allen Beteiligten als Leitbild und Referenz. Die verschiedenen Sichten auf eine Architektur ermöglichen es, dass viele Beteiligte mitreden können. Ist die einzige Sicht auf eine Software der Quellcode, so wird ein großer Personenkreis bei der Diskussion ausgeschlossen, da der notwendige Einblick für ein Verständnis verwehrt bleibt. Auch ein Feindesign ist meistens schon viel zu technisch und zu detailliert für eine Diskussion unter den Stakeholdern. Finden solche Diskussionen deshalb nicht statt, birgt dies eine große Gefahr, dass wesentliche Aspekte beim Entwurf des Systems übersehen werden. Hier gilt das Prinzip: Vier Augen sehen mehr als zwei!

Kernwissen konservieren

Ein letztes Ziel, welches Softwarearchitektur verfolgt, ist das *Kernwissen* des Systems zu konservieren. Als übertragbares Modell kann sie eine enorme Hebelwirkung für Systeme mit ähnlichen Anforderungen haben. Dies geht im Idealfall bis hin zur Entwicklung einer Produktlinie mit einer gemeinsamen Basisarchitektur. Es findet *Wiederverwendung* auf Ebene der Architektur statt (engl. *architecture reuse*). Architektur wird dadurch zu einem wertvollen geistigen Eigentum des Unternehmens. Entsteht bei der Entwicklung keine Architektur, sondern nur Quellcode, so ist eine Übertragung von Wissen auf zukünftige Systeme sehr schwierig und auf jeden Fall nur dann möglich, wenn die gleichen Personen, die das Wissen in ihren Köpfen gespeichert haben, in dem neuen Projekt wieder zum Einsatz kommen. Dies ist aber oftmals nicht möglich, da dieser Personenkreis noch in einem großen Maße mit der Einführung und Wartung des alten Systems beschäftigt ist, während die Grundlagen für das neue System bereits gelegt werden. Es gibt zahlreiche weitere Gründe, warum andere Personen das neue System entwickeln. Liegt keine Architektur vor, können diese nicht aus dem bereits entwickelten System lernen, da eine Einarbeitung in die Strukturen und Beziehungen des Quellcodes viel zu aufwändig ist. Die Folge ist, dass die Lernkurve, wie ein solches System funktioniert, in vielen Punkten erneut durchlaufen werden muss. Mit einer expliziten Softwarearchitektur lernen Unternehmen schneller!

Wege zum Ziel

Wie erreicht Softwarearchitektur diese Ziele? Auf welche Weise versucht Softwarearchitektur, die oben beschriebenen Ziele zu verwirklichen? Im Wesentlichen wendet sie dazu drei Mittel an:

■ Sie ist ein konkretes Artefakt. Entscheidungen werden bewusst getroffen und explizit gemacht.

■ Sie definiert ein Gerüst des Systems. Dieses abstrahiert und legt die frühesten Designentscheidungen fest.

■ Sie wird zielgerichtet dokumentiert.

Der erste Schritt wird bereits dadurch getan, dass Softwarearchitektur ein definiertes *Artefakt* im Projekt darstellt. Unter einem Artefakt versteht man ein physisches Ergebnis, das im Entwicklungsprozess definiert ist. Artefakte können Dokumente wie Anforderungsspezifikation, Architektur und Benutzerhandbuch oder auch Quellcode, Binärdateien, UML-Modelle und Ähnliches sein. Anders ausgedrückt bedeutet dies, Architekturdesign wird mit Zeit, Ressourcen und Kosten eingeplant. Dadurch werden Entscheidungen bewusst getroffen, kommuniziert und diskutiert.

Entscheidungen bewusst treffen

   Die Entscheidungen, die im Rahmen von Architekturdesign getroffen werden, definieren ein Gerüst des Systems. Dieses Gerüst legt die frühesten Designentscheidungen fest und abstrahiert von Details. Es stellt eine technische Blaupause des Systems dar. Softwarearchitektur ist keine umfassende Zerlegung oder Verfeinerung des Systems. Viele Implementierungsdetails sind abstrahiert und gekapselt in Elemente der Architektur. Die frühen Designentscheidungen sind die, welche am schwierigsten korrekt zu erstellen und später am schwierigsten zu ändern sind. Sie haben die am weitesten reichenden Auswirkungen für das Projekt. Denken Sie an unser Datenbankbeispiel. Will der Architekt nach der Fertigstellung der Implementierung das System von Speicher schonend auf Laufzeit optimiert umstellen, würde dies höchstwahrscheinlich einen kompletten Umbau des Systems bedeuten. Diese Kosten wären nicht tragbar! Des Weiteren bestimmen die frühen Designentscheidungen die organisatorischen Strukturen des Projekts, ermöglichen oder hemmen bestimmte Qualitätsmerkmale des fertigen Systems und definieren Einschränkungen für die Implementierung. Die Langlebigkeit des Systems, wie es unter dem Druck der Evolution besteht, wird vor allem durch diese frühen Entscheidungen beeinflusst. Sie teilen zukünftige Änderungen an der Software in lokale, nicht lokale und die Architektur übergreifende Änderungen ein. Bestimmen also, wie aufwändig zukünftige Anpassungen und Erweiterungen sind.

Ein Gerüst festlegen

Die meisten dieser Punkte werden durch die Zerlegung des Systems in seine Architekturbausteine sowie deren Verantwortlichkeiten und Beziehungen festgelegt. Die Organisationsstruktur des Entwicklungsprojektes wird sich z. B. an dieser Struktur der Software orientieren. Sie wird sehr früh im Projekt aufgesetzt, indem Teams gebildet und Mitarbeiter in Verantwortungspositionen gesetzt werden. Aufgrund einer falschen Softwarearchitektur eine solche Organisationsstruktur später wieder zu ändern, ist sehr aufwändig und schafft viel Unruhe und Reibungsverluste im Projekt.

Zielgerichtet dokumentieren

Als letztes Mittel sei hier noch die zielgerichtete Dokumentation genannt. Diese wird zur Kommunikation eingesetzt. Mit zielgerichtet ist gemeint, dass sich die Dokumentation an den unterschiedlichen Aspekten von Softwarearchitektur und an den unterschiedlichen Lesern, den Stakeholdern, orientiert. Dies wird dadurch erreicht, indem die Architektur aus verschiedenen Sichten (engl. views) dokumentiert wird. Jede Sicht betrachtet dabei eine andere Menge an Informationen, einen anderen Ausschnitt der Gesamtarchitektur. Die statische Sicht zeigt z. B. Subsysteme und deren Beziehungen. In der dynamischen Sicht werden die wichtigsten Mechanismen dargestellt, wie z. B. die Verteilung von Nachrichten im System. Die Verteilungssicht beschreibt, wie die Software auf mehreren Prozessoren verteilt ist und wie diese miteinander vernetzt sind. Im Kapitel 6, »Dokumentation«, wird auf die Sichten der Architektur noch genauer eingegangen.

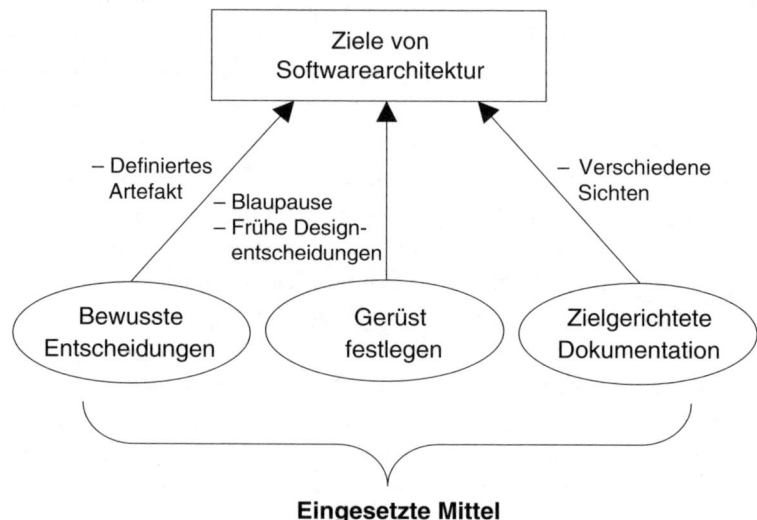

Abb. 1-5 Drei wesentliche Mittel setzt Softwarearchitektur ein, um ihre Ziele zu erreichen. Die wesentlichen Aspekte hinter den Mitteln sind an den Pfeilen notiert.

1.2.3   Wodurch wird Softwarearchitektur beeinflusst?

Es scheint nahe liegend, dass die vom System geforderten funktionalen Anforderungen einen wesentlichen Einfluss darauf haben, wie die Softwarearchitektur zu entwerfen ist. Ein PDA benötigt nun einmal *Fachlichkeiten* wie ein Adressbuch, einen Terminkalender, ein Notizbuch oder einen E-Mail-Client. Demnach klingt es logisch, dass diese Funktionalitäten die Architektur der Software bestimmen werden. Tatsache ist jedoch, dass man für die Realisierung rein funktionaler Anforderungen diese auch in einen einzigen monolithischen Block implementieren könnte. Aus funktionaler Sicht würde dies keinen Unterschied machen. Dennoch beeinflusst die Struktur der Fachlichkeit die Architektur in dem Maße, dass sie dem Architekten als Ausgangsbasis für seinen Entwurf dient. Im Idealfall liegt ihm hierfür bereits aus der Anforderungsanalyse ein fachliches Modell vor. Im Kapitel 3.2.1, »Anforderungsanalyse«, werden wir darauf noch genauer eingehen. Wichtig ist aber zu verstehen, dass die treibenden Kräfte für den Architekturentwurf andere sind.

Funktionale Anforderungen sind nicht die wesentlichen Architekturtreiber!

Einen ersten, wirklichen substanziellen Einfluss auf die Softwarearchitektur haben die geforderten *Qualitätsmerkmale* wie Leistung, Änderbarkeit, Sicherheit usw. Aber nicht nur die funktionalen Anforderungen und Qualitätsanforderungen beeinflussen Architektur. Wäre dies der Fall, würden zwei getrennt voneinander arbeitende Architekten auf Basis der Anforderungen die gleiche Softwarearchitektur entwerfen, da beide die gleichen Vorgaben besitzen.

Einfluss durch Qualitätsmerkmale

Managementanforderungen wie Termin, Kostendruck und Ressourcenvorgaben beeinflussen die Architektur ebenso. Die Aufteilung funktionaler Anforderungen auf eine Struktur wird z. B. dadurch beeinflusst, dass die Software durch eine vorgegebene Anzahl von Entwicklerteams, unabhängig voneinander, effizient, in einem bestimmten Zeitrahmen implementiert werden muss. Auch die Ziele, die mit der Architektur verfolgt werden, sind durch das Management festgelegt. So ist eine grundlegende Entscheidung zum Beispiel, ob die Architektur nur für dieses Projekt entworfen oder ein Produktlinienansatz damit verfolgt wird.

Einfluss durch Management- anforderungen

Neben dem Management beeinflussen aber auch alle weiteren Stakeholder die Architektur. Kunden, Anwender, Marketing, Wartungsmitarbeiter oder die Qualitätsabteilung haben unterschiedliche Interessen, mit denen sie oftmals widersprüchlich auf den Architekten einwirken.

Einfluss durch Stakeholder

Weitere Einflussfaktoren sind der *Entwicklungsprozess*, das *technische Umfeld* sowie aktuelle *Trends und Industriestandards*. Werkzeuge und Technologien, die im Unternehmen etabliert sind, werden

Einfluss durch Bestehendes

eher zum Einsatz kommen als solche, zu denen keine Erfahrungen existieren bzw. neue, zusätzliche Investitionen getätigt werden müssen. Deshalb werden auch bereits bestehende Alt- oder Vorgängersysteme die Architektur des neuen Systems beeinflussen.

Einfluss durch Wissen

Am meisten beeinflusst wird die Architektur durch das *Wissen des Unternehmens* sowie *das Wissen, die Erfahrungen und die Motivation des Softwarearchitekten* selbst. Hat der Architekt bereits früher bestimmte Ansätze erfolgreich angewendet, wird er diese wieder heranziehen bzw. umgekehrt. Auch spielen die Aus- und Weiterbildung des Architekten sowie dessen Interesse, neu Gelerntes anzuwenden, eine wichtige Rolle.

Einfluss durch organisatorisches Umfeld

Letzten Endes hat auch das *organisatorische Umfeld*, die Natur und Struktur der Organisation eine entscheidende Bedeutung. Bestehen z. B. bestimmte Abteilungen in der Entwicklungsorganisation, die für spezielle Themen verantwortlich sind, werden diese Abteilungen dafür Sorge tragen, dass sie in der Architektur eines neuen Systems entsprechend berücksichtigt werden. Dies kann durchaus zu suboptimalen Architekturentscheidungen führen.

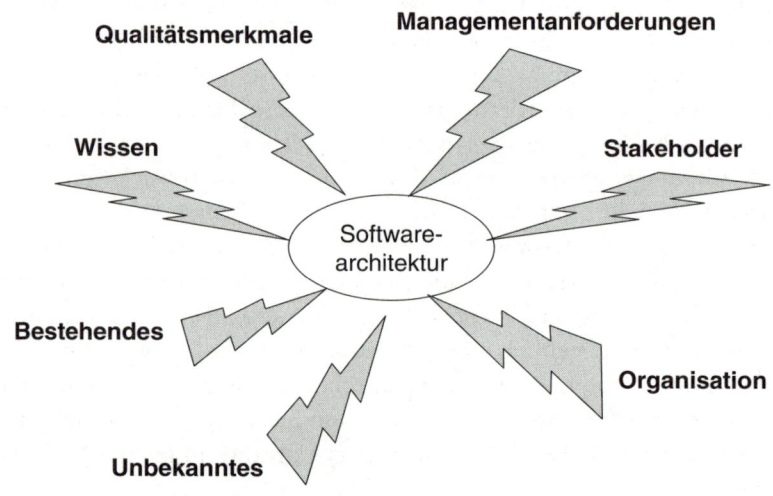

Abb. 1-6 Einflüsse auf Softwarearchitektur

Einfluss durch Unbekanntes

All die bisher aufgeführten Einflüsse lassen sich alleine dadurch in einer Architektur berücksichtigen, indem man sich diese bewusst macht. Bei nahezu jeder Softwareentwicklung wird aber auch *Neuland* betreten. So werden neue Technologien eingeführt, größere Systeme gebaut oder neue Mitarbeiter integriert. Dabei handelt es sich immer um unbekannte Größen, die Einfluss auf die Softwareentwicklung nehmen. Je nach Gewichtung können diese zu echten Risiken heranwachsen. Die Kunst liegt nun darin, auch diese unbekannten Einflüsse in der Architektur zu berücksichtigen. Die Kapitel 4, »Einflussfaktoren«, und 7, »Bewertung«, setzen sich mit dieser Problematik intensiver auseinander.

1.3   Bedeutung von Softwarearchitektur

Ist Softwarearchitektur wichtig? Warum noch einen Baustein in der Softwareentwicklung einfügen? Wieso Geld dafür ausgeben? Softwarearchitektur ist wichtig, da sie das zentrale, kritische Artefakt in der Softwareentwicklung ist. Weil sie abstrahiert und aus unterschiedlichen Perspektiven dokumentiert wird, ist sie der Schlüssel zum Systemverständnis für alle Projektbeteiligten. Sie legt die wichtigsten Designentscheidungen für das Softwaresystem fest und bestimmt somit wesentlich, ob das System in der Lage sein wird, die gestellten Anforderungen zu erfüllen. Sie erlaubt dadurch auch eine frühe Bewertung, ob die Software die geforderte Qualität erreichen kann. So wird eben nicht erst nach Beendigung der Implementierung festgestellt, ob das System die geforderten Laufzeiten einhält.

Softwarearchitektur ist das kritische Artefakt.

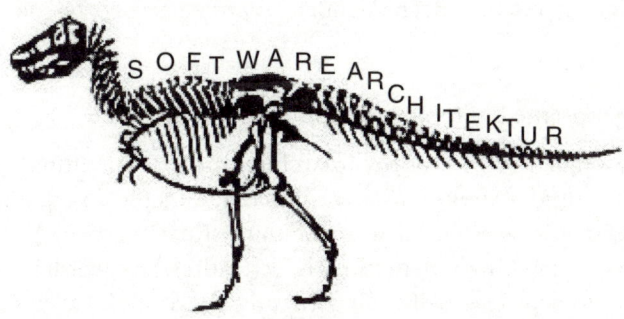

Abb. 1-7 Was die Natur schon seit langem weiß: Ein leistungsfähiges System benötigt ein stabiles Rückgrat. Architektur ist das Rückgrat der Softwareentwicklung.

Zugleich wirft Softwarearchitektur einen sehr hohen Gewinn in Bezug auf Qualität, Zeitplan und Kosten für die getätigten *Investitionen* ab (engl. *return on investment (ROI)*). Wiederverwendung auf Basis einer Softwarearchitektur ist effektiv und vielversprechend, da es sich um bewährtes, erfolgreich angewandtes Know-how handelt. Gut dokumentiert konserviert sie vorhandenes, praktisches Wissen im Unter-

Hoher Return on Investment

nehmen. Können zudem Fehler bereits auf der Ebene der Architektur entdeckt und beseitigt werden, kostet ein solcher Fehler nur ein Hundertstel von dem, was er kosten würde, hätte man ihn in der fertigen Software entdeckt. Softwarearchitektur liefert deshalb sowohl einen kurzfristigen wie auch langfristigen ROI. Auf kurze Sicht steigert sie die Effizienz des Projektes und reduziert Risiken. Langfristig erhöhen sich das Wissen des Unternehmens und das Wiederverwendungspotenzial.

Rückgrat des Entwicklungsprojekts

Eine gute Softwarearchitektur setzt den Grundstein für alles Weitere im Lebenszyklus eines Softwareprojektes: Entwicklung, Integration, Test, Änderungen, Wartung, Weiterentwicklung. Nur auf Basis einer gelungenen Softwarearchitektur ist es möglich, komplexe Softwareprojekte effektiv zu managen. Projektplanung und Aufwandsschätzungen ohne die Basis einer Softwarearchitektur haben nur minimalen Wert. Das folgende Kapitel wird diese Aspekte noch ausführlicher beleuchten. Die richtige Softwarearchitektur ist der erste Schritt zum Erfolg. Die falsche führt in die Katastrophe. Softwarearchitektur ist somit das *Rückgrat* einer jeden Softwareentwicklung.

Softwarearchitektur hat Einfluss über das Projekt hinaus.

Der Einfluss einer Softwarearchitektur hält länger an als die Lebensdauer eines Projektes. Sie ist ein wichtiges Gut des Unternehmens. Eine erfolgreiche Softwarearchitektur kann Einfluss darauf haben, wie zukünftige Systeme im Unternehmen entwickelt werden, und stellt somit ein hochwertiges geistiges Eigentum dar, das als solches dem Unternehmen einen entscheidenden *Wettbewerbsvorteil* verschaffen kann.

1.3.1   Symptome bei fehlender Softwarearchitektur

Qualitätsmerkmale werden erst nach Implementierung betrachtet.

Projekte ohne explizite Softwarearchitektur weisen oftmals typische Probleme auf, die direkt daraus resultieren, dass die von der Softwarearchitektur adressierten Ziele nicht unterstützt werden. Ein Beispiel hierfür ist, dass Qualitätsmerkmale erst adressiert werden, wenn sie benötigt werden. Das heißt, die Leistung des Systems wird erst ernsthaft betrachtet, wenn das gesamte System lauffähig ist und dann eventuell festgestellt wird, dass es zu langsam ist. Weitere Probleme kann die Forderung nach Änderbarkeit aufwerfen. Solche Probleme werden erst erkannt, wenn die ersten echten Änderungsanträge anfallen. Der Umbau der Software kann dann jedoch sehr teuer werden.

Machtlose Projektleiter, ineffiziente Entwickler

Projektleiter sind bei Problemen und Verzug der Projekte machtlos, da ihnen die Informationen und der nötige Einblick fehlen, um aktiv Maßnahmen zu ergreifen. Die Effektivität der Entwicklungsmannschaft bricht drastisch ein, da aufgrund des fehlenden Rahmens zu viel Kommunikation im Kleinen stattfinden muss. Neue Mitarbeiter können nur schwer eingearbeitet werden, da ihnen abstrahierte Information fehlt; aber nur dieses Wissen ermöglicht einen systematischen Einstieg in das laufende Projekt.

Im Unternehmen wird immer nur von Projekt zu Projekt geplant. *Unternehmen verliert*
Eine systematische Wiederverwendung von Architekturwissen findet *technologischen Anschluss.*
nicht explizit statt. Dies führt dazu, dass sich das Unternehmen nur
sehr langsam entwickelt. Somit besteht die Gefahr, dass der technologische Anschluss verloren geht. Unternehmen, die Softwarearchitektur frühzeitig einsetzen, lernen mehr über ihre Systeme und werden in die Lage versetzt, Softwareproduktlinien aufzubauen. Am Ende des Buches werden wir auf Produktlinien noch speziell eingehen.

Dies sind nur einige der Probleme, die durch eine ausdrückliche Softwarearchitektur adressiert werden.

1.4   Zusammenfassung

Unsere Gesellschaft wird in zunehmendem Maße abhängig von Software. Umso wichtiger ist es, dass wir Softwaresysteme mit hoher Qualität bei angemessenen Kosten- und Zeitvorgaben entwickeln können. Softwarearchitektur hilft uns, dies zu erreichen. Sie beschreibt die wesentlichen Strukturen und Mechanismen der Software auf den oberen Hierarchieebenen. Durch diese Abstraktion von Details dient sie als hervorragendes Kommunikationsmedium und schafft bei allen Projektbeteiligten ein Verständnis für das zu entwickelnde System. Darüber hinaus ist sie das Rückgrat für das Entwicklungsprojekt. Indem sie die wesentlichen Strukturen und deren Beziehungen beschreibt, legt sie zugleich in einem hohen Maße die Organisationsstruktur des Projektes fest und ist damit ein wichtiges Werkzeug des Projektleiters. Aber auch für die Entwickler liefert die Architektur wichtige Informationen. Die Entwickler wissen durch die Architektur, wie ihre Arbeitspakete im Gesamtsystem eingebunden sind. Die Architektur stellt somit eine Art Integrationsrahmen für die Entwicklung dar. Ein weiteres zentrales Problem, das Softwarearchitektur adressiert, ist, dass Qualitätsmerkmale, wie Laufzeit, Sicherheit oder Änderbarkeit, früh im Entwicklungsprozess berücksichtigt werden können. Gängige Praxis ist oftmals, dass diese erst sehr spät, am Ende der Implementierung, betrachtet werden und dann sehr hohe Kosten verursachen. Softwarearchitektur bringt diese Qualitätsanforderungen an den Anfang des Entwicklungsprozesses und trägt dadurch wesentlich zur Risikominimierung in Projekten bei. Besonders interessant macht Softwarearchitektur, dass sie all diese Ziele mit relativ einfachen und günstigen

Mitteln erreicht. Dabei erhöhen sich langfristig zudem das Wissen des Unternehmens sowie dessen Potenzial für Wiederverwendung von Software. Wichtig ist, dass explizit Zeit für die Erstellung der Architektur im Projektplan vorgesehen ist.

2 Softwarearchitektur in der Organisationsstruktur

>*» True communication is possible only between equals,*
because inferiors are more consistently rewarded
for telling their superiors pleasant lies than for telling the truth.«
SNAFU principle

Welche Wechselwirkungen bestehen zwischen Softwarearchitektur und dem Unternehmen? Wie ist die Rolle des Softwarearchitekten definiert, welche Aufgaben nimmt er wahr, und mit wem interagiert er? Wieso ist Softwarearchitektur auch für den Projektmanager ein zentrales Thema?

Im ersten Kapitel haben wir Softwarearchitektur definiert und ihre Ziele und Aufgaben beschrieben. Um Softwarearchitektur erfolgreich einsetzen zu können, ist es aber vor allem wichtig, ein Verständnis davon zu haben, wie diese in das Unternehmen integriert ist. Das zweite Kapitel vertieft deshalb die Bedeutung und Einbindung von Softwarearchitektur in die Organisation des Unternehmens. Im Fokus sind dabei insbesondere die Rolle des Softwarearchitekten sowie die Beziehungen zwischen Architektur und Projektmanagement.

Dieses Kapitel ist aus drei Abschnitten aufgebaut. Der erste befasst sich mit den Wechselwirkungen zwischen Architektur und dem Unternehmen als Ganzes. Im zweiten Abschnitt wird ausführlich die Rolle des Softwarearchitekten beschrieben. Der dritte Teil umfasst das Zusammenspiel zwischen Architektur und Projektmanagement.

2.1 Wechselwirkungen zwischen Architektur und Unternehmen

Im ersten Kapitel haben wir dargestellt, durch was Softwarearchitektur beeinflusst wird (siehe Abb. 1-6), und festgestellt, dass dies nicht nur die technischen Anforderungen sind, sondern eine Vielzahl weiterer Einflüsse aus dem Umfeld, indem eine Softwarearchitektur entsteht. Softwarearchitektur und ihre Umgebung stehen also in direkter Kopplung zueinander. Darüber hinaus existiert Softwarearchitektur nicht isoliert, sondern ist Bestandteil eines *Rückkopplungszyklus* zwischen ihrem Umfeld – der Organisation – und ihrer selbst. Organisation und Architektur sind miteinander verwickelt und helfen sich gegenseitig zu

ABC – Architecture Business Cycle

wachsen, um größere Aufgaben zu übernehmen. Len Bass bezeichnet dies als den *Architecture Business Cycle* (ABC). Ein Unternehmen gestaltet den ABC, um Wachstum zu ermöglichen und aus Vorteilen von früheren Investitionen in Architektur und Systementwicklung zu profitieren: Architekturwissen ist das geistige Eigentum des Unternehmens. [Bass98, S.11f] beschreibt die Funktionsweise des ABC wie folgt:

- *Softwarearchitektur beeinflusst die Entwicklungsorganisation* – Softwarearchitektur beschreibt die wesentlichen Architekturbausteine, auf deren Basis der Projektleiter Entwicklerteams aufstellt. Entwickelt das Unternehmen auch zukünftige Systeme mit ähnlichen Architekturen, wird sich die Teamaufteilung verfestigen und mit der Zeit Bestandteil der Organisationsstruktur werden. So können zum Beispiel Abteilungen für die Datenbankentwicklung, Bildverarbeitung, Benutzer-Interface usw. entstehen.

- *Softwarearchitektur kann die Geschäftsziele des Unternehmens beeinflussen* – Ein erfolgreiches System kann einem Unternehmen dabei helfen, in einem speziellen Markt Fuß zu fassen. Insbesondere kann eine gute Architektur einen Vorsprung in der Technologie oder Produktivität bedeuten. Aufgrund einer solchen Chance wird das Unternehmen seinen Fokus eventuell neu ausrichten.

- *Softwarearchitektur kann Kundenanforderungen beeinflussen* – Lässt der Kunde eine neue Version eines bestehenden Systems entwickeln, werden sich seine Wünsche und Anforderungen an dem alten System orientieren. Auf Basis einer guten Architektur kann dem Kunden angeboten werden, das bestehende System schneller, wirtschaftlicher und stabiler zu entwickeln.

- *Die Entwicklung von Systemen beeinflusst die Erfahrung des Architekten sowie des Unternehmens und somit zukünftige Systeme* – Im ersten Kapitel haben wir gelernt, dass Wissen zukünftige Architekturen beeinflusst. Ein erfolgreich entwickeltes System wird somit auch zukünftige Systeme beeinflussen, da dessen Architektur in vielen Bereichen übernommen wird. Wurden beispielsweise gute Erfahrungen mit einem Schichtenmodell gemacht, wird es wahrscheinlich sein, dass dieser Architekturstil wieder zum Einsatz kommt.

- *Einige wenige Architekturen beeinflussen oder ändern die Kultur, Art und Weise, wie Software entwickelt wird* – Beispiele für solch grundlegende Architekturen sind relationale Datenbanken, Java, CORBA, Internet und Browser.

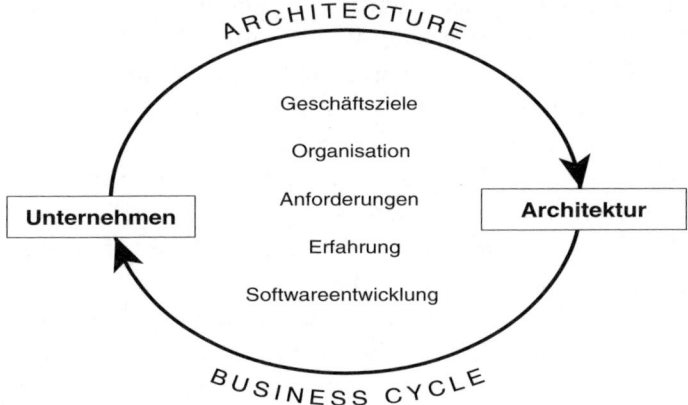

Abb. 2-1 Architecture Business Cycle: Wechselwirkungen zwischen Architektur und
Unternehmen

2.2   Die Rolle des Softwarearchitekten

Nachdem wir uns bisher ausführlich mit der Bedeutung von Software-   *Eine Person – eine Rolle*
architektur beschäftigt haben, soll nun die Person, die im Mittelpunkt
der Architektur steht, genauer betrachtet werden. Der *Softwarearchitekt* ist verantwortlich für die Erstellung und Umsetzung der Architektur. Er trifft die wichtigsten technischen Entscheidungen. Somit befindet er sich mit seiner Position vor allem zwischen Projektleitung und
Entwicklern. Diese wichtige Position muss von einer einzelnen Person
dediziert wahrgenommen werden. Nur in sehr kleinen Projekten mit
maximal drei Personen kann die Rolle des Projektleiters, des Softwarearchitekten und Entwicklers von einer Person besetzt werden. Ansonsten werden wichtige Aufgaben in unterschiedlichen Phasen nicht
durchgeführt. In der heißen Architekturphase muss sich der Architekt
in die technischen Aspekte vertiefen. Das Projektmanagement würde
dann leicht auf der Strecke bleiben. Ebenso problematisch ist es, wenn
der Architekt in der Implementierungsphase neben weiteren Entwicklern ein Paket entwickeln muss. Er wird dann nicht die Zeit haben, den
Pflege- und Kommunikationsaufgaben nachzugehen, die für eine kor-
rekte Umsetzung sowie den Erhalt der Architektur so wichtig sind. In
größeren Projekten wird es nicht nur einen Architekten, sondern ein
ganzes Architekturteam geben. Darauf gehen wir später noch genauer
ein.

[Hofmeister00] stellt fest, dass ohne einen wachsamen Architekten   *Der wachsame Architekt –*
die Softwarearchitektur in der Implementierungsphase leicht untergra-   *Architecture Drift*

ben wird. Grund hierfür sind kurzfristige Zweckdienlichkeiten, die auf längere Sicht meist schädlich sind. Wer kennt nicht die Situation, dass »mal schnell« die eine oder andere Funktionalität auf Drängen des Managements realisiert werden soll, um z. B. eine Demo-Version für den Kunden oder eine Messe in der nächsten Woche parat zu haben? Da eine saubere Lösung in der geforderten Zeit meist nicht mehr möglich ist bzw. eine starke Person, welche diese erzwingt, nicht vorhanden ist, wird das Ganze als *dirty hack* realisiert. Von einem Einhalten der Architektur kann dann nicht mehr die Rede sein. Aufgrund des weiterhin bestehenden Zeitdrucks wird auch im Nachhinein die schnelle Lösung beibehalten. Dies hat zur Folge, dass in zunehmendem Maße, mit Fortschreiten der Implementierung, Probleme auftreten, da das ein oder andere nicht mehr zusammenpasst. Mehr und mehr kleine Baustellen müssen dann geflickt werden. Die Architektur wird zunehmend ausgehöhlt, und sie driftet stark von ihrem beabsichtigten Design ab (engl. architecture drift). Ihre Aufgaben kann sie nicht mehr wahrnehmen. In Folge wird das Projekt schwieriger zu managen. Aufgabe des Architekten ist es in solchen Fällen, mit geeigneten Maßnahmen entgegen zu wirken. Der Softwarearchitekt erschafft die Architektur und ist ebenso die treibende Kraft für deren Umsetzung und Einhaltung. Folgende Maßnahmen könnte er in dem oben beschriebenen Beispiel ergreifen:

- In seiner Rolle vertritt er einen klaren Standpunkt gegen das Management.

- Er verhandelt einen Kompromiss, der für beide Seiten tragbar ist.

- Er bemüht sich trotz der knappen Zeit, eine passende Lösung zu realisieren, und koordiniert diese zwischen den Entwicklern.

- Er veranlasst, dass die unsaubere Realisierung in einer parallelen Wegwerfversion erfolgt.

Formale Position Aufgrund der wichtigen Aufgaben plädieren wir somit für eine formale, im Unternehmen und Projekt festgeschriebene Position des Softwarearchitekten. Oftmals wird diese Rolle in einem Projekt implizit durch einen oder mehrere Entwickler beansprucht, die eine Art Meinungsführerschaft in Bezug auf den Aufbau der Software wahrnehmen. Eine solche implizite Rolle hat jedoch in schwierigen Situationen kaum Möglichkeiten, wichtige Interessen durchzusetzen. Um eine formal definierte Rolle etablieren zu können, beschreiben wir im weiteren Verlauf die Aufgaben und benötigten Eigenschaften eines Softwarearchitekten ausführlich. Die Aufgaben unterteilen sich in die drei Bereiche:

- Allgemeine Aufgaben
- Projektbezogene Aufgaben
- Wechselwirkungen mit anderen Rollen im Projekt und Unternehmen

Zwischen diesen Punkten werden wir zudem das Architekturteam einführen.

2.2.1 Allgemeine Eigenschaften und Aufgaben

Welche Fähigkeiten muss ein Softwarearchitekt besitzen? Diese leiten sich direkt aus seinen Aufgaben ab. Zum einen entwirft er die Architektur der Software. Hierfür muss er ein umfassendes theoretisches und praktisches Wissen über Technologien, Methoden und Werkzeuge wie J2EE, Echtzeitbetriebssysteme, Datenbanken, UML, Architekturstile, CASE-Werkzeuge, Entwicklungsumgebungen usw. besitzen, die in seinem Anwendungsbereich zum Einsatz kommen. Dazu gehören auch gute Programmierkenntnisse, da er teilweise selber Hand anlegen muss. Hilfreich ist es zudem, wenn er die Anwendungsdomäne sowie den Zielmarkt kennt. Dies erleichtert es ihm, die Anforderungen zu verstehen und eventuelle Lücken oder Unstimmigkeiten zu erkennen. Während des Entwurfs der Softwarearchitektur muss der Architekt viele Abwägungen vornehmen. Dabei ist es wichtig, dass ihm eine Risiko minimierende Denkweise anhaftet. So muss er z. B. entscheiden, ob eine neue Technologie zum Einsatz kommt, da diese zukunftsfähiger ist, oder ob er auf bewährte Technologien setzt, da ein kritischer Budget- und Zeitplan vorliegt. Zum anderen interagiert und kommuniziert der Softwarearchitekt mit vielen verschiedenen Personen. Dabei verhandelt, vermittelt, organisiert, berät er und setzt Entscheidungen durch. Mit dem Produktmanager stimmt er zum Beispiel sich widersprechende Anforderungen ab. So kann die Qualität der Grafikanforderungen im Widerspruch zu den geforderten geringen Prozessorkosten für das Fahrerinformationssystem im Cockpit eines Automobils stehen. Oftmals fungiert er als eine Art Schnittstelle zwischen den Projektbeteiligten. Er vermittelt z. B. zwischen Entwicklern und Projektleiter, wenn der Projektleiter Änderungen der Software durchsetzen will, die von den Entwicklern nicht getragen werden. Das heißt, ein Softwarearchitekt benötigt mehr als nur technische Fähigkeiten. Er muss sehr gut kommunizieren, verhandeln und organisieren können. Er kann zuhören und besitzt ausgeprägte *Führungseigenschaften* sowie *menschliche Fähigkeiten*.

Technische, kommunikative und organisatorische Fähigkeiten

Abb. 2-2 Die Fähigkeiten des Architekten: mehr als nur technisches Wissen!

Die Laufbahn

Auf dem Weg zu einer Softwarearchitektenlaufbahn ist nach [Hofmann00] Erfahrung das Wichtigste, um erfolgreich zu sein. Im Laufe der Zeit müssen das technische Wissen, die Führungs- und Kommunikationsfähigkeiten sowie die menschlichen und sozialen Begabungen entwickelt und ausgebaut werden. Diese Kombination an Fähigkeiten ist sehr komplex, weshalb Erfahrung so wichtig ist. In der Regel startet eine Person als einzeln beitragender Softwareentwickler, rückt dann zum Senior-Entwickler auf und übernimmt später Verantwortung als Teamleiter, bevor sie schließlich Softwarearchitekt wird. Mit der Zeit müssen mehr und mehr Verantwortung und schwierigere Aufgaben übernommen werden. Im Idealfall hat der Nachwuchsarchitekt die Möglichkeit, eine *Lehrzeit* bei einem erfahrenen Architekten zu absolvieren.

Softwarearchitekten sind technische Vorreiter …

Sind Sie einmal Softwarearchitekt geworden, zählt es zu Ihren persönlichen Aufgaben, sich auf dem Laufenden zu halten. Wissen in der Informationstechnik veraltet sehr schnell. Für die Innovationskraft des Unternehmens ist es jedoch wichtig, am Ball zu bleiben. Deshalb müssen Sie sich mit technischen Innovationen, neuen Technologien, Standards, Forschungsergebnissen sowie Erfahrungen mit der eigenen und mit fremden Organisationen auseinander setzen. Neue Verfahrensweisen und Technologien muss der Architekt bzgl. ihrer Einsetzbarkeit im eigenen Unternehmen bewerten. Nur er kann deren Nutzen für den Einsatz in den Systemen seines Unternehmens erkennen. Oftmals ist er Vorreiter im Erlernen und Einführen dieser. Aber auch altes Wissen, wie z. B. seine Programmierkenntnisse, muss er aktuell halten.

… und verändern das Unternehmen.

Im Unternehmen hat der Softwarearchitekt Verantwortung über das einzelne Projekt hinaus. Er versucht, weiter in die Zukunft zu denken, und hält Ausschau nach Wiederverwendungschancen bzw. nach Möglichkeiten sowie wirtschaftlichem Nutzen eines Produktlinienansatzes. Auf Produktlinien werden wir in einem eigenen Kapitel noch genauer eingehen. Der Architekt berät das Management diesbezüglich. Er sieht sich als Verfechter von Softwarearchitektur und setzt sich für Investitionen des Unternehmens in Softwarearchitektur ein. Er weiß, dass diese ein kritisches Gut sind, und hilft der Organisation, ihren Wert zu erkennen. Er arbeitet daran mit, Softwarearchitektur als Bestandteil des allgemeinen Softwareentwicklungsprozesses im Unternehmen zu etablieren. Eventuell muss er sogar dafür eintreten, Änderungen in der Entwicklungsorganisation durchzusetzen. Haben sich in der Vergangenheit z. B. bestimmte Abteilungen auf Basis einer bestimmten Technologie etabliert, kann es notwendig sein, diese umzustrukturieren, wenn neue Systeme diese Technologien nicht mehr einsetzen. Geschieht dies nicht, werden bestehende Abteilungen den Einsatz der Technologie innerhalb von Architekturen immer wieder versuchen zu erzwingen. In größeren Unternehmen wird er dies nicht alleine, sondern in Zusammenarbeit mit anderen Architekten angehen. Idealerweise treffen sich diese regelmäßig in einem unternehmensweiten *Architektenstammtisch*, der als eine Art Innovationsmotor wirkt.

2.2.2 Aufgaben im Entwicklungsprojekt

Bisher haben wir allgemeine Aufgaben des Architekten besprochen. Über diese hinaus hat er innerhalb seines Entwicklungsprojektes eine ganze Reihe an weiteren Pflichten. Einteilen lassen sich diese in phasenübergreifende und phasenspezifische Aufgaben im Rahmen des Entwicklungsprozesses. Bei den Phasen unterscheiden wir grob in folgende drei Bereiche:

Phasenübergreifend und phasenspezifisch

- Analyse
- Softwarearchitekturdesign
- Implementierung

In der *Analysephase* werden im Wesentlichen die Machbarkeit des Projektes geprüft sowie die Anforderungen erfasst. Während der *Architekturdesignphase* wird die Softwarearchitektur erstellt. Anschließend wird diese durch Feindesign und Programmierung während der *Implementierungsphase* in eine lauffähige Software umgesetzt. Dies ist nur eine grobe Phasenaufteilung, wie die Aufgaben schwerpunktmäßig in einem Entwicklungsprojekt aufeinander folgen. Software entsteht in der Wirklichkeit schrittweise und in Zyklen. Dabei wiederholen sich die Phasen in unterschiedlicher Intensität. Auch umfasst diese Menge nicht alle Phasen eines Entwicklungsprojektes, sondern nur die für den Softwarearchitekten wesentlichen. Auf den Prozess wird im Rahmen von Kapitel 3, »Vorgehen«, noch genauer eingegangen. Für die folgenden Ausführungen soll diese Vereinfachung jedoch genügen.

Phasenübergreifende Aufgaben

Der Architekt trifft technische Entscheidungen rechtzeitig.

Unabhängig von der jeweiligen Phase, in der sich das Projekt befindet, ist der Softwarearchitekt in alle wichtigen technischen Entscheidungen involviert. Letzten Endes trifft er die Entscheidungen und muss sie verantworten. Dazu gehört der Einsatz von Technologien, Werkzeugen oder Methoden ebenso wie die Strukturen und Mechanismen der Architektur. Wichtig dabei ist, dass er diese rechtzeitig trifft, um Termine einzuhalten. Oft ist es besser, Entscheidungen zu treffen und diese, wenn nötig, später zu ändern, anstatt die gesamte Entwicklung aufgrund nicht getroffener Entscheidungen aufzuhalten. Natürlich ist hier abzuwägen, wie weitreichend ein späteres Umwerfen der getroffenen Entscheidung wäre. Lässt sich eine Entscheidung in einem Architekturbaustein kapseln, kann diese später leicht geändert werden. Der Architekt sollte eine Entscheidung dann nicht zu lange hinauszögern. Zieht sich eine Entscheidung jedoch über große Teile der Architektur hinweg, ist es besser, diese durch etwas mehr Aufwand abzusichern. Geeignet wäre hierfür die Realisierung eines Prototyps.

Der Architekt ist Anlaufstelle und Berater für technische Fragen.

Als technisch Verantwortlicher im Projekt kennt der Softwarearchitekt die technischen Details und hat das Wissen, wie Dinge voneinander abhängen und zueinander passen. So weiß er, wie und mit welchen anderen ein Architekturbaustein kommuniziert oder wie ein bestimmter Mechanismus, wie beispielsweise die Verteilung von Nachrichten im System, funktioniert. Aufgrund dieses Wissens ist er der wichtigste technische Berater im Projekt. Er stellt das Verständnis des Systems bei allen Beteiligten sicher. Dies trifft verstärkt in der Implementierungsphase zu. Bei der Beschreibung der Aufgaben dieser Phase werden wir den Aspekt nochmals aufgreifen. Während des gesamten Projektes arbeitet er sehr eng mit dem Projektmanager zusammen, unterstützt und berät diesen. Abschnitt 2.3. dieses Kapitels wird noch ausführlicher darauf eingehen. Der Softwarearchitekt koordiniert die Aktivitäten derjenigen Teammitglieder, deren Aufgaben durch die Softwarearchitektur beeinflusst werden. Insbesondere umfasst dies die Koordination zwischen den einzelnen Entwicklerteams. Insgesamt ist jedoch darauf zu achten, dass der Softwarearchitekt nicht zu einem *Manager der Details* wird. Dafür hat er, aufgrund der Vielfalt seiner Aufgaben, nicht die nötige Zeit. Das heißt zum Beispiel, dass es nicht Aufgabe des Architekten ist, alle Probleme des Feindesigns zu lösen. Ist dies an bestimmten Stellen notwendig, delegiert er die Aufgaben an andere Experten.

Aufgaben während der Analysephase

Es ist wichtig, dass der Softwarearchitekt bereits sehr früh, während der *Analyse- und Definitionsphase* des Projektes, beteiligt ist. In Kapitel 1 haben wir definiert, dass Softwarearchitektur die Brücke zwischen Anforderungen und Implementierungen ist. Deshalb ist es für den Architekten wesentlich, alle Arten von Anforderungen, Einschränkungen und Interessen des Projektes so früh wie möglich zu verstehen. Er muss die Stakeholder kennen und wenn nötig identifizieren, um sich aktiv mit deren Bedürfnissen und Erwartungen zu beschäftigen. Je früher der Architekt eingebunden ist, desto geringer ist der Informationsverlust zwischen den Phasen. Der Architekt definiert nicht selbst die Anforderungen, aber er überprüft sie auf deren *technische Machbarkeit* im Rahmen der vorgegebenen Kosten und Zeitpläne. Eventuell will das Management eine komfortable, mit Microsoft Word zusammenspielende Berichtsfunktion. Auf der anderen Seite können aber nur wenige Personentage für die Entwicklung vorgesehen werden, und es besteht bisher noch kein Know-how bzgl. der Schnittstellenprogrammierung von Word. Der Architekt kann dies bereits in der Definitionsphase erkennen und mit dem Management diskutieren und abwägen. Wenn aus technischer Sicht notwendig, präzisiert und vervollständigt der Architekt die Anforderungen bzw. verhandelt Änderungen mit den anderen Beteiligten. Aufgrund seines technischen Wissens kann der Architekt zudem bereits in der Analysephase wesentlich zur *Risikoanalyse* des Projekts beitragen. Auf das Vorgehen bei der Anforderungsanalyse werden wir im Kapitel 3, »Vorgehen«, noch etwas genauer eingehen.

Den Architekten früh in das Projekt einbinden

Aufgaben in der Architekturdesignphase

Während der *Softwarearchitektur-Designphase* geht der Softwarearchitekt seiner Kernaufgabe nach: dem Entwurf der Softwarearchitektur, d. h. der Transformation einer Anforderungsspezifikation in eine Architektur des Systems. Anders ausgedrückt wird der Problemraum oder Anforderungsraum auf den Lösungsraum abgebildet. Laut [Bosch00] ist dies die komplexeste Aktivität während der Applikationsentwicklung. Alle anderen Aufgaben während dieser Phase sowie in den anderen Phasen, die der Architekt wahrnehmen muss, resultieren aus diesem Kern. Die Menge an Aufgaben des Architekten in der Architekturdesignphase lassen sich in folgende vier Gebiete einteilen:

Kernaufgabe: Entwurf der Softwarearchitektur

- Entwurf
- Bewertung
- Implementierung
- Dokumentation und Kommunikation

Im weiteren Verlauf des Kapitels werden wir die Aufgaben des Architekten in diesen Gebieten vorstellen. Eine ausführliche Beschreibung, wie dabei vorzugehen ist, geben wir in vertiefenden Kapiteln weiter hinten in diesem Buch. So sind insbesondere den Themen Entwurf, Bewertung und Dokumentation eigene Kapitel gewidmet.

Entwurf   Der Entwurf umfasst das Erschaffen einer *Vision* unter der Berücksichtigung von Einflussfaktoren, Abwägungen sowie möglichen zukünftigen Änderungen. Der Architekt setzt neben seinem Wissen bewährte Ansätze und eine Vielzahl von Werkzeugen ein.

Entwurf – Vision   Die Vision, die der Architekt von der Softwarearchitektur erschafft, ist die grundlegende Abbildung der Anforderungen auf eine Struktur und die Mechanismen der Software, in der Art, dass der Architekt davon überzeugt ist, dass die Architektur die Anforderungen erfüllen wird. Er trifft die technischen Schlüsselentscheidungen und legt die frühesten Designentscheidungen fest. Dazu zählt insbesondere die Auswahl von Technologien, Architekturstilen und Architekturmustern. Um die Vision zu realisieren, muss er oftmals auch neue Technologien einführen. Wichtig ist, dass er globale Schlüsselentscheidungen früh trifft und damit verbundene Risiken identifiziert. Entscheidet er sich zum Beispiel für den Einsatz einer neuen Technologie, weiß aber, dass es noch keine Mitarbeiter gibt, die praktische Erfahrungen im Umgang mit dieser haben, so muss er dieses Risiko deutlich machen.

Entwurf – Einflussfaktoren analysieren & kognitive Last reduzieren   Für den Entwurf ist es essenziell, dass der Architekt die Anforderungen verstanden hat. Dies sollte bereits geschehen sein durch sein Mitwirken in der Analysephase. War dies nicht der Fall, muss er dies nun nachholen. Seine Aufgabe besteht darin, die Anforderungen auf eine strukturelle Lösung des Systems abzubilden. Dies gelingt ihm nur, wenn er ein umfassendes Verständnis des Problems besitzt. Um dies zu erreichen, analysiert er, welche Faktoren es gibt, die einen Einfluss auf die Architektur haben. Kapitel 4 beschäftigt sich ausführlich mit der Analyse der Einflussfaktoren. Während des gesamten weiteren Entwurfsprozesses wird der Architekt, wie bereits in der Analysephase, Anforderungen präzisieren, überprüfen und wenn nötig Anpassungen verhandeln. Beim Entwurf der Strukturen und Mechanismen der Architektur greift er auf bewährte und bekannte Architekturstile sowie Muster zurück. Diese reduzieren die kognitive Last beim Lesen und erleichtern das Verstehen der Architektur für ihn selbst und für alle anderen Beteiligten. So wird ein komplexes Modell der Architektur mit vielen Bausteinen leichter zu verstehen sein, wenn ein Teil der Bausteine in einer bereits bekannten Beziehung zueinander stehen. Sind z. B. mehrere Komponenten über ein Schichtenmodell miteinander gekoppelt, weiß der Leser, wie diese voneinander abhängen und unter welchen Randbedingungen die Kommunikation zwischen den Komponenten erfolgt. Kapitel 8 führt eine Toolbox ein, die bewährte Ansätze beschreibt, die der Architekt je nach Bedarf für den Entwurf verwenden kann.

Während des Entwurfs hat der Architekt viele Abwägungen zu treffen. Die Architektur muss eine Vielzahl von Einflussfaktoren berücksichtigen, wie z. B. die Qualitätsmerkmale Änderbarkeit, Leistung, Sicherheit, Portierbarkeit usw. Oftmals konkurrieren diese untereinander, und der Architekt muss harte Entscheidungen treffen. So muss er beispielsweise festlegen, dass Ausfallsicherheit wichtiger ist als eine leichte Änderbarkeit. Das heißt, er muss zwischen konkurrierenden Anforderungen abwägen und zwischen damit verbundenen alternativen strukturellen Lösungen für das Architekturdesign auswählen. Für eine höhere Ausfallsicherheit wird er eventuell umfangreiche redundante Strukturen und Überwachungsmechanismen einbauen, die jedoch Änderungen im System aufwändiger werden lassen. Insgesamt sollte sich der Architekt nicht darauf konzentrieren, die ideale Architektur zu entwerfen, sondern vorsichtig alle Abwägungen zu bewerten, um zu einer guten Lösung zu kommen, wenn alle Faktoren wie Technik, Marketing, Personal und Kosten in Betracht gezogen werden. *Entwurf – Abwägungen treffen*

Von besonderer Bedeutung ist, dass der Architekt stets berücksichtigen muss, an welche Arten von Änderungen sich das System anzupassen hat. Änderungen sind nahezu wie ein *Naturgesetz in der Softwareentwicklung*. Deshalb ist es Aufgabe des Architekten, eine Architektur so zu entwerfen, dass wahrscheinliche Änderungen so leicht wie möglich vorzunehmen sind. Ist es beispielsweise nahe liegend, dass das System in absehbarer Zeit auf unterschiedlichen Betriebssystemen laufen soll, so muss er alle Abhängigkeiten vom Betriebssystem in einem Architekturbaustein kapseln, also eine Abstraktionsschicht einführen. Er muss vermeiden, dass sich Abhängigkeiten über das gesamte System verteilen, da die Portierung des Systems sonst sehr aufwändig und für Fehler anfällig wäre. *Entwurf – Änderungen berücksichtigen*

Gernot Starke zählt in [Starke02, S.29f] eine Menge an *Werkzeugen* auf, mit denen ein Architekt im Rahmen des Entwurfs arbeitet. Dazu zählen Modelle, Heuristiken (Erfahrungen, Regeln, Tipps), Architekturstile, Muster, Compiler, Debugger, Prototypen und Techniken wie Zerlegung, Zusammensetzung und Iteration. In den Kapiteln zu Entwurf, Dokumentation, Bewertung und Toolbox werden wir auf viele dieser Werkzeuge und deren Einsatz noch genauer eingehen. *Entwurf – Werkzeuge*

Während des Architekturdesigns muss der Architekt die Architektur immer wieder analysieren und bewerten, ob sie die an das System gestellten Anforderungen erfüllen kann. Damit soll sichergestellt wer- *Bewertung*

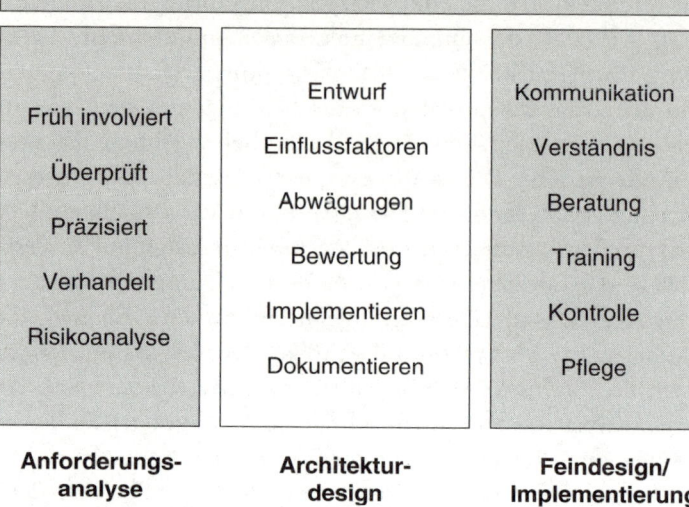

Phasenübergreifend

Technische Entscheidungen treffen
Technischer Berater
Zusammenarbeit mit Projektmanager
Koordiniert Entwicklerteams

Früh involviert	Entwurf	Kommunikation
Überprüft	Einflussfaktoren	Verständnis
Präzisiert	Abwägungen	Beratung
Verhandelt	Bewertung	Training
Risikoanalyse	Implementieren	Kontrolle
	Dokumentieren	Pflege

Anforderungs-   **Architektur-**   **Feindesign/**
analyse   **design**   **Implementierung**

Abb. 2-3 Aufgaben des Architekten in den verschiedenen Projektphasen: Weiß
hinterlegt die Architekturdesignphase als eigentliches Kerngebiet des Architekten.

den, dass die Architektur alle Einflussfaktoren, insbesondere die funktionalen Anforderungen und Qualitätsmerkmale, erfüllt. Analyse und Bewertung umfassen die Durchführung von Überprüfungen ebenso wie Planung und Umsetzung von Prototypen, Simulationen oder formalen Analysen. So kann ein *Prototyp* z. B. sicherstellen, dass geforderte Laufzeiten bei einer Transaktion mit einer bestimmten Datenbanktechnologie erreicht werden. Ziel ist es, jegliche Information zu sammeln, um potenzielle Risiken zu identifizieren, zu verstehen und zu reduzieren. Oftmals wird der Architekt die Maßnahmen nicht alleine durchführen, steht jedoch meistens im Zentrum dieser. Für die Realisierung von Prototypen wird er die Unterstützung weiterer Entwickler benötigen, die von ihm in diesem Rahmen betreut werden. Der Nebeneffekt solcher Maßnahmen ist, dass durch die Realisierung von Prototypen neue Teammitglieder auf Basis der Softwarearchitektur trainiert werden. In Kapitel 7 werden wir nochmals speziell auf die Bewertung von Architekturen eingehen.

Implementierung   Teilweise legt der Architekt im Rahmen des Designs selbst Hand an und greift in die Tastatur. So implementiert er z. B. mit bei Prototypen oder entwirft Codevorlagen von Architekturbausteinen für die spätere Implementierungsphase. Solche *Codevorlagen* enthalten eventuell bereits vorgeschriebene Mechanismen für die Kommunikation oder Initialisierung des Bausteins. Bei riskanten Teilen des Systems kann es notwendig sein, dass der Architekt im Rahmen des Entwurfs ins Detail geht, um *Designrückwirkungen* der Implementierung zu beachten. Zum Beispiel kann es vorkommen, dass der Architekt überprüfen muss, wie sich der Einsatz einer dynamischen Speicherverwaltung auf die Leistung eines kleinen eingebetteten Systems auswirkt. Hierzu muss er umfangreichere Szenarien in Form eines Prototyps auf Ebene der Implementierung durchspielen.

Die von ihm entworfene Architektur muss der Architekt dokumentieren und sicherstellen, dass sie von allen betroffenen Stakeholdern verstanden wird. So muss z. B. der Projektleiter die Einflüsse der Architektur auf seine Projektplanung verstehen. Um dies zu erreichen, muss der Architekt die Softwarearchitektur gegenüber allen Beteiligten kommunizieren und präsentieren. Er muss seine Entscheidungen und die Vision der Architektur vermitteln. Nur eine Softwarearchitektur, die deutlich und verständlich an alle Stakeholder kommuniziert wurde, kann ihre Rolle als Rückgrat der Systementwicklung wahrnehmen. Im Kapitel 6 werden wir noch genauer darauf zu sprechen kommen, wie und in welcher Form Softwarearchitektur dokumentiert wird.

Dokumentation und Kommunikation

Aufgaben in der Implementierungsphase

In der *Implementierungsphase* wird die Softwarearchitektur in eine lauffähige Software umgesetzt. Entwickler entwerfen das notwendige Feindesign und übernehmen die endgültige Programmierung. So ist ein Entwicklerteam z. B. verantwortlich für den Architekturbaustein, der die grafische Benutzerschnittstelle realisiert. Das Team entwirft das Feindesign in Form von UML-Klassen- und Sequenzdiagrammen, codiert diese und testet sie anschließend. Der Softwarearchitekt hat in dieser Phase keine Verantwortung für ein bestimmtes Entwicklungspaket oder Entwicklungsteam. In vielen Projekten sieht die Realität anders aus. Der Architekt übernimmt dort ebenso die Aufgaben eines Entwicklers. Auf die Probleme, die bei dem Nichtvorhandensein eines Architekten in der Implementierungsphase auftreten, haben wir bereits hingewiesen. Der Architekt ist also in keinen kritischen Entwicklungspfad eingebunden! Dennoch ist seine Aufgabe mit dem Ende der Architekturdesignphase nicht abgeschlossen. Während der Implementierungsphase muss der Architekt folgende drei Aufgabengebiete abdecken:

■ Kommunikation und Sicherstellen des Verständnisses

■ Beratung und Training

■ Kontrolle und Pflege

Kommunikation und Sicherstellen des Verständnisses

Der Architekt muss sicherstellen, dass seine Architektur von allen Beteiligten im Entwicklungsprojekt verstanden wird. Auch muss er sie überzeugen, dass die Architektur implementiert werden kann. Ansonsten werden einzelne Ideen und Vorstellungen die Architektur untergraben. Um dies zu erreichen, steht er in ständigem Dialog mit den Entwicklern. Er diskutiert mit diesen, vermittelt ihnen wichtige Aspekte der Architektur und nimmt deren Feedback entgegen. Dies kann in Form von Schulungen, Präsentationen, Workshops oder kleineren Diskussionsrunden geschehen. Es ist essenziell, dass die Entwickler ihre Arbeitspakete, die aus der Architektur abgeleitet sind, genau verstehen. Der Entwickler muss wissen, warum er aus Sicht des gesamten Systems bestimmte Regeln bei der Implementierung seines Teilpaketes einhalten muss. Dies reduziert potenzielle Fehlerquellen. Das heißt, die Softwarearchitektur muss jedem Mitglied des Entwicklungsteams erklärt werden. Oftmals wird völlig unterschätzt, wie viel Zeit und Anstrengung notwendig sind, um die Softwarearchitektur mit den Teammitgliedern zu kommunizieren, so dass sie vollkommen verstanden wird. Daniel J. Paulish [Paulish02] stellt fest, dass Entwicklungsteams, die einen guten Weitblick haben, von dem was sie implementieren sollen, eine wesentlich bessere Chance haben, das Produkt erfolgreich zu entwickeln!

Beratung und Training

Über die reine Kommunikation hinaus trainiert der Softwarearchitekt die Entwickler im Umgang mit der Architektur. Als *Coach* im Projekt berät er sie bei Feindesign- und Implementierungsaufgaben, welche die Softwarearchitektur betreffen. Was muss beachtet werden? Welche Einschränkungen existieren für das Feindesign und die Implementierung? Der Architekt steht allen Teammitgliedern zur Verfügung, wenn Fragen auftauchen. Er ist *Mentor*. Sollte es notwendig sein, kann der Softwarearchitekt auch eng mit einem Entwickler zusammenarbeiten, der sich abmüht, mit dem Zeitplan Schritt zu halten.

Kontrolle und Pflege

Ein letztes wichtiges Aufgabengebiet des Architekten in der Implementierungsphase ist die *Kontrolle* und *Pflege* der Softwarearchitektur, um ein Abdriften von der ursprünglichen Idee und dem Zusammenbruch der konzeptuellen Integrität entgegen zu wirken. Damit dies erreicht wird, stellt der Architekt sicher, dass die Architektur befolgt wird. Das heißt, dass die Implementierung konform zur Softwarearchitektur erfolgt und Architekturstil, Architekturmuster, Schnittstellen und weitere Vorgaben beachtet werden. Am einfachsten für den

Architekten ist es, er kontrolliert die *Schlüsselschnittstellen* der Software, da er die Schlüsselkomponenten und deren Zusammenspiel kennt. Die Kontrolle der Schlüsselschnittstellen ist essenziell. Zudem verfolgt er die Qualität des Feindesigns und überprüft, ob dessen Abhängigkeiten sowie die Abhängigkeiten im Code mit der Architektur übereinstimmen. Es ist jedoch nicht seine Aufgabe, Feindesign und Code abzugleichen!

Des Weiteren stellt er die Integrität der Architektur bei Änderungen sicher, denn während der Implementierungsphase werden weiterhin Änderungen notwendig sein. Diese resultieren zum einen aus dem Feedback der Entwickler, aufgrund anfangs nicht erkannter Abhängigkeiten, sowie aus sich ändernden Anforderungen vom Management. Der Architekt verhandelt solche Änderungen aus Architektursicht sowohl mit den Entwicklern wie auch mit dem Management. Bei technischen Diskussionen lässt er bis zu einem gewissen Zeitpunkt eine offene Diskussion über das Thema zu. Danach entscheidet der Architekt. Den größten Einfluss auf seine Entscheidung sollte die Meinung des Entwicklers haben, der am nächsten an der Implementierung des Themas ist. Verabschiedete Änderungen baut der Architekt in die Architektur ein, so dass deren Integrität gewahrt bleibt.

2.2.3 Das Architekturteam

In größeren Projekten kann diese Vielfalt von Aufgaben nicht von einem einzigen Architekten wahrgenommen werden. In diesem Fall wird mit Beginn der Architekturdesignphase ein *Architekturteam* aufgesetzt. Das Architekturteam besteht aus mehreren Experten, die gemeinsam die Architektur entwerfen und anschließend deren Implementierung sicherstellen. Es gibt einen Kopf des Teams, den wir als *Chefarchitekten* bezeichnen. Dieser hilft dem Team, Abwägungen zu treffen, und fällt letzten Endes die Entscheidungen. Die bisherigen Ausführungen bzgl. der Eigenschaften und Aufgaben des Architekten beziehen sich auf den Chefarchitekten. Aufgabenbereiche, die von allen Mitgliedern des Architekturteams wahrgenommen werden, sind im Folgenden nochmals hervorgehoben.

Chefarchitekt

Wie viele Personen umfasst ein Architekturteam? Dies hängt von der Größe des Projektes ab. [Brooks95] weist jedoch darauf hin, dass der Grundsatz der *konzeptuellen Integrität*, den eine Softwarearchitektur einhalten soll, nur erreicht werden kann, wenn eine kleine Anzahl von Köpfen zusammenkommt, um die Architektur des Systems zu erstellen. Sind Sie schon einmal umgezogen und haben Ihre ganzen Möbel und Kisten selbst in einen LKW verstauen müssen? Dann haben Sie sicherlich die Erfahrung gemacht, dass jeder Ihrer Umzugshelfer

Teamgröße

seine eigenen Ideen hat, wie und in welcher Reihenfolge der LKW am besten bepackt wird. Wenden Sie abwechselnd die Ideen des einen sowie des anderen an, ist eines sicher: Ihre Möbel passen garantiert nicht alle in den LKW! Bei einem Projekt dieser Größe ist es immer noch am besten, ein einzelner Architekt ist dafür verantwortlich, wie der LKW beladen wird. [Paulish02] schränkt die Anzahl der Mitglieder eines Architekturteams in der Softwareentwicklung auf fünf bis sechs Personen ein.

Wann ist ein Team notwendig?

Ein Architekturteam wird aus zwei Gründen notwendig. Zum einen, wenn aufgrund der Projektgröße und -struktur ein einzelner Architekt die Menge an Arbeit in der Architekturdesign- und Implementierungsphase nicht bewältigen kann, und zum anderen, wenn er aufgrund der Komplexität des Projektes nicht alle Fachgebiete, die im Projekt zur Anwendung kommen, in dem Maße überschauen kann, wie es für die Erstellung der Architektur notwendig ist. Bei einem Kampfjet z. B. wird es kaum einer einzelnen Person möglich sein, die gesamte Software der komplexen Avionik in der benötigten Tiefe zu verstehen.

Aufgaben

Aus den Gründen, wann ein Architekturteam notwendig wird, folgen sowohl die Zusammenstellung wie auch die Aufgaben der weiteren Mitglieder des Architekturteams. Für die Zusammenstellung empfiehlt es sich, Experten aus den unterschiedlichen Fachgebieten in das Team zu holen. Diese tragen mit ihrem Wissen für den jeweiligen Bereich der Architektur bei. Das heißt, während der Architekturdesignphase arbeiten die Mitglieder einzelne Bereiche der Architektur aus und dokumentieren diese. Wichtig dabei ist, eine enge Zusammenarbeit und Abstimmung des Teams, um das gemeinsame Verständnis und die Integrität sicherzustellen. In der Implementierungsphase unterstützen sie den Chefarchitekten bei dem Wissenstransfer und stellen mit sicher, dass die Software gemäß der Architektur implementiert wird. Das Architekturteam lenkt also in der Implementierungsphase die Implementierungsaufgaben wie Feindesign, Kodierung und Integration.

Begriffe: Softwarearchitekt, Chefarchitekt und Architekturteam

Im weiteren Verlauf des Buches werden wir den Begriff Softwarearchitekt und Chefarchitekt synonym verwenden. Wenn wir das Architekturteam meinen, verwenden wir explizit diesen Begriff. Immer wenn von dem Architekturteam gesprochen wird, gilt dies ebenso für kleinere Projekte, wo das »Team« nur aus einem einzelnen Architekten besteht.

Wechselwirkungen mit anderen Rollen

Neben der Zusammenarbeit mit den Mitgliedern des Architekturteams hat der Chefarchitekt noch weitere wichtige Beziehungen. Auf die Be-

ziehung mit den Entwicklern, die für Aufwandsschätzungen, Feindesign, Kodierung und Unit-Test ihrer Arbeitspakete zuständig sind,
wurde bereits eingegangen. Auch die Zusammenarbeit mit dem Projektleiter wurde schon mehrfach angedeutet. Da diese Zusammenarbeit eine besonders wichtige Rolle spielt, wird sie im folgenden Abschnitt des Kapitels noch separat behandelt.

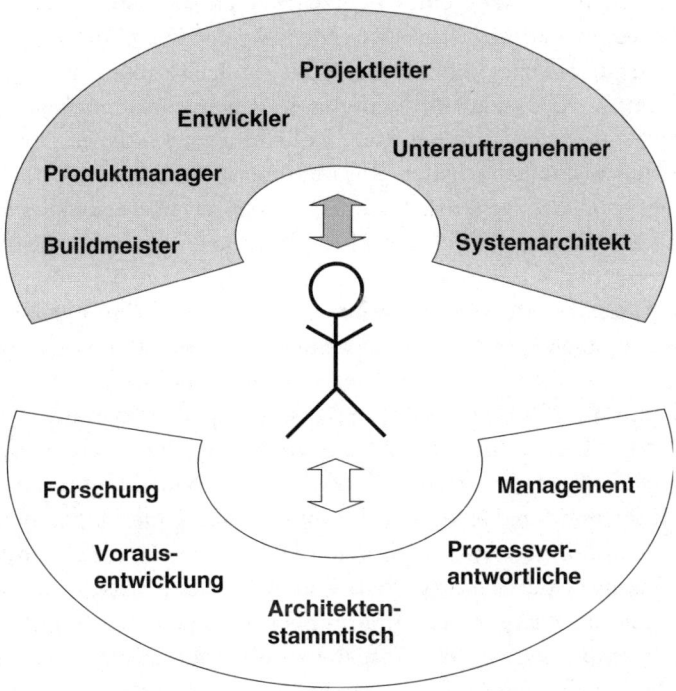

Abb. 2-4 Wechselwirkungen des Architekten mit anderen Rollen: Grau hinterlegt sind
Wechselwirkungen innerhalb eines Projektes, weiß hinterlegt projektübergreifende
Beziehungen.

Projektleiter und Architekt gemeinsam haben eine enge Arbeitsbezie-   *Produktmanager*
hung zum *Produktmanager*. Dieser gehört dem Marketing an und ist
verantwortlich für die Definition der Anforderungen des zu entwickelnden Produkts. Mit dem Produktmanager wird die *Funktions-
planung* abgestimmt. Dazu gehören die Diskussion, das Verhandeln
sowie das Verfeinern der Anforderungen, die Definition der relativen
Prioritäten der Anforderungen und somit auch die Sequenz der Implementierung, d. h. die Planung des Umfangs der einzelnen Inkremente in
der Implementierungsphase.

Systemarchitekt und Hardwarearchitekt

Der *Systemarchitekt* ist verantwortlich für das Gesamtdesign des Systems sowie der Auswahl und Konfiguration der Hardware. Jeff Garland [Garland03, S.26f] zerlegt diese Rolle in einen Systemarchitekten und einen *Hardwarearchitekten*. Der Softwarearchitekt muss mit dem Systemarchitekten eng zusammenarbeiten. Sie stimmen gegenseitig Anforderungen ab und liefern sich Informationen über Abhängigkeiten, Einschränkungen und Zusammenspiel des Systems. Stellen Sie sich die Entwicklung eines Echtzeitbildverarbeitungssystems vor. Hier muss ganz klar abgestimmt werden, welche Berechnungen durch Hardware und welche durch die Software erfolgen. Zudem muss exakt abgestimmt werden, wie Hardware und Software zusammenarbeiten.

Buildmeister

Der *Buildmeister* ist eine weitere Rolle im Projekt, die eng mit dem Architekten zusammenarbeitet. Der Buildmeister ist verantwortlich für die Integration des Systems. So muss er beispielsweise sicherstellen, dass das jeweils aktuelle System über Nacht gebaut wird. Gerade für eine inkrementelle Entwicklung, die regelmäßig neue Versionen hervorbringt, ist das effektive Funktionieren dieser Rolle von großer Bedeutung. Ansonsten entstehen sehr hohe Zeit- und Reibungsverluste aufgrund der immer wieder benötigten neuen Versionen.

Unterauftragnehmer

Zuletzt sei im Rahmen des Projekts noch die Abstimmung des Architekten mit den technischen Ansprechpartnern der externen *Unterauftragnehmer* genannt. Der Architekt ist verantwortlich für die technische Koordination mit diesen. So muss er die Unterauftragnehmer mit klaren Spezifikationen versorgen, die deren zu implementierenden Anteile inklusive der Schnittstellen, Abhängigkeiten, Einschränkungen und Verantwortlichkeiten beschreibt. Bei Problemen oder Fragen ist er der Ansprechpartner. Ist die Aufgabe zu umfangreich, kann sie auch von anderen Mitgliedern des Architekturteams übernommen werden.

Projektübergreifende Kontakte

Die bisher besprochenen Interaktionen finden im Rahmen eines konkreten Entwicklungsprojektes statt. Da der Architekt auch darüber hinausgehende Aufgaben besitzt, gibt es Beziehungen zu Rollen im Unternehmen, die nicht an ein konkretes Projekt gebunden sind. So arbeitet der Architekt mit den Bereichen Forschung und Vorausentwicklung zusammen, um neue Technologien in die Projekte zu übertragen. Er tauscht sich mit anderen Architekten im Unternehmen, eventuell im Rahmen des *Architektenstammtisch* aus, um Erfahrung und Wissen zu verbreiten. Für die Integration von Softwarearchitekturdesign in den Entwicklungsprozess des Unternehmens kooperiert er mit Prozessverantwortlichen. Mit dem Management diskutiert er Möglichkeiten von Wiederverwendung und Produktlinienansätzen. Auf Letztere werden wir in Kapitel 10 noch separat eingehen.

2.3   Zusammenspiel von Softwarearchitektur und Projektmanagement

Wir hatten bereits mehrmals angedeutet, dass die Softwarearchitektur einen starken Einfluss auf das Projektmanagement hat. So muss der Projektleiter anhand der Architektur Zeitpläne erstellen, Zeit- und Kostenabschätzungen vornehmen sowie die beteiligten Mitarbeiter führen. Die Struktur der Softwarearchitektur zusammen mit den darauf basierenden Aufwandsschätzungen versorgt einen Projektleiter mit allen nötigen Informationen, um ein inkrementelles Entwicklungsprojekt durchzuführen. Das heißt, Softwarearchitektur ist zentral für den Projekterfolg und muss somit auch im Interesse des Projektleiters liegen. Idealerweise erkennt er die Bedeutung der Architektur an und setzt diese mit durch. Dies geschieht z. B., indem er eine unterstützende Umgebung schafft, in der sein Projektplan die Erstellung, Dokumentation und Bewertung der Architektur angemessen berücksichtigt.

Projektleiter erkennt Bedeutung der Architektur an.

Gute Design- und Projektmanagementfähigkeiten hängen direkt zusammen mit erfolgreichen Softwareentwicklungsprojekten, denn beide nehmen zentrale Aufgaben in einem Projekt wahr:

Projektmanagement und Architektur sind zentral für den Projekterfolg.

- Die Architektur trifft Abwägungen zwischen verschiedenen Einflussfaktoren wie Qualitätsmerkmalen, organisatorischem Umfeld und technischen Randbedingungen, damit das implementierte System die Anforderungen erfüllen kann.

- Der Projektplan umfasst Abwägungen zwischen Lieferzeitpunkt, Qualität und Funktionalität, orientiert sich dabei an die Vorgaben des Managements und stützt sich bei der Umsetzung auf die Architektur.

Da beide Aufgabengebiete von so großer Bedeutung sind, ist auch das Zusammenspiel der beiden Akteure Projektleiter und Softwarearchitekt wichtig. Auf dieses Führungsteam werden wir speziell in Abschnitt 2.3.2 eingehen. Im Folgenden werden wir aber zunächst auf die Schnittstellen zwischen Projektmanagement und Softwarearchitektur zu sprechen kommen.

2.3.1   Bedeutung von Softwarearchitektur für das Projektmanagement

Dieses Unterkapitel erläutert detaillierter, in welchen Bereichen des Projektmanagements Softwarearchitektur eine Rolle spielt. Wir geben aber keine vollständige Abhandlung zum Thema Projektmanagement. Auch gehen wir nicht darauf ein, wie die einzelnen, erwähnten Methoden des Projektmanagements, wie z. B. Schätzungen, durchgeführt werden. Dies ist die Aufgabe spezialisierter Literatur zum jeweiligen Thema. Bei der Beschreibung orientieren wir uns an [Paulish02]. Er definiert vier Hauptaufgabengebiete eines Projektleiters. Dies sind:

- Planung
- Organisation
- Implementierung des Projekts
- Messen während des Projekts

Planung

Wann planen? Die Erstellung eines tragfähigen Projektplanes ist eine der schwierigsten Aufgaben des Projektleiters. Sowohl die Aufwandsschätzungen wie auch die Erstellung des Versionsplanes und die Aufteilung der Arbeitspakete erfolgen auf Basis der Architektur. Die Hauptplanungsphase des Projekts findet parallel zur Architekturdesignphase statt. Sie geht mit dieser Hand in Hand. Zudem wird die Planung vor dem Entwicklungsstart eines jeden Inkrements aktualisiert und verfeinert. Projekte sollten also geplant werden, während die Softwarearchitektur entworfen wird. Pläne, und Aufwandsschätzungen müssen auf der Architektur basieren. Pläne die erstellt werden, bevor eine Architektur existiert, d. h. ohne eine *Architekturbasis*, sind meist sehr ungenau, da aufgrund der vielen Unbekannten zu viele Annahmen getroffen werden und man leicht dazu neigt, Dinge zu optimistisch zu bewerten. In der Planungsphase arbeitet der Projektleiter mit dem Architekturteam. Zusammen spielen sie unterschiedliche Szenarien durch, wie am besten die geforderte Balance zwischen Zeit, Qualität und Funktionalität erreicht werden kann. Welche Technologien werden eingesetzt? Wie viele Mitarbeiter werden benötigt? Sollen Komponenten zugekauft werden? Werden Teile extern vergeben?

Zusammenarbeit mit dem Chefarchitekten Während der Planungsphase arbeitet der Projektleiter an der Erstellung der Architektur insofern mit, dass er zusammen mit dem Chefarchitekten die Kernentscheidungen über benötigte Technologien, Werkzeuge und Mitarbeiter trifft. Zusammen müssen sie zwischen *Budget* und technischen Aspekten abwägen. Zudem stellt der Projektleiter sicher, dass die Softwarearchitektur in einem vorgegebenen Zeitrahmen fertig gestellt wird. Dadurch wird die Verantwortung für die kollidierenden Interessen, nämlich eine möglichst gute technische Lösung zu entwerfen und das Einhalten eines wahrscheinlich engen Zeitrahmens, auf unterschiedliche Personen verteilt. Nur dadurch kann gewährleistet werden, dass beide angemessen berücksichtigt werden.

Aufwand schätzen Bevor die Architektur existiert, beginnt der Projektleiter mit einer *Top-down-Schätzung* und Planung auf Basis der Erfahrung des Chefarchitekten, Schätzungen aus früheren Projekten sowie Produkten der Konkurrenz. Diese Schätzung kann noch sehr grob sein, da die ausführliche Architekturbasis fehlt. Deshalb gleicht er diese mit den *Bottom-up-Schätzungen* ab, die erstellt werden, sobald die Struktur der Architektur feststeht. Die Bottom-up-Schätzungen werden für die einzelnen Architekturbausteine, z. B. für die Subsysteme oder Komponenten, durchgeführt. Vorgenommen werden sollten sie jeweils von dem Entwickler, der später auch für die Realisierung des jeweiligen Architekturbausteins verantwortlich ist. Dadurch wird es wahrscheinlicher, dass die Planung von den Entwicklern akzeptiert und verfolgt wird. Projektleiter und Chefarchitekt können dann mehr als Coach agieren anstatt solcher, die den Zeitplan erzwingen wollen. Für das Durchführen der Bottom-up-Schätzungen wird somit bereits ein erweitertes Entwicklungsteam benötigt, da das Erstellen dieser Schätzungen die erste Aufgabe eines Entwicklers für sein Arbeitspaket darstellt.

Liegen dem Projektleiter die Bottom-up-Schätzungen vor, kann er mit der inkrementellen Versionsplanung beginnen. Diese basiert auf den Anforderungen und deren Priorisierung, den Bottom-up-Schätzungen sowie den vom Management vorgegebenen Projektmeilensteinen. Eventuell müssen bestimmte Funktionalitäten dem Kunden bereits in früheren Versionen oder auf Messen präsentiert werden. Auf Basis der statischen Struktur der Architektur erstellt der Projektleiter die Arbeitspakete und teilt diese den Mitarbeitern zu (engl. *work-breakdown structure*). Er orientiert sich dabei an den Architekturbausteinen und deren Schnittstellen. Dies stellt sicher, dass die Teams voneinander unabhängig arbeiten können und der Projektleiter genügend Einblick für das Controlling des Projektverlaufs hat. Der gesamte Projektplan basiert somit auf der Architektur. Die Inkremente werden geprägt durch den vom Management vorgegebenen Zeitplan.

Versionsplan erstellen und Arbeitspakete aufteilen

In der Planungs- und Architekturdesignphase entstehen zeitgleich nebeneinander als Kernartefakte die *Softwarearchitekturspezifikation* sowie der *Softwareentwicklungsplan* (SEP). Der SEP beinhaltet den Projektplan, die Mitarbeiterplanung sowie Risikostrategien. Er wird im Wesentlichen vom Management, aber auch von den Entwicklern überprüft, so dass er möglichst von allen Betroffenen getragen wird. Die Architektur ist die Verständnisbasis, auf der sich die Entwickler hinter den SEP stellen können. Abhängig vom Ergebnis der Überprüfung kann es notwendig sein, den SEP zu überarbeiten, was aber auch bedeuten kann, dass die Architektur angepasst werden muss. Entscheidet sich das Management z. B. dagegen, eine bestimmte Komponente extern zu vergeben, kann dies zur Folge haben, dass nach einer anderen Lösung gesucht werden muss, da nicht genügend eigene Mitarbeiter

Softwarearchitekturspezifikation und Softwareentwicklungsplan

mit dem speziellen benötigten Wissen zur Verfügung stehen. Letzten Endes hat der Projektleiter mit einem überprüften und akzeptierten SEP sowie einer gut entworfenen, dokumentierten und verstandenen Softwarearchitektur, gute Chancen, das Projekt erfolgreich abzuschließen. Vielleicht waren Sie selbst schon mal in der Situation, Projektleiter eines größeren Projektes ohne explizite Softwarearchitektur gewesen zu sein. Dann haben Sie sicherlich die Erfahrung gemacht, dass zu einem bestimmten Zeitpunkt die Entwicklung ins Stocken geraten ist und Sie sich ziemlich machtlos gefühlt haben, da Ihnen der notwendige Einblick in den Stand und die Probleme der Entwicklung gefehlt haben, um die notwendigen Gegenmaßnahmen zu ergreifen.

Aufwand der Planung

[Paulish02] gibt für die Planung von Softwareprojekten mittlerer Größe, mit ca. 20 Entwicklungsteammitarbeitern und einer Dauer von etwa zwei Jahren, folgende Daumenregeln:

- Dauer der Architekturdesignphase: bis zu drei Monaten
- Dauer für Bottom-up-Schätzung je Architekturbaustein: bis zu drei Wochen
- Dauer eines Inkrements: bis zu acht Wochen
- Abweichung des Zeitplans: bis zu 20%
- Aufwandsverteilung:
  - 5% Architekturdesign (fünf bis sechs Personen über einen Zeitraum von drei Monaten)
  - 35% Feindesign, 20% Kodierung, 40% Test (hoch skaliertes Entwicklungsteam: 20 Personen über einen Zeitraum von etwa 17 Monaten)
  - Aktualisierung der Planung und Risikobewertung: monatlich oder vor jedem neuen Inkrement

Diese Zahlen verdeutlichen nochmals den sehr geringen Kostenaufwand der Softwarearchitektur von nur 5%, verglichen mit deren Bedeutung und Reichweite für die gesamten restlichen 95% der Entwicklung und darüber hinaus für das Unternehmen.

Organisation

Die Organisation umfasst das Aufsetzen der Strukturen und Schnittstellen der Entwicklungsmannschaft. Dazu gehören der Chefarchitekt, das Architekturteam und das Entwicklerteam ebenso wie die Schnittstellen zu den Beteiligten außerhalb der Entwicklung.

Kontakt zu anderen Abteilungen der Organisation

Der Projektleiter managt das Softwarearchitekturteam, das Entwicklungsteam sowie alle Aktivitäten im Zusammenhang mit dem Projektmanagement. Dazu zählt auch, dass der Projektleiter die Schnittstelle zu anderen Funktionen innerhalb der Organisation, wie Marketing, Qualitätssicherung, Systemtest, Dokumententwicklung, oberes Management, darstellt. Dies ist explizit nicht Aufgabe des Architekten. Ganz im Gegenteil! Der Architekt sollte so weit wie möglich von diesen Aufgaben fern gehalten werden. Er wird sonst keine Zeit mehr für seine Kernaufgaben haben. Stellen Sie sich ein Projekt vor, das kurz vor dem offiziellen Fertigstellungstermin steht. In der Entwicklung gibt es jedoch noch einige Probleme, so dass es unklar ist, ob der Termin gehalten werden kann. Typischerweise werden der Druck und die Anzahl der Krisensitzungen in solch einer Phase rapide ansteigen. Das Management will verbindliche Aussagen erhalten, wann die Entwicklung abgeschlossen wird, so dass der geplante Produktionsstart gehalten werden kann. Ist der Architekt in dieser Phase zu sehr in die Diskussionen eingebunden, kann er seine gerade jetzt so wichtigen Aufgaben innerhalb der Entwicklung kaum mehr wahrnehmen. Es ist deshalb entscheidend, dass der Architekt nur hinzugezogen wird, wenn er aus technischer Sicht zwingend benötigt wird. Der Projektleiter sollte so weit möglich als Puffer wirken.

Zu Beginn des Projektes setzt der Projektleiter den Chefarchitekten *Chefarchitekt bestimmen* ein. Mit seiner Unterstützung definiert der Projektleiter das Architekturteam. Der Chefarchitekt ist der technische Führer des Architekturteams, wenn auch deren Mitglieder in der Hierarchie wahrscheinlich an den Projektleiter berichten.

Wie bereits im vorherigen Abschnitt erwähnt, werden die Mitglie- *Organisation des* der des Entwicklungsteams erst mit den Bottom-up-Aufwandsschät- *Entwicklungsteams* zungen involviert. Das Projekt wird zu diesem Zeitpunkt bzgl. der Anzahl seiner Mitarbeiter hochskaliert. Auf Basis der Architektur definiert der Projektleiter die Organisation des Entwicklungsteams und somit die eigentliche Projektorganisation. Idealerweise werden die Mitglieder des Softwarearchitekturteams, mit Ausnahme des Chefarchitekten, Teamleiter. Sie leiten die Entwicklung jeweils eines Subsystems. Das heißt, die Organisation des Entwicklungsteams gleicht der statischen Struktur der Softwarearchitektur. Nach *Conway's Law* [Datamation68] sollten die Projektorganisation und deren Aufstellung konsistent sein mit der Softwarearchitektur. Gibt es in der Architektur beispielsweise eine GUI sowie eine Datenbankkomponente, so wird es auch entsprechende Entwicklerteams geben. Der Kopf jedes dieser Teams wird ein Mitglied des Architekturteams sein, das bereits in der Architekturdesignphase am Entwurf dieser Komponenten gearbeitet hat. Abb. 2-5 verdeutlicht dies nochmals.

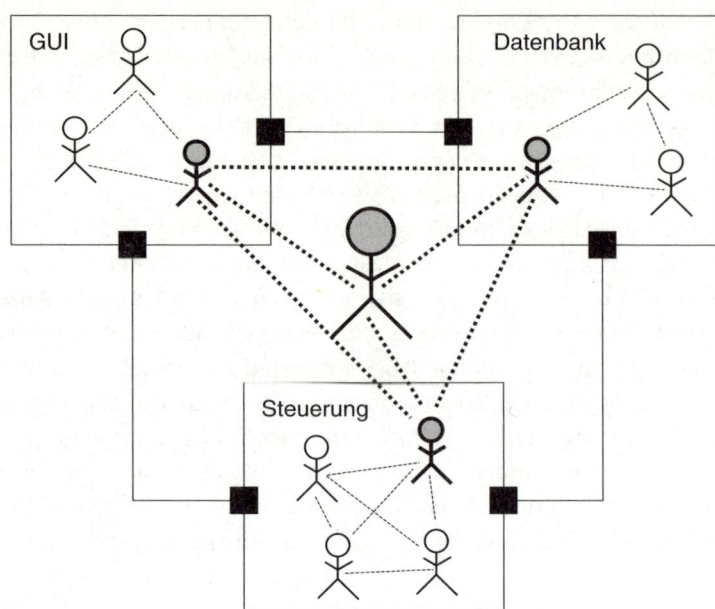

Abb. 2-5   Die Organisation des Entwicklungsteams gleicht der statischen Struktur der Architektur. Fett dargestellt mit grauem Kopf, die Mitglieder des Architekturteams. Jeweils ein Mitglied ist verantwortlich für die Entwicklung eines Bausteins zusammen mit seinem Team von Entwicklern. Ausnahme ist der Chefarchitekt. Er steht im Zentrum. Gestrichelt dargestellt sind die wichtigsten Kommunikationsbeziehungen zwischen den Beteiligten. Durchgezogene Linien sind Beziehungen zwischen den Architekturbausteinen.

In echten Projekten wird jedoch eine simple 1:1-Beziehung unwahrscheinlich sein. Gründe hierfür sind zwischenmenschliche Themen und die Tatsache, dass nicht jedes Mitglied des Architekturteams ein guter Teamleiter ist. Des Weiteren werden in manchen Organisationen Architekten zwischen Projekten geteilt, oder die Projektgröße verlangt zusätzliche Hierarchieebenen und weitere Managementunterstützung. Fehlen dem Projektleiter Schlüsselpersonen, kann es durchaus notwendig sein, den Softwareentwicklungsplan oder die Softwarearchitektur anzupassen. So müssen zwei Komponenten, deren Umsetzung parallel geplant war, eventuell sequenziell realisiert werden, damit entsprechendes Personal zur Verfügung steht.

Implementieren und Messen

Prioritäten setzen,
Zeitplan einhalten

Während der Implementierungsphase ist der Projektleiter hauptsächlich Manager der Produktentwicklungsorganisation. Dazu gehört unter anderem das Verfeinern der Organisation oder das Verändern von

Aufgabenzuweisungen an Mitarbeiter. Erweist sich z. B. ein bestimmter Architekturbaustein als kritischer Pfad in der Entwicklung, kann es sinnvoll sein, Mitarbeiter aus anderen Bereichen abzuziehen, um dort zu unterstützen. Der Projektleiter ist verantwortlich für die Implementierung des Projektes gemäß dem Softwareentwicklungsplan und somit auch verantwortlich für den Erfolg des Projektes. Er gibt dem Entwicklungsteam Prioritäten vor und benutzt Zeitdruck, um sicherzustellen, dass Qualität und Funktionalität nicht überbewertet werden. Oftmals muss er auf unvorhergesehene Situationen reagieren. So kann ein wichtiger Mitarbeiter ausfallen, können unerwartete technische Probleme auftreten oder neue Kundenanforderungen eingebracht werden. Bei eingebetteten Systemen tritt oftmals der Fall ein, dass die notwendige Hardwareplattform zu spät geliefert wird. Dies kann kritisch sein, da dann die Software erst sehr spät auf der Zielplattform integriert werden kann. Wie er in diesen Situationen entscheidet und umplant, ist wesentlich für den Projekterfolg. Die Architektur gibt ihm dabei den Rahmen für Handlungsspielräume seiner Entscheidungen. Wurde in der Architektur z. B. bereits eine Simulationsplattform vorgesehen für den Fall, dass die Zielhardware nicht rechtzeitig geliefert wird, kann der Projektleiter die Entwicklung einer Simulation veranlassen. Ist die Architektur dafür jedoch nicht ausgelegt worden, sind die Möglichkeiten des Projektleiters deutlich eingeschränkt. Der Architekt berät ihn mit seinem detaillierten Einblick in die Entwicklungsstruktur, den Status des Projekts, die Zusammenhänge sowie die Abhängigkeiten zwischen Strukturen und Aufgaben. So kann der Architekt Hinweise geben, ob durch den Einsatz zusätzlicher Mitarbeiter die Entwicklung schneller vorankommen kann oder ob z. B. eine bestimmte, vom Management geforderte Funktionalität bereits früher fertig gestellt werden kann.

Der Projektleiter schlägt zudem die Balance zwischen Elastizität und Starrheit des Plans. Um die *Marktanforderungen* optimal zu treffen, sind Änderungen und Anpassungen der Anforderungen auch während der Implementierungsphase noch notwendig. So wird der Kunde eventuell Änderungen in der Benutzeroberfläche oder in bestimmten Abläufen wünschen, wenn er eine erste Version der Software testen konnte. Zu viele Änderungen frustrieren jedoch das Entwicklungsteam. Insbesondere wenn sie Funktionalität implementieren, die später wieder geändert wird.

Messungen geben dem Projektleiter Einblick, inwieweit die gestellten Ziele bzgl. Zeitplan, Funktionalität und Qualität erreicht werden. Abhängig von den Ergebnissen der Messungen wird er Anpassungen und Abwägungen vornehmen müssen. Stellt der Projektleiter z. B. nach

Änderungen einbringen

Messungen

einiger Zeit fest, dass seine Aufwandsschätzungen zu optimistisch ausgefallen sind, wird er den Projektplan entsprechend anpassen oder so weit möglich zusätzliche Entwickler einsetzen. Die Softwarearchitektur kann dabei als Basis für zahlreiche Messungen dienen. Dazu zählen Größen- und Komplexitätsmessungen, ebenso wie die Messung der Produktivität oder der Abweichung vom Zeitplan. Welche Arten von Messungen es genau gibt und wie diese durchzuführen sind, werden wir im Rahmen dieses Buches jedoch nicht weiter ausführen.

2.3.2   Das Führungsteam aus Projektleiter und Softwarearchitekt

Zwei Rollen – zwei Personen

Bereits bei der Beschreibung der Rolle des Softwarearchitekten hatten wir darauf hingewiesen, dass die Rollen des Projektleiters und des Architekten von zwei getrennten Personen wahrgenommen werden müssen. Zumindest gilt dies, sobald das Entwicklungsteam größer ist als ein paar wenige Mitarbeiter. Werden die beiden Rollen auf eine einzige Person übertragen, kommt es oftmals zu schlechten technischen oder Projektentscheidungen. Es ist nur natürlich, dass der Fokus oder das Talent einer einzelnen Person mehr auf der einen oder anderen Seite liegt. Leicht neigt man dann auch dazu, eher die Dinge zu erledigen, die einem leichter von der Hand gehen. Hinzu kommt ein grundsätzlicher *Interessenkonflikt* zwischen den beiden Aspekten Zeit bzw. Kosten und Qualität. Tragend für den Projekterfolg ist es dennoch, dass beide – Projektleiter und Architekt – eng und effektiv als Führungs- und Entscheidungsteam zusammenarbeiten. Beides sind Personen mit technischen und Managementfähigkeiten. Die Gewichtungen liegen jedoch unterschiedlich. Ein guter Softwarearchitekt muss die Grundlagen des Projektmanagements verstehen. Umgekehrt muss der Projektleiter die Grundlagen und Zusammenhänge von Softwarearchitektur kennen. Die Verantwortlichkeiten zwischen den beiden Rollen sind grob unterteilt nach technischen und Managemententscheidungen.

Vertrauen in den Projekterfolg

Das Team Projektleiter/Softwarearchitekt ist kritisch für den Projekterfolg, da die meisten Entscheidungen sowohl Auswirkungen auf technische Ansätze wie auch auf die Projektrichtung haben. Dazu gehören Mitarbeiterentscheidungen ebenso wie Werkzeug- oder Technologieentscheidungen. Projektleiter und Architekt benötigen eine Vision, wo das Projekt und die Implementierung der Softwarearchitektur hingehen. Das heißt, der Projektleiter muss deutlich vor Augen haben, wie das Gefüge zwischen Zeit, Qualität und Funktionalität aussieht, so dass Kunde und Management zufrieden sind. Der Architekt muss eine klare Vorstellung haben, wie die Strukturen und Mechanismen der Software aufgebaut sein müssen, um die Anforderungen zu erfüllen. Beide benötigen ein generelles Vertrauen, dass das Projekt erfolgreich sein wird und das auch durch Rückschläge im Projektverlauf nicht leicht zu erschüttern ist. In unruhigen Zeiten müssen sie ruhig bleiben. Damit bleibt auch das Entwicklungsteam ruhig. Sie müssen aufrichtig glauben, dass sie den Entwicklungsplan mit kleinen Abweichungen im Wesentlichen verwirklichen können. Diese Überzeugung wird auch eine ansteckende Wirkung auf das Entwicklungsteam haben.

Dem Projektleiter hilft es, mit dem Architekten einen Partner bei Projektentscheidungen zu haben. Dies kann zudem seine oftmals vorhandene *Isolation* in größeren Projekten minimieren. In der Hierarchie wird es jedoch so sein, dass der Chefarchitekt an den Projektleiter berichtet, da Letzterer die Gesamtverantwortung für das Projekt zu tragen hat. Auch die Entwickler berichten wahrscheinlich an den Projektleiter. Die täglichen Anweisungen des Entwicklers und seine Wechselwirkungen in Bezug auf das Architekturdesign kommen jedoch vom Architekten.

Isolation überwinden

[Paulish02] bemerkt, dass es manchmal schwer sein mag, das Management davon zu überzeugen, dass für jede der beiden Rollen eine eigene Person benötigt wird. Der Projektleiter muss dann um seinen Architekten kämpfen in dem Wissen, dass er ihn für ein erfolgreiches Projekt benötigt. Ein weiteres Argument ist, dass man als Projektleiter mit der Zeit weniger technisch wird, da man mehr Verantwortung und Organisation übernimmt. Somit wird deutlich, dass es sich bei beiden Rollen, ab einem gewissen Punkt, auch um völlig unterschiedliche *Laufbahnen* handelt.

Management überzeugen

Aufgabenverteilung

Wie sind die Aufgaben in dem Führungsteam Projektleiter und Architekt verteilt? Bereits im vorherigen Abschnitt haben wir angedeutet, dass die Aufteilung grob nach technischen und Managementaspekten erfolgt. Das bedeutet, dass sich der Chefarchitekt idealerweise um die technischen Entscheidungen kümmert und der Projektleiter um alle anderen. Dazu zählen Entscheidungen bzgl. der Richtung des Projekts, des Zeitplans, der Kosten und der Qualität. Oftmals gibt es eine Beziehung zwischen Projektthemen und technischen Aspekten. So können Technologien nicht eingesetzt werden, wenn nicht die entsprechenden Mitarbeiter vorhanden sind oder geschult werden. Deshalb treffen Projektleiter und Chefarchitekt Entscheidungen oftmals gemeinsam. Sollen teure, externe Mitarbeiter beauftragt werden, die das entsprechende Know-how parat haben, oder soll auf interne Mitarbeiter gesetzt werden, wodurch eventuell das Risiko und der Zeitbedarf größer ist? Soll ein leistungsfähiger Prozessor eingesetzt werden, so dass keine Laufzeitprobleme entstehen, oder entscheidet man sich aus Kos-

Entscheidungen gemeinsam treffen

tengründen doch für die kleinere Variante? In bestimmten Situationen wird der Projektleiter, bevor er wichtige Projektentscheidungen trifft, eine Übereinstimmung der Meinungen schaffen wollen. In anderen Situationen wird er als Gesamtverantwortlicher für das Projekt den Architekten aber auch überstimmen müssen. In der täglichen Arbeit geht der Chefarchitekt hauptsächlich mit den Entwicklern um, der Projektleiter mit vielen anderen Bereichen.

Abschätzung und Planung

Die Abschätzung und Planung des Projekts macht der Projektleiter in Zusammenarbeit mit dem Chefarchitekten. Alle wichtigen Entscheidungen zu dem vorgeschlagenen Entwicklungsplan treffen sie gemeinsam. Beide müssen widerstehen, gegenüber dem Management verbindliche Aussagen zum Entwicklungsplan zu geben, solange keine Abschätzung auf Basis der Architektur fertig gestellt ist. Zu oft neigen Manager auf Druck von oben dazu, sich übereifrig und zu früh auf einen Entwicklungsplan festzulegen. Da dieser noch zu ungenau war, versuchen sie dann das Entwicklungsteam anzuhalten, die ersten Versionen gemäß dem Zeitplan fertig zu stellen, da zum Beispiel eine wichtige Kundenpräsentation versprochen wurde. Dies führt regelmäßig zu unzufriedenen Kunden, dürftiger Qualität und einem ausgebrannten Entwicklungsteam.

Kommunikation nach außen

Während der Architekturdesignphase und der Implementierungsphase ist der Projektleiter Schnittstelle zwischen oberem Management, Vertrieb, Marketing und dem Architekturteam. Er ist derjenige, der im Wesentlichen nach außen kommuniziert. Der Architekt wird nur hinzugezogen, wenn dies technisch notwendig ist. Das heißt, die Projektinformationen kommen vom Projektleiter, die technischen Informationen vom Chefarchitekten. Eine direkte Kommunikation der Bereiche mit den einzelnen Mitgliedern des Architekturteams sollte weitgehend vermieden werden.

Unterstützung durch den Softwarearchitekten

Des Weiteren unterstützt der Chefarchitekt den Projektleiter in vielen Bereichen. In der Implementierungsphase überwachen Projektleiter und Architekt gemeinsam den Fortschritt des Projekts, um auf unvermeidliche und ungeplante Probleme reagieren zu können. Der Architekt kennt die technischen Details und berät den Projektleiter bzgl. Arbeitsaufteilungen und der benötigten Fähigkeiten von Mitarbeitern. Er unterstützt beim Interview neuer Mitarbeiter. Häufig ist er auch ein Kritiker der Projektleitung. Insbesondere bei Entscheidungen, welche die Moral der Entwickler beeinflussen können.

2.4 Zusammenfassung

In diesem Kapitel wurde beschrieben, wie Softwarearchitektur in die Unternehmensstrukturen integriert ist. Für den erfolgreichen Einsatz von Architektur ist dieses Verständnis wichtig. Dazu zählen die Rolle des Softwarearchitekten sowie die Wechselwirkungen mit anderen Bereichen. Der Softwarearchitekt besitzt Aufgaben innerhalb und außerhalb eines Projektes. Neben dem eigentlichen Entwurf der Software umfasst dies auch organisatorische Aufgaben, Kommunikation, Verhandeln sowie beratende und prüfende Tätigkeiten. Ein Softwarearchitekt muss deshalb mehr als nur technische Fähigkeiten besitzen. Der Architekt arbeitet vor allem mit den Entwicklern, dem Projektleiter und den Mitgliedern aus dem Architekturteam zusammen. Er interagiert aber auch mit anderen Rollen, wie z. B. dem Systemarchitekten. Für das Projektmanagement spielt Architektur eine wesentliche Rolle. Sie bildet die Basis, auf der ein Projektleiter seine Abschätzungen trifft, Pläne entwirft und Mitarbeiter führt. Chefarchitekt und Projektleiter bilden zusammen ein Führungsteam. Das gute Funktionieren dieses Teams ist entscheidend für den Projekterfolg.

Teil II:
Erstellung der Softwarearchitektur

3 Vorgehen

»Der künstlerische Arbeitsprozess kommt mir vor wie eine
Transsubstantiation, wie eine Verwandlung, wobei das Ich sich wie ein
Beobachter fühlt und das Werk ihr Zeuge zu sein scheint.«
Sofia Kouldakidou, Herdecke/Ruhr

Können Sie sich vorstellen, dass der Potsdamer Platz in Berlin entstanden ist, indem sich alle Handwerker und Bauarbeiter am Tag des Projektbeginns treffen, ein paar grobe Absprachen treffen, wie z. B. wir
wollen eine herausragende Architektur, Platz für 1000 Büros, drei Kinos, fünf Hotels und ein Theater. Zudem müssen wir in einem Jahr fertig sein, und es darf nicht mehr als 30 Millionen Euro kosten. Darauf
beginnt jeder mit seinen Arbeiten. Während die Gebäude errichtet werden, sprechen sich die Beteiligten immer wieder ab, sobald irgendwelche Fragen aufkommen. Malen Sie sich aus, wie und ob überhaupt das
Bauvorhaben in diesem Fall abgeschlossen worden wäre!

Die letzten beiden Kapitel haben besprochen, was Softwarearchitektur ist, welche Aufgaben sie hat und wie sie im organisatorischen
Umfeld eingebunden ist. Im zweiten Abschnitt dieses Buches wollen
wir Ihnen aufzeigen, wie Softwarearchitektur erstellt wird. Der eigentliche Entwurf der Architektur ist dabei nur ein Schritt. Wichtig ist es
auch, die Architektur auf den richtigen Annahmen aufzubauen und sie
angemessen zu dokumentieren. Ebenso müssen Sie bewerten können,
ob Sie auf die richtige Architektur setzen, bevor in die Implementierung übergegangen wird.

Dieses Kapitel gibt einen Überblick über das gesamte Vorgehen der
Architekturerstellung. Die einzelnen Schritte und Bausteine werden in
den anschließenden Kapiteln dann noch ausführlicher behandelt.

3.1 Überblick

Das Erstellen einer Softwarearchitektur ist mehr als der alleinige Entwurf eines Architekten im stillen Kämmerlein. Gerade ein solches Vorgehen ist bei komplexeren Projekten zum Scheitern verurteilt. Kommunikation zwischen allen Beteiligten ist ein wesentliches Element, das ein
Vorgehen berücksichtigen muss. Abb. 3-1 gibt einen Überblick über
die wichtigsten Schritte während der Erstellung einer Architektur.

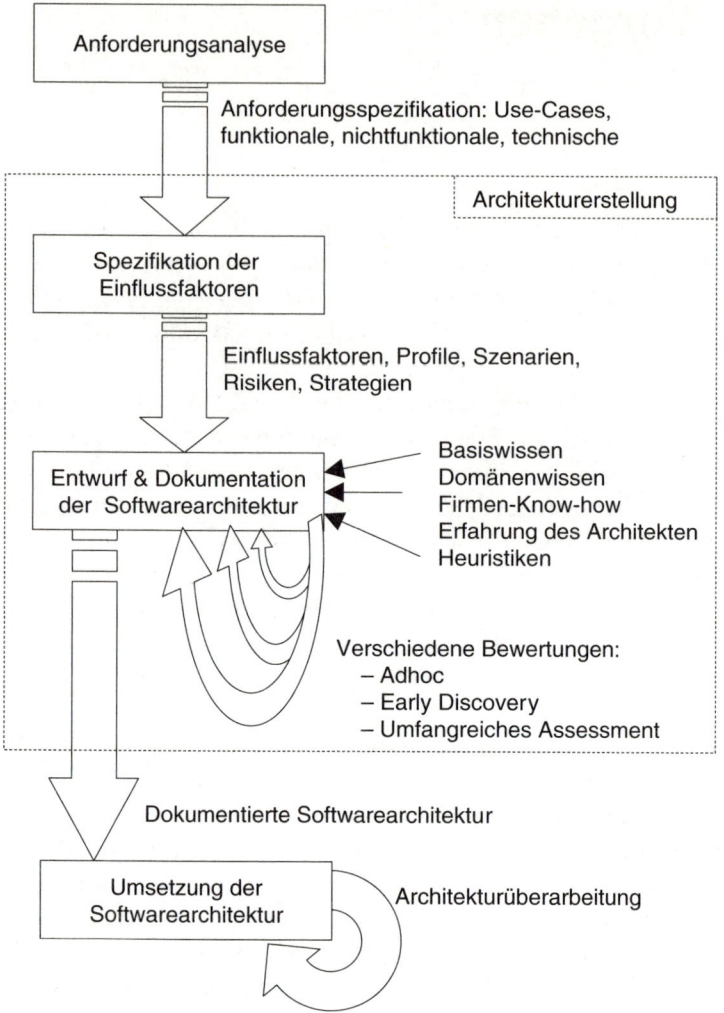

Abb. 3-1 Überblick des Vorgehens zur Erstellung einer Softwarearchitektur

Das Vorgehen kann aus der Sicht des eigentlichen Architekturentwurfs in drei Bereiche eingeteilt werden:

- Vorbereitungen für den Entwurf

- Entwurf, Dokumentation und Bewertung

- Umsetzung der Architektur

Jeder der drei Bereiche wird im Folgenden kurz angerissen. Im weiteren Verlauf des Kapitels werden wir dann auf jeden Bereich aus der Perspektive des Vorgehens noch genauer eingehen. Darauf aufbauend werden einzelne Aspekte wie Entwurf, Dokumentation und Bewertung in späteren Kapiteln detaillierter ausgeführt.

Bevor mit der Erstellung der Architektur begonnen wird, findet die *Anforderungsanalyse* statt. Diese liefert wichtige Eingangsinformationen für die Architektur. Insbesondere ist dies die Anforderungsspezifikation, bestehend aus funktionalen Anforderungen mit Use Cases, nichtfunktionalen Anforderungen sowie technischen Anforderungen und ein zu den Anforderungen passendes fachliches Modell. Der Anforderungsanalyse schließt sich die Spezifikation der Einflussfaktoren als weiterer Vorbereitungsschritt an. Die wichtigsten Ergebnisse dieses Schrittes sind die Einflussfaktoren spezifiziert über Profile und Szenarien sowie Risiken und dazu passende Strategien. Nun sind die wichtigsten Vorbereitungen für den Entwurf der Architektur getroffen.

Vorbereitungen für den Entwurf

Der nächste Schritt ist der eigentliche Entwurf der Architektur durch den Architekten oder das Architekturteam. Gleichzeitig mit dem Entwurf wird die Softwarearchitektur angemessen dokumentiert. Einfluss auf den Entwurf nehmen, neben den Ergebnissen aus der Vorbereitung, verschiedene Formen des Wissens. Dazu zählen ein gewisses Basiswissen, Domänenwissen, Firmen-Know-how, die Erfahrung des Architekten sowie Heuristiken für den Entwurf. Die entworfene Architektur wird immer wieder bewertet. Hierfür kommen verschiedene Bewertungsmethoden, wie z. B. die Ad-hoc-Bewertung, das Early Discovery Review oder ein umfangreiches Assessment zum Einsatz. Auf Basis des Ergebnisses einer jeden Bewertung wird iterativ mit dem Entwurf der Architektur fortgefahren.

Entwurf, Dokumentation und Bewertung

Wir haben nun eine dokumentierte und bewertete Softwarearchitektur. Auf Basis dieser kann mit der Umsetzung begonnen werden. Das bedeutet, die Software wird auf Grundlage der Architektur implementiert. Im Rahmen der Umsetzung ist die Architektur jedoch nicht eingefroren, sondern wird weiter reifen und muss gepflegt werden. Eine ständige Überarbeitung der Architektur ist somit notwendig.

Umsetzung der Architektur

Es gibt keinen *Prozess*, der für jede Art von Projekt passend ist. Deshalb müssen Prozesse den gegebenen Umständen angepasst werden. Man spricht dann von *Prozesstailoring*. Jedoch gibt es grundlegende Konzepte bei der Erstellung einer Softwarearchitektur, die, wenn einmal verstanden, die Basis für einen solchen Prozess legen können. Das im Folgenden noch genauer vorgestellte Vorgehen soll deshalb als Sammlung solcher grundlegenden Konzepte verstanden werden. Sie sind in einer logischen, aufeinander aufbauenden Reihenfolge beschrieben. Anfangs hilft Ihnen das, die Konzepte im Zusammenhang zu verstehen. Haben sie deren Bedeutung erst einmal verinnerlicht, können Sie daraus jeweils Ihren angepassten und der Situation ange-

Tailoring, Agilität, iterativ und inkrementell

messenen Prozess im Sinne eines *agilen Vorgehens* gestalten. Sehen Sie
den Ablauf der einzelnen Schritte auch nicht zu streng. Die Erstellung
einer Softwarearchitektur ist ein *inkrementeller und iterativer Prozess*.
Sie werden deshalb viele kleine Schleifen innerhalb des Vorgehens dre-
hen, um die Architektur Stück für Stück wachsen und reifen zu lassen.

Projektarten und Fallstudie   Die vorgestellten Konzepte eignen sich nicht nur für die Entwicklung komplett neuer Systeme. Die meisten der heutigen Entwicklungs-
projekte zielen darauf ab, bestehende Produkte zu erweitern. Auch
werden zum großen Teil fertige Komponenten, wie Betriebssysteme
oder Datenbanken, hinzugekauft. Am Ende des zweiten Teils dieses
Buches finden Sie zudem eine Fallstudie. Diese stellt sozusagen eine Instanz des Vorgehensmodells dar und veranschaulicht die wichtigsten
Schritte und Aspekte nochmals an einem konkreten Beispiel.

3.2 Vorbereitungen für den Entwurf

Vorbereitend für den Entwurf finden die Anforderungsanalyse sowie
die Spezifikation der Einflussfaktoren statt. Die Anforderungsanalyse
ist ein sehr umfassendes Gebiet für sich und als solches nicht Bestandteil dieses Buches. Hier soll nur kurz ein Abriss des Themas gegeben
werden, um ein grundlegendes Verständnis als Basis für das Architekturdesign zu schaffen. Bei unseren Ausführungen rund um die Anforderungsanalyse beziehen wir uns weitestgehend auf die Arbeiten von
Suzanne und James Robertson [Robertson99], die den *Volere Anfor-
derungsprozess* und die zugehörige Dokumentvorlage für die *Volere
Anforderungsspezifikation* vorstellen. Neben dem Buch von Robertson zum Volere-Ansatz gibt es noch zahlreiche weitere Literatur zum
Thema Anforderungsmanagement. Sehr umfassend wird das Gebiet
auch in dem deutschsprachigen Buch von Bruno Schienmann [Schien-
mann02] behandelt.

   Die Spezifikation der Einflussfaktoren wird hier aus Prozesssicht im
Überblick dargestellt. Ein eigenständiges Kapitel beschäftigt sich anschließend noch ausführlich mit diesem Thema.

3.2.1 Anforderungsanalyse

Der Volere-Prozess ist ein Leitfaden, der ausführt, wie Anforderungen
ausfindig gemacht und derart beschrieben werden, so dass sie in der
fertigen Software auch getestet werden können. Volere ist ein sehr ausführliches Modell. Wir werden hier nur ganz kurz auf die wesentlichen
Aspekte eingehen. Eine ausführliche und qualitativ hochwertige Anforderungsanalyse bildet die perfekte Basis für den Entwurf einer guten

Softwarearchitektur. Je mehr Arbeit bereits im Rahmen der Anforderungsanalyse erledigt wurde, desto leichter fallen dem Architekten notwendige vorbereitende Maßnahmen für die Softwarearchitektur.

Die wesentlichen Schritte des Volere-Prozesses sind:

- Ausfindig machen der Anforderungen
- Niederschreiben der Anforderungen
- Qualitätskontrolle

Bevor ein Team von Anforderungsanalysten ans Werk geht, findet ein Treffen für den Projektstart statt. Robertson nennt dies *Blastoff*. Daran nehmen die wichtigsten Stakeholder teil. Ziel des Treffens ist es, das Projekt vorzubereiten und die Machbarkeit sicherzustellen, noch bevor das Projekt startet. Es müssen genügend Fakten zusammengetragen werden, um deutlich zu machen, dass das Projekt lohnende Ziele hat, dass es möglich ist, diese zu erreichen, und dass genügend Rückhalt der Stakeholder vorhanden ist. Es wird ein grobes Kontextmodell entworfen und eine klare Aussage darüber formuliert, was das Produkt leisten soll. Zudem erfolgen eine erste Kostenabschätzung sowie eine erste Bewertung von Risiken. Letzten Endes ist es Ziel des Treffens, eine *Go/no go-Entscheidung* formulieren zu können.

Projekt-Blastoff

Wurde das Projekt gestartet, kann sich ein Team von Anforderungsanalysten ans Werk begeben, die Anforderungen ausfindig zu machen. Dazu müssen sie zunächst genau verstehen, was das Produkt exakt leisten soll. Soll das Produkt z. B. einen bestimmten Geschäftsprozess unterstützen, muss dieser von den Analysten im Detail verstanden sein. Die Analysten arbeiten hierfür sehr eng mit den Stakeholdern, insbesondere den zukünftigen Anwendern zusammen. Eingesetzt werden z. B. Fragetechniken, Interviews oder Use-Case-Workshops. Hängt die Anforderungsanalyse fest oder müssen Anforderungen konkreter gemacht werden, können Prototypen oder Szenarien zum Einsatz kommen, um den Anwendern eine Simulation der Anforderungen vorzulegen. Wichtig ist, dass nicht nur nach funktionalen Anforderungen gesucht wird. Auch die nichtfunktionalen Anforderungen, wie z. B. Antwortzeiten oder Benutzeroberfläche, sind von großer Bedeutung. Eine dritte Kategorie umfasst die technischen Anforderungen. Dabei handelt es sich meist um Vorgaben, welche die Freiheiten des Architekten später einschränken. Müssen Sie z. B. ein Steuergerät wie das für den Auslösemechanismus des Airbags in einem modernen Automobil entwerfen, so wird Ihnen das in der Automobilindustrie standardisierte Echtzeitbetriebssystem OSEK sehr wahrscheinlich vorgeschrieben. Diese technische Anforderung beeinflusst den Entwurf Ihrer Architektur.

Ausfindig machen der Anforderungen

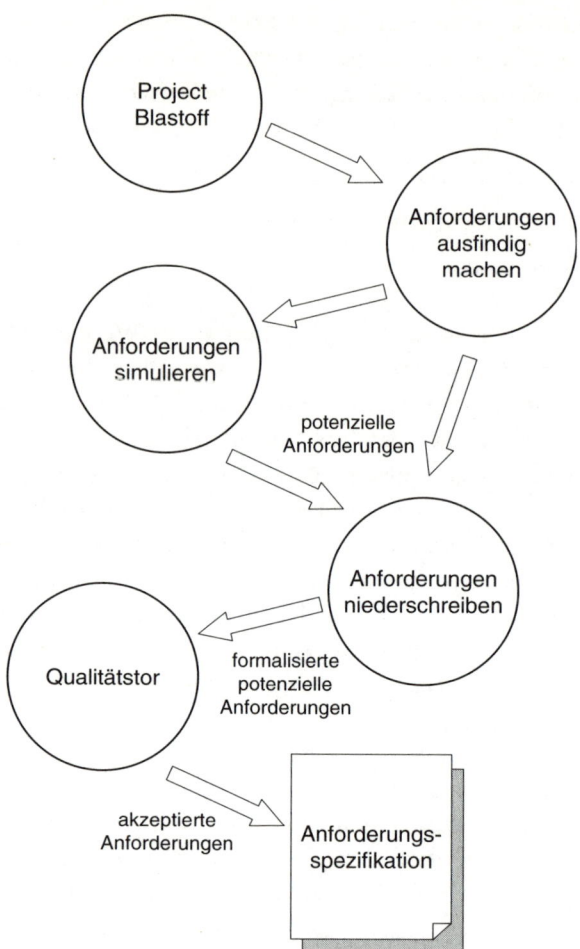

Abb. 3-2 Auszug aus dem Ablauf des Prozesses für die Volere-Anforderungs-
spezifikation; Quelle [Robertson99]

Niederschreiben der Die gefundenen Anforderungen müssen in einer standardisierten Form
Anforderungen niedergeschrieben werden. Verwendung findet dabei die Sprache des
Anwendungsbereiches, so dass die Anforderungen von den Anwen-
dern verstanden werden. Um sicherzustellen, dass die Implementierung
der fertigen Software auch die Anforderungen erfüllt, müssen die
Anforderungen *messbar* sein. Jede Anforderung wird deshalb mit
Abnahmekriterien versehen, dessen Aufgabe es ist, die Anforderung zu
quantifizieren, so dass Tester exakt feststellen können, ob die Implementierung die Anforderung erfüllt oder nicht. Ist eine Anforderung
beispielsweise, dass das System leicht portierbar sein soll, so wird ein
Abnahmekriterium einen konkreten Fall aufzeigen, der in Form eines

Tests durchgeführt und mit erfolgreich oder nicht erfolgreich bewertet werden kann. Im Falle unseres Steuergerätes unter OSEK könnte das Abnahmekriterium z. B. heißen, dass es möglich sein muss, das System mit einem Aufwand von maximal fünf Personentagen auf das Echtzeitbetriebssystem VxWorks zu portieren. Die Anforderungen werden in der Anforderungsspezifikation erfasst. Grundlage hierfür ist eine standardisierte Dokumentvorlage wie die Volere-Spezifikation aus [Robertsons99]. Für jede einzelne Anforderung gibt es innerhalb der Spezifikation wieder eine Vorlage, die das Layout zur Erfassung der Anforderung vorgibt. Eine solche Vorlage wird als *Requirements Shell* bezeichnet.

Für die Qualitätskontrolle von Anforderungen beschreibt [Roberston99] das *Qualitätstor*. Jede Anforderung muss dieses virtuelle Tor passieren, um Teil der endgültigen Spezifikation zu werden. Solange eine Anforderung dieses Tor nicht passiert hat, handelt es sich nur um eine potenzielle Anforderung. Aufgabe des Qualitätstors ist es, jede einzelne Anforderung auf Eigenschaften wie Vollständigkeit, Relevanz, Zusammenhalt und Verfolgbarkeit zu überprüfen. Die vollständige Spezifikation wird dann nochmals einer umfassenden Inventur unterzogen, die feststellt, ob Anforderungen fehlen, alle Anforderungen konsistent sind und keine ungelösten Konflikte mehr existieren.

Qualitätskontrolle

Ab dem Zeitpunkt, da die gefundenen Anforderungen eine ausreichende Stabilität aufweisen, wird ein *fachliches Modell* der funktionalen Anforderungen erstellt. Typischerweise handelt es sich dabei um ein *objektorientiertes Analysemodell*, bestehend aus UML-Paket- und Klassendiagrammen für die statischen Zusammenhänge und UML-Interaktionsdiagrammen für die dynamischen Aspekte. Das Modell muss in dem Sinne vollständig sein, dass alle vom System geforderten Anwendungsfälle durch Interaktionen im Klassenmodell realisiert werden können. Die gesamte *Fachlichkeit* wird somit in einem Modell erfasst. In einem Banksystem würden als fachliche Klassen z. B. der Kunde oder die Überweisung existieren. Ein fachlicher Ablauf, der durch ein Interaktionsdiagramm dargestellt ist, wäre das Aufgeben einer Überweisung durch den Kunden. Das fachliche Modell ist frei von jeglicher technischen Lösung. Diese wird erst im Rahmen des Architekturentwurfs erstellt. Das fachliche Modell dient somit als erste Ausgangsbasis für die Softwarearchitektur. Teilweise wird das fachliche Modell in der Literatur auch als fachliche Architektur bezeichnet. Demgegenüber steht dann die technische Architektur. Letztere bezeichnen wir in diesem Buch als die Softwarearchitektur.

Fachliches Modell

Der Prozess der Anforderungsanalyse ist mit dem Übergang zum Architekturdesign nicht abgeschlossen. Ganz im Gegenteil. Anforde-

Anforderungsmanagement

rungen unterliegen einer permanenten Änderung und bedürfen deshalb
stetiger Anpassung. Anforderungsmanagement ist somit eine der wichtigsten Aufgaben, die sich über das gesamte Projekt hinwegziehen.

3.2.2 Einflussfaktoren

Haben Sie die initiale Anforderungsanalyse abgeschlossen, können Sie
mit der Erstellung der Architektur beginnen. Dabei stolpern Sie aber
nicht direkt in den Entwurf der Architektur, sondern bestimmen zunächst die Faktoren, welche die Architektur beeinflussen, so dass Sie
beim Entwurf zielgerichtet vorgehen und sicherstellen, dass die fertige
Architektur die Anforderungen des Systems erfüllen kann. Das heißt,
Sie legen fest, woran Sie sich beim Entwurf orientieren. Dies ist insbesondere wichtig, da ein Architekt immer wieder Abwägungen zwischen
konkurrierenden Aspekten treffen muss und dafür eine solide Entscheidungsgrundlage benötigt.

Unterschieden wird zwischen drei Arten von Faktoren, die den Entwurf beeinflussen: organisatorische, technische und Produktfaktoren.
Im Rahmen der Spezifikation der Einflussfaktoren werden diese genauer analysiert. Ziel der Spezifikation ist es, die wichtigsten Einflussfaktoren zu finden, deren Veränderlichkeit und Einfluss zu bestimmen
sowie Risiken aufzudecken und Strategien zur Risikominimierung zu
entwickeln. Bei der Spezifikation wird in drei wesentlichen Schritten
vorgegangen:

■ *Identifizieren und Präzisieren der Faktoren* – Im ersten Schritt finden Sie die kritischen Einflussfaktoren aus den drei Bereichen. Da
die Faktoren meist keine absoluten Größen sind und Gegenstand
von Interpretation, müssen diese im Rahmen eine Kontexts noch
präzisiert werden. Hierfür erhält jeder Faktor ein Profil bestehend
aus mehreren Szenarien. Die Szenarien werden in zwei Schritten
definiert. Zunächst wird das Profil in Kategorien unterteilt und
danach eine Menge repräsentativer Szenarien für jede Kategorie
ermittelt.

■ *Analyse der Faktoren* – der Analyseschritt untersucht die gefundenen Faktoren genauer auf ihre Flexibilität, Veränderbarkeit und
deren Einfluss. Dadurch erhält der Architekt mehr Hinweise auf
Spielräume sowie die Art und Weise, wie er die Faktoren beim Entwurf berücksichtigen muss. Eine größere Flexibilität gibt mehr Verhandlungsspielräume, der Einfluss und die Veränderbarkeit eines
Faktors müssen berücksichtigt werden, um zukünftige Anpassungen in der Architektur möglichst lokal zu begrenzen.

- *Identifizieren von Architekturthemen und Entwickeln von Strategien* – Im letzten Spezifikationsschritt werden die bisher gewonnenen Ergebnisse nochmals konzentriert, um sie für die Arbeit des Architekten noch griffiger zu bekommen. Aus der Gesamtheit der Einflussfaktoren werden zunächst wesentliche Risiken identifiziert. Destillieren Sie hierfür aus der Menge der Einflussfaktoren für das Projekt zentrale Risiken. Im Anschluss entwickeln Sie Strategien für diese Risiken. Eine Strategie legt dabei fest, wie durch gezielte Architekturmaßnahmen dem Risiko entgegen gewirkt werden kann.

Die Spezifikation der Einflussfaktoren stellt sicher, dass Sie sich beim Entwurf der Architektur auf die Aspekte konzentrieren, die für den Erfolg des Projektes entscheidend sind. Bereits beim Entwurf der Architektur fokussieren Sie auf die zentralen Risiken. In Kapitel 4 werden wir die Spezifikation der Einflussfaktoren noch ausführlich behandeln. Sie sind nun ausreichend gewappnet für das eigentliche Architekturdesign.

3.3   Iterativ, inkrementeller Entwurf, Dokumentation und Bewertung

Im Rahmen des Entwurf greifen die Themen Design der Architektur, Dokumentation der Entwurfsentscheidungen sowie Bewertung der Architektur ineinander. Allen drei Themen sind im weiteren Verlauf des Buches eigenständige Kapitel gewidmet. An dieser Stelle werden wir nur im Überblick aus Sicht des Vorgehens und des Ineinandergreifens auf die einzelnen Aufgaben eingehen. In einer groben Reihenfolge sind die wesentlichen Schritte beim Entwurf einer Architektur:

- Informationen sammeln
- Erstellung und Dokumentation des ersten Architekturentwurfs
- Bewertung des frühen Entwurfs
- Überarbeiten, Ausbauen und weiteres Dokumentieren des Architekturentwurfs
- Umfassende Bewertung der Architektur
- Abschließende Überarbeitungen und vorläufige Fertigstellung des Architekturentwurfs

Die beschriebenen Schritte stellen ein mögliches, grobes Vorgehen beim Entwurf aus der Vogelperspektive dar. In den vertiefenden Kapiteln wird das Vorgehen noch verfeinert. Für einen ersten Überblick bilden diese Schritte jedoch eine gute Orientierung. Was verbirgt sich nun hinter den einzelnen Punkten?

3.3.1 Der erste Architekturentwurf

Informationen sammeln Bevor der Architekt den ersten Wurf seiner Architektur erstellen kann, muss er Informationen als Grundlage sammeln. Dazu gehören die bereits beschriebene Anforderungsanalyse mit dem fachlichen Modell sowie die Spezifikation der Einflussfaktoren mit den identifizierten Risiken und Strategien. Darüber hinaus wird sich der Architekt jedoch auch bei bereits bestehenden, ähnlichen Systemen umschauen, um Ideen und Lösungen zu klauen. Dies ist nicht negativ oder einfallslos, sondern professionell! Zuletzt wird er für sich noch die *Systemidee* formulieren – ein Konzentrat der Anforderungen. Mit diesem Satz an Informationen ist er ausgerüstet für den ersten Entwurf.

Architekturwissen Für den Erstentwurf lässt sich der Architekt von den gewonnenen Informationen leiten. Hinzu kommt, dass er eine Menge an Wissen über den Entwurf von Softwarearchitekturen einsetzt. Dazu zählt insbesondere:

- Basiswissen
- Domänenwissen und Firmen-Know-how
- Heuristiken
- Erfahrung des Architekten

Das *Basiswissen* umfasst vieles, was Sie in diesem Buch lesen können. Insbesondere zählen hierzu das Wissen über Entwurfsmethoden (z. B. Finden von Kernabstraktionen), Entwurfsprinzipien (z. B. Abstraktion und Kapselung), Architekturstile (z. B. Schichtenbildung) und Architekturmuster (z. B. solche für Kommunikationsmechanismen). Das *Domänenwissen* und Firmen-*Know-how* ist spezielles geistiges Eigentum über Softwarearchitekturen in einem bestimmten Umfeld. Ohne dieses werden Sie heute nicht mehr konkurrenzfähig sein. *Heuristiken* sind Abstraktionen von Erfahrungen im Sinne von Prinzipien, Regeln oder Ratschlägen, die der Architekt je nach Bedarf berücksichtigt. Letzten Endes spielt auch noch die *Erfahrung* des Architekten eine entscheidende Rolle. Denn ein guter Architekt ist nach wie vor nicht zu ersetzen.

Der Zaubertrank Die erste Architektur entsteht somit aus einer Art Zaubertrank mit den Zutaten: Projektinformationen, Architekturwissen gebraut in einem assoziativen, kreativen Prozess des Zaubermeisters. Wie bei allen

Zaubereien gilt auch hier, dass sich die hohe Kunst in einem großen Maße erlernen lässt! Im Wesentlichen zieht der Architekt das fachliche Modell als Basis heran und orientiert sich an den Einflussfaktoren und weiteren Entwurfskriterien, um zu einer guten technischen Lösung zu gelangen. Kapitel 5 behandelt das Thema Entwurf ausführlich.

Zeitgleich mit dem Entwurf der Architektur wird diese auch dokumentiert. Dazu werden verschiedene *Modelle der Architektur* erstellt. Zum Einsatz kommt hier möglichst eine standardisierte Notationsform, wie z. B. *UML*. Wichtig ist, dass die Dokumentation die Perspektive der potenziellen Leser einnimmt. Da es unterschiedliche Lesergruppen mit verschiedenen Intentionen gibt, muss auch die Architekturdokumentation aus verschiedenen *Perspektiven* erfolgen. Deshalb wird die Architektur in verschiedenen Sichten dokumentiert. Diese ähneln den unterschiedlichen Konstruktionsplänen für ein Haus. Die Statik wird in einer anderen Sicht festgehalten, wie die Elektrik. Typische *Sichten* einer Softwarearchitektur sind z. B. die Kontextsicht, die Struktursicht oder die Verhaltenssicht. Bei der Dokumentation der Architektur achtet der Architekt darauf, seine Architekturentscheidungen explizit mit Bezug auf die Einflussfaktoren zu dokumentieren. Das heißt, er hält nicht nur fest, dass er einen bestimmten Architekturstil einsetzt, sondern auch, warum genau dieser für die Erfüllung der Anforderungen geeignet ist. Diese Form der Dokumentation unterstützt zudem die anschließende Bewertung der Architektur. Im Kapitel 6 wird ausführlich beschrieben, wie Softwarearchitektur dokumentiert wird.

Kontinuierliche Dokumentation

Wenn die erste Architektur entworfen wurde und somit die wesentlichen, tragenden Entscheidungen auf dem Tisch liegen, ist es Zeit, diese nochmals kritisch zu hinterfragen. Architekturentscheidungen sind von großer Bedeutung für das gesamte Projekt. Deshalb wäre es unverantwortlich, diese nicht ausdrücklich nochmals zu überprüfen. Eine frühe Bewertung soll sicherstellen, dass die weiteren Entwurfsentscheidungen nicht auf einer falschen Grundlage aufbauen. Geeignet hierfür ist ein *Early Discovery Review*. Dies ist eine speziell leichtgewichtige Bewertung, die sehr früh im Prozess zum Einsatz kommt. Mit dem Thema Bewertung setzt sich Kapitel 7 detailliert auseinander.

Frühe Architekturbewertung

3.3.2 Iterativ, inkrementelles Ausbauen des Entwurfs

Nachdem der Architekt den ersten Wurf der Architektur fertig gestellt und seine Entscheidungen einer ersten Bewertung unterzogen hat, wird die Architektur Schritt für Schritt weiter ausgebaut. Zum einen wird er die Erkenntnisse aus der Bewertung einarbeiten, zum anderen aber auch die Architektur so erweitern, dass sie alle geforderten Anforde-

Stabile Architektur

rungen weit möglichst erfüllt. Es wird dabei selten gelingen, die Architektur zu 100% fertig zu stellen. Grund hierfür ist, dass der Beginn der Implementierung nicht beliebig hinausgeschoben werden kann und auch nicht soll. Ziel muss eine *stabile Architektur* sein, die alle größeren Architekturrisiken noch vor der Implementierung beseitigt. Wichtig ist aber auch, rechtzeitig mit der Umsetzung zu beginnen, da in jedem Entwicklungsprojekt weitere Erkenntnisse mit der Implementierung einhergehen. Der Architekt geht beim weiteren Entwurf iterativ, inkrementell vor.

Bewertung, Kommunikation und Orientierungshilfen

Während dem Entwurf wird die Architektur immer wieder Bewertungen unterzogen. Dazu gehören auch Prototypen oder Simulationen, so weit diese notwendig sind, um bestimmte Risiken auszuräumen. Im Rahmen der Bewertungen wird die Architektur regelmäßig mit verschiedenen Beteiligten diskutiert. Es ist wichtig, dass die Architektur nicht im stillen Kämmerlein entsteht. Beim Entwurf selbst orientiert sich der Architekt fortwährend an den Einflussfaktoren, den Entwurfsprinzipien und Entwurfszielen. Er wendet Heuristiken an und greift in seine Toolbox, um immer wenn möglich erprobte Lösungsmuster einzusetzen. Die Toolbox des Architekten stellen wir in Kapitel 8 vor.

Stresstest

Die Dokumentation der Architektur wird stets angepasst und weiter ausgeführt. Wenn die Architektur bereits sehr deutliche Formen angenommen hat, wird nochmals eine umfassende Bewertung durchgeführt, das so genannte umfangreiche Assessment, auf das wir in Kapitel 7, »Bewertung«, noch ausführlich eingehen. An diesem Assessment nimmt ein größerer Teil von Stakeholdern teil. Es ist sozusagen ein letzter *Stresstest*, um sicherzustellen, dass die Architektur wirklich für das Projekt tragfähig ist. Die Ergebnisse der Bewertung werden dann noch eingearbeitet und der Architektur der letzte Schliff gegeben, so dass in die Umsetzung übergegangen werden kann.

3.4 Die Umsetzung der Architektur

Architekturskelett

Ist die Architekturdesignphase abgeschlossen, geht es an die Umsetzung der Architektur. Dies bedeutet, dass ein größerer Kreis von Entwicklern mit dem Feindesign, der Implementierung und den Modultests beginnt. Bevor dies jedoch geschieht, sollte idealerweise ein *Skelett der Architektur* implementiert werden. Dieses Skelett stellt den Rahmen für die gesamte weitere Umsetzung dar. Das Skelett realisiert die Architekturbausteine als leere Hüllen. Viel wichtiger ist jedoch, dass auch die Kommunikationsbeziehungen zwischen den Bausteinen bereits realisiert werden. Dadurch existiert ein fertiger *Integrationsrahmen*, noch bevor die Entwickler damit beginnen, die einzelnen Bausteine der Architektur zu implementieren. Ein solcher Integrationsrahmen stellt in einem großen Maße sicher, dass die Architektur bei der Implementierung eingehalten und nicht untergraben wird. Zudem ermöglicht er ein effizienteres Arbeiten, da weniger Reibungsverluste durch Integrationsschwierigkeiten entstehen. Entscheidend hierfür ist, dass die Kommunikationsschnittstellen bereits realisiert sind.

Für die weitere Implementierung stellt der Architekt so weit möglich *Schablonen* zur Verfügung, die vorgeben, wie bestimmte Strukturen und Mechanismen realisiert werden müssen. Im Idealfall definiert er ein gesamtes *Programmiermodell*. Dieses liefert Richtlinien, welche die Grundlagen für Programmierer bilden, um eine konsistente Umsetzung der Architektur zu garantieren. Wurden die Modelle der Architektur in einer standardisierten Form mit einem geeigneten CASE-Werkzeug erstellt, kann sogar eine automatische *Codegenerierung* erfolgen. Alle weiteren Aufgaben, die der Architekt während der Implementierungsphase wahrnehmen muss, wurden bereits im Kapitel 2 dieses Buches ausgeführt. Wesentlich ist, dass er als Wächter der Architektur fungiert. Dies bedeutet, er muss sicherstellen, dass die Architektur eingehalten und die konzeptuelle Integrität nicht zerstört wird. Am besten erreicht er dies, wenn er aktiv als Berater für die Entwickler tätig ist und die Schnittstellen der Architekturbausteine überwacht.

Schablonen, Programmiermodell und Codegenerierung

Änderungen sind ein Naturgesetz in der Softwareentwicklung. Deshalb wird die Architektur auch während der Entwicklungsphase nicht starr sein können, sondern auf Änderungen reagieren müssen. Aufgabe des Architekten ist es, diese Änderungen in einem geordneten Prozess in die Architektur einzubauen. Während der gesamten Implementierung muss er die potenziellen Risiken, die im Vorfeld identifiziert wurden, im Auge behalten. Auch muss er wachsam sein, ob neue Risiken zutage treten.

Änderungen und Risiken

3.5 Zusammenfassung

Dieses Kapitel hat einen groben Überblick der Erstellung von Softwarearchitektur gegeben. Eingangsvoraussetzung ist eine gute Anforderungsanalyse mit einem fachlichen Modell. Die eigentliche Erstellung lässt sich dann in die drei Bereiche Vorbereitung, Entwurf und Umsetzung gliedern. Im Rahmen der Vorbereitung werden vor allem die Faktoren bestimmt, an denen sich der Entwurf orientieren muss. Der Entwurf selbst ist ein stark iterativ inkrementeller Prozess. Neben den Einflussfaktoren orientiert sich der Architekt an Entwurfsprinzipien und Entwurfszielen. Er wendet Heuristiken und spezielles Wissen über den Architekturentwurf an. Wichtig ist auch, dass der Architekt nicht alles neu erfindet, sondern wo immer möglich auf bewährte Lösungen zurückgreift. Zeitgleich mit dem Entwurf müssen die Architekturentscheidungen dokumentiert werden. Eine standardisierte Notationsform wie UML bietet sich hierfür an. Die Dokumentation hält auch fest, aus welchen Gründen bestimmte Entscheidungen getroffen wurden. Dies unterstützt die Bewertung der Architektur. Bewertungen finden zu unterschiedlichen Zeitpunkten während des Architekturentwurfs statt und stellen sicher, dass auf die richtigen Lösungen gesetzt wird. Ist die Architektur stabil und ausgereift genug, kann mit der Umsetzung begonnen werden. Idealerweise beginnt diese, indem ein Skelett der Architektur implementiert wird. Ein solches Skelett bildet den Integrationsrahmen für die gesamte weitere Implementierungsphase.

Dieses grobe Vorgehen stellt die grundlegenden Konzepte beim Architekturentwurf dar. Ein einheitliches Vorgehen für jede Art von Projekt gibt es jedoch nicht. Deshalb muss der Prozess immer den gegebenen Umständen angepasst werden. Ein tiefes Verständnis der Grundkonzepte ist jedoch Basis für ein gutes Prozesstailoring. Nur wer den Kern verstanden hat, kann der Situation angemessen und agil handeln.

4 Einflussfaktoren

> *»The strongest bridge is not the lightest,*
> *quickest to erect, or cheapest.«*
> Len Bass, 1998

Was lenkt meine Entscheidungen beim Entwurf der Softwarearchitektur? Was sind die treibenden Faktoren? Führt mich jede beliebig ausgewählte Struktur der Architektur zum Ziel, oder gibt es die eine Lösung?

Das letzte Kapitel hat uns einen Überblick über alle Kernthemen bei der Erstellung von Softwarearchitektur gegeben. Dieses Kapitel beschreibt den ersten, konkreten Schritt bei der Anfertigung einer Softwarearchitektur im Detail: die Bestimmung der Faktoren, die den Entwurf der Architektur beeinflussen.

Das Kapitel besteht aus drei Abschnitten. Im ersten Abschnitt wird die Bedeutung der Einflussfaktoren für die Architektur aufgezeigt. Danach werden die unterschiedlichen Arten von Einflussfaktoren vorgestellt. Abschließend wird, eingebettet in ein Vorgehen, beschrieben, wie Sie die Einflussfaktoren finden, festhalten und daraus die architekturtreibenden Themen bestimmen.

4.1 Bedeutung von Einflussfaktoren

Woran orientiere ich mich als Softwarearchitekt, wenn ich die Strukturen einer Architektur festlege? Sehr häufig orientiert sich Architekturdesign nur an der Abstraktion sowie der geforderten Funktionalität des Problembereichs. Der Architekt sucht in diesem Fall nach geeigneten Abstraktionen aus dem Problembereich, definiert Beziehungen und Schnittstellen zwischen diesen, so dass die geforderte Funktionalität abgebildet werden kann. Bei einem Banksystem wären typische Abstraktionen Kunde, Konto oder Darlehen.

Warum tut er dies? Ein Softwaresystem könnte seine funktionalen *Warum Struktur?* Anforderungen auch als ein einziger, kompakter, monolithischer Block von Quellcode erfüllen. Bei einem kleinen System von nicht mehr als wenigen hundert Codezeilen, das von einem einzigen Entwickler programmiert wird, führt dies mit Sicherheit auch zum Erfolg. Jedoch schon als einzelner Entwickler werde ich sehr schnell zu einfachen

Strukturierungsmitteln wie funktionaler Zerlegung greifen, sobald der Quellcode umfangreicher wird. Nur so behalte ich den Überblick und verstehe auch noch nach einiger Zeit meinen geschriebenen Code, um diesen zu erweitern oder Änderungen durchzuführen. Sind mehrere Entwickler an der Implementierung beteiligt, werde ich weitere Strukturierungsmittel wie z. B. Module benötigen, um effizient verteilt arbeiten zu können. Die eigentliche Motivation des Architekten hinter der Strukturierung des Softwaresystems ist also nicht, dass das System seine funktionalen Anforderungen erfüllen kann. Diese könnte es in jeder beliebigen anderen strukturellen Form erfüllen. Vielmehr wird eine bestimmte Strukturierung gewählt, um das System, trotz seiner Größe, verständlich für alle Beteiligte zu halten, Implementierungsaufgaben effizient verteilen und Änderungen leichter durchführen zu können.

Nicht die Funktionalität bestimmt die Architektur!

Entscheidend für das Architekturdesign von Software ist somit nicht die geforderte Funktionalität. Wäre dies der Fall, müssten zwei Architekten auf Basis der gleichen funktionalen Anforderungen zur gleichen optimalen Designlösung finden können. Dies wird jedoch nie vorkommen, da Architekturdesign entscheidend von anderen Faktoren beeinflusst wird. Leider wird bei dem Systemdesign nach wie vor häufig nur auf die funktionalen Aspekte fokussiert. Dabei sind es oftmals gerade die nichtfunktionalen Anforderungen, die es erzwingen, dass ein System überarbeitet und neu entworfen werden muss. Gründe hierfür können z. B. sein, dass die Software nicht mehr wartbar ist, nicht skaliert oder portiert werden kann. Oftmals sind auch Laufzeitprobleme Grund für ein vollständig neues Design.

Abb. 4-1 Der Architekt muss schwerwiegende Abwägungen treffen. Hierzu benötigt er eine gute Entscheidungsgrundlage. Die Spezifikation der Einflussfaktoren liefert ihm diese.

Die Softwarearchitektur als Basis des Softwaresystems ermöglicht oder verhindert nahezu alle nichtfunktionalen Anforderungen, die an das System gestellt werden. Weder durch tunen, noch durch kluge Implementierungstricks ist es möglich, diese aus einer schwach entworfenen Architektur noch herauszuquetschen. Wurde zum Beispiel ein umfangreicher Mechanismus zur Nachrichtenverteilung in der Software implementiert, wird es nicht möglich sein, bestimmte Laufzeiten zu unterschreiten. Jedes Design erfordert Kompromisse, so wird z. B. Änderbarkeit die Laufzeiten negativ beeinflussen. Wurde aus Laufzeitgründen auf eine Abstraktionsschicht der Hardware verzichtet, wird es kaum möglich sein, die Software schnell und günstig auf eine alternative Hardwareplattform zu portieren. Ein Softwarearchitekt muss schwerwiegende Abwägungen treffen, was wichtiger ist: größere Ausfallsicherheit oder leichtere Änderbarkeit, eine höhere Sicherheit oder bessere Laufzeiten? Es ist nicht einfach, diese Entscheidungen zu treffen. Umso wichtiger ist es, eine solide *Entscheidungsgrundlage* vorliegen zu haben. Diese Entscheidungsgrundlage wird geschaffen, indem vor Beginn des Entwurfs alle Faktoren bestimmt werden, die das Architekturdesign beeinflussen. Hinzu kommt, dass sich das Design und die Implementierung eines Softwaresystems mit der Zeit entwickeln. Grund hierfür sind sich ändernde Marktanforderungen, Technologien, Hardware und Geschäftsfaktoren. Diese Änderungen sind keine Wahrscheinlichkeit, sondern eine Gewissheit! Deshalb müssen sie bereits von Beginn an im Entwurf der Architektur berücksichtigt werden.

Entscheidungsgrundlage schaffen!

[Hofmeister00] fasst das Thema Einflussfaktoren unter dem Begriff *globale Analyse* zusammen. Zweck der globalen Analyse ist es, die wichtigen Faktoren, welche die Architektur beeinflussen, zu analysieren, deren Veränderlichkeit und Einfluss zu bestimmen und Strategien zu entwickeln, wie diese im Rahmen des Architekturdesigns berücksichtigt werden. Manche der Faktoren können die Softwarearchitektur fundamental beeinflussen. Um sich eine teure Überarbeitung zu ersparen, müssen diese Faktoren von Designbeginn an berücksichtigt werden. Die globale Analyse findet somit vor dem ersten Designentwurf statt und wird während des Designs immer wieder aufgegriffen. Nach [Hofmeister00] ergänzt sie die Anforderungsanalyse sowie die Risikoanalyse, ersetzt diese aber nicht. Ergebnis der globalen Analyse ist eine Menge von Strategien, die benutzt werden, um das Architekturdesign zu führen und die Veränderlichkeit der Architektur in Hinsicht auf die Faktoren zu verbessern. Die gefundenen Faktoren dienen zugleich als Ausgangsbasis für eine spätere Bewertung der Softwarearchitektur. Darauf wird in Kapitel 7, »Bewertung«, noch genauer eingegangen.

Globale Analyse

4.2   Arten von Einflussfaktoren

Faktoren aus den unterschiedlichsten Bereichen beeinflussen die Architektur der Software. Offensichtlich sind Anforderungen, wie Reaktionszeiten des Systems, Wartbarkeit oder das einzusetzende Betriebssystem. Aber auch Aspekte, wie der vorgegebene Zeitplan und das zur Verfügung stehende Budget, müssen sich in der gewählten Architektur wieder finden. Die Menge der Einflussfaktoren lässt sich grob in folgende drei Kategorien einteilen:

- Organisatorische Faktoren
- Technische Faktoren
- Produktfaktoren

4.2.1   Organisatorische Faktoren

Organisatorische Faktoren sind meist schwer zu ändern!

Organisatorische Faktoren schränken den Architekten bei der Auswahl seiner Designentscheidungen ein. Oftmals liegt ihr Ursprung in der Organisation und Struktur des Unternehmens, das die Software entwickelt. Deshalb sind organisatorische Faktoren meist schwer und wenn, dann nur über einen langen Zeitraum zu ändern. Das heißt, deren Flexibilität ist gering, und der Architekt muss mit ihnen leben. Nehmen wir als Beispiel die Mitarbeiter des Unternehmens. Der Architekt will eine bestimmte Technologie zum Einsatz bringen, es gibt jedoch keine Mitarbeiter, die ausreichend Erfahrung mit dieser Technologie gesammelt haben. In diesem Fall sollte der Architekt entweder auf den Einsatz der neuen Technologie verzichten oder entsprechende Gegenmaßnahmen einleiten, wie z. B. Weiterbildung oder Unterstützung durch externe Mitarbeiter mit geeignetem Know-how. Ebenso hat ein enger Zeitplan Einfluss auf die Architektur. Das System sollte dann so entworfen werden, dass möglichst viel Entwicklungsarbeit parallel erfolgen kann. Voraussetzung ist natürlich, dass genügend Mitarbeiter zur Verfügung stehen. Hier zeigt sich auch, dass Einflussfaktoren nicht nur für sich alleine betrachtet werden können, sondern sich gegenseitig beeinflussen. Dies kann zu einer Verschärfung oder Abschwächung der Auswirkungen führen. Eine neue Technologie bei einem lockeren Zeitplan einzuführen ist weniger kritisch. Will man jedoch eine neue Technologie einführen und hat zudem noch einen extrem kritischen Zeitplan, sollte der Architekt besser die Finger davon lassen.

Die folgende Liste teilt die organisatorischen Faktoren nach [Hofmeister00] in Kategorien ein und gibt Beispiele für die jeweilige Kategorie:

■ *Management*: Entwickeln versus kaufen, Zeitplan versus Funktionalität, Geschäftsziele, Einsatz externer Dienstleister

■ *Mitarbeiter (Fähigkeiten, Interessen, Stärken, Schwächen)*: Anwendungsdomäne, spezielle Implementierungstechniken, Methoden und Werkzeuge

■ *Prozess und Entwicklungsumgebung*: Entwicklungsplattform, Entwicklungsprozess und Werkzeuge, Testprozess und Testwerkzeuge

■ *Entwicklungszeitplan*: Time-to-Market, Lieferzeitplan für Funktionalitäten, Meilensteine

■ *Entwicklungsbudget*: Anzahl Mitarbeiter, Kosten für Entwicklungswerkzeuge, Weiterbildungsbudget

4.2.2 Technologische Faktoren

Ebenso wie bei den organisatorischen Faktoren beschreiben die *technologischen Faktoren* nicht das Produkt an sich. Es handelt sich dabei um Hardware- und Softwaretechnologien und Standards, die zum Einsatz kommen. Das Design der Architektur wird dadurch eingeschränkt. Beispiele hierfür sind der ausgewählte Prozessor, Datenbanken, Softwareplattformen wie .NET oder das Betriebssystem. Die Auswahl der eingesetzten Technologien kann einen Entwurf wesentlich beeinflussen. Jedoch ändern sich diese Faktoren mit der Zeit aufgrund des technologischen Fortschritts. Architekturen sollten deshalb so entworfen werden, dass die Schwierigkeiten für das Anpassen an eine neue Technologie, die eine alte ersetzt, minimiert werden.

Technologische Faktoren ändern sich!

Die folgende Liste teilt die technischen Faktoren [Hofmeister00] in Kategorien ein und gibt Beispiele für die jeweilige Kategorie:

■ *Hardware*: Prozessor, Netzwerk, Speicher

■ *Softwaretechnologien*: Betriebssystem, Benutzerschnittstelle, Programmiersprache, Frameworks

■ *Architekturtechnologien*: Architekturstile, Architekturmuster, Produktlinienansatz

■ *Standards*: Betriebssystem, Kommunikationstechnologien, Datenbanken, Datenformate

4.2.3 Produktfaktoren

Produktfaktoren haben den größten Einfluss auf die Softwarearchitektur. Es handelt sich dabei um die funktionalen und nichtfunktionalen Anforderungen an die Software. Letztere werden auch als *Qualitätsanforderungen* oder *Qualitätsattribute* bezeichnet. Beispiele hierfür

Qualitätsattribute

sind z. B. Wartbarkeit, Leistung oder Sicherheit des Systems. [Bass98] unterscheidet bei den Produktfaktoren solche, die zur Laufzeit des Systems erkennbar sind, und denen, die nicht zur Laufzeit erkennbar sind. [Bosch00] trifft die gleiche Unterscheidung, bezeichnet sie jedoch als Betriebsqualitätsattribute und Entwicklungsqualitätsattribute. Zu der ersten Kategorie gehören Merkmale wie Portierbarkeit, Testbarkeit und Wiederverwendbarkeit. Die zweite Gruppe umfasst Merkmale wie Leistung, Sicherheit und Verfügbarkeit.

Qualitätsattribute angemessen berücksichtigen!

Oftmals werden in der Anforderungsspezifikation Qualitätsattribute nur ungenügend berücksichtigt. Der Schwerpunkt liegt meistens auf den funktionalen Anforderungen. Für den Entwurf der Architektur ist es jedoch von entscheidender Bedeutung, dass klare Aussagen über die geforderten Qualitätsmerkmale gemacht werden. Die Softwarearchitektur bildet den Rahmen für die Qualitätsattribute. Sie legt gewissermaßen für jede Qualitätsanforderung ein mögliches erreichbares Minimum und Maximum fest. Unser obiges Beispiel mit dem Nachrichtenmechanismus legt z. B. eine Minimum für die Laufzeit einer Nachricht fest. Das bedeutet, dass es mit einer bestimmten Architektur unmöglich sein kann, bestimmte, geforderte Qualitätsattribute zu erreichen. Deshalb ist es wichtig, diese von Beginn an aktiv bei dem Architekturdesign zu berücksichtigen. Kann ein Auftraggeber keine klaren Aussagen darüber machen, welche Qualitätsmerkmale von Bedeutung sind, kann der Architekt nahezu jede beliebige Architektur für das System entwerfen.

Die folgende Liste zeigt mögliche Kategorien für Produktfaktoren und gibt, so weit sinnvoll, Beispiele für die jeweilige Kategorie an:

- *Funktionale Anforderungen*
- *Benutzerschnittstelle*: Art (grafisch, textuell, Web), Eigenschaften
- *Leistung*: Erholungszeiten, Datenrate, Zeiten für das Hoch- und Herunterfahren des Systems
- *Zuverlässigkeit*
- *Fehlererkennung, Erholung (engl. recovery)*: Fehlerprotokollierung, Diagnose
- *Dienste*: Wartung, Test, Servicefunktionen

Zur Veranschaulichung wird für einige konkrete Qualitätsmerkmale im Folgenden noch genauer dargestellt, wie diese durch die Architektur beeinflusst werden. Wir unterteilen die Attribute dabei in die beiden Kategorien beobachtbar und nicht beobachtbar zur Laufzeit. Die Ausführungen sind [Bass98] entnommen.

Qualitätsattribute beobachtbar zur Laufzeit

Die *Leistung* eines Systems bezieht sich auf dessen Reaktionsfähigkeit. *Leistung*
Also die Zeit, die beispielsweise benötigt wird, um auf ein Ereignis zu
reagieren. Leistung ist meistens eine Funktion davon, wie viel Kommunikation und Interaktion zwischen den Architekturbausteinen stattfin-
det. Dies gilt insbesondere bei verteilten Systemen. Leistung resultiert
somit aus Eigenschaften, die eindeutig durch die Architektur der Software festgelegt werden. Verteilen Sie beispielsweise zwei Komponenten, die intensiv Informationen austauschen, über eine langsame Kommunikationsbeziehung, so schränkt dies die Leistung des Systems stark
ein. Da nahezu alle anderen Qualitätsattribute zusätzliche Strukturen
und Interaktionen in der Architektur schaffen, beeinflussen diese die
Leistung fast ausschließlich negativ. Bei den im Folgenden beschriebenen Attributen wird dieser Umstand deutlich. In der Vergangenheit
war Leistung oftmals der treibende Faktor für Softwarearchitekturen.
Alle anderen Qualitätsmerkmale wurden ihr untergeordnet. Dies ändert sich zunehmend, da das Preis-Leistungs-Verhältnis von Hardware
sich laufend vergünstigt. Somit kann durch geringere Mehrausgaben
z. B. ein leistungsfähiger Prozessor eingesetzt werden. Ausnahmen stellen hier immer noch Produkte mit sehr hohen Stückzahlen wie z. B. in
der Automobilbranche dar.

Sicherheit kann zwei unterschiedliche Aspekte ansprechen. Zum ei- *Sicherheit*
nen ist es die Fähigkeit des Systems, nicht autorisierten Zugriffen zu
widerstehen sowie seinen Dienst aufrechtzuerhalten. In diesem Fall
wird Sicherheit durch zusätzliche Komponenten wie Autorisierungs-
server, Sicherheitskernel oder Firewalls und deren Beziehungen zu den
anderen Systemkomponenten realisiert. Auch dies sind ganz klar
architekturrelevante Aspekte. Zum anderen kann *Sicherheit* die Gefahr meinen, die das Gesamtsystem für seine Umwelt darstellt. Ein
Röntgensystem kann z. B. bei Fehlfunktion einen Menschen ernsthaft
Schaden zufügen. Diese Art von Sicherheit ist mehr eine Beziehung
zwischen Systemarchitektur und Softwarearchitektur. In der Software
schlägt sie sich oftmals durch bestimmte Funktionalitäten nieder, die
teilweise auch architekturübergreifend sein können. Beispiele können
sein ein Softwarenotaus oder spezielle Mechanismen, die das System
bzgl. seines Zustandes überwachen.

Zuverlässigkeit ist die Fähigkeit des Systems, den Betrieb über die *Zuverlässigkeit*
Zeit aufrechtzuerhalten. Gewöhnlich wird Zuverlässigkeit über den
Wert *mean time to failure* gemessen. Dieser Wert kann verbessert wer-
den, indem eine Architektur mehr fehlertolerant ausgelegt wird. An-
sätze hierfür können redundante Komponenten oder ein ausgeprägtes
Fehlerhandling sein. Natürlich wird die Zuverlässigkeit auch dadurch

erhöht, dass weniger Fehler in der Software vorhanden sind. Ausführliche Tests sind somit, neben architekturellen Maßnahmen, ebenso ein geeignetes Mittel. Testbarkeit wiederum ist ein Qualitätsmerkmal, das nicht zur Laufzeit beobachtbar ist, jedoch ebenfalls durch die Architektur beeinflusst werden kann.

Qualitätsattribute nicht beobachtbar zur Laufzeit

Testbarkeit

Testbarkeit sagt aus, wie leicht es ist, Fehler in der Software zu erkennen. Um ein System richtig testen zu können, muss es möglich sein, die Eingaben und den internen Zustand eines jeden Architekturbausteins kontrollieren zu können, um dann seine Ausgaben zu beobachten. Verschiedene strukturelle Architekturaspekte spielen dabei eine Rolle. Dazu zählen z. B. die Dokumentation der Architektur, die Kapselung, die klare Verteilung der Verantwortlichkeiten sowie explizite Schnittstellen für den Test der Software.

Änderbarkeit

Die Fähigkeit eines Systems, Änderungen schnell und kosteneffizient durchzuführen, resultiert direkt aus der Architektur der Software. *Änderbarkeit* ist im Wesentlichen davon abhängig, wo die Änderungen in der Architektur lokalisiert sind. Eine konkrete Änderung kann Einfluss haben auf einen einzelnen Architekturbaustein, mehrere Architekturbausteine oder die gesamte Architektur. Je nachdem, in welche der drei Kategorien eine Änderung fällt, ist sie mehr oder weniger aufwändig. Ziel des Architekten muss es sein, in der Zukunft wahrscheinliche Änderungen vorherzusehen und die Architektur so zu entwerfen, dass diese wahrscheinlichen Änderungen lokal begrenzt sind.

Portierbarkeit

Portierbarkeit ist die Fähigkeit eines Systems, auf unterschiedlichen Plattformen oder in unterschiedlichen Laufzeitumgebungen zu arbeiten. Dies können unterschiedliche Hardware- und Softwareumgebungen sein oder eine Kombination aus beiden. Portierbarkeit wird dadurch erreicht, indem alle Annahmen, die für eine bestimmte Umgebung getroffen werden, in einem Architekturbaustein gekapselt werden. In der Architektur könnte dies z. B. eine spezielle Schicht sein, die Hardwareabhängigkeiten, wie den Grafiktreiber, kapselt und eine Menge von Diensten anhand einer abstrakten Schnittstelle anbietet. Eine konkrete Hardwareplattform würde dann eine spezielle Implementierung dieser Schnittstelle darstellen. Durch dieses Konzept werden direkte Abhängigkeiten vermieden, und die Software kann leicht auf verschiedene Plattformen portiert werden.

4.2.4   Flexibilität, Veränderbarkeit und Einfluss

Innerhalb dieser Gruppen und Kategorien von Einflussfaktoren gibt es eine Vielzahl konkreter Faktoren. Es ist nicht möglich, für ein System alle zu behandeln. Suchen Sie die wichtigsten in Ihrem Projekt heraus, und konzentrieren Sie sich bei der Analyse auf diese! Ziel ist es, die Faktoren bzgl. ihrer *Flexibilität*, *Veränderbarkeit* und ihres *Einflusses* auf die Architektur zu untersuchen. Die *Flexibilität* sagt aus, welche Spielräume Sie für einen bestimmten Einflussfaktor haben, wie stark der Faktor sich also verändern oder abschwächen lässt, wenn Abwägungen getroffen werden müssen. Die *Veränderbarkeit* sagt aus, in welcher Art und in welchem Zeitrahmen sich der Faktor verändern kann und wie wahrscheinlich dies sein wird. Das Wissen über die Veränderbarkeit wichtiger Einflussfaktoren ist essenziell, damit die Architektur wahrscheinliche Änderungen berücksichtigen und somit deren Auswirkungen minimieren kann. Letzten Endes hat ein Faktor auch einen grundlegenden *Einfluss* auf die Architektur und auf andere Faktoren. So muss ein hochsicherheitskritisches Flugsystem eine andere Architektur haben als ein unkritisches Computerspiel. Eine vorgeschriebene neue Technologie birgt höhere Risiken, weshalb ein höheres Budget und mehr Zeit eingeplant werden müssen.

4.3   Spezifikation von Einflussfaktoren

[Hofmeister00] zerlegt die globale Analyse in zwei Schritte. Wir haben diesen zwei Schritten, basierend auf den Erkenntnissen von [Bass98], [Bosch00] und Clements[02a], noch einen Schritt vorangestellt. Folgende drei Schritte, zur Spezifikation der Einflussfaktoren, werden im weiteren Verlauf des Kapitels genauer beschrieben:

■ Identifizieren und präzisieren der Faktoren

■ Analyse der Faktoren

■ Identifizieren von Architekturthemen und Entwickeln von Strategien

4.3.1   Identifizieren und Präzisieren der Faktoren

Im ersten Schritt gilt es, zunächst die für das Design der Architektur entscheidenden Einflussfaktoren aus den drei Bereichen Organisation, Technologie und Produkt zu finden. Da das weitere Ausarbeiten und Berücksichtigen der einzelnen Einflussfaktoren sehr aufwändig ist, dürfen nur die ausgesucht werden, die kritisch für den Systemerfolg

Kritische Einflussfaktoren finden

sind. Konzentrieren Sie sich also auf die wesentlichen Faktoren! Dies sind insbesondere:

- *Faktoren, die einen bedeutenden globalen Einfluss auf den Entwurf der Architektur haben* – Anforderungen an die Portierbarkeit und Änderbarkeit des Systems sind typisch hierfür.

- *Faktoren, für die es unklar ist, ob sie erfüllt werden können* – Überzogene Leistungsvorstellungen können hier eine Rolle spielen.

- *Faktoren, die schwierig zu erfüllen sind* – Unrealistische Zeitpläne sind keine Seltenheit.

- *Faktoren, mit denen sie bisher noch keine oder nur wenig Erfahrung gesammelt haben* – Beispiele sind neu einzuführende Technologien.

- *Faktoren, für die es wahrscheinlich ist, dass sie sich während der Entwicklung ändern* – Anforderungen an die Benutzeroberfläche ändern sich oftmals, wenn die ersten Versionen zum Anfassen vorliegen.

Als erste Quelle zum Auffinden der meisten Faktoren sollte Ihnen die Anforderungsspezifikation dienen können. Dies allein wird jedoch nicht ausreichen. Betrachten Sie Ihr Umfeld kritisch und befragen Sie ebenfalls die beteiligten Stakeholder, welche Faktoren sie für sensibel halten.

Einflussfaktoren präzisieren   Wenn Sie die Einflussfaktoren identifiziert haben, müssen Sie diese präzisieren. Was ist damit gemeint? Warum ist dies wichtig? Gehen wir beispielsweise davon aus, Sie haben den Produktfaktor Änderbarkeit als wesentlich identifiziert. In der Anforderungsspezifikation finden Sie die Aussage »Das System soll leicht änderbar sein!«. Was bedeutet leicht änderbar? Wie muss das System entworfen werden, damit es die Anforderung erfüllen kann? Die Aussage in der Anforderungsspezifikation ist subjektiv und für die konkrete Umsetzung in keiner Weise zu gebrauchen. Ein einfaches Nennen des Qualitätsmerkmals ist nicht ausreichend. Ohne genauere Ausarbeitung sind solche Aussagen Gegenstand von Interpretation und Missverständnissen. Muss z. B. die Benutzerschnittstelle leicht änderbar sein oder die Kommunikationstechnologie oder die Datenstrukturen? Muss die Benutzerschnittstelle nur leicht anpassbar sein bzgl. der Positionierung der Elemente und der Eingabereihenfolge, oder muss zwischen einer grafischen, textuellen oder Weboberfläche gewechselt werden können? Einflussfaktoren sind keine absoluten Größen. Sie existieren nur in einem bestimmten konkreten Kontext. [Clements02a] nennt hierfür folgende Beispiele:

■ *Ein System ist änderbar (oder nicht) in Bezug auf eine bestimmte Art von Änderung:* »Es kann zukünftig gefordert sein, dass die Datenbank über mehrere Server verteilt werden kann.«

■ *Ein System ist sicher (oder nicht) in Bezug auf eine bestimmte Art von Bedrohung:* »Wird das GPS gestört, muss dies vom System erkannt werden.«

■ *Ein System ist zuverlässig (oder nicht) in Bezug auf eine bestimmte Art von Fehlerereignis:* »Ein fehlendes Synchronisierungssignal auf dem Datenbus darf nicht zum Absturz des Systems führen.«

■ *Eine Softwarearchitektur ist realisierbar (oder nicht) in Bezug auf bestimmte Zeit- und Budgetvorgaben:* »Das Projekt muss innerhalb von zwölf Monaten mit einem Budget von zwei Millionen Euro realisiert werden.«

Einflussfaktoren müssen also präziser, im Rahmen eines konkreten Kontexts definiert werden, so dass diese messbar werden. Die geeignete Methode hierfür ist der Einsatz von Profilen und Szenarien. In einer perfekten Welt findet der Architekt dies bereits alles in der Anforderungsspezifikation vor. [Robertson99] fordert dementsprechend bei der Spezifikation von nichtfunktionalen Anforderungen konkrete *Abnahmekriterien* (engl. *fit criteria*), die den hier vorgestellten Profilen und Szenarien ähnlich sind. Anforderungsspezifikationen sind in der realen Welt jedoch oftmals gar nicht oder nur sehr schwach geschrieben. Häufig sind sie auch nicht fertig gestellt, wenn der Architekturentwurf beginnt. Somit ist die Konkretisierung der Faktoren über Profile und Szenarien einer der ersten Aufgaben des Architekten.

Keine perfekte Welt

Profile und Szenarien

Profile werden als Teil der Spezifikation von Anforderungen verwendet, um diese genauer zu beschreiben. Ein Profil besteht aus einer Menge von *Szenarien*, die meist noch relativ untereinander gewichtet sind. Diese Szenarien werden gemeinsam mit den *Stakeholdern* ausgesucht und spezifiziert. Ideal ist es jedes Szenario genau einem Stakeholder zuzuweisen, der für dieses Szenario steht. Am bekanntesten und am weitesten verbreitet ist das Anwendungsprofil. Es besteht aus einer Menge von Anwendungsfällen (engl. use cases), welche die Benutzung des Systems aus externer Sicht beschreiben. Für andere Arten von Faktoren existieren aber auch weitere Arten von Profilen. So können zur Spezifikation des Qualitätsmerkmals Sicherheit Gefahrenszenarien verwendet werden. Änderbarkeit kann durch konkrete Änderungsszenarien genauer beschrieben werden. Beispiele für Änderungsszenarien sind:

■ Der Kundendatensatz wird um ein weiteres Feld erweitert. Dieses wird in der Datenbank abgelegt und in der Eingabemaske aufgenommen. Diese Änderung soll nicht mehr als eine Personenstunde in Anspruch nehmen.

■ Die serielle Kommunikationsverbindung zwischen den beiden Geräten wird durch eine Funkverbindung ersetzt. Die Änderung muss innerhalb einer Personenwoche durchführbar sein.

■ An dem im Automobil verwendeten CAN-Kommunikationsbus oder MOST-Bus wird ein zusätzliches Gerät angeschlossen. Die Schnittstelle der GUI-Komponente muss erweitert werden, so dass sie das Gerät erkennen, seine Daten entgegennehmen kann und gemäß der Priorisierung auf dem Display darstellt. Eine solche Erweiterung muss innerhalb von zwei Personentagen durchführbar sein.

Vollständige und ausgewählte Profile

Ein Profil kann für einen konkreten Faktor vollständig sein. In diesem Fall enthält das Profil alle möglichen Szenarien. Dies ist jedoch nur realisierbar, wenn die Spezifikation nicht allzu komplex ist. Ein Anwendungsprofil könnte zum Beispiel ein System mit geringer, von außen sichtbarer Funktionalität komplett beschreiben. Oftmals wird es jedoch aufgrund der Komplexität nur machbar sein, eine ausgewählte Untermenge von Szenarien festzulegen. Die Schwierigkeit liegt darin, einen repräsentativen Satz von Szenarien auszuwählen. Um dies zu erreichen, beschreibt [Bosch00] ein zweistufiges Vorgehen bei der Definition von Profilen:

■ Im ersten Schritt werden Kategorien von Szenarien für dieses Profil definiert.

■ Im zweiten Schritt werden die Szenarien für jede Kategorie ausgewählt und definiert.

Szenario-Kategorien

Im ersten Schritt wird die Menge von Szenarien eines Profils in mehrere kleinere Mengen bestimmter Kategorien zerlegt. Durch die Definition dieser Kategorien wird es wahrscheinlich, dass man mit den Szenarien alle wichtigen Aspekte eines Faktors berücksichtigt. Ein Änderungsprofil könnte somit zunächst in die verschiedenen Arten von Änderungen kategorisiert werden, die für das System von Bedeutung sind: Änderung der Hardware, Änderung der Benutzerschnittstelle, Änderung des Kommunikationsprotokolls, Änderung des Betriebssystems. [Bosch00] schlägt zwischen vier und acht Kategorien je Profil vor, weist jedoch darauf hin, dass dies stark vom System und von der Intention des Architekten abhängt.

Im zweiten Schritt wird für jede Kategorie eine Menge repräsentativer Szenarien ausgewählt. Ein Änderungsszenario in der Kategorie Betriebssystem könnte zum Beispiel lauten: »Für Simulationszwecke wird das für den Zielhardwarebetrieb verwendete OSEK-Betriebssystem durch Linux ausgetauscht«. Nach [Bosch00] werden erfahrungsgemäß bis zu zehn Szenarien für kritische Einflussfaktoren und drei bis fünf Szenarien für wichtige Faktoren beschrieben. [Bass98] ist der Meinung, dass es keine klare Grenze dafür gibt, wann genügend Szenarien definiert sind. Vielmehr ist dies dann der Fall, wenn alle Beteiligten der Meinung sind, dass zusätzliche Szenarien keine weiteren Informationen mehr über das System aufdecken. Abschließend werden den Szenarien noch relative Prioritäten zugewiesen. Die Prioritäten helfen dem Architekten beim Entwurf sowie bei Abwägungen. Die genaue Bedeutung der Priorität hängt von der Art des Szenarios ab. Bei einem Änderungsprofil sagt die Priorität beispielsweise aus, wie wahrscheinlich es ist, dass diese Änderung eintritt.

Auswahl der Szenarien

Im bisherigen Text wurde als Beispiel für ein Profil eines bestimmten Faktors immer wieder das Qualitätsmerkmal *Änderbarkeit* aufgegriffen. Zur genaueren Definition von Änderbarkeit werden Änderungsszenarien verwendet. Hierfür werden konkrete Änderungen der Anforderungen beschrieben. Beim Entwurf kann der Architekt das System dann so entwerfen, dass die damit verbundenen Anpassungen an der Software so gering wie möglich ausfallen, d. h., die Anzahl der zu ändernden Codezeilen sollte so gering wie möglich sein. Ein anderes Beispiel ist die genauere Definition von *Leistung* durch Anwendungsprofile. Hier wird für ganz konkrete Anwendungsfälle festgelegt, welche Reaktionszeiten das System aufweisen muss. Im Anwendungsfall für einen Geldautomaten wird z. B. festgehalten, dass die Zeit zwischen PIN-Eingabe und Rückmeldung, ob die eingegebene PIN korrekt oder falsch ist, nicht mehr als zwei Sekunden verstreichen dürfen. Szenariokategorien von Anwendungsprofilen sind typischerweise verschiedene Benutzungsarten des Systems oder verschiedene Systemschnittstellen.

Beispiel Änderbarkeit und Leistung

Durch die Präzisierung der Einflussfaktoren mit Profilen und Szenarien wird sichergestellt, dass die genaue Bedeutung von Einflussfaktoren eindeutig formuliert ist. Der Umstand, ob die Forderung erfüllt ist oder nicht, kann anhand der Szenarien, die durchgespielt werden können, eindeutig gemessen werden. Der Architekt kann sich beim Entwurf konkret an den Szenarien orientieren.

4.3.2   Analyse der Faktoren

Nachdem wir die Faktoren identifiziert und ein genaues Verständnis davon bekommen haben, was sich hinter ihnen verbirgt, ist der nächste

Schritt eine genauere *Analyse ihrer Flexibilität, Veränderbarkeit und ihres Einflusses* auf die Architektur. Diese Informationen geben dem Architekten Hinweise auf Spielräume und Art und Weise, wie er die Faktoren in der Architektur berücksichtigen muss. [Hofmeister00] führt zur Dokumentation der Analyseergebnisse die *Faktorentabelle* ein. Diese ist in Tabelle 4–1 dargestellt. In der Tabelle werden die einzelnen Faktoren, gegliedert über ihre Kategorie, aufgelistet. Die Kategorien der Faktoren hatten wir in den Kapiteln 4.2.1 bis 4.2.3 besprochen. Für jeden Faktor wird in der Tabelle dessen Flexibilität, Veränderbarkeit und Einfluss festgehalten. Hofmeister schlägt vor, für jede der drei Arten von Faktoren Organisation, Technologie und Produkt eine separate Tabelle zu führen.

Organisatorische Faktoren	Flexibilität und Veränderbarkeit	Einfluss
O1: Faktorkategorie <O1>		
O1.1: Faktor <1>		
<Beschreibung des Faktors>	Welche Aspekte sind flexibel oder veränderbar?	Architekturaspekte oder andere Faktoren, die durch den Faktor beeinflusst werden.
O1.2: Faktor <2>		
<Beschreibung des Faktors>	Welche Aspekte sind flexibel oder veränderbar?	Architekturaspekte oder andere Faktoren, die durch den Faktor beeinflusst werden.
O2: Faktorkategorie <O2>		

Tab. 4–1 Faktorentabelle aus [Hofmeister00]

Flexibilität   Es ist wichtig festzuhalten, in welchem Maße ein Faktor flexibel ist. Konkret bedeutet dies: Welche Verhandlungsspielräume hat der Architekt mit den betroffenen Stakeholdern bzgl. des Faktors? Wo kann ein Manager oder Systemarchitekt Abstriche hinnehmen? Der Architekt benötigt diese Spielräume! Verschiedene Faktoren werden immer wieder in Widerspruch und Konflikt zueinander stehen. Oftmals muss der Architekt Abwägungen und Entscheidungen zugunsten des einen oder anderen Aspekts treffen. Das Wissen über die *Flexibilität* der einzelnen Faktoren bildet hier eine essenzielle Entscheidungsgrundlage für den Architekten. Neben der Angabe, dass ein Faktor flexibel ist, sollte auch ausgeführt werden, wie und in welchem Unfang der Faktor anpassbar ist. In Tabelle 4–2 ist ein Beispiel dargestellt. Der organisatorische Faktor Time-to-Market ist mit zwei Jahren angegeben. Es besteht jedoch ein Spielraum von etwa zwei Monaten.

Organisatorische Faktoren	Flexibilität und Veränderbarkeit	Einfluss
…	…	…
O4: Entwicklungsplanung		
O4.1: Time-to-Market		
Das Projekt muss innerhalb von zwei Jahren abgeschlossen sein.	Eine Planungs-abweichung von max. 15% ist zulässig.	Aufgrund des engen Zeitplans ist es kaum möglich, neue Technologien einzuführen.

Tab. 4–2 Beispiel für Flexibilität und Einfluss

Technologische Faktoren	Flexibilität und Veränderbarkeit	Einfluss
…	…	…
T5: Standards		
T5.1: Kommunikation		
Die einzelnen Geräte kommunizieren über CAN-Bus miteinander.	Die eingesetzte Bus-Technologie ändert sich alle fünf Jahre.	Geringer Einfluss, da die Kommunikation in einer Komponente gekapselt wird.

Tab. 4–3 Beispiel für Veränderbarkeit und Einfluss

Veränderungen sind eine Art Naturgesetz in der Softwareentwicklung. Deshalb muss ihnen auch besondere Aufmerksamkeit gewidmet werden. Der Architekt muss eine Software so entwerfen, dass in der Zukunft wahrscheinliche Änderungen möglichst nur lokale Auswirkungen in der Software haben. Die Grundlage, um vorherzusehen, was sich ändern kann, ist die *Veränderbarkeit* der Einflussfaktoren. Sie gibt an, was sich an einem Faktor in naher oder ferner Zukunft wahrscheinlich ändert. Natürlich ist auch dies nur eine Vermutung. Heruntergebrochen auf den einzelnen konkreten Faktor lässt sich dies jedoch wesentlich einfacher vorhersehen und begründen. Neben der reinen Tatsache, dass sich etwas ändern kann, sollte auch festgehalten werden, wie wahrscheinlich und häufig sich etwas ändert. Tabelle 4–3 zeigt ein Beispiel. Für den technologischen Faktor Kommunikation ist als Bus-Technologie der CAN-Bus vorgegeben. Gleichzeitig wird darauf hingewiesen, dass sich dies etwa alle fünf Jahre ändern wird.

Veränderbarkeit

In diesem Analyseschritt wird untersucht, welchen *Einfluss* eine Änderung des Faktors hat. Der Einfluss kann sich auswirken auf die Architektur mit ihren Bausteinen und Mechanismen oder auch auf andere Faktoren. Bezieht sich der Einfluss auf bestimmte Bausteine der Architektur, können dies nur Vermutungen sein, da wir in dieser frü-

Einfluss

hen Phase noch keinen Entwurf der Architektur vorliegen haben. Erfahrene Architekten werden aber bereits eine sehr gute Vorstellung haben. Im Laufe der Zeit, wenn die Architektur mehr Gestalt annimmt, sind die Einträge in der Faktorentabelle entsprechend zu überarbeiten. Über die Bestimmung des Einflusses eines Faktors hat der Architekt jederzeit einen Anhaltspunkt, in welchem Maße der Faktor Auswirkungen auf das Architekturdesign hat. In Tabelle 4–3 ist für den Faktor Kommunikation auch der Einfluss angegeben. In diesem Fall bezieht sich der Einfluss auf die Architektur. Im Beispiel aus Tabelle 4–2 bezieht sich der Einfluss auf einen anderen Faktor, nämlich dem Einführen neuer Technologien.

4.3.3 Identifizieren von Architekturthemen und Entwickeln von Strategien

Wir haben nun eine Menge von Einflussfaktoren mit deren Auswirkungen auf die Architektur bestimmt. Beachtet der Softwarearchitekt beim Entwurf jeden einzelnen für sich, so wird es ihm schwer fallen, eine klare Orientierung zu bekommen. Deshalb muss noch ein Schritt weiter gegangen werden. Aus der Gesamtheit der Einflussfaktoren werden *Risiken* identifiziert und *Strategien* für diese entwickelt. [Hofmeister00] empfiehlt, die identifizierten Risiken mit den zugehörigen Strategien in *Themenkarten*, wie in Tabelle 4–4 dargestellt, festzuhalten. In der Themenkarte wird jeweils ein Risiko beschrieben und festgehalten, welche Einflussfaktoren mit diesem Risiko in Bezug stehen. Für das Risiko wird eine Lösung diskutiert, und anschließend werden konkrete Strategien festgehalten, die zum Ziel haben, das Risiko zu minimieren. Als letzter Punkt wird in der Themenkarte noch auf Risiken und Strategien aus anderen Themenkarten verwiesen, die inhaltlich verwandt sind.

< Name des Architekturthemas>
< Beschreibung des Risikos > **Beeinflussende Faktoren:**   < Liste der Faktoren, die das Thema beeinflussen >
Lösung: < Allgemeine Diskussion des Lösungsansatzes für den Entwurf > **Strategie:** < Name der 1. gefundenen Strategie >   < Beschreibung der Strategie > **Strategie:** < Name der 2. gefundenen Strategie >   < Beschreibung der Strategie >
Verwandte Themen und Strategien: < Referenzliste auf Themen und Strategien, die mit diesem Thema in Beziehung stehen >

Tab. 4–4 Themenkarte nach [Hofmeister00]

Um Risiken zu identifizieren, nehmen Sie die Faktorentabelle und
durchsuchen diese auf Themen, die durch die Faktoren und deren Veränderbarkeit beeinflusst werden. Ein typisches Risiko aus dem organisatorischen Bereich ist z. B. ein zu enger Zeitplan oder mangelndes
Know-how in bestimmten neuen Technologien. Finden Sie also Themen, die zentral sind für das Projekt und ein Risiko darstellen. Konzentrieren Sie sich dabei wieder nur auf die wichtigsten! Risiken werden
gewöhnlich von mehreren Faktoren, teilweise auch widersprüchlich,
beeinflusst. In einem solchen Fall ist das Verhandlungsgeschick des Architekten gefordert. In Tabelle 4–5 ist als Beispiel eine Themenkarte
für das Risiko »Einführung neuer Technologien« dargestellt.

Risiken und Architektur-themen

Einführung neuer Technologien
Das Softwaresystem des Mobilfunkgerätes soll mit einer Reihe neuer Technologien realisiert werden. So soll die gesamte Software von C auf Java umgestellt werden. Hinzu kommen neue Kommunikationstechnologien wie Bluetooth und UMGS.
Beeinflussende Faktoren:
O2.1: Viele Mitarbeiter haben kaum Java-Programmierkenntnisse.
O2.2: Aus den Bereichen Forschung und Vorausentwicklung gibt es ausreichend Mitarbeiter, die mit den neuen Kommunikationstechnologien Erfahrung gesammelt haben.
O4.1: Time-to-Market ist kritisch. Das Produkt muss rechtzeitig auf dem Markt sein, um die geplanten Marktanteile sicherzustellen.
Lösung:
Das Wissen der Mitarbeiter aus den Abteilungen Forschung und Vorausentwicklung muss optimal eingesetzt werden. Um die Architekturlösungen für die neuen Technologien abzusichern, müssen diese frühzeitig getestet werden. Die Mitarbeiter müssen noch vor der Implementierungsphase ausreichend Erfahrung mit Java-Programmierung sammeln. Wo möglich, soll bestehende C-Software wieder verwendet werden.
Strategie: Wiederverwendung durch Kapselung
Gut gekapselte, kritische C-Module aus der Software der alten Version werden mit einer Java-Schnittstelle versehen und als Ganzes wieder verwendet.
Strategie: Mitarbeitertransfer für Entwicklung und Architekturteam
Die Mitarbeiter aus den Bereichen Forschung und Vorausentwicklung müssen Schlüsselpositionen im Projekt für die Bereiche der Kommunikationstechnologien einnehmen. Einer der Mitarbeiter wird Mitglied des Architekturteams.
Strategie: Prototypen für Absicherung und Erfahrung
Um die Architekturrisiken mit den neuen Technologien abzusichern, werden mehrere Prototypen erstellt. Diese werden von den zukünftigen Entwicklern in Java program- miert, so dass diese zugleich Erfahrung in der Programmierung mit Java sammeln können. Bei den Prototypen handelt es sich um Wegwerfprototypen.
Strategie: Schulung & Coaching
Die Entwickler, die keine oder nur geringe Java-Kenntnisse besitzen, erhalten eine Schulung. Zudem werden externe Berater eingesetzt, welche die Entwickler im Projekt beim Einsatz von Java unterstützen werden.
Verwandte Themen und Strategien:
O5: Entwicklungsbudget, Einsatz externer Mitarbeiter, Build versus Buy

Tab. 4–5 Beispiel Themenkarte

Strategien   Um die Brücke zwischen Einflussfaktoren, Risiken und Architekturdesign vollständig zu schlagen, ist der letzte Schritt für die einzelnen Risiken, Strategien zu entwerfen. Eine Strategie legt fest, wie dem Risiko durch gezielte Maßnahmen, insbesondere *Architekturmaßnahmen*, entgegen gewirkt werden kann. Ziele von Strategien können sein, den Einfluss eines Faktors zu reduzieren bzw. seine Auswirkungen lokal zu begrenzen, die Einflüsse durch die Veränderbarkeit des Faktors lokal zu begrenzen oder allgemein Zeit und Aufwand zu reduzieren. Hat man als Risiko mangelndes Know-how zu einer bestimmten Technologie erkannt, so sind mehrere, auch kombinierbare Strategien denkbar: Die Technologie kann vermieden, ihr Einsatz lokal begrenzt werden und für diesen Bereich können Mitarbeiter ausgebildet und Berater hinzugezogen werden, externe Mitarbeiter beauftragt werden, oder die Subkomponente wird vollständig extern entwickelt. Hier wird deutlich, dass allein durch die Tatsache, dass das Thema frühzeitig als Risiko erkannt wurde, Gegenmaßnahmen auf der Ebene des Architekturentwurfs vorgenommen werden können. Durch die Kapselung der Technologie auf eine Komponente erhält das Projektmanagement einen größeren Spielraum für den Umgang mit dem Risiko. Die Beispielthemenkarte in Tabelle 4–5 zeigt Strategien für das Risiko »Einführung neuer Technologien«.

4.4   Zusammenfassung

Einflussfaktoren bestimmen die Themen, an denen sich der Softwarearchitekt beim Entwurf der Architektur orientiert. Treibend für die Strukturen einer Softwarearchitektur sind nicht die funktionalen Anforderungen, sondern vor allem andere Faktoren aus dem organisatorischen, technologischen und Produktbereich. Insbesondere die Qualitätsmerkmale spielen eine wichtige Rolle. Werden sie beim Entwurf der Architektur nicht berücksichtigt, führt dies zwangsläufig zu Problemen. Die Architektur ist die Basis, die Qualitätsmerkmale, wie Leistung oder Änderbarkeit der Software, ermöglicht oder verhindert.

Die Spezifikation der Einflussfaktoren erfolgt in den drei Schritten: Identifizieren und Präzisieren der Faktoren, Analyse der Faktoren sowie Identifizieren von Architekturthemen und Entwickeln von Strategien. Viele Einflussfaktoren können bereits der Anforderungsspezifikation entnommen werden. Häufig ist es jedoch notwendig, diese mit Hilfe von Profilen und Szenarien im Rahmen eines Kontexts noch zu präzisieren, so dass sie messbar werden. In der anschließenden Analyse der Einflussfaktoren wird deren Flexibilität, Veränderbarkeit sowie

Einfluss auf die Architektur untersucht. Im letzten Schritt werden aus der Gesamtheit der Einflussfaktoren Risiken identifiziert und eine Menge von Strategien entworfen, um das Architekturdesign zu führen. Während des gesamten Vorgehens ist es wichtig, sich auf die kritischen Faktoren zu konzentrieren, da der Aufwand bei der Vielzahl an existierenden Faktoren ansonsten zu umfangreich wird. Die gewonnenen Informationen liefern auch die Grundlage für eine spätere Bewertung der Architektur. Hierzu erfahren Sie mehr in Kapitel 7, »Bewertung«.

5 Entwurf von Softwarearchitekturen

*Der Prozess objektorientierter Analyse und Design
kann nicht in einem Kochbuch beschrieben werden.*
Grady Booch, 1994

There is no silver bullet.
Frederick Brooks, 1995

Ein Kochbuch für die Erstellung eines guten objektorientierten Entwurfs wird der Softwareingenieur leider vergeblich suchen. Der Entwurf von Softwarearchitekturen ist umso schwieriger, da diese mindestens eine Abstraktionsebene höher als der Programmcode angesiedelt sind. Wir wollen in diesem Kapitel auf den Entwurf von Softwarearchitekturen eingehen, um dem Softwarearchitekten einige Hilfsmittel und methodische Grundlagen für seine praktische Entwurfsarbeit zu geben.

Der Entwurf von Architekturen ist in das allgemeine Vorgehen eingebettet, das in Kapitel 3 beschrieben wurde. Die verschiedenen Einflussfaktoren aus Kapitel 4 dienen dabei als Ausgangspunkt für den Entwurf einer Architektur. Die nachfolgenden Kapitel dieses Buches beschreiben Kenntnisse, Tätigkeiten und Werkzeuge, die zur Umsetzung des Entwurfs notwendig sind.

Dieses Kapitel ist in drei Abschnitte gegliedert. Im ersten Abschnitt werden zunächst allgemeine Informationen zum Entwurf vorgestellt. Dazu gehören Entwurfsziele und -kriterien sowie eine zunächst oberflächliche Beschreibung der Entwurfstätigkeit. Im mittleren Abschnitt werden fünf fundamentale Prinzipien für den Entwurf von Architekturen behandelt. Im letzten Abschnitt beschreiben wir konkrete Entwurfsschritte. Dies beinhaltet auch eine Auswahl von Heuristiken für den Architekten.

5.1 Entwurfsumfeld und wichtige Begriffe

Von der Qualität einer Softwarearchitektur hängen meist das gesamte Projekt und eventuell sogar mehrere Folgeprojekte ab. Erfahrung, Kreativität, Entschlussfreudigkeit und Intuition sind Eigenschaften, die dem Softwarearchitekten bei der Aufgabe helfen, eine solche Softwarearchitektur vorzulegen. Niemand kann sich jedoch allein auf die obigen Faktoren verlassen, wenn er mit der Aufgabe konfrontiert wird, eine Architektur zu entwerfen. Hier ist eine strukturierte Vorgehensweise nötig, die den Architekten schrittweise auf sein Ziel hinführt.

Kochrezepte?

Softwarearchitektur entwickelt sich allerdings nur langsam zu einer Ingenieurdisziplin. Noch gibt es keine automatischen Verfahren, um gute Softwarearchitekturen zu erzeugen [Starke02]. Es lassen sich jedoch grundlegende Aktivitäten, zentrale Entwurfsprinzipien und Heuristiken angeben, die verhindern, dass ein Softwarearchitekt die Schlucht zwischen Anforderungen und fertiger Architektur in einem einzigen, großen Satz überspringen muss. Die erste Architektur fällt also nicht vom Himmel.

Objektorientierter Entwurf

Aus dem Bereich der Objektorientierung sind bewährte Methoden für Analyse und Design objektorientierter Softwaresysteme verfügbar (z. B. in [Booch94]). Der Fokus dieser Methoden erstreckt sich von der Architektur über die Festlegung von Klassen und ihren Schnittstellen hinaus bis weit in die objektorientierte Implementierung hinein. Ein wesentliches Prinzip der Objektorientierung ist die Zusammenfassung von Daten und Methoden mittels Klassen, was in der Softwarearchitektur der engen Beziehung von Struktur und Verhalten der einzelnen Architekturbausteine entspricht. Es erscheint daher sinnvoll, Methoden und Prinzipien für den Entwurf von objektorientierten Systemen auch allgemein für die Softwarearchitektur zu übernehmen.

In diesem Abschnitt werden zunächst die Entwurfsziele, der Zusammenhang von Komplexität und Entwurf, das allgemeine Vorgehen beim Entwurf und schließlich Kriterien für einen korrekten Entwurf von Softwarearchitekturen beschrieben. Im darauf folgenden Abschnitt wenden wir uns ausführlicher den fundamentalen Entwurfsprinzipien zu.

5.1.1 Entwurfsziele

Das Ziel des Softwarearchitekten beim Entwurf ist es, eine *gute* Softwarearchitektur zu schaffen, die als solide Basis für alle darauf folgenden Tätigkeiten des Projekts dienen kann. Beispielsweise hängen Feindesign und Entwicklung maßgeblich von der Architektur ab. Was zeichnet nun einen guten Architekturentwurf aus? Booch erwähnt die folgenden Attribute guter Softwarearchitekturen [Booch94, S. 290]:

Attribute guter Architekturen

■ Gute Softwarearchitekturen setzen sich aus wohl definierten Abstraktionsschichten zusammen.

■ Jede dieser Schichten ist eine in sich geschlossene Abstraktion mit wohl definierten Schnittstellen.

- Die Abstraktionsebenen bauen aufeinander auf.

- Für jede Schicht bzw. jeden Architekturbaustein gibt es eine klare Aufgabentrennung zwischen Schnittstelle und Implementierung.

- Die Architektur ist einheitlich und einfach.

Später in diesem Kapitel werden wir sehen, dass sich die obigen Attribute guter Softwarearchitekturen direkt aus einer Hand voll fundamentaler Entwurfsprinzipien ableiten lassen, z. B. Abstraktion, Kapselung oder Hierarchiebildung.

Besonders der letzten Forderung nach Einheitlichkeit und Einfachheit ist nicht leicht nachzukommen. Der Jazzpianist Thelonious Monk prägte dazu den Satz »*Simple ain't easy*«. Die Architektur beschreibt ja ein komplexes System und soll nach dieser Forderung trotzdem einheitlich und einfach sein. Die Einheitlichkeit kann durch das fundamentale Prinzip der *konzeptuellen Integrität* (s. Abschnitt 5.2.5) abgedeckt werden. Zur Einfachheit fordert Booch, »raffinierte und leistungsfähige Mechanismen zu erfinden, um die *Illusion der Einfachheit* zu bewahren« [Booch94, S. 20]. Die Architektur ist ein passendes Vehikel, um diese Illusion der Einfachheit zu transportieren.

Illusion der Einfachheit

Der tiefere Grund für obige Forderungen an eine gute Architektur ist die lange Lebensdauer von Software, die teilweise weit über die Systeme hinausreicht, für welche die Architektur ursprünglich entwickelt wurde. Alle Aktivitäten rund um komplexe Softwaresysteme sollten durch eine gute Architektur so unterstützt werden, dass die notwendige Flexibilität gewahrt bleibt und gleichzeitig die Komplexität der Systeme bewältigt werden kann. Bei den folgenden Aktivitäten sind die beteiligten Personen besonders auf die Vereinfachungen durch eine gute Architektur angewiesen [Stroustrup97, S. 694]:

- Feindesign und Entwicklung

- Reorganisierung, Redesign (engl. *refactoring*)

- Test

- Wartung und Weiterentwicklung

- Portierung

- Dokumentation und Einarbeitung

Ein guter Architekturentwurf stellt einen idealen Planungsrahmen dar, mit dessen Hilfe diese Aktivitäten erleichtert werden können. Beispielsweise kann die Aufteilung der Entwicklungsarbeit auf einzelne Teams anhand der architektonischen Struktur vorgenommen werden. Überarbeitungen des Entwurfs können danach eingeteilt werden, ob sie nur einzelne Bausteine betreffen und dabei die Architektur unverändert lassen oder ob sie auf der Ebene der Architektur angreifen. Weiterhin können sich Aktivitäten wie Test oder Portierung auf andere Plattformen an der Architektur ausrichten. Schließlich bilden die Sichten einer Softwarearchitektur einen wichtigen Teil ihrer Dokumentation und tragen erheblich zum Verständnis für alle Beteiligten bei.

5.1.2 Entwurf und Komplexität

Stabile Zwischenformen Eine Softwarearchitektur beschreibt ein komplexes System auf relativ hoher Abstraktionsebene. Beim Entwurf eines solchen komplexen Systems wird der Softwarearchitekt teilweise auf bestehende Erfahrungen aus früheren Projekten, Architektur- und Entwurfsmuster oder Vorlagen in Form von ganzen Architekturen zurückgreifen können. Booch nennt diese erprobten Mechanismen und Abstraktionen *stabile Zwischenformen* [Simon82, zitiert nach Booch94, S.38]. Dabei sind sowohl der iterative Entwurf eines immer komplexer werdenden Systems als auch die Übernahme von Mechanismen und Strukturen aus zuvor entwickelten anderen Systemen gemeint.

Innovative Produkte Einen signifikanten Anteil seiner Arbeitszeit wird der Architekt jedoch aufbringen müssen, um wirklich neue Strukturen zu entwerfen. Gerade in innovativen Produkten ist dieser Anteil natürlich besonders groß. Ein Beispiel: Zu Beginn des Siegeszugs des Internets in der Mitte der 1990er-Jahre konnten Softwarearchitekten bei der Server- und Browserentwicklung auf keine vorher existierenden Systeme als Vorbilder zugreifen. Die Architekturen waren per definitionem innovativ.

Eingebettete Systeme Eine ähnliche Situation zeigt sich bei Produkten aus der Welt der eingebetteten Systeme (engl. *embedded systems*). Bei diesen Systemen ist die Besonderheit, dass sie auf Ereignisse von außen zeitnah reagieren müssen, wobei diese Ereignisse typischerweise durch spezielle Hardware ausgelöst werden (z. B. Bedienpanels, Funkempfänger, Sensoren). Hier muss die Architektur stets produktspezifische Besonderheiten reflektieren und kann daher ebenfalls nur zu einem kleinen Anteil aus bestehenden Erfahrungen und Abstraktionen abgeleitet werden.

Komplexität ist hierarchisch Wenn der Architekt nicht oder nur teilweise auf Bestehendes zurückgreifen kann, muss er Techniken einsetzen, die ihm bei der Bewältigung der Komplexität helfen. Diese Komplexität ist oft hierarchisch: Teile des Systems sind in anderen enthalten, Teile setzen sich aus anderen zusammen, oder Elemente lassen sich in Taxonomien einteilen. Booch führt als Beispiele hierzu nicht nur Softwaresysteme, sondern auch die Struktur von PCs, Tieren, Planeten, Materie und ebenfalls die

Struktur von sozialen Einrichtungen wie Firmen, Körperschaften oder Institutionen an. Hier setzen einige der fundamentalen Entwurfsprinzipien aus dem nächsten Abschnitt an (v. a. Abstraktion, Kapselung, Hierarchiebildung).

5.1.3   Vorleistungen

Bevor Sie als Softwarearchitekt mit dem Entwurfsvorgang beginnen können, müssen einige Vorleistungen erledigt sein. Diese werden teilweise von Ihnen selbst, teilweise von anderen Projektbeteiligten bereitgestellt. Die wichtigsten dieser Ergebnisse aus früheren Phasen sind:

- Anforderungen, Anwendungsfälle (engl. *use cases*) und fachliches Modell
- Einflussfaktoren
- Risikoanalyse und Lösungsstrategien

Anforderungen, Anwendungsfälle und fachliches Modell

Für den Entwurf der Softwarearchitektur muss man davon ausgehen, dass die Anforderungen an das zu erstellende System in mehr oder weniger formaler Form vorliegen. Meistens wird dies eine hierarchisch strukturierte Auflistung in Klartext sein, z. B. eine Sammlung von Features. Zur Entwicklung und Verwaltung solcher Anforderungsdokumente gibt es mächtige, spezialisierte Werkzeuge wie z. B. DOORS. Zusätzlich ist es sinnvoll, wichtige Anwendungsfälle gesondert zu beschreiben; dies kann z. B. über Use-Case-Diagramme aus der UML 2 geschehen (siehe dazu Kapitel 6, »Dokumentation von Softwarearchitekturen«). Der Architekt sollte diese Eingangsinformationen im Allgemeinen bereits fertig vorfinden, sollte jedoch bei Widersprüchen oder problematischen Anforderungen einschreiten. Idealerweise liegt ihm auch noch ein fachliches Modell der Anforderungen vor. Ist dies nicht der Fall, muss er dieses selbst erstellen.

Einflussfaktoren

Neben den fachlichen Anforderungen gibt es technische und organisatorische Faktoren, welche die Softwarearchitektur und damit zunächst den Entwurfsvorgang beeinflussen. Diese Faktoren sind wichtige Vorleistungen für den Entwurf; sie stellen den Ausgangspunkt für das weitere Vorgehen dar. Die Einflussfaktoren variieren von Unternehmen zu Unternehmen und teilweise natürlich auch von Projekt zu Projekt. Letztlich muss sich die Architektur an der korrekten Umsetzung der Anforderungen und Berücksichtigung der Einflussfaktoren messen lassen. In Kapitel 4 wurde das Thema Einflussfaktoren bereits detailliert diskutiert.

Als übergeordnete Grundlage für den Entwurfsprozess beliebiger Softwarearchitekturen lässt sich eine Reihe von fundamentalen Entwurfsprinzipien aufstellen. Mit Hilfe dieser Prinzipien kann der Architekt die verschiedenen Einflüsse strukturieren und sinnvoll in eine Architektur umsetzen. Die Entwurfsprinzipien werden im Abschnitt 5.2 detailliert beschrieben.

Risikoanalyse und Lösungsstrategien

Oft lassen sich bei der gleichzeitigen Betrachtung mehrerer Einflussfaktoren Widersprüche, Inkompatibilitäten oder sonstige Probleme feststellen. Ein Beispiel wäre die Forderung nach Plattformunabhängigkeit durch die Verwendung von Java bei gleichzeitigem Mangel an Java-Kenntnissen in der Belegschaft. Solche problematischen Themen stellen Risiken für die Softwarearchitektur und damit letztlich für das gesamte Projekt dar. In Kapitel 4, »Einflussfaktoren«, wurden Techniken zur Identifizierung dieser Risiken und zur Entwicklung von Lösungsstrategien angegeben.

Themenkarten   Als wichtigste Technik soll hier speziell die Verwendung von Themenkarten nach [Hofmeister00] hervorgehoben werden. Diese bieten ein formales Schema, um folgende Informationen in Zusammenhang zu bringen:

- Beschreibung des Risikos
- Beteiligte Einflussfaktoren
- Lösungsansatz
- Mögliche Strategien
- Verwandte Themen und Strategien

Make or buy   Das Erarbeiten von Lösungsstrategien adressiert die größten Risiken, nimmt aber nicht den Entwurf einer Architektur vorweg. Ein typisches, in der Praxis oft anzutreffendes Beispiel einer Lösungsstrategie betrifft die Entscheidung, ob bestimmte Architekturbausteine selbst entwickelt oder zugekauft werden sollen (engl. *make or buy*). Eine Zukaufstrategie ergäbe sich z. B. aus einem engen Zeitplan oder mangelndem Know-how der vorhandenen Entwickler. Die entgegengesetzte Strategie, nämlich auf dem Markt verfügbare Bausteine nochmals selbst zu entwickeln, würde ein Unternehmen einschlagen, wenn es z. B. die Abhängigkeit von Drittanbietern als zu riskant einschätzen würde.

5.1.4 Allgemeine Aktivitäten beim Entwurf

In Kapitel 3 zum Vorgehen bei der Erstellung von Softwarearchitekturen haben wir bereits in allgemeiner Form gesehen, wie sich der Entwurf von Architekturen in den gesamten Prozess der Softwareentwicklung einbettet. Speziell aus Sicht des Architekturentwurfs sind die folgenden Aktivitäten wichtig:

- Iteratives und inkrementelles Vorgehen

- Auswahl von Stilen, Vorlagen und Mustern

- Architekturtransformation

- Erstellung von Modellen, Dokumentation

- Bewertung des Entwurfs

Im Rest dieses Abschnitts werden Sie die einzelnen Aktivitäten genauer kennen lernen; dabei wird oft auf andere Stellen dieses Buchs verwiesen, wo wir das jeweilige Thema erschöpfend behandeln. In Abschnitt 5.3 werden diese allgemeinen Aktivitäten noch durch konkrete Schritte beim Entwurf von Softwarearchitekturen ergänzt.

Iteratives und inkrementelles Vorgehen

Nach Stroustrup hat der Prozess der Softwareentwicklung weder Anfang noch Ende: Die Produkte aus vorhergehenden Projekten (z. B. Architektur, Bausteine oder Bibliotheken) werden in einer Abfolge von Schritten so weiterentwickelt, bis letztlich wieder ein Produkt entsteht, das in den folgenden Projekten als Grundlage dient [Stroustrup97, S. 696]. Für den Teilbereich der Softwarearchitektur trifft dies in ähnlicher Form zu.

Beim *iterativen* Vorgehen werden Produkte und Erfahrungen aus der vorherigen Phase des Entwurfs für die jeweils nächste Iteration verwendet. Die Architektur und zugehörige Entwurfsentscheidungen werden dabei schrittweise verfeinert [Booch94, S. 291f]. *Iterativ ...*

Ein Produkt jeder Phase im Rahmen des iterativen Vorgehens ist eine Softwarearchitektur, die den letztendlich nötigen Anforderungen immer näher kommt und diese schließlich ganz erfüllt. Während einer Iteration wird also eine *inkrementelle* Verbesserung der Architektur und der zugehörigen Entscheidungen erreicht. Jede Iteration produziert also eine stabile Zwischenform der Softwarearchitektur (vgl. Abschnitt 5.1.2). *und inkrementell*

Auswahl von Stilen, Vorlagen und Mustern

Sie sitzen nun vor einer Auswahl von Ordnern, in denen fein säuberlich Hunderte von Anforderungen und Einflussfaktoren niedergelegt sind. Dazu kommen die Risikoanalyse und die Systemidee, die Sie bereits im Vorfeld erstellt haben. Damit für den jetzt folgenden ersten Schritt beim Entwurf einer Architektur nicht die Angst vor dem leeren Blatt aufkommt, können Sie sich als Architekt kodifiziertes Wissen Ihrer Kollegen und Vorgänger nutzbar machen. Dazu können Sie auf eine Sammlung von Architekturstilen und -mustern zurückgreifen, die Sie nur noch gegen die fachlichen Anforderungen abgleichen müssen. Zusätzlich können Sie evtl. Anleihen bei Architekturen ähnlicher Systeme machen. In Kapitel 8, »Toolbox«, wird ein Katalog von Stilen und Mustern vorgestellt, der als Ausgangspunkt für den eigenen Erfahrungsschatz eines Architekten dienen kann.

Architekturtransformation

Eine Softwarearchitektur soll sowohl die fachlichen Anforderungen als auch Qualitätsattribute wie Skalierbarkeit oder Leistung berücksichtigen. Für den Architekten ist es sehr schwer, gleich bei der ersten Iteration all diese Einflussfaktoren zu beachten. Bosch schlägt hierzu vor, sich in der ersten Phase des iterativen und inkrementellen Vorgehens auf die fachlichen Anforderungen zu konzentrieren. Erst wenn eine Architektur entworfen wurde, die allen fachlichen Anforderungen genügt, sollte auf der Basis von Architekturbewertungen die Architektur so transformiert werden, bis sie auch die geforderten Qualitätsattribute aufweist (z. B. durch die Anwendung von Architekturmustern [Bosch00]). Diese erste, auf fachlichen Anforderungen basierende Architektur entspricht im Wesentlichen dem von uns vorgestellten fachlichen Modell.

In der Praxis wird eine solch strenge Aufteilung in einen rein funktionalen Entwurf und die nachgelagerte Transformationsphase nur schwer durchzuhalten sein.

Ein Beispiel: Die Schnittstelle einer Persistenzschicht bestimmt sehr stark die Implementierung der darüber liegenden Schichten. Durch eine nachträgliche Umstellung der Persistenzschicht aufgrund von mangelnder Leistung oder Portabilität würden unverhältnismäßig hohe Kosten entstehen. Der Architekt wird also angehalten sein, bereits im ersten Wurf eine tragfähige Lösung zu entwerfen.

Die Vorgehensweise, aufgrund von Bewertungen Transformationen durchzuführen, ist aber in jedem Fall nützlich und wird daher in Kapitel 8, »Toolbox des Architekten«, detaillierter vorgestellt.

Erstellung von Modellen, Dokumentation

Während des Entwurfsprozesses wird der Architekt seine Entscheidungen in Form von Modellen dokumentieren. Die Sichten auf diese Modelle kann er z. B. mittels UML-Diagrammen ausdrücken. Diese meist grafisch ausgedrückten Modelle sind also gleichzeitig sowohl Dokumentation seiner Entwurfsarbeit als auch Inhalt und Ergebnis der Entwurfsaktivitäten. Auch diese Sichten bzw. Diagramme wird der Architekt während des iterativen und inkrementellen Vorgehens schrittweise verfeinern. In Kapitel 6, »Dokumentation von Softwarearchitekturen«, wird auf dieses Thema ausführlich eingegangen.

Es ist für den Softwarearchitekten empfehlenswert, während des Entwurfs nicht nur die aktuell gültigen Sichten und Modelle zu dokumentieren, sondern auch wichtige Entwurfsentscheidungen festzuhalten. Booch unterscheidet dabei zwischen strategischen und taktischen Entscheidungen [Booch94, S. 290]. Strategische Entscheidungen betreffen die gesamte Architektur, taktische Entscheidungen haben nur lokalen Einfluss (z. B. auf einen einzelnen Baustein der Architektur). Bereits früher in diesem Buch haben wir gesehen, dass sich die Architektur v. a. von großen Softwaresystemen auf mehreren Ebenen abspielen kann. So besteht die Architektur des Gesamtsystems aus dem Zusammenspiel von mehreren Subsystemen, von denen jedes wiederum eine Architektur hat. Auf der Ebene des Gesamtsystems gehört das Innenleben der Subsysteme nicht zur Architektur (vgl. Kapitel 1). Die Unterscheidung zwischen strategischen und taktischen Entscheidungen ist in diesem Kontext ebenfalls eine Frage der Abstraktionsebene.

Strategie und Taktik

Bewertung des Entwurfs

Die letzte Aktivität während des Entwurfsvorgangs ist die Bewertung des Architekturentwurfs. Diese wird in Kapitel 7, »Bewertung von Architekturen«, ausgiebig behandelt. Bewertung findet mit verschiedener Frequenz und mit verschiedenem Aufwand statt. Der Architekt führt (teilweise als ungeplanter Bestandteil seiner normalen Entwurfsarbeit) Ad-hoc-Bewertungen von Teilen seines Entwurfs durch und gleicht diese dabei gegen die Einflussfaktoren oder die elementaren Entwurfsprinzipien ab. In größeren Abschnitten wird er innerhalb seines Teams ein oder mehrere Reviews (z. B. über eine formale *inspection*) durchführen, um die Architektur (oder Teile davon) auf den Prüfstand zu stellen. Schließlich wird es eine abschließende Bewertung der gesamten Architektur geben, bevor die Entwicklungsmannschaften beginnen, auf Basis der Softwarearchitektur das System zu implementieren.

5.1.5 Fünf Kriterien für einen korrekten Entwurf

Die Bewertung einer vorliegenden Softwarearchitektur ist ein zentraler Bestandteil im Lebenszyklus der Architektur und auch des gesamten Projekts. In Kapitel 7 werden wir das Thema Bewertung aus verschiedenen Perspektiven beleuchten und uns mit einigen praktischen Bewertungsmethoden (z. B. basierend auf Szenarien) genauer beschäftigen. Dort wird besonders betont, dass die Bewertung nicht erst nach Vollendung einer Architektur erfolgen sollte, sondern bereits in den Entwurfsprozess eingearbeitet sein muss, um Fehlleitungen und Sackgassen beim Entwurf frühzeitig zu vermeiden.

Kriterien für korrekten Entwurf
Speziell für den Entwurf der Architektur wollen wir nun zusätzlich einige formale Kriterien angeben, mit deren Hilfe sich feststellen lässt, ob die Architektur (bzw. einzelne Teile davon) korrekt entworfen wurden. Booch führt folgende Kriterien an [Booch94, S. 176f]:

- Kopplung

- Kohäsion

- Zulänglichkeit

- Vollständigkeit

- Einfachheit

Kopplung
Kopplung beschreibt, zu welchem Grad zwei Bausteine über gemeinsame Schnittstellen assoziiert sind. Die Anzahl der Kopplungen in einem System ist ein Maß für die Qualität der Architektur: Je weniger Kopplungen es in einem System gibt, desto geringer ist die Komplexität des Systems und desto besser ist die Illusion der Einfachheit gewahrt. Kopplungen können auf vielen Ebenen entstehen: Bausteine können durch eine direkte Schnittstelle gekoppelt sein, Bausteine können durch Vererbungsbeziehungen an ein Framework gekoppelt sein, fachliche Teile eines Softwaresystems sind naturgemäß an Infrastrukturteile und diese wiederum an die zugrunde liegende Plattform gekoppelt. Für eingebettete Systeme, die meist mit einer Knappheit von Ressourcen leben müssen (z. B. Prozessorleistung oder Hauptspeicher), besteht eine indirekte Kopplung zwischen Architekturbausteinen, die sich die vorhandenen Ressourcen teilen müssen.

Kohäsion
Kohäsion beschreibt den Grad der Bindung der Elemente innerhalb eines Bausteins. Abstraktionen, die in keinem oder nur in einem entfernten Zusammenhang stehen, sollten auch nicht in demselben Baustein untergebracht werden. Eine solche Vermischung von Verantwortlichkeiten würde es nicht mehr erlauben, von diesem Baustein als einer Einheit zu sprechen und diesen innerhalb der Architektur als sol-

che zu behandeln. Oft zerfallen solche überladenen Bausteine während des Entwurfsprozesses fast von selbst in kleinere Bausteine mit klar zugeordneten Zuständigkeiten und geringer Kopplung untereinander.

Ein Beispiel: Ein Architekturbaustein *OutsideWorldManager* in einem System zur Produktionsplanung, der für den Datenaustausch mit der Auftragsdatenbank und gleichzeitig für die grafische Darstellung der Maschinenanordnung zuständig ist, ist bezüglich der Kohäsion als schlecht zu bewerten. Hier sollte eine klare Trennung von Benutzerschnittstelle und Schnittstellen zu anderen Systemen auch durch die Architektur ausgedrückt werden. Eine bessere Lösung wären also zwei Komponenten, z. B. *JobDatabaseProxy* und *ProductionViewer*.

Die Funktionalität eines Bausteins ist dann *zulänglich* oder *hinreichend*, wenn der Baustein seine Anforderungen erfüllen kann. Die Verantwortlichkeit eines Bausteins sollte über ihre Schnittstellen in minimaler Form erreichbar sein, um diesem Kriterium zu gehorchen. Unzulänglichkeiten eines Bausteins werden in der Praxis frühzeitig festgestellt, meist schon während seiner Entwicklung oder bei seinem ersten Einsatz.   *Zulänglichkeit*

Beispiel: Eine Schicht zur Betriebssystemabstraktion wäre unvollständig, wenn sie keine Möglichkeiten zur Synchronisation von Nebenläufigkeiten bieten würde. Das Kriterium der Zulänglichkeit wäre dann verletzt, weil mehrere nebenläufige Prozesse oder Threads nicht synchronisiert werden könnten, ohne direkt auf Betriebssystemfunktionen zurückzugreifen. Die Abstraktionsschicht verlöre somit ihren Sinn.

Die Funktionalität eines Bausteins ist dann *vollständig*, wenn seine Schnittstellen den Verantwortungsbereich des Bausteins voll abdecken. Dies ist ein sehr subjektives Kriterium, denn bei einem Baustein mit einer hinreichenden Funktionalität dienen weitere Schnittstellen nur noch zur Vereinfachung der Bedienung, zur Verfeinerung oder zur einfacheren Anbindung an bereits existierende Bausteine.   *Vollständigkeit*

Beispiel: Wenn die Softwareschicht zur Betriebssystemabstraktion aus obigem Beispiel Semaphore anbieten würde, wäre das hinreichend. Wenn sie zusätzlich die Mechanismen Mutex, Lock, Signal und Barrier anbietet, ist das für manche Anwendungsfälle angenehm, aber nicht notwendig.

Das Kriterium der *Einfachheit* gibt einen Anhaltspunkt für die Gratwanderung zwischen Zulänglichkeit und Vollständigkeit. Ein Baustein der Architektur ist dann einfach, wenn er eine hinreichende Funktionalität mit angemessenen Schnittstellen umsetzt. Oft ist es möglich, Einfachheit zu erreichen, indem man komplexe Funktionalitäten aus einfacheren Funktionalitäten (sog. *Primitiven*) zusammen-   *Einfachheit* setzt. Dies kann sowohl auf funktionaler Ebene als auch auf der strukturellen Ebene der Architekturbausteine geschehen.

Beispiel: In der *Standard Template Library* (kurz: *STL*) für C++ sind verschiedenste Container und Algorithmen auf den darin abgelegten Daten implementiert. Für eine größtmögliche Einfachheit der einzelnen Bausteine wurden die Algorithmen sowohl von den Zugriffsklassen als auch von den Containern selbst getrennt. Dadurch haben die Bausteine selbst sehr einfache Schnittstellen, können aber fast beliebig kombiniert werden und dadurch komplexe Probleme lösen.

5.2 Fundamentale Entwurfsprinzipien

Beim Entwurf der Softwarearchitektur bewegt sich der Architekt nicht im luftleeren Raum. Er kann sich von einigen fundamentalen Entwurfsprinzipien leiten lassen, die zum großen Teil aus der Theorie des objektorientierten Entwurfs herstammen. Diese Entwurfsprinzipien haben ihre Wurzel in der Art, wie Menschen typischerweise komplexe Systeme strukturieren und damit intellektuell bewältigen.

Der objektorientierte Entwurf deckt ein weites Spektrum von Abstraktionsebenen während der Softwareentwicklung ab; es reicht von Feindesign und Implementierung (z. B. von Schnittstellen) auf der detailreichen Seite bis hin zum Entwurf von Klassen und deren Zusammenspiel auf der abstrakten Seite. Die konkreten Aufgaben für den objektorientierten Entwurf stammen aus der realen Welt. Die Liste der Aufgaben beinhaltet daher immer die Strukturierung komplexer Systeme. Diese zentrale Aufgabe hat der objektorientierte Entwurf mit dem Entwurf von Softwarearchitekturen gemein. Deshalb ist es nahe liegend, die Entwurfsprinzipien teilweise aus dem objektorientierten Entwurf zu entlehnen.

Abb. 5-1 zeigt einige fundamentale Entwurfsprinzipien, die wir in diesem Abschnitt genauer behandeln wollen. Dies sind folgende Prinzipien:

Fundamentale Prinzipien

- ▨ Abstraktion

- ▨ Kapselung

- ▨ Modularität

- ▨ Hierarchie

- ▨ Konzeptuelle Integrität

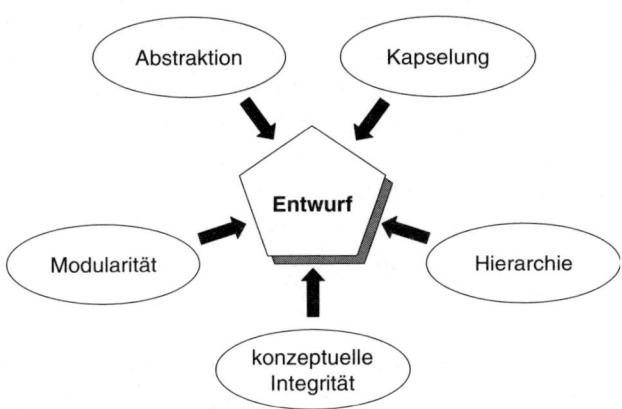

Abb. 5-1 Die fünf fundamentalen Entwurfsprinzipien für Softwarearchitekturen

Menschen haben fundamentale Grenzen beim Umgang mit Komplexi-   *Kognitive Grenzen*
tät. Durch Experimente haben amerikanische Psychologen festgestellt,
dass der Mensch nur eine maximale Anzahl von sieben plus/minus
zwei Informationen gleichzeitig verarbeiten kann [Miller56]. Um eine
neue Informationseinheit aufzunehmen, braucht das Gehirn des Menschen ungefähr fünf Sekunden [Simon82, S. 81]. Beide Beschränkungen gelten unabhängig vom Inhalt der Information. Daraus folgt, dass
komplexe Systeme nur bewältigt werden können, indem der semanti-
sche Gehalt jeder Information erhöht wird. Dies kann durch die obigen
Prinzipien erreicht werden.

Für den Architekten dienen diese Prinzipien gleichzeitig als Leit-
linien für seine Gedankenwelt, aber auch als konstruktive Werkzeuge
für seine Entwurfsarbeit. In den folgenden fünf Abschnitten betrachten
wir die Entwurfsprinzipien und ihre jeweilige Bedeutung für den Softwarearchitekten und seine Tätigkeit im Einzelnen. Wo es sinnvoll ist,
werden wir die Entwurfsprinzipien an Beispielen verdeutlichen.

5.2.1 Abstraktion

Das Prinzip der Abstraktion hilft uns Menschen, unwichtige Details zu   *Idealisierung,*
ignorieren und stattdessen ein idealisiertes, vereinfachtes Modell eines   *Vereinfachung*
Objekts zu betrachten. Die Bewertung, welche Details wichtig und
welche unwichtig sind, obliegt dabei dem Beobachter [Booch94]. Der
Polizist an einer Kreuzung sieht z. B. Autos nur in ihrer Rolle als Ver-
kehrsteilnehmer, der Automechaniker konzentriert sich auf die Funktionsweise des Fahrzeugs, für den Prüfingenieur ist nur der Sicherheits-
aspekt des Autos relevant.

Erkennen von Gemeinsamkeiten

Gleichzeitig lassen sich durch Abstraktion die Gemeinsamkeiten von Objekten, Situationen oder Prozessen erkennen. Jedes Element in einer Abstraktion steht für weitere Informationen, die aber durch die Abstraktion bewusst ausgeklammert werden. Eine Abstraktion geht daher mit angereicherten Informationen um und ermöglicht es so, den oben beschriebenen semantischen Gehalt der Information zu erhöhen. Beispielsweise wird der obige Verkehrspolizist nicht zwischen Limousine, Cabrio oder Van und schon gar nicht zwischen verschiedenen Automarken unterscheiden, sondern jedes Objekt in seinem Umfeld einfach als Fahrzeug betrachten.

Abstraktion in der Architektur

Auch der Softwarearchitekt setzt Abstraktionen zur Idealisierung und Generalisierung ein. Er wird meist Bausteine nur grob nach ihren Schnittstellen und Verantwortlichkeiten beurteilen, um den Gesamtüberblick zu erhalten. Betrachtet er z. B. die Infrastruktur zur Kommunikation in einem System, wird er alle Bausteine im Wesentlichen auf ihre Rolle als Teilnehmer im Kommunikationsnetz sehen. Über das Prinzip der Generalisierung wird er Gemeinsamkeiten zwischen Anforderungen, Szenarios, Architekturbausteinen oder externen Geräten feststellen und abstrahieren. All dies hilft dem Architekten, die Komplexität seiner Aufgabe zu bewältigen.

Ein wichtiges Hilfsmittel des Architekten für Abstraktion und Generalisierung sind Modelle und Sichten (vgl. Kapitel 6, »Dokumentation«). Elemente einer Modellierungssprache wie UML 2 sind an sich bereits Abstraktionen von konkreten Architekturbausteinen, ihren Verantwortlichkeiten und gegenseitigen Abhängigkeiten. Wenn der Softwarearchitekt auf dem Papier oder mit einem Modellierungswerkzeug ein Rechteck zeichnet und mit »DialogManager« beschriftet, meint er einen bestimmten Bestandteil einer Mensch-Maschine-Schnittstelle. Die konkrete Ausformung dieser Verantwortlichkeit mag in einer weiteren Aktivität folgen, steht aber zunächst nicht im Vordergrund. Die Abstraktion geschieht hier also implizit.

5.2.2 Kapselung

Information Hiding

Die Kapselung hat ihren Ursprung im *Verbergen von Informationen* (engl. *information hiding*), also dem Verstecken von Daten und ihren Zusammenhängen im Inneren eines Moduls [Parnas72]. In der Welt des objektorientierten Designs kommt zu diesen Geheimnissen eines Moduls oder Objekts noch das Verhalten des Objekts hinzu. Damit wird Kapselung zu einem zentralen Prinzip des objektorientierten Entwurfs [Booch94]. Im Rahmen der Architektur sind diese Module mit den von uns verwendeten Bausteinen gleichzusetzen. Dies gilt auch für die noch folgenden Ausführungen.

Kapselung und Abstraktion sind dual: Kapselung bezieht sich auf das Innenleben eines Bausteins, also seine Implementierungsdetails. Dagegen konzentriert sich Abstraktion auf die Sicht von außen, sie betrachtet also eher die Schnittstelle und das äußerlich beobachtbare Verhalten von Bausteinen.

Kapselung und Abstraktion

Auch im Bereich der Softwarearchitektur spielt Kapselung eine zentrale Rolle. Für die Einteilung eines Systems in Komponenten mit definierten Verantwortlichkeiten und Schnittstellen ist die Kapselung ein fundamentales Grundprinzip. Weiterhin liegt Kapselung vielen Architekturstilen zugrunde: Beispielsweise wird bei einer Schichtenarchitektur (engl. *layering*) die grundlegende Funktionalität zur Implementierung eines Bausteins in der darunter liegenden Schicht gekapselt (z. B. Socket-Funktionalität beim TCP/IP-Protokoll).

Kapselung in der Architektur

5.2.3 Modularität

Eine große Anzahl von Fachgebieten hat es mit äußerst komplexen Systemen zu tun. Gehirnforschung, Psychologie, Robotik und Ingenieurwissenschaften sind nur einige Beispiele. Modularität ist ein Konzept, das sich in all diesen Fachgebieten als nützlich erwiesen hat [Baldwin00]. Nach Grady Booch ist Modularität »die Eigenschaft eines Systems, das in eine Menge von in sich geschlossenen und lose gekoppelten Modulen zerlegt wurde« [Booch94]. Als Ergänzung zu dieser Definition sei angeführt, dass die Elemente innerhalb eines Moduls eng, die Module untereinander jedoch lose gekoppelt sein sollten [Baldwin00]. Weiter oben in diesem Kapitel wurden bereits die beiden dualen Entwurfskriterien Kopplung und Kohäsion erwähnt, die genau diesen Zusammenhang von Modulen beschreiben.

Zerlegung komplexer Systeme

Modularität und Kapselung spielen zusammen. Meist wird zwischen der Schnittstelle eines Moduls und seiner Implementierung unterschieden. Sind zwei Module über ihre Schnittstellen verbunden, so vereint diese Verbindung die gegenseitigen Annahmen der Module übereinander. In C oder C++ ist es üblich, die Modulschnittstelle in einer sog. Header-Datei zu platzieren, die Implementierung befindet sich in einer Datei mit der Endung .c oder .cpp.

Modularität und Kapselung

Modularität ist nicht nur ein wichtiges Mittel zur Strukturierung eines Systems, sondern auch zur Strukturierung der Arbeit an diesem System. Deshalb ist es für den Softwarearchitekten wichtig, Modularität geeignet in seine Systeme einzuführen, um eine Arbeitsteilung während der folgenden Prozesse zu ermöglichen. Dies erstreckt sich auf Feindesign, Entwicklung, Konfigurationsmanagement, Dokumentation und Test. Module sind im Idealfall unabhängige Einheiten, die getrennte Bearbeitung ermöglichen.

Arbeitsteilung

Besonders bei großen Projekten (ab zehn Entwicklern) ist es enorm wichtig, dass die Module einer Softwarearchitektur die richtige Granularität aufweisen. Sind die Module zu klein, wird es zu viele Module und Abhängigkeiten zwischen diesen geben, was das Gesamtsystem nicht mehr handhabbar macht. Sind die Module zu groß, dann bildet jedes Modul wiederum ein System, das erst noch strukturiert werden muss. Wählt der Architekt die richtige Granularität, dann werden die oben erwähnten Aktivitäten (wie z. B. Konfigurationsmanagement) erheblich vereinfacht.

Modulare Operatoren   Ein Softwarearchitekt muss also modulare Strukturen definieren und manipulieren. Deshalb ist es für ihn interessant, welche Änderungsmöglichkeiten an modularen Strukturen existieren. Baldwin und Clark führen dazu (für modulare Systeme jeder Art) die folgenden *modularen Operatoren* ein (engl. *modular operators* [Baldwin00]):

- Aufteilung eines Entwurfs in Module

- Ersetzen eines modularen Entwurfs durch einen Alternativentwurf

- Hinzufügen eines neuen Moduls zu einem bestehenden System

- Entfernen eines Moduls aus einem System

- Invertieren der Hierarchie eines modularen Systems

- Portierung eines Moduls

Bei der sog. *Invertierung* werden Elemente, die vorher in der Modulhierarchie versteckt waren, in dieser Hierarchie nach oben transferiert. Durch diesen Verallgemeinerungsprozess entstehen also neue, mächtigere Module. *Portierung* findet statt, wenn ein bisher in einem System verwendetes Modul extrahiert und in einem anderen System eingesetzt wird. Der Portierungsoperator kann also der Einstieg in einen Produktlinienansatz sein (siehe dazu Kapitel 10, »Produktlinien«).

Für den Softwarearchitekten bietet Modularität größere Flexibilität beim Entwurfsprozess. Weiterhin bietet Modularität ergänzend zum Prinzip der Abstraktion einen zusätzlichen Hebel zur Bewältigung der Komplexität.

5.2.4 Hierarchie

Rangfolge von Abstraktionen   In einem komplexen Softwaresystem kommt der Architekt schnell in die Situation, dass es mehr Abstraktionen gibt, als er bewältigen kann. Durch die Zusammenfassung der Abstraktionen in logisch zusammengehörige Module hat er ein weiteres Strukturierungsmittel. Oft jedoch reicht dieses ebenfalls nicht aus. Abhilfe kann nun schaffen, dass sich Abstraktionen in eine Rangfolge bringen lassen: in eine

Hierarchie. Dabei gibt es im Wesentlichen zwei Arten von Hierarchien [Booch94]:

▪ *Enthalten-in-* bzw. *Besteht-aus*-Hierarchien (Struktur)

▪ *Ist-ein*-Hierarchien (Generalisierung)

Beispiele für strukturelle Hierarchien sind die Verzeichnisstruktur in einem heute üblichen Dateisystem, Aggregationen in UML-Klassendiagrammen oder Bausteine einer Softwarearchitektur, die aus kleineren Bausteinen zusammengesetzt sind. Je weiter oben ein Element in einer Hierarchie angesiedelt ist, desto höher ist seine *Abstraktionsebene*.

Struktur

Beispiele für *Ist-ein*-Hierarchien sind die Vererbungshierarchien in objektorientierten Programmiersprachen wie C++ oder Java, aber auch Taxonomien in der Biologie [Oestereich01]. Ein Element in einer solchen Hierarchie stellt bezüglich seinem Vaterelement eine Spezialisierung dar, bezüglich seiner Kindelemente eine Abstraktion. Beispiel: Sowohl der Benzinmotor als auch der Elektromotor sind Spezialisierungen des Konzepts »Antrieb«. Die Eigenschaften jedes Elements werden von seinen nachgegliederten Elementen übernommen.

Vererbung, Taxonomie

Bei den Vererbungshierarchien gilt das *Substitutionsprinzip*: Ein abstraktes Element sollte jederzeit durch eine seiner Spezialisierungen ersetzt werden können. Ordnet man in einer Abstraktion geometrischer Formen das Quadrat in der Hierarchie über dem Rechteck an, so würde dies das Substitutionsprinzip verletzen. Nicht jedes Rechteck ist ein Quadrat, obwohl diese Umsetzung der Vererbungshierarchie in einer objektorientierten Programmiersprache auf den ersten Blick sinnvoll erscheint (d. h. in der spezialisierten Klasse *Rechteck* würde einfach die Länge der zusätzlichen Kante als weiterer Parameter aufgenommen).

Substitutionsprinzip

In der Softwarearchitektur spielen zunächst die strukturellen Hierarchien eine zentrale Rolle. Beispielsweise könnte auf der obersten Hierarchieebene eine Schichtenarchitektur als Architekturstil gewählt werden; eine Ebene tiefer könnte in einer der Schichten ein Framework eingesetzt werden, das seinerseits wieder mehrere Komponenten enthält. Bei einem komponentenzentrierten Ansatz denkt der Architekt in Begriffen einer strukturellen Hierarchie von verschachtelten Komponenten (vgl. [Selic94]). Die strukturelle Hierarchie ist ein fundamentaler Bestandteil der Definition von Softwarearchitektur aus Kapitel 1.

Architektur und Hierarchie

Die *Ist-ein*-Hierarchie hat für den Softwarearchitekt ebenfalls wichtige Anwendungsmöglichkeiten. Generalisierung und Spezialisierung lässt sich auf Anforderungen, komplette Architekturen, Verantwortlichkeiten von Bausteinen und nicht zuletzt auch auf Schnittstellen anwenden. Gerade die Bildung von Rangfolgen von Schnittstellen erlaubt es, die Rollen von beteiligten Bausteinen schrittweise zu verfeinern. Wie die Modularität bieten die beiden Formen der Hierarchie dem Softwarearchitekten den Einstieg in einen Produktlinienansatz (s. Kapitel 10).

5.2.5 Konzeptuelle Integrität

Das letzte hier vorgestellte, aber bei weitem nicht das unwichtigste Prinzip für den Entwurf von Softwarearchitekturen ist die konzeptuelle Integrität (engl. *conceptual integrity*). Frederick Brooks, der »Vater des IBM System/360«, hebt konzeptuelle Integrität als »den wichtigsten Faktor beim Systementwurf« hervor [Brooks95, S. 42]. Konzeptuelle Integrität meint die *durchgängige Anwendung* von Entwurfsentscheidungen im gesamten System und damit die Vermeidung von Speziallösungen bzw. Verwässerung der originalen Konzepte.

Arbeitsteilung   Eine Voraussetzung, um konzeptuelle Integrität zu erzielen, ist die Arbeitsteilung in Architekturtätigkeit und Implementierungstätigkeit. Die Architekturerstellung muss dabei in den Händen eines kleinen Teams liegen. Damit können für alle Systemaspekte einheitliche Lösungen gefunden und definiert werden (z. B. über bestimmte Architekturmuster für querschnittliche Aspekte). Dies ist übrigens ein wichtiger Grund, warum sich die Softwarearchitektur als eigenständige Disziplin herausgebildet hat.

Gegenbeispiel   Ein Gegenbeispiel für konzeptuelle Integrität einer Softwarearchitektur wäre ein auf Komponenten basierendes System, in dem die Kommunikationsinfrastruktur für die Komponenten mehrere verschiedene Schnittstellen und Implementierungen anbietet, z. B. Socket-Kommunikation, Interprozesskommunikation über gemeinsamen Speicher sowie eine zentrale Datenbank. Hier hätte jeder Komponentenentwickler die unnötige Herausforderung, die passende Kommunikationsschnittstelle auszuwählen. Einsteiger müssten mehrere konkurrierende Mechanismen verstehen, die Werkzeuge (z. B. für eine statische oder dynamische Abhängigkeitsanalyse) müssten alle Mechanismen integrieren, schließlich würde die Portierung auf eine andere Plattform erhöhten Aufwand bedeuten.

Wie alle bisher beschriebenen fundamentalen Prinzipien erhöht auch die konzeptuelle Integrität den semantischen Gehalt von Informationen. Indem Entwurfsentscheidungen für das gesamte System gelten und Ausnahmen möglichst vermieden werden, haben diese Entscheidungen einen übergreifenden Informationsgehalt. Dies trägt wesentlich zum Verständnis von komplexen Systemen bei.

5.3   Entwurfsschritte und Heuristiken

Im ersten Teil dieses Kapitels haben Sie bereits eine allgemeine Vorstellung von den nötigen Schritten beim Entwurf erhalten. Entwurf bedeutet zunächst Bewältigung von Komplexität. Zusätzlich wurden die Ziele des Entwurfs und Kriterien zur Beurteilung eines guten Architekturentwurfs dargestellt. Im mittleren Teil des Kapitels haben wir das Wissen über die fundamentalen Entwurfsprinzipien vertieft und den Bezug zur Softwarearchitektur hergestellt.

Im nun folgenden letzten Teil des Kapitels lernen Sie schließlich konkrete Schritte zum Entwurf von Architekturen kennen. Dies geschieht zweigeteilt: In der ersten Hälfte betrachten wir eine zeitliche Abfolge von Schritten als groben Anhaltspunkt für den Architekten, in der zweiten Hälfte konzentrieren wir uns auf Heuristiken, die der Architekt je nach Bedarf zur Unterstützung bzw. Ergänzung dieser Schritte einsetzen kann.

5.3.1   Konkrete Entwurfsschritte

In diesem Abschnitt wird eine Reihe von konkreten Schritten für den Entwurf von Architekturen vorgestellt. Die Reihenfolge der Auflistung entspricht dabei weitgehend der tatsächlichen Ausführungsreihenfolge beim Entwurfsprozess. Die konkreten Entwurfsschritte sind:

1. Informationen sammeln (z. B. Einflussfaktoren, Risiken, Systemidee)

2. Erstellung des ersten (Ent-)wurfs

3. Sicherstellung der konzeptuellen Integrität

4. Weitere Schritte: iteratives und inkrementelles Vorgehen

Im Rest dieses Abschnitts werden die einzelnen Schritte näher erläutert. Abschließend werden konkrete Aktivitäten besprochen, die den gesamten Entwurfsprozess begleiten.

Schritt 1: Sammeln von Eingangsinformationen

Als Vorbereitung für den Entwurf der ersten Architektur wird der Architekt alle Informationen sammeln, die er für das zu entwickelnde System benötigt. Abb. 5-2 zeigt eine Übersicht dieser Informationen, die nun im Einzelnen besprochen werden.

Eine wichtige Information als Eingangsgröße für den Entwurf sind alle *architekturrelevanten Einflussfaktoren*. Die Arten von Einflussfaktoren, ihre Bedeutung und die Vorgehensweise bei der Analyse der

Einflussfaktoren

Faktoren wurden ausführlich in Kapitel 4 behandelt. Besonders wichtig ist es, als Vorleistung für den Entwurf eine Tabelle der Einflussfaktoren (die sog. Faktorentabelle) zu erstellen und falls notwendig über die einzelnen Iterationen des Entwurfs zu pflegen.

Risiken und Strategien   Auf Basis der Einflussfaktoren sollten im Vorfeld Risiken identifiziert und daraus Lösungsstrategien abgeleitet worden sein. Beispiel: Für die Entwicklung eines eingebetteten Systems wurden als Einflussfaktoren eine hochgradige Parallelität der Steuerungsabläufe und gleichzeitig ein sehr enger Zeitplan identifiziert. Beide Faktoren zusammen ergeben ein hohes Risiko, das Projekt bis zum geplanten Fertigstellungstermin nicht mit der gebotenen Qualität abschließen zu können. Daher wird im Vorfeld (evtl. durch den Architekten selbst) als Lösungsstrategie vorgeschlagen, ein Echtzeit-Betriebssystem in Form eines COTS-Produktes (engl. *commercial off the shelf*) einzusetzen. Diese Entscheidung ist nicht Teil des Entwurfsvorgangs, beeinflusst diesen aber maßgeblich.

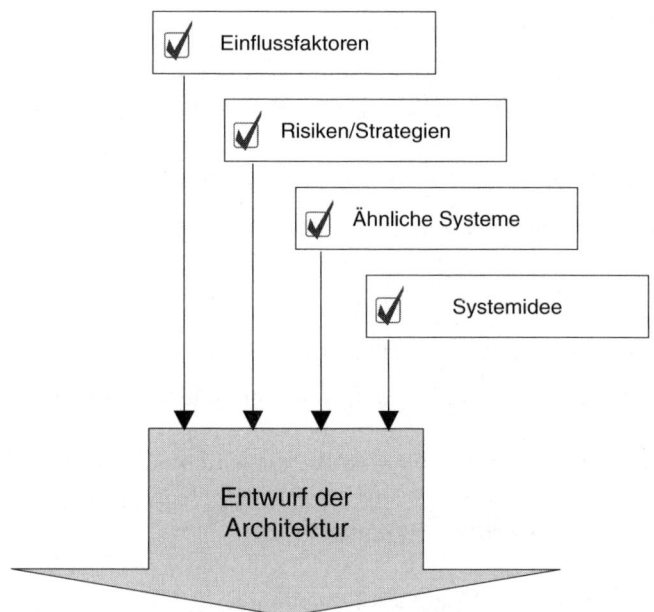

Abb. 5-2 Eingangsinformationen, die für den Entwurf gebraucht werden

Ähnliche Systeme   Bevor der Architekt mit dem eigenen Entwurfsprozess beginnt, wird er nun Informationen über ähnliche, bereits existierende Systeme sammeln [Starke02, S. 39]. Welche Architektur wurde dort eingesetzt? Lassen sich evtl. Bausteine aus früheren Projekten wiederverwenden oder von Drittanbietern zukaufen? In diesem Schritt kann erheblicher Aufwand für den Entwurf und die nachgeschaltete Entwicklung eingespart werden. Zudem erlaubt diese Art der Wiederverwendung von Architekturen oder Architekturbestandteilen, durch den Einsatz bewährter Lösungen (sog. *best practices*) die Qualität zu erhöhen.

Die letzte Information, die für den Einstieg in den Entwurf der Architektur benötigt wird, ist die sog. *Systemidee*. Der Architekt muss diese selbst erstellen, wobei er jedoch auf die Ergebnisse der Anforderungsanalyse zurückgreifen kann. Nach Starke besteht die Systemidee aus verschiedenen Einzelinformationen, die zusammen ein Konzentrat der Anforderungen ergeben. Diese Einzelinformationen sind [Starke02, S. 39f]:

Systemidee

- Kernaufgabe und Verantwortlichkeit des Systems

- Nutzungsarten und Nutzer des Systems (z. B. Online-System oder eingebettetes Echtzeitsystem)

- Schnittstellen zu Nutzern und externen Systemen (z. B. grafisches Benutzer-Interface, funktionale oder Datenschnittstelle)

- Art und Aspekte der Datenverwaltung (z. B. Persistenz, Transaktionen, Zugriffsschutz)

- Art und Aspekte der Steuerung (z. B. prozedural oder ereignisgetrieben)

Bei der Formulierung der Kernaufgabe des Systems sollten die wichtigsten Aspekte der Fachdomäne enthalten sein. Bei den Schnittstellen sollte zwischen genutzten (engl. *required*) und bereitgestellten (engl. *provided*) Funktionalitäten unterschieden werden. Die Systemidee sollte mit allen Beteiligten abgestimmt werden, v. a. mit Projektleitung, Auftraggebern und dem Entwicklungsteam.

Schritt 2: Erstellung des ersten (Ent-)wurfs

Im nun folgenden Schritt soll basierend auf den Informationen aus den vorigen Schritten ein erster Architekturentwurf erstellt werden. Meist wird der Architekt aufgrund seiner Erfahrung bzw. aus der Betrachtung ähnlicher Systeme und der von ihm formulierten Systemidee bereits einen Lösungsvorschlag im Kopf haben. Falls diese Erfahrung fehlt, hilft dem Architekt ein Katalog von typischen Architekturen, den sog. *Architekturstilen*.

Architekturstile sind globale Strukturierungs- bzw. Organisationsprinzipien für Softwarearchitekturen. Jeder Architekturstil hat unabhängig von der konkreten Applikation bestimmte Wechselwirkungen

Architekturstile

mit den Einflussfaktoren. Die Auswahl und Anwendung eines bestimmten Architekturstils wirkt sich daher im Allgemeinen auf die gesamte Softwarearchitektur aus, deshalb ist eine Vermischung von Stilen auf der gleichen Abstraktionsebene nicht zu empfehlen. Beispiele für Architekturstile sind Schichtenarchitekturen (engl. *layering*) oder Objektorientierung [Bosch00]. In Kapitel 8, »Toolbox«, wird ein Katalog von Architekturstilen vorgestellt, aus dem sich der Architekt für seinen ersten Architekturentwurf bedienen kann.

Abstraktionen und Verantwortlichkeiten

Ist durch einen geeigneten Architekturstil der grobe Rahmen der Architektur festgelegt, gilt es, Kernabstraktionen zu finden und diese in Bausteine zu gießen. Zu jedem Architekturbaustein sollte die Verantwortlichkeit klar festgelegt werden. Dabei helfen wiederum die Systemidee, das fachliche Modell sowie die Systemanforderungen aus den Einflussfaktoren. Bei der Festlegung der Abstraktionen und der Verantwortlichkeiten der verschiedenen Elemente einer Architektur sollten die Kriterien für einen korrekten Entwurf aus Abschnitt 5.1.5 als Leitfaden herangezogen werden.

Systemaspekte und Architekturmuster

Parallel zur Suche nach Kernabstraktionen sollten die querschnittlichen Aspekte des Systems herausgearbeitet werden. Meist sind dies Themen der Infrastruktur wie z. B. Persistenz oder grafische Benutzeroberfläche, betreffen also eher technische als fachliche Themen. Für jeden solchen Aspekt sollte ein passendes *Architekturmuster* zur systemweiten Umsetzung herangezogen werden. Architekturmuster sind Vorgehensweisen bzw. Regeln, die einen bestimmten Aspekt der Systemfunktionalität adressieren [Bosch00, S.131]. In Kapitel 8, »Toolbox«, werden wir einen Katalog von Architekturmustern vorstellen.

Schritt 3: Sicherstellung der konzeptuellen Integrität

Die Softwarearchitektur ist das erste und wichtigste Artefakt, in dem die konzeptuelle Integrität angelegt werden muss. Nur wenn hier die Durchgängigkeit von Entwurfsentscheidungen gewahrt ist, wird das System für die beteiligten Entwickler und letztendlich auch für die späteren Benutzer verständlich und bedienbar sein.

Einheitliche Architekturmuster

Konzeptuelle Integrität in der Architektur wird nur erreicht, wenn für jeden querschnittlichen Systemaspekt genau ein Konzept zur Lösung bzw. Umsetzung herangezogen wird. Dies kann durch die Auswahl eines Architekturmusters pro Systemaspekt erreicht werden. Das gewählte Muster muss dabei natürlich mächtig genug sein, um als tragfähige Lösung für das Gesamtsystem dienen zu können. Beispiel: Für den querschnittlichen Systemaspekt Nebenläufigkeit können z. B. auf Betriebssystemebene Prozesse oder Threads, auf Applikationsebene kooperative Threads oder eigenes Scheduling verwendet werden. Weitere Systemaspekte und dazu passende Muster hält Kapitel 8, »Toolbox«, bereit.

Gleichzeitig ist es wichtig, Konzepte der Architektur nicht zu verwässern. Gerade bei der Vorstellung seines Architekturentwurfs erhält der Softwarearchitekt oftmals neue Vorschläge und Ideen von Außenstehenden. Diese Vorschläge sollten daraufhin geprüft werden, ob sie die bisherige konzeptuelle Integrität des Systems verletzen. Ideen und Verbesserungsvorschläge, die nicht zu den bisher eingesetzten Konzepten einer Architektur passen, sollten unabhängig von ihrer Qualität und Innovation verworfen werden. Falls die Architektur jedoch ihre Ziele nicht erreicht und eine Vielzahl von neuen Ideen zur Verbesserung der Situation existiert, so ist im Ernstfall ein kompletter Neustart des Entwurfsvorgangs zu überlegen, anstatt neue Konzepte in eine nicht tragfähige Architektur zu schrauben (vgl. [Brooks95, S. 46]).

Verwässerung von Konzepten

Wie geht es nach dem ersten Architekturentwurf weiter?

Nach dem ersten Architekturentwurf, der z. B. wie zuvor beschrieben aus der Wahl eines Architekturstiles hervorgehen kann, ist Ihre Arbeit als Softwarearchitekt nicht am Ende. Nun beginnt der iterative und inkrementelle Entwurfsprozess, bei dem Sie die zu entwickelnden Artefakte schrittweise verfeinern müssen.

Als Grundlage für ein solches Vorgehen kann die Methode der abwechselnden Bewertungen und Transformationen gewählt werden, wie sie von Bosch vorgeschlagen wird [Bosch00]. Dieses Vorgehen wurde im Abschnitt 5.1.4 bereits kurz diskutiert.

Sie tun als Softwarearchitekt gut daran, Ihre Zwischenergebnisse während der Entwurfsarbeit immer wieder Dritten vorzustellen und der Kritik auszusetzen. Damit erhalten Sie rechtzeitig Rückmeldungen zu Ihrem Architekturentwurf und den zugehörigen Entwurfsentscheidungen. Diese und viele andere Heuristiken werden in Abschnitt 5.3.2 behandelt.

Welche Aktivitäten begleiten den gesamten Entwurfsprozess?

Während der Entwurfsaktivität produziert der Architekt beständig Wissen über das System. Um dieses Wissen festzuhalten, muss er kontinuierlich die Dokumentation der Architektur vorantreiben. Die Architektur muss sichtbar gemacht werden. Wie in Kapitel 6, »Dokumentation«, dargelegt wird, dient die Dokumentation im Projektverlauf als Kommunikationsinstrument für alle Projektbeteiligten, zur Vermittlung von Wissen und als Basis für Bewertung und Systemanalyse.

Standardnotation   Der Architekt wird sich für die Dokumentation einer Standardnotation bedienen (z. B. UML 2). Mittels dieser Notation wird er Modelle seines Entwurfs in Form von Diagrammen erstellen. Die verwendeten Diagramme wählt er aus einer Vielzahl von möglichen Diagrammen aus, die verschiedenen Sichten zugeordnet sind. Soll beispielsweise der strukturelle Aufbau eines Subsystems dokumentiert werden, wählt der Architekt ein Diagramm aus, mit dem die Struktursicht dokumentiert werden kann. Will er dagegen das dynamische Verhalten einer Komponente darstellen, wählt er ein Diagramm aus der Verhaltenssicht. Damit kann er z. B. Zustandsdiagramme, Workflows oder Ablauflogiken dokumentieren.

Während des Entwurfsvorgangs nimmt sich der Architekt einzelne Sichten immer wieder vor und verfeinert diese. Damit entsteht von Iteration zu Iteration ein verbessertes Bild des Systems und daraus schließlich die fertige Softwarearchitektur mit ihren strukturellen und dynamischen Aspekten.

Heuristiken   Dokumentation ist nicht die einzige dauernde Aktivität während des Entwurfs. Je nach Bedarf wird der Softwarearchitekt auf einen Erfahrungsschatz von Heuristiken und sog. *Best Practices* zurückgreifen, um in Standardsituationen seine Entwurfsaktivitäten zu erleichtern. Gleichzeitig wird er direkte Erfahrungen aus der Entwurfsaktivität ableiten und damit seine Sammlung von Heuristiken erweitern und vervollkommnen. Im folgenden Abschnitt werden wir eine kleine Sammlung von Heuristiken zum Architekturentwurf kennen lernen.

5.3.2   Heuristiken

Softwarearchitektur ist ein komplexes Fachgebiet mit einer großen Spannweite an Lösungsmöglichkeiten. Aus den Systemanforderungen und sonstigen Einflussfaktoren ergeben sich vielfältige Handlungsoptionen für den Architekten. Erfahrung muss dabei helfen, die richtigen Schritte auszuführen, um auf effektive Weise eine gute Architektur zu entwerfen. Ein bewährtes Mittel, um die Erfahrung aus bisherigen Projekten oder von anderen Architekten zu speichern und bei Bedarf abzurufen, sind *Heuristiken*.

Abstraktion von Erfahrung   Heuristiken sind also Abstraktion von Erfahrung [Starke02]. Sie sind allerdings keine Algorithmen, sondern Prinzipien, Regeln oder Ratschläge. Sie können in einem komplexen, unstrukturierten Umfeld Orientierung geben. Die Auswahl der geeigneten Heuristik liegt jedoch beim Architekten selbst.

Heuristiken aus dem Projektumfeld	▥ Hinterfragen Sie Anforderungen!
	▥ Betrachten Sie Use Cases!
	▥ Nutzen Sie andere Systeme als Inspiration!
	▥ Suchen Sie Feedback!
Heuristiken für den Entwurf	▥ So einfach wie möglich!
	▥ Bleiben Sie auf der richtigen Detailebene!
	▥ Modellieren Sie angemessen komplex!
	▥ Denken Sie in Verantwortlichkeiten!
	▥ Nicht übergeneralisieren!
	▥ Konzentrieren Sie sich auf die Schnittstellen!
	▥ Entwerfen Sie so lokal wie möglich!
Heuristiken zur Beherrschung von Komplexität	▥ Teile und herrsche!
	▥ Verstecken Sie Details!
	▥ Kapseln Sie Risiken!
	▥ Trennen Sie Funktionalität und Kontrolle!
	▥ Trennen Sie Fachlogik und Infrastruktur!
Heuristiken zur Arbeitsmethodik	▥ Beginnen Sie mit den schwierigsten Teilen!
	▥ Verwenden Sie Prototypen!
	▥ Werfen Sie Prototypen weg!
	▥ Dokumentieren Sie Entscheidungen!

Tab. 5–1 Übersicht der in diesem Kapitel angebotenen Heuristiken

In diesem Abschnitt wird eine Auswahl von Heuristiken zum Entwurf von Softwarearchitekturen vorgestellt und diskutiert. Dieser Erfahrungsschatz sollte zusammen mit der in Kapitel 8 vorgestellten Toolbox eine ständige Grundlage für die Entwurfsarbeit des Architekten bilden. Die einzelnen Heuristiken wurden in vier Bereiche gegliedert:

▥ Heuristiken aus dem Umfeld des Projekts

▥ Heuristiken für den Entwurf

▥ Heuristiken zur Beherrschung von Komplexität

▥ Heuristiken zur Arbeitsmethodik des Softwarearchitekten

Jede der Heuristiken wird in einer schlagwortartigen Kurzform angeboten und durch eine etwas ausführlichere Erklärung ergänzt. Für eine schnelle Auswahl aus den hier angebotenen Heuristiken kann die Übersicht aus Tabelle 5-1 dienen. Der erfahrene Softwarearchitekt kann diese Tabelle als Ausgangspunkt nehmen und um Heuristiken aus seiner Berufserfahrung ergänzen.

Heuristiken aus dem Umfeld des Projekts

Hinterfragen Sie Anforderungen! Jede Anforderung steht für einen bestimmten Nutzen auf Seiten des Kunden, aber auch für Aufwand auf Seite des Architekten und seines Unternehmens [Starke02, S. 94]. Welche Konsequenzen folgen aus den Anforderungen? Gibt es Widersprüche? Welche Anforderungen sind problematisch? Was folgt aus den Anforderungen? Was sind Konsequenzen, was Alternativen?

Betrachten Sie Use Cases! Oft muss der Architekt aus textuell formulierten Anforderungen die Kernfunktionalität extrahieren. Anwendungsfälle (engl. *use cases*) sind Szenarien, welche die essenziellen Funktionalitäten eines Systems beschreiben [Stroustrup97, S. 704]. Der Architekt wird diese Anwendungsfälle entweder selbst in Form von Use-Case-Diagrammen niederlegen oder solche Diagramme aus der Analysephase übernehmen. Kapitel 6, »Dokumentation«, beschreibt Use-Case-Diagramme und ihre Einbindung in den Kontext der verschiedenen Sichten einer Dokumentation.

Nutzen Sie andere Systeme als Inspiration! Die wenigsten Softwarearchitekten treffen auf eine völlig neue, bisher nie da gewesene Aufgabe. Es liegt also nahe, die Arbeit von anderen Kollegen als Vorlage zu nutzen [Stroustrup97, S. 721].

Suchen Sie Feedback! Um Missverständnisse von vornherein zu vermeiden, sollte die Softwarearchitektur in Zusammenarbeit mit dem Auftraggeber verifiziert werden. Zusätzlich sollte nach einzelnen Iterationen des Entwurfsprozesses die Architektur mit anderen Projektbeteiligten diskutiert werden [Starke02, S. 94]. Frühes Feedback hält den Architekten in der Spur.

Heuristiken für den Entwurf

So einfach wie möglich! Bereits in der Einleitung zu diesem Kapitel haben wir die Notwendigkeit erkannt, die *Illusion der Einfachheit* zu wahren [Booch94, S. 20]. Bei jeder Entwurfsentscheidung sollte sich der Architekt fragen, ob es womöglich eine einfachere Lösung gibt [Starke02, S. 101]. »Featurismus« ist auch auf der Ebene der Architektur nicht angebracht.

Bleiben Sie auf der richtigen Detailebene! Entwurf findet auf der Ebene von Architekturbausteinen (also Subsystemen oder Komponenten) und deren Verantwortlichkeiten statt. Mit einzelnen Klassen sollte beim Entwurf nicht jongliert werden [Stroustrup97, S. 701].

Modellieren Sie angemessen komplex! Die berühmte 7er-Regel als Grundlage der fundamentalen Entwurfsprinzipien (Abschnitt 5.2) legt es nahe: Komplexe Diagramme mit vielen Dutzend Elementen machen möglicherweise Eindruck bei Vorgesetzten, tragen aber nicht zum Verständnis bei [Starke02, S. 101].

Denken Sie in Verantwortlichkeiten! Die Verantwortlichkeiten von Architekturbausteinen sollten präzise formuliert und zugeordnet werden. Verantwortlichkeiten gibt es auf jeder Ebene der Architektur und des Feindesigns, bis hinunter zu einzelnen Klassen [Starke02, S. 102f]. Verantwortlichkeiten lassen sich nach Wissen (also die einem Baustein zugeordnete Information) und Handeln (also die Aktivitäten eines Bausteins) einteilen.

Nicht übergeneralisieren! Jede Abstraktion oder Generalisierung sollte sich an den Anforderungen orientieren. Zusätzlich muss die Testbarkeit sichergestellt sein [Stroustrup97, S. 699f]. Bausteine, die in Hinblick auf eine unsichere und unklare zukünftige Wiederverwendung allgemeiner als momentan nötig entworfen werden, verursachen meist Mehrarbeit und wenig Nutzen.

Konzentrieren Sie sich auf Schnittstellen! Schnittstellen sind in mehrerer Hinsicht wichtig: Sie regeln die Zusammenarbeit der einzelnen Bausteine eines Systems, sie ermöglichen Arbeitsteilung, und sie definieren die Systemgrenzen gegenüber der Außenwelt [Starke02, S. 101]. Der Architekt kontrolliert die Schnittstellen zwischen den Bausteinen; für das Entwicklungsteam eines Bausteins definieren die Schnittstellen die Sicht auf die Außenwelt.

Entwerfen Sie so lokal wie möglich! Jede spezifische Funktionalität sollte möglichst durch genau einen Baustein realisiert werden. Laufzeitfehler sollten keine Auswirkungen auf andere Bausteine haben. Bausteine sollten keine Annahmen über die Interna anderer Bausteine enthalten. Sollten diese Lokalitätsprinzipien bei querschnittlichen Funktionalitäten (z. B. Persistenz) nicht durchzuhalten sein, dann sollte der Architekt zumindest das Prinzip der konzeptuellen Integrität im Kopf haben und die Einheitlichkeit z. B. über ein übergreifendes Architekturmuster sicherstellen (vgl. Kapitel 8, »Toolbox des Softwarearchitekten«).

Heuristiken zur Beherrschung von Komplexität

Teile und herrsche! Zerlegung ist das wichtigste Mittel zur Beherrschung von Komplexität. Indem ein Problem in mehrere kleinere Probleme aufgeteilt wird, wird es beherrschbar. Im Abschnitt 5.1.5 haben wir die Kriterien Kopplung und Kohäsion kennen gelernt, die bei der Zerlegung helfen. Ziel beim Entwurf sollte es sein, die Kopplung zu reduzieren und die Kohäsion zu maximieren [Starke02, S. 95].

Verstecken Sie Details! Jeder Baustein sollte so gekapselt sein, dass sein Innenleben von außen weder bedienbar noch sichtbar ist. Jedes Detail eines Bausteins, das nicht nach diesem *Information-Hiding*-Prinzip verborgen wurde, wird irgendwann von anderen Bausteinen benutzt oder gar ausgenutzt und führt dann zu zusätzlichen, nicht erwünschten Abhängigkeiten und damit zu einer Verletzung der Architektur [Starke02, S. 95].

Kapseln Sie Risiken! Systemteile, bei denen der Bedarf nach einer hohen Flexibilität absehbar ist, sollten innerhalb von eigenen Bausteinen isoliert werden. Ebenso sollte der Architekt mit Systemteilen verfahren, bei denen aus der Analyse der Einflussfaktoren erhöhte Risiken bekannt sind. In Verbindung mit dem Lokalitätsprinzip (s.o.) kann man so erreichen, dass der Entwurf trotz zukünftiger Dynamik und Veränderung stabil bleibt [Stroustrup97, S. 700].

Trennen Sie Funktionalität und Kontrolle! Funktionalität und Kontrolle sind zwei logische, orthogonale Dimensionen eines Softwaresystems. Sie können und sollten von der Architektur und in der Implementierung getrennt behandelt werden. Beispiele für Kontrollmechanismen sind: Initialisierung und Shutdown, Verhalten im Fehlerfall. In C++ oder Java lässt sich die Kontrolldimension meist über Exceptions abbilden; bei der Modellierung in UML 2 lassen sich die unterschiedlichen (funktionalen und kontrollierbaren) Rollen als streng typisierte Ports abbilden.

Trennen Sie Fachlogik und Infrastruktur! Dies ist eine klassische Form der Zerlegung von Softwaresystemen, die leider zu oft außer Acht gelassen wird. Infrastruktur beinhaltet technische Themen, auf deren Basis die Fachlogik implementiert wird. Dazu gehören Kommunikationsinfrastruktur, Datenbanktechnologie oder Persistenz.

Heuristiken zur Arbeitsmethodik des Softwarearchitekten

Beginnen Sie mit den schwierigsten Teilen! Die schwierigsten Systemteile (z. B. problematische Anforderungen) enthalten meist das höchste Risiko [Starke02, S. 94]. Es ist sinnvoll, das Risiko möglichst schnell zu reduzieren bzw. auszuschließen.

Verwenden Sie Prototypen! Riskante, bisher unbekannte oder innovative Themen sollten durch Prototypen nachgewiesen werden. Prototypen können dazu dienen, die Bedienbarkeit von Benutzerschnittstellen

nachzuprüfen, Engpässe bei der Leistung (z. B. bei Kommunikationsmechanismen) auszuschließen oder Schnittstellen auf ihre Effektivität
hin zu überprüfen [Garland03, S. 206].

Werfen Sie Prototypen weg! Prototypen bringen stets die Gefahr mit
sich, über die Erfüllung ihres eigentlichen Zwecks (siehe vorige Heuristik) hinaus im eigentlichen Projekt weiterverwendet zu werden. Viele
zunächst in Kauf genommene Unzulänglichkeiten setzen sich so bis in
das endgültige System hinein fort [Garland03, S. 206].

Dokumentieren Sie Entscheidungen! Alternativen und Optionen, die
während des Entwurfsprozesses anfallen, sollten dokumentiert und
vorgehalten werden [Starke02, S. 94]. Die niedergelegten Entscheidungen lassen sich zu einem späteren Zeitpunkt wiederverwenden (z. B. bei
der Transformation zur Erfüllung von Qualitätsattributen).

5.4 Zusammenfassung

Wie bereits in der Einleitung erwartet, kann dieses Kapitel kein Kochbuch für den Entwurf von guten Softwarearchitekturen sein. Durch
einige wertvolle Informationen aus den obigen Abschnitten kann der
Architekt jedoch befähigt werden, sich erfolgreich im Rahmen eines
iterativen und inkrementellen Prozesses in kleinen Schritten von den
Anforderungen bis zu einer tragfähigen Architektur vorzuarbeiten. Die
wichtigsten Informationen stellen wir hier nochmals zusammen:

- Der Entwurf von Softwarearchitekturen erfordert im Wesentlichen
  die Beherrschung von Komplexität.

- Der Architekt sollte sich bei seiner Arbeit von fünf fundamentalen
  Entwurfsprinzipien leiten lassen: Abstraktion, Kapselung, Modularität, Hierarchie und konzeptuelle Integrität.

- Eine Reihe von konkreten Schritten und eine Auswahl von Heuristiken können die Entwurfsarbeit erleichtern.

- Kriterien für den gelungenen Entwurf einer Softwarearchitektur
  sind: Kopplung, Kohäsion, Zulänglichkeit, Vollständigkeit und
  Einfachheit.

- Das Ziel des Entwurfs ist eine Architektur mit wohl definierten,
  aufeinander aufbauenden Abstraktionsebenen mit ebenso wohl definierten Schnittstellen.

6 Dokumentation

> »A documentation package for a software architecture
> is composed of one or more view documents
> and documentation that explains how the views relate to one another,
> introduces the package to its readers, and guides them through it«
>
> Paul Clements [Clements03]

Damit das Wissen über die Architektur Ihres Systems nicht verloren geht, müssen Sie es dokumentieren. Aus dieser Motivation und den Zielen für die Erstellung einer Architektur, wie in Kapitel 1.2.2 dargestellt, lassen sich die Anforderungen an eine Dokumentation ableiten: Dies sind insbesondere die Strukturierung der notwendigen Systeminformationen und der Fokus auf die potenziellen Leser. Das Kapitel gibt einen Überblick aller wichtigen Aspekte der Dokumentation und stellt dem Leser das nötige Handwerkszeug sowie praktische Tipps für die Anwendung zur Verfügung.

Nach der Betrachtung des Entwurfs einer Architektur im vorhergehenden Kapitel beschreibt dieses Kapitel, wie der Entwurf dokumentiert werden kann. Anforderungen an eine Dokumentation, die Prinzipien ihrer Erstellung und eine konkrete Notation bilden wichtige Bestandteile des Kapitels. Die Dokumentation der Architektur ist eine weitere Voraussetzung für das nachfolgende Kapitel, das sich mit der Bewertung von Softwarearchitekturen beschäftigt.

Dieses Kapitel ist in vier Abschnitte gegliedert. Der erste Abschnitt beschreibt die Problemstellung und die Anforderungen an eine Dokumentation. Im zweiten und dritten Abschnitt werden Aufbau einer Dokumentation und das Konzept von Architektursichten betrachtet. Im letzten Abschnitt stellen wir die UML 2 als konkrete Notation zur Beschreibung von Architekturen vor.

6.1 Bedeutung der Dokumentation

Die Architektur eines komplexen Softwaresystems ist nie das Werk eines Einzelnen. Daher ist es wichtig, dass die Architektur sichtbar und für alle Beteiligten verständlich und diskutierbar gemacht wird. Diskussionen über die Struktur, das Verhalten und spezielle Probleme des Gesamtsystems oder von Teilsystemen gestalten sich häufig sehr schwierig, da die Beteiligten unterschiedliche Vorstellung vom besprochenen Thema haben. Ohne eine Darstellung – eine Architekturbeschreibung – bleibt die Diskussion meist abstrakt und damit nicht greifbar.

Kommunikation

Häufig werden Probleme oder auch Lösungsalternativen erst offensichtlich, wenn das System mit Hilfe einer Notation wie beispielsweise der Unified Modeling Language (UML) beschrieben wurde und alle Beteiligten anhand von konkreten Darstellungen, wie Diagrammen, argumentieren können. Architekturbeschreibungen erleichtern also die Kommunikation zwischen den Beteiligten. Gute Kommunikation, d. h., jeder hat das gleiche Verständnis eines diskutierten Themas, ist oft der Schlüssel zum Erfolg von Projekten. Konkrete Richtlinien zur Beschreibung schränken den Interpretationsspielraum ein und vermeiden Missverständnisse bei der Architekturerstellung. Es ist sicherlich leicht nachvollziehbar, dass es einfacher ist, ein Restaurant in einer fremden Stadt anhand einer skizzierten Wegbeschreibung zu finden als nur nach einer mündlichen Beschreibung. Vorausgesetzt, die Zeichnung ist aussagekräftig genug. Das heißt, alle wesentlichen Details – markante Gebäude, Straßen etc. – sind vorhanden, und die Notation wird verstanden.

Aufwand und Nutzen

Die Zeichnung sollte aber auch nicht so aufwändig sein, dass es dreimal so lange dauert, sie zu erstellen, wie den eigentlichen Weg zum Restaurant zu gehen. Analog verhält es sich auch mit Architekturbeschreibungen: Der Nutzen muss den Aufwand der Erstellung überwiegen. Dabei ist das gemeinsame Verständnis der Architektur der zentrale Aspekt. Die Dokumentation soll die Kommunikation – ein Schlüsselelement aller großen und erfolgreichen Projekte – zwischen allen Beteiligten unterstützen. Allerdings sollen und können Beschreibungen die mündliche Kommunikation nicht ersetzen; sie können sie aber auf das Wesentliche reduzieren und erleichtern.

Der Nutzen der Dokumentation von Softwarearchitekturen wird nach [Clements03] durch drei Bereiche kategorisiert:

- Vermittlung von Wissen an neue Mitarbeiter, Externe, zukünftige Architekten
- Kommunikationsinstrument für alle Projektbeteiligten
- Basis für Systemanalyse

Um diese Aspekte näher zu untersuchen, sollen zuerst einmal die Ziele, Strategien und Anforderungen von Dokumentation betrachtet werden.

6.2   Anforderungen an eine Dokumentation

Eine gute Dokumentation zu schreiben, heißt sich vorher darüber klar zu werden, was sie leisten soll und für wen sie geschrieben wird. Im Weiteren wird zwischen allgemeinen Anforderungen an eine Dokumentation und speziellen Anforderungen an eine Architekturbeschreibung unterschieden. Wir beziehen uns bei der Betrachtung der allgemeinen Anforderungen allerdings auf die Dokumentation von Entwicklungsprojekten und nicht auf jegliche Form von Dokumentation wie beispielsweise Bedienungsanleitungen.

Wichtige Architekturziele sind die Beherrschung von Komplexität und das gemeinsame Verständnis der Architektur. Daraus leiten sich die Anforderungen an eine Dokumentation der Architektur ab. Die Unterscheidung von verschiedenen Sichten auf das System spielt hier eine wichtige Rolle. Wir werden den Begriff der Sichten in Abschnitt 6.3.1 näher betrachten. Darüber hinaus ist die Kommunikation nur mittels einer eindeutigen Notation möglich. Ähnlich wie bei natürlichen Sprachen können die Beteiligten sich nur verständigen, wenn Sie die gleichen Sprachkonstrukte in der gleichen Bedeutung verwenden. In den folgenden Abschnitten werden wir die Grundelemente einer Architekturdokumentation und ihre Wechselwirkungen betrachten. Abb. 6-1 stellt die Beziehungen zwischen den Anforderungen an eine Dokumentation, Architekturzielen, Sichten und Notation grafisch dar.

Architekturziele und deren Dokumentation

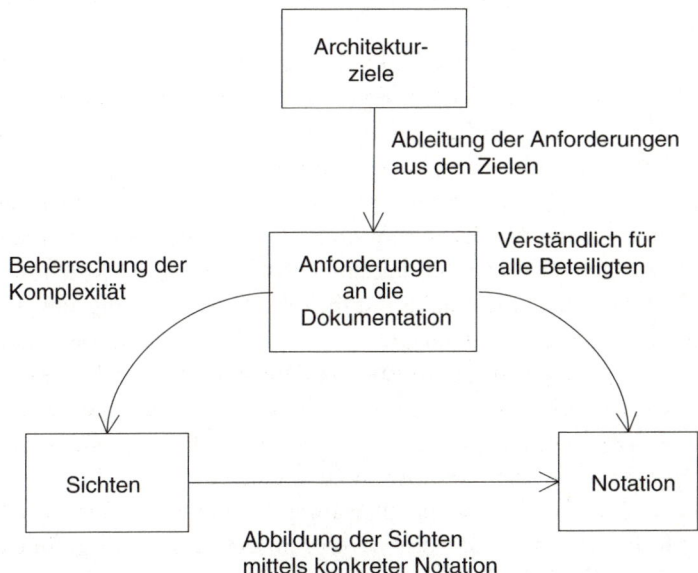

Abb. 6-1 Wechselwirkung der wichtigsten Begriffe einer Dokumentation

6.2.1 Allgemeine Anforderungen an eine Projektdokumentation

Unabhängig von der zu beschreibenden Thematik – sei es ein Kochrezept, eine Anleitung zum Aufbau eines Schranks oder eine Softwarearchitektur, gibt es eine Reihe von allgemeinen Grundsätzen. [Clements03] gibt einen guten Überblick über solche Prinzipien. Wir werden diese Punkte im Weiteren aufgreifen und diskutieren.

Zweck- und zielgruppenorientiert

Es gibt in der Regel eine Vielzahl von Personen, die eine Dokumentation lesen müssen, aber nur eine bzw. wenige Personen, die diese Dokumentation schreiben. Wenn der Schreibende im Auge behält, was der potenzielle Leser aus der Dokumentation erfahren will, verbessern sich die Qualität und damit der Nutzen der Dokumentation erheblich. Der Zweck der Dokumentation steht dabei im Mittelpunkt der Betrachtung. Zweck jeder Dokumentation ist es, ein besseres Verständnis für eine Problematik zu erlangen. Verwenden Sie zehn Minuten mehr, um einen Sachverhalt klar und verständlich zu formulieren, und die Leser werden es Ihnen danken. Diese Investition beim Schreiben der Dokumentation sollte es Ihnen wert sein. Außerdem kann eine zielgruppengerechte Darstellung unter Umständen der einzige Weg sein, dass eine wichtige Information auch beim Leser ankommt. Ansonsten besteht die Gefahr, dass der Leser das Dokument überhaupt nicht beachtet. Damit bleibt festzuhalten, dass für jedes Dokument der Zweck für den potenziellen Leser definiert werden muss, bevor dieses Dokument erstellt wird. Zweck und Zielgruppe müssen für jedes Dokument eindeutig beschrieben und das Dokument stetig daraufhin überprüft werden.

Wiederholungen vermeiden

Für eine gut strukturierte Dokumentation ist es weiterhin wichtig, Wiederholungen zu vermeiden, da sie zu redundanten Informationen führen, die nur aufwändig gepflegt werden können. Informationen sollten dort beschrieben sein, wo sie am meisten benötigt werden. An anderen Stellen ist ein Verweis ausreichend. Nur wenn aus didaktischen Gründen eine Wiederholung sinnvoll ist, sollte ein solcher Schritt erwogen werden. Die Darstellung einer Kooperation in Abschnitt 6.5 beispielsweise zeigt eine solche didaktische Wiederholung von Informationen, um das Zusammenspiel mehrerer Bausteine bezogen auf ein Anwendungsproblem zu demonstrieren. Verschiedene Sichtweisen auf ein System, wie beispielsweise Struktur- und Verhaltensaspekte, sind in diesem Zusammenhang jedoch keine Wiederholungen; sie ergänzen sich gegenseitig, um ein Gesamtbild zu erzeugen.

Uneindeutigkeiten vermeiden

Eine Architektur lässt stets Spielräume für deren Umsetzung offen, die durch die Kreativität der Entwickler im Feindesign ausgefüllt werden können. Eine Architekturbeschreibung schränkt jedoch diesen Freiraum durch die Festlegung von Schnittstellen ein. Jede Interpretation der Architektur muss konform zur Grundidee der Architektur also auch zu den Schnittstellen sein. Schnittstellen müssen daher sowohl statische als auch dynamische Aspekte berücksichtigen. Die Schnittstellenbeschreibung einer Scheibenwischersteuerung enthält nicht nur die Signaturen der Operationen *an, aus* und *intervall,* sondern auch eine Beschreibung, was bei den einzelnen Operationen passieren soll und in welcher Folge sie auftreten können.

Standardisierung

Eine eindeutige und lesbare Dokumentation wird nicht zuletzt durch eine standardisierte Form wie zum Beispiel Vorlagen für die Beschreibung von offenen Punkten und Risiken und eine einheitliche Beschreibungssprache wie UML gewährleistet. Der einheitliche Aufbau von UML-Designmodellen erleichtert dem Nutzer, die Dokumentation zu lesen und die beschriebenen Inhalte zu verstehen.

Entscheidungen dokumentieren

Die Dokumentation kritischer Entscheidungen ist bezüglich der inhaltlichen Aspekte von großer Bedeutung. Als kritische Entscheidungen werden diejenigen angesehen, welche die Architektur prägen. Beispiel können sein die Festlegung auf eine Betriebssystem- oder der Einsatz einer Scheduling-Strategie. Dabei reicht es häufig nicht aus, den eingeschlagenen Weg zu beschreiben, sondern es können auch die Alternativen und die Gründe für deren Ablehnung für spätere Änderungen oder Diskussionen wichtig sein.

Aktualität der Dokumentation

Abschließend noch eine Bemerkung zur Aktualität von Dokumentationen. Nicht jede kleine Änderung am System muss sofort dokumentiert werden. Hier steht das Verhältnis aus Aufwand und Nutzen im Vordergrund. Wenn es möglich ist, Änderungen automatisch zu dokumentieren, dann sollte es auch getan werden. Oftmals ist das aber nicht der Fall. Dann muss es für die Dokumentation festgelegte Meilensteine geben, zu denen sie aktualisiert wird. Hierfür muss im Projektplan allerdings auch Zeit vorgesehen werden. Ist dies nicht der Fall, wird die Dokumentation zwangsläufig veralten und damit nutzlos werden. Zu diesen Meilensteinen muss auch stets überprüft werden, ob die Dokumentation noch den festgelegten Zielen gerecht wird und ob diese Ziele noch Bestand haben.

Zusammenfassend finden Sie hier nochmals in Anlehnung an [Clements03] die wichtigsten Prinzipien, die Sie für die Dokumentation berücksichtigen sollten:

- Schreiben Sie die Dokumentation für den potenziellen Leser.
- Vermeiden Sie unnötige Wiederholungen.
- Vermeiden Sie Uneindeutigkeiten.
- Standardisieren Sie die Form Ihrer Dokumentation.

■ Dokumentieren Sie Ihre Entscheidungen.

■ Dokumentation sollte aktuell, aber nicht zu aktuell sein.

■ Prüfen Sie stetig, ob die Dokumentation Ihren Zielen entspricht.

6.2.2 Anforderungen an Architekturbeschreibungen

Neben den allgemeinen Prinzipien für die Erstellung einer Dokumentation werden nun die wesentlichen Aspekte von Architekturbeschreibungen beleuchtet. Um die Anforderungen an die Dokumentation zu finden, müssen wir uns mit den Zielen einer Softwarearchitektur auseinander setzen. Diese Ziele wurden im Kapitel 1, »Grundlagen«, bereits beschrieben und werden hier wieder aufgegriffen, jeweils durch einen Abschnitt mit den daraus abgeleiteten Anforderungen an die Dokumentation ergänzt.

Architekturziel: Entwicklungsprojekte effizienter gestalten

Die Architekturbeschreibung muss die Beteiligten unterstützen, Projekte effizient zu gestalten. Das heißt konkret, die Projektbeteiligten müssen unabhängig, eventuell auch an verteilten Standorten arbeiten können. Alle Informationen, die dafür notwendig sind, müssen sich in der Dokumentation wieder finden. Ein Team, das für die Erstellung der Benutzeroberfläche verantwortlich ist, muss neben einem Bedienkonzept eine klare Beschreibung der Schnittstellen zum restlichen System erhalten. Effizient bedeutet hier, dass die Informationen bereitgestellt werden, die notwendig sind, und nicht alle, die verfügbar sind.

Architekturziel: Verständnis bei allen Beteiligten schaffen

Der Erfolg eines Projekts hängt zu einem großen Anteil von der Kommunikation der Beteiligten ab. Denn eine gute Kommunikation bildet die Voraussetzung für ein gemeinsames Verständnis, ohne das ein Projekt nicht funktionieren kann. Eine notwendige Schnittstellenänderung – z. B. die Umstellung der Parameter einer *Move*-Operation von relativen auf absolute Koordinaten – aufgrund von neuen Anforderungen muss umgehend an alle Betroffenen weitergegeben und mit ihnen abgestimmt werden. Sonst entstehen unnötige Fehlerquellen und Zusatzaufwand. Diese Kommunikation spielt sich zum Teil mündlich ab, bei größeren Teams oder lang laufenden Projekten muss das Wissen zusätzlich schriftlich festgehalten werden. Gemeinsames Verständnis bedeutet jedoch nicht, dass jeder Beteiligte das gleiche Wissen haben muss. Es gibt verschiedene Rollen in einem Projekt, und jeder Beteiligte benötigt diejenigen Informationen, die seiner Rolle zugeordnet sind.

Ein Projektleiter benötigt andere Informationen als ein Tester. Beide sollten aber die gleichen Vorstellungen von den Zielen des Gesamtsystems haben. Gute Dokumentation wird also für die entsprechende Zielgruppe aufbereitet.

Folgende Personengruppen spielen für die Beschreibung von Softwarearchitekturen eine wichtige Rolle und sollten daher bei der Dokumentation explizit betrachtet werden:

Zielgruppe

- Der *Projektleiter* – benötigt ein überblickartiges Wissen über die Architektur, um organisatorische Entscheidungen treffen zu können. Er muss über technische Risiken informiert werden, um die Risiken für das Gesamtprojekt zu beurteilen. Aus den Rückmeldungen bei der Erstellung und Umsetzung der Architektur kann er die Iterationsplanung konkretisieren.

- Der *Architekt* – erstellt für sein Projekt die Architekturdokumentation, lernt aber auch aus bestehenden Architekturen. Dafür muss er die wichtigsten Konzepte, Strategien und Technologien der vorhandenen Architektur erfassen und verstehen können.

- Der Entwickler – setzt einen Teil der Architektur um und muss somit das Grundkonzept der Gesamtarchitektur und die Rahmenbedingungen für seinen Architekturbaustein verstehen. Die wichtigste Information ist dabei die Beschreibung der Schnittstellen des zu erstellenden Architekturbausteins.

Da wir Dokumentation nicht nur im Sinne der Betrachtung eines fertigen Systems sehen, sondern auch und vor allem als Hilfsmittel zur Erstellung eines Systems, ist eine Architekturbeschreibung auch ein Argumentationsmittel. Abhängig vom Zielpublikum muss somit die Art der Präsentation variiert werden. Eine gut aufbereitete Power-Point-Präsentation der Architektur ist für eine Management-Runde sicherlich besser geeignet als die Darstellung eines komplexen UML-Diagramms. Ein Techniker wird im Gegensatz dazu mehr Informationen benötigen und auf das UML-Diagramm zurückgreifen. Die Auswahl ist eine Frage der geforderten Abstraktion. Diese muss stets dem Zielpublikum angemessen sein.

Präsentation der Dokumentation

Architekturziel: Risiken minimieren

Die Architekturbeschreibung kann Ihnen helfen, Risiken zu minimieren, indem sie die Risiken transparent werden lässt. Ähnlich wie die Architektur selbst sollte auch die Dokumentation risikoorientiert aufgebaut werden. Einem Grundsatz von eXtreme Programming folgend sollte stets so viel Dokumentation erstellt werden, wie für das Verständnis notwendig ist, jedoch nicht mehr. Es bleibt nun die Aufgabe des Architekten zu entscheiden, was notwendig ist und was nicht. Grundsätzlich müssen neben den Grundkonzepten mindestens alle Risiken einer Architektur und die möglichen Lösungsstrategien dazu dokumentiert werden. Offene Punkte, also Risiken, sind in der Dokumentation genauso wichtig wie die eigentliche Architektur. Eine gute Architekturbeschreibung beschränkt sich auf das Wesentliche, bleibt damit überschaubar und hilft somit, die richtigen Entscheidungen zu treffen.

Architekturziel: Kernwissen über das System konservieren

Eine Softwarearchitektur spiegelt in abstrahierter Form das Wissen für die Lösung einer Problemstellung wider. Ein Ziel jeder Organisation muss es sein, dieses Wissen permanent zu erhalten. Daraus resultiert eine weitere Anforderung für die Dokumentation. Architekturbeschreibungen müssen so aufbereitet werden, dass sie nicht nur kurzfristig nützlich sind, sondern auch langfristig einen Nutzen liefern. Ein Team, das an einem Projekt arbeitet und häufig kommuniziert, benötigt für den Zeitraum der Ersterstellung sicherlich weniger Dokumentation zum System als ein Team, das dieses System zu einem späteren Zeitpunkt weiterentwickeln soll. Dokumentation öffnet den Weg zu Wiederverwendung von Wissen.

6.3   Bestandteile einer Architekturdokumentation

In den bisherigen Ausführungen ging es um die Anforderungen an eine gute Dokumentation im Allgemeinen und an eine Architekturdokumentation im Speziellen. Thema dieses Abschnittes ist der konkrete Aufbau – die Struktur – einer solchen Dokumentation. Dazu wird im Folgenden das Konzept der Sichten und ihrer Beziehungen zueinander erläutert.

6.3.1 Sichten eines Systems

Komplexe Systeme weisen vielfältige Aspekte auf, die nicht mehr in ihrer Gesamtheit dargestellt werden können. Der Betrachter würde von der Menge an Informationen überwältigt werden. Eine Einschränkung der dargestellten Informationen auf bestimmte Aspekte ist daher notwendig. Die Abstraktion von Details ist hier das Stichwort. Nur die Informationen, die für den entsprechenden Sachverhalt, z. B. die statische Struktur des Systems, notwendig sind, werden dargestellt. Eine Sicht ist eine solche Abstraktion.

Definition einer Sicht [Clements03]:

> *Eine Sicht ist eine Repräsentation eines Satzes von System-elementen und ihrer Beziehungen zueinander.*

Systemelemente im Sinne der Definition einer Sicht werden von uns als Architekturbausteine oder kurz Bausteine bezeichnet. Im Weiteren soll die Bedeutung von Sichten allgemein für die Beschreibung von Entwicklungsprojekten betrachtet werden, bevor wir später auf den konkreten Einsatz für Architekturen eingehen. Sichten können nach folgenden Kriterien unterschieden werden:

- Abstraktion von Details
- Abstraktion von Aspekten

Der Vergleich mit der Vogelperspektive beschreibt die folgende Einteilung auf anschauliche Weise. So entspricht das Grobkonzept für ein System etwa der 10.000-m-Perspektive und die Implementierung der 1-m-Perspektive. Mit sinkender Abstraktion (vergleichbar zur geringeren Höhe) muss stets auch der Fokus eingeschränkt werden. Bei einem Blick aus dem Flugzeug können Sie ein großes Gebiet einsehen, aus einem Meter lediglich ein kleines Stück Erdboden, das aber wesentlich detaillierter. Neben Grobkonzept und Implementierung stellen Architekturdesign und Feindesign typische Sichten für die Betrachtung eines Systems dar. *(Abstraktion von Details)*

Eine andere Form der Einteilung verdeutlicht der Vergleich mit der Bauarchitektur. Sichten sind wie Konstruktionspläne für ein Haus. Auch hier gibt es unterschiedliche Aspekte wie Stromversorgung, Wasserversorgung, Statik etc., die durch unterschiedliche Darstellungen visualisiert werden. Auch für Softwareentwicklung gilt: Mit einer Sicht allein lässt sich kein komplettes System beschreiben, sondern sie ergänzen sich gegenseitig. Die beiden wichtigsten Aspekte für dieses Kriterium sind: *(Abstraktion von Aspekten)*

- Strukturaspekte
- Verhaltensaspekte

Architekturbausteine beschreiben die statische Seite des Systems. Hier stehen Verantwortlichkeiten und Beziehungen dieser Bausteine im Mittelpunkt. Dynamische Sichten dagegen beschreiben konkrete Interaktionen zwischen einzelnen Bausteinen. Dabei wird der zeitliche Ablauf von Systemfunktionalitäten beschrieben.

In Abschnitt 6.3.3 werden einige Hilfestellungen zum Aufbau der Dokumentation und damit verbunden auch zu entsprechenden Sichten gegeben.

6.3.2 Zusammenspiel der Sichten

Sichten beschreiben stets nur bestimmte Aspekte des gesamten Systems. Um also das System zu verstehen, ist es wichtig, die Zusammenhänge zwischen den Sichten zu dokumentieren. Struktur- und Verhaltensbeschreibungen allein sind nicht ausreichend. Erst durch die Festlegung des Zusammenspiels entsteht ein vollständiges Bild. Die Beschreibung eines Zustandsautomaten ist z. B. eine aussagekräftige Verhaltensbeschreibung. Aber ohne die Information, welchem Baustein er zugeordnet ist, fehlt die logische Verbindung zur Struktur des Systems. Der Nutzer weiß dann zwar, wie das System arbeitet, aber nicht, wer diese Steuerung übernimmt. Als Beispiel soll eine typische Türsteuerung eines Autos dienen. Zur Beschreibung dieses Systems gehört die Betrachtung der Schnittstellen zur Umwelt wie z. B. dem Türsensor, der inneren Struktur und der dynamischen Abläufe (z. B. Nachrichtenverlauf bei Öffnen der Tür). Eine vollständige Dokumentation beinhaltet jedoch zusätzlich eine Beschreibung, wie diese Sichten ineinander greifen.

6.3.3 Beschreibung des Aufbaus und Hilfestellungen

Zu jeder guten Dokumentation gehört eine Beschreibung des Aufbaus dieser Dokumentation. Die Orientierungsmöglichkeiten innerhalb einer Dokumentation entscheiden ganz maßgeblich über die Qualität dieser Dokumentation. So können Lesehinweise oder erklärende Grafiken das Verständnis deutlich verbessern. Die folgenden Tipps und Hinweise helfen beim Aufbau der Dokumentation:

- *Bauen Sie Ihre Architekturbeschreibung hierarchisch auf*: Die Architektur von komplexen Systemen wird typischerweise hierarchisch aus Bausteinen aufgebaut. Also sollte auch die Dokumentation dieser Architektur entsprechend aussehen. Wichtig ist dabei, dass der Leser beim Übergang von einer Hierarchieebene zur nächsten unterstützt wird.

- *Beschreiben Sie die Beziehungen zwischen verschiedenen Sichten*: Wie bereits in Abschnitt 6.3.2 beschrieben, ergänzen sich die verschiedenen Architektursichten gegenseitig. Daher ist eine explizite Beschreibung ihres Zusammenspiels wichtig.

- *Stellen Sie wichtige Informationen in den Mittelpunkt der Beschreibung*: Das Auffinden von essenziellen Informationen muss schnell und eindeutig möglich sein (z. B. die vollständige Schnittstellenbeschreibung für einen Architekturbaustein).

- *Dokumentieren Sie zielgruppenorientiert:* Die Informationen für eine Zielgruppe sollten möglichst an wenigen Stellen gebündelt und nicht über die komplette Dokumentation verstreut sein.

- *Stellen Sie einen zielgruppenorientierten Leitfaden zur Navigation durch die Dokumentation bereit:* Jeder Leser sollte sich anhand seiner Informationsbedürfnisse schnell und effizient durch die Dokumentation bewegen können.

6.3.4 Zusammenfassung

Wenn Sie eine Architektur umfassend dokumentieren wollen, dann erarbeiten Sie folgende Bestandteile:

- Die Dokumentation der Architektur muss alle *relevanten Sichten* enthalten.

- Die Dokumentation beschreibt das *Zusammenspiel dieser Sichten.*

- Die Dokumentation enthält eine *Beschreibung ihres Aufbaus.*

- Die Dokumentation ist um *Hilfestellungen für den Leser* zu ergänzen.

Mit Hilfe dieser vier Punkte wird Ihre Dokumentation sowohl für das aktuelle Projektteam als auch für spätere Betrachtungen von Nutzen sein. Vorausgesetzt, Ihr Team hat ein gemeinsames Verständnis des Sichtenkonzepts und der verwendeten Notation. Auf diese beiden Aspekte werden wir im Folgenden ausführlich eingehen.

6.4   Architektursichten

Nach der eher allgemeinen Betrachtung von Sichten im vorherigen Kapitel werden in diesem Kapitel konkrete Sichten für die Architekturbeschreibung dokumentiert.

Das Institute of Electrical and Electronics Engineers (IEEE) hat mit *IEEE 1471 – 2000* der IEEE 1471 eine Empfehlung »IEEE Recommended Practice for Architectural Description of Software-Intensive Systems« verabschiedet, die Konzepte zur Architekturbeschreibung diskutiert, aber keine konkrete Beschreibungssprache definiert. Die Empfehlungen wurden im Oktober 2000 herausgegeben. Ziel der Empfehlung ist die Definition eines konzeptuellen Frameworks. Dieses Rahmenwerk gibt notwendige Konstrukte für die Architekturbeschreibung vor. Abb. 6-2 zeigt einen Auszug aus dem konzeptuellen Modell der IEEE 1471 – 2000.

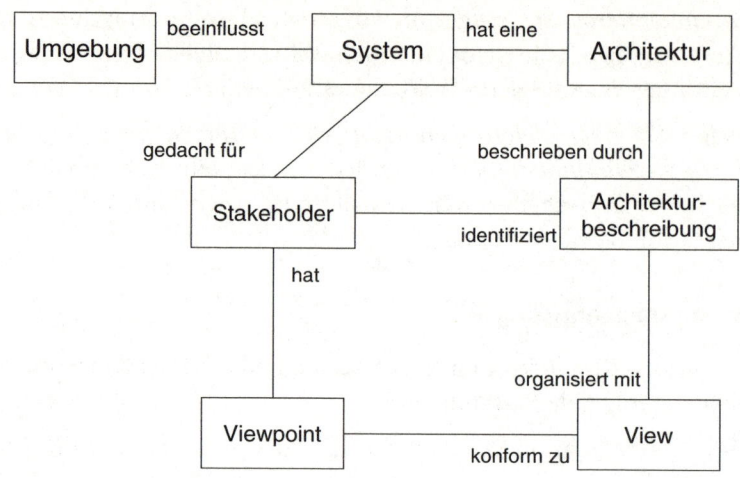

Abb. 6-2 Kernelemente des konzeptuellen Modells der IEEE 1471-2000. Dargestellt als UML-Klassendiagramm.

Perspektiven und Sichten   Der Kerngedanke besteht in der Definition von *Perspektiven* (engl. viewpoints) und *Sichten* (engl. *views*). Perspektiven werden von Stakeholdern eingenommen, um die für sie wichtigen Informationen zu erhalten. Perspektiven geben Richtlinien für die konkreten Sichten vor, die Sichten müssen somit konsistent zu diesen Perspektiven definiert werden. Ein Kunde wird beispielsweise häufig eine Perspektive haben, die das System von außen betrachtet. Die zugehörigen Sichten müssen dieser Position gerecht werden und das System als Blackbox behandeln. Die Empfehlung legt weiter fest, dass für jede Perspektive Regeln und für jede Sicht die erlaubten Elemente festgelegt sein müssen.

Was von dieser Empfehlung nicht festgelegt wird, sind *Freiheitsgrade* der Architekturbeschreibung:

■ Es wird keine konkrete Architekturbeschreibungssprache festgelegt.

■ Es gibt keine Auswahl von vorgegebenen Sichten für eine Architektur.

■ Es werden keine Konsistenz- oder Vollständigkeitskriterien vorgegeben.

Die Empfehlung der IEEE definiert also einen Rahmen für die Architekturbeschreibung, überlässt jedoch die konkrete Umsetzung dem Anwender. Die folgenden Abschnitte werden diesen Rahmen durch konkrete Vorschläge für Architektursichten und zur Notation füllen. Wir lehnen uns dabei prinzipiell an diese Empfehlung der IEEE an, werden aber die Trennung der Begriffe Perspektive und Sicht nicht strikt auf-rechterhalten.

Die Empfehlung zur Architekturbeschreibung legt, wie bereits er-wähnt, die konkreten Sichten nicht fest. Um eine Architektur beschrei-ben zu können, muss dies aber getan werden. Wir schlagen daher hier folgende typische Sichten für die Architekturdokumentation vor:

Typische Sichten

- ▪ Betrachtung des Systems von außen – Kontextsicht
- ▪ Betrachtung der statischen Struktur des Innenlebens
- ▪ Betrachtung des dynamischen Verhaltens des Innenlebens
- ▪ Betrachtung der Abbildung auf Artefakte, Prozessoren oder Teams

6.4.1 Kontextsicht

Die Kontextsicht beschreibt die Einbettung des zu entwickelnden Sys-tems (engl. *system under design*, kurz *SuD*) in die Umgebung. Das System wird dabei von außen im Sinne einer Blackbox betrachtet. In dieser Sicht werden die Systemgrenzen identifiziert und die nach außen sichtbaren Schnittstellen des Systems festgelegt.

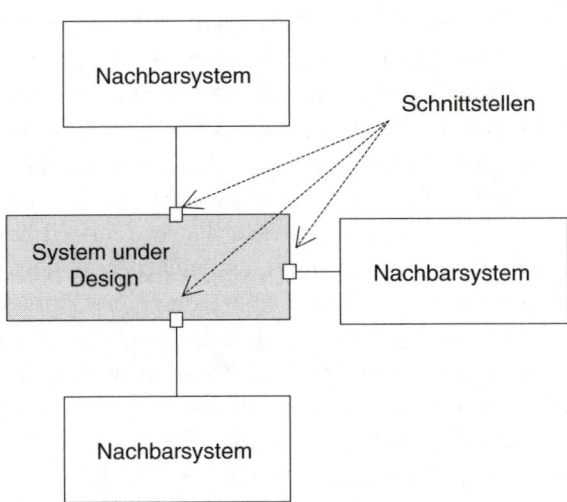

Abb. 6-3 Beispiel für eine Kontextsicht

Die Kontextsicht stellt ein wesentliches Bindeglied zwischen textuellen Anforderungen und Architektur dar. Prinzipiell sollte die *System-abgrenzung* bereits in der Anforderungsanalyse erfolgen. Dort wird festgelegt, welche Funktionalitäten vom SuD gefordert werden und welches Nachbarsystem diese Funktionalität fordert oder dazu beiträgt. Die Aufgabe des Architekten liegt darin, die Abgrenzung des Systems zu überprüfen und die Schnittstellen nach außen zu konkretisieren. Die Kontextsicht erlaubt dem Architekten darüber hinaus die Kernfunktionalitäten zu identifizieren und nach ihrer Wichtigkeit zu priorisieren.

Folgende Elemente sind für diese Sicht relevant:

- Externe Elemente (Nachbarsysteme und Benutzer)
- System (SuD)
- Schnittstellen

Ein Beispiel für die Betrachtung der Kontextsicht ist der Mensch selbst. Er kann als System betrachtet werden und hat mit seinen Augen, seiner Nase, seine Händen etc. Wechselwirkungen also Schnittstellen zu seiner Umgebung. Ein Nachbarsystem könnte ein Auto sein und ein Benutzer, auch wenn diese Bezeichnung hier etwas unpassend ist, z. B. der Vorgesetzte, der seinen Mitarbeitern eine Anweisung gibt.

6.4.2 Struktursicht

In dieser Sicht werden die grundlegenden Architekturbausteine des Systems und ihre Beziehungen aus statischer Perspektive dargestellt. Die Zerlegung wird je nach Komplexität hierarchisch fortgeführt. Die Struktursicht beschreibt den Aufbau der wesentlichen Architekturbausteine mit ihren Schnittstellen und legt die Verantwortlichkeiten sowie die möglichen Wechselwirkungen fest. Die Sicht ist eng mit der Verhaltenssicht (siehe 6.4.3) gekoppelt, da dort die zur Laufzeit beobachtbaren Wechselwirkungen der Bausteine exemplarisch beschrieben werden. Die Bausteine können mit den Uferseiten eines Flusses und ihre mögliche Wechselwirkung mit einer Brücke verglichen werden. Ufer und Brücke symbolisieren die Struktur. Ob nun wirklich eine Person die Brücke benutzt, wird durch die Verhaltenssicht beschrieben. Diese Verhaltensbeschreibung bezieht sich aber dann auf die Struktur, da eine Person von einer Uferseite über die Brücke auf die andere Uferseite geht. Wenn die Brücke in der Struktur nicht vorhanden wäre, dann könnte die Person auch nicht auf die andere Uferseite wechseln.

Nehmen Sie als weiteres Beispiel die Software einer Computerversion des Monopoly-Spiels. Das Monopoly-Spiel könnte aus folgenden wesentlichen Bausteinen bestehen: Spielbrett, Spielerrepräsentation, Display-Manager, Eingabeeinheit. Diese Architekturbausteine müssen im Weiteren natürlich noch verfeinert werden. So wird das Spielbrett in einzelne Spielfelder zerlegt, und diese werden wiederum in verschiedene Kategorien eingeteilt (z. B. Straße, Ereignisfeld …). Für die hier angegebenen vier Basisbausteine müssen für die Struktursicht nun noch die genauen Verantwortlichkeiten (z. B. die Displayeinheit ist für die grafische Darstellung aller Elemente des Spiels verantwortlich) zugeordnet und die Beziehungen (z. B. das Spielbrett hat eine Verbindung zum Display-Manager) festgelegt werden.

Die Struktursicht bildet den Rahmen für die Betrachtung des Innenlebens eines Systems und den Ausgangspunkt für die Beschreibung der dynamischen Abläufe.

Folgende Elemente sind für diese Sicht relevant:

- Architekturbausteine

- Schnittstellen

- Kommunikationsbeziehungen

6.4.3 Verhaltenssicht

Neben der Struktur ist das Verhalten, also die dynamischen Aspekte des Innenlebens der beschriebenen Bausteine, ein essenzieller Teil der Architektur und damit auch der Dokumentation. Welche Interaktionen finden zwischen diesen Bausteinen statt? Folgen diese Interaktionen einem bestimmten Muster (z. B. Model View Controller Muster)? Gibt es eine bestimmte Ablauflogik innerhalb eines Bausteins? Ist es ein Workflow, der nacheinander bestimmte Aktionen abarbeitet, oder verhält sich der Baustein ereignisgesteuert, kann also am besten durch einen Zustandsautomaten beschrieben werden? Diese Fragen werden durch die Verhaltenssicht beantwortet.

Betrachten Sie hier wieder das Monopoly-Beispiel. Die Verhaltenssicht beschreibt unter anderem, wie ein Spielzug oder eine Teilaktion dessen (z. B. Straße kaufen) mit Hilfe der in der Struktursicht beschriebenen Bausteine realisiert wird. Jeder Schritt eines Spielzuges wird einem Baustein zugeordnet. Die notwendige Kommunikation zwischen den Bausteinen wird durch das Versenden von Nachrichten repräsentiert.

Folgende Elemente sind für diese Sicht relevant:

- Architekturbausteine

- Interaktionen (z. B. Interprozesskommunikation)

- Zustandsbeschreibungen

6.4.4 Abbildungssicht

Diese Sicht beschreibt sowohl die technischen Abbildungen, etwa die Zuordnung von Artefakten wie z. B. einer DLL oder einer Enterprise Java Bean (EJB) zu Architekturbausteinen, als auch nichttechnische Aspekte, wie die Aufteilung von Arbeitspaketen auf die Teammitglieder. Artefakte stehen dabei für die physikalische Realisierung der Architekturbausteine.

Bei dieser Sicht werden organisatorische Aspekte der Software in den Vordergrund gestellt. Es werden Fragen beantwortet wie:

■ Wie wird die Software auf die Hardware verteilt?

■ Wie werden Bausteine durch Dateien realisiert?

■ Wie werden Arbeitspakte für Teams ausgewählt?

Diese Sicht ist sehr stark an die Ausführungen in [Clements03] angelehnt. Dort werden diese Aspekte unter dem Begriff *Allocation Viewtype* beschrieben.

Folgende Elemente sind für diese Sicht relevant:

■ Ausführungseinheiten (z. B. Rechner, Steuergeräte,…)

■ Artefakte (z. B. DLL, EJB …)

■ Pakete

Mitarbeiter werden in dieser Aufzählung nicht explizit erwähnt. Die Aufteilung in Pakete muss der Teambildung angepasst werden, damit dann ein Mitarbeiter einem Paket zugeordnet werden kann.

6.4.5 Sichten in der Literatur

In der Literatur finden sich verschiedene Vorschläge für die Definition von Sichten bei der Softwareentwicklung. Wir haben in den vorhergehenden Abschnitten die nach unserer Meinung wesentlichen Sichten hervorgehoben. Da zum Thema der Sichten aber noch kein einheitliches Verständnis herrscht, wollen wir einige andere Ansätze kurz vorstellen. Neben dem klassischen 4+1-Sichtenmodell von Philippe Kruchten [Kruchten00] beziehen wir uns auf die Viewtypes von Clements [Clementst03] und die vier Siemens-Sichten [Hofmeister00].

Kruchten 4+1-Views

Philippe Kruchten war einer der Ersten, der das Thema Sichten für Softwarearchitekturen detailliert beschrieben hat. Er beschreibt in seinem Modell folgende vier Sichten:

■ *Logical View* – stellt die Schlüsselabstraktionen des Systems und deren Beziehungen dar. Darüber hinaus werden systemweite Mechanismen und Designelemente identifiziert. Die Sicht wird stark durch die Anwendungsdomäne und weniger durch die technische Realisierung geprägt.

■ *Process View* – beschreibt die Zuordnung von Elementen aus der logischen Sicht zu Kontrollflüssen (engl. thread of control). Diese Sicht fokussiert auf die Aspekte Parallelität, Verteilung, Systemintegrität und Fehlertoleranz.

■ *Deployment View* – adressiert die Anordnung von Softwareeinheiten in einer verteilten Umgebung.

■ *Physical View* – ordnet die Elemente aus der logischen Sicht und der Verteilungssicht (engl. deployment view) ihren Ausführungseinheiten zu.

Daneben definiert er eine weitere Sicht, die orthogonal zu diesen Sichten wirkt: die Use-Case-Sicht. Daher auch die Bezeichnung 4+1.

■ Use Case View – beschreibt eine Menge von Anwendungsfällen, die durch das Zusammenspiel der vier anderen Sichten realisiert werden.

Clements beschreibt in [Clements03] drei Abstraktionsebenen. Die oberste Ebene sind die Viewtypes, die wiederum in unterschiedlichen Stilen auftreten und auf der untersten Ebene durch verschiedene Sichten dargestellt werden können.

Viewtypes von Clements

Er geht in seiner Darstellung davon aus, dass ein Architekt folgende drei Aspekte betrachten muss:

■ Wie ist die Architektur in Formen von Implementierungseinheiten wie z. B. Klassen oder Modulen strukturiert?

■ Wie ist die Architektur in Formen von Laufzeitverhalten und Interaktionen strukturiert?

■ Wie sind die Wechselwirkungen mit nichttechnischen Strukturen in der Umwelt?

Daraus leitet er die im Weiteren beschriebenen drei Perspektiven für die Dokumentation ab: die *Viewtypes*. Jeder Viewtype wird weiter in Stile unterteilt, die unabhängig von konkreten Domänen immer wiederkehrende spezielle Formen dieses Viewtypes darstellen. Zu jedem Stil wird ein Leitfaden festgelegt, der die Rahmenbedingungen definiert. Auf einer dritten Ebene beschreibt dann eine Sicht die Umsetzung eines Stiles für ein konkretes System. Hierfür werden dann Notationen wie UML oder spezielle ADLs empfohlen.

■ *Module Viewtype* – beschreibt die statische Struktur eines Systems auf Modulbasis. Diese Perspektive definiert Stile wie Schichten, Dekomposition und Generalisierung.

■ *Component-Connector Viewtype* – beschreibt die Laufzeitsicht auf das System mit Hilfe von Komponenten, Objekten und Prozessen. Hier werden Stile wie Client-Server und gemeinsame Datenbereiche (engl. shared data) definiert.

■ *Allocation Viewtype* – beschreibt die Zuordnung von Softwareeinheiten auf die Umgebung, also Hardware, Dateisystem, Teams. Die Perspektive definiert Stile wie Zuweisung von Arbeitsaufgaben (engl. work assignment) und Verteilung (engl. deployment).

Siemens-Sichten   Hofmeister, Nord und Soni beschreiben in [Hofmeister00] vier Sichten zur Beschreibung von Software.

■ *Conceptual Architecture View* – Der Schwerpunkt dieser Sicht liegt auf dem Gesamtverständnis für alle Stakeholder. Die Sicht dient als Überblick der wesentlichen Bestandteile des Systems und beschreibt die Umsetzung der Anforderungen auf die Architektur. Dabei richtet sich die Darstellung an der fachlichen Domäne aus und verfolgt einen Komponentenansatz. Das System wird in konzeptuelle Komponenten zerlegt, und deren Verbindungen werden definiert.

■ *Module Architecture View* – Der Schwerpunkt dieser Sicht liegt auf der technologischen Umsetzung der durch die konzeptuelle Architektursicht (engl. conceptual architecture view) beschriebenen Konzepte und damit der Zuordnung von konzeptuellen Komponenten und deren Verbindungen zu Subsystemen und Modulen. Wichtige Themen dabei sind Schichtenbildung und die Beachtung der vorhandenen Softwareplattform.

■ *Execution Architecture View* – Der Schwerpunkt dieser Sicht liegt auf der Betrachtung der Laufzeitumgebung. Eigenschaften wie die Laufzeit spielen hier eine entscheidende Rolle. Ziel ist eine Zuordnung der vorhandenen Komponenten zu Elementen des Laufzeitsystems wie beispielsweise Prozessen und darüber hinaus eine Zuordnung der logischen Ressourcen zu den physikalischen Ressourcen, der Hardware. Die logischen Abläufe aus der konzeptuellen Architektursicht werden hier auf die konkrete Laufzeitumgebung umgesetzt.

■ *Code Architecture View* – Der Schwerpunkt dieser Sicht liegt auf der Umsetzung und Verteilung von ausführbaren Einheiten. Damit ist im Wesentlichen die Abbildung von Modulen auf Quellcode und die Erzeugung von ausführbaren Einheiten aus Quellcode gemeint.

6.5 UML 2 als Notation für Architektursichten

Nach der Betrachtung von Architektursichten steht nun eine konkrete Notation zur Beschreibung dieser Sichten im Vordergrund, da nur mit einer konkreten Notation eine Sicht auch dargestellt werden kann. Die UML 2 stellt zur Beschreibung von Sichten eine Reihe von Diagrammarten bereit, die alle wichtigen Anforderungen an eine Sicht erfüllen. Der Umfang der UML 2 bietet allerdings wesentlich mehr Beschreibungselemente, als für einen Architekten relevant sind. Wir werden uns daher bei der Betrachtung auf eine Teilmenge beschränken. Neben der UML gibt es weitere grafische Beschreibungssprachen wie SDL oder spezielle *Architekturbeschreibungssprachen* (engl. architecture description language, kurz ADL), auf die wir aber im Weiteren nicht eingehen werden.

6.5.1 UML-Überblick

Mit der Verbreitung objektorientierter Programmiersprachen entstanden seit Beginn der 90er-Jahre verschiedene Methoden zur Beschreibung der Vorgehensweise bei der Entwicklung objektorientierter Systeme. Dabei standen Analyse- und Designaspekte im Vordergrund. Auf der Basis des Designs kann bei einem solchen Vorgehen verhältnismäßig einfach die Implementierung erstellt werden, da alle wesentlichen Probleme bereits geklärt sein sollten. Zu einer solchen Methode gehören sowohl eine Modellierungssprache als auch eine Vorgehensweise bzw. ein Prozess. Mit der Erkenntnis, dass ein einheitlicher Prozess nur sehr schwer zu definieren ist und dann meist auch zu schwergewichtig ausfällt, begannen Grady Booch, Jim Rumbaugh und Ivar Jacobson, auch als die drei Amigos bekannt, 1995 die Grundlagen für eine einheitliche Modellierungssprache zu schaffen, ohne sich dabei auf einen speziellen Prozess festzulegen. 1997 wurde die erste Version der Unified Modeling Language (UML) vorgelegt und hat sich seitdem als Industriestandard in vielen Bereichen etabliert. Maßgeblich dafür ist nicht zuletzt die Tatsache, dass die Entwicklung der UML-Spezifikation bereits seit 1996 durch die Object Management Group (OMG) koordiniert wird. In dieser Organisation arbeiten verschiedene Firmen aus dem Bereich der Softwareentwicklung in Arbeitskreisen zusammen, um Standards wie UML auf eine breite Basis zu setzen. Seit den Anfängen der UML wurde eine Reihe von kleineren Überarbeitungen durchgeführt. Zum Zeitpunkt, da dieses Buch geschrieben wird, steht die Verabschiedung einer grundlegenden Überarbeitung der UML mit der Versionsnummer 2 vor der Tür. Viele Neuerungen sind gerade für die Beschreibung von Architekturen sehr interessant. Wir werden uns daher bei den Vorschlägen zur Notation auf die UML 2 beziehen.

Diagramme

Die UML bietet eine Reihe von Diagrammarten zur Beschreibung der Architektursichten – wie beispielsweise der Kontext- oder Struktursicht. Jedes Diagramm hat dabei eine Menge von definierten Elementen. Im Folgenden werden die geeigneten Diagrammarten für die bereits eingeführten Sichten diskutiert. Dabei erheben wir nicht den Anspruch, dass diese Zuordnung die einzig mögliche ist, sondern stellen eine aus unserer Sicht geeignete Variante vor. Pro Architektursicht können natürliche mehrere Diagrammarten zum Einsatz kommen. Da die gleichen Diagrammarten auch sinnvoll in unterschiedlichen Sichten eingesetzt werden können, werden diese Diagrammarten beim ersten Auftreten ausführlich beschrieben und später lediglich referenziert. Wie bereits in der Einleitung zu diesem Abschnitt erwähnt, werden wir nur die wichtigsten Diagrammarten und Beschreibungselemente der UML-2-Notation betrachten. Eine umfassende Beschreibung der UML 2 finden Sie in [OMG04].

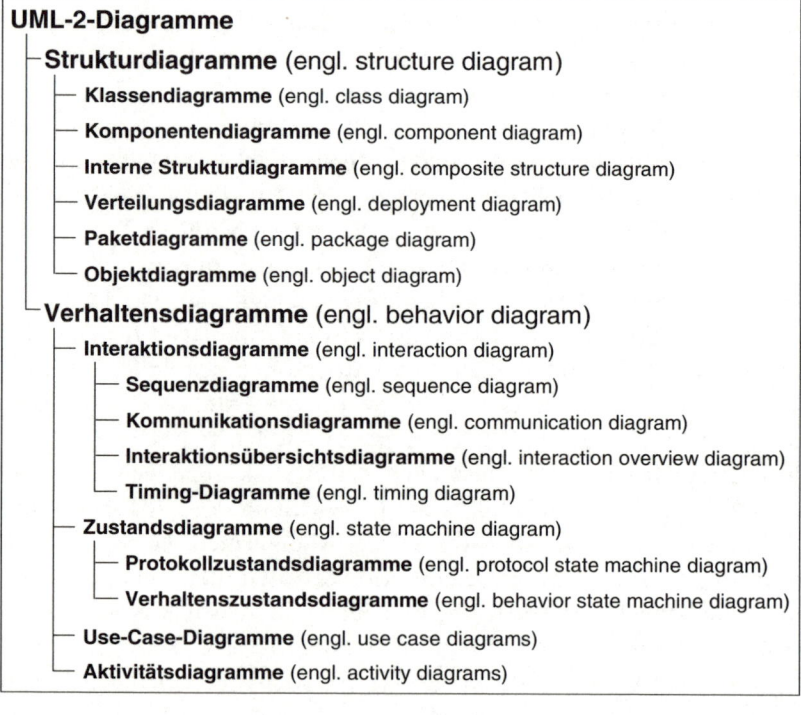

UML-2-Diagramme
- **Strukturdiagramme** (engl. structure diagram)
  - **Klassendiagramme** (engl. class diagram)
  - **Komponentendiagramme** (engl. component diagram)
  - **Interne Strukturdiagramme** (engl. composite structure diagram)
  - **Verteilungsdiagramme** (engl. deployment diagram)
  - **Paketdiagramme** (engl. package diagram)
  - **Objektdiagramme** (engl. object diagram)
- **Verhaltensdiagramme** (engl. behavior diagram)
  - **Interaktionsdiagramme** (engl. interaction diagram)
    - **Sequenzdiagramme** (engl. sequence diagram)
    - **Kommunikationsdiagramme** (engl. communication diagram)
    - **Interaktionsübersichtsdiagramme** (engl. interaction overview diagram)
    - **Timing-Diagramme** (engl. timing diagram)
  - **Zustandsdiagramme** (engl. state machine diagram)
    - **Protokollzustandsdiagramme** (engl. protocol state machine diagram)
    - **Verhaltenszustandsdiagramme** (engl. behavior state machine diagram)
  - **Use-Case-Diagramme** (engl. use case diagrams)
  - **Aktivitätsdiagramme** (engl. activity diagrams)

Abb. 6-4 Darstellung der UML-2-Diagrammstruktur

Abb. 6-4 gibt einen Überblick über die vollständige Diagrammstruktur der UML 2 und stellt neben den englischen Originalbezeichnungen die gewählten deutschen Übersetzungen dar. Die deutschen Übersetzungen wurden so gewählt, dass sie den Zweck der Diagrammart am besten wiedergeben.

Neben den verschiedenen Diagrammformen bietet die UML Erweiterungsmechanismen zur Anpassung der Modellierungssprache an domänenspezifische Problemstellungen an. Als allgemein gültige Notation ist die UML 2 prinzipiell in jedem Anwendungsgebiet einsetzbar, muss aber teilweise an die spezifischen Gegebenheiten des Anwendungsgebiets angepasst werden. Die UML hat hierfür drei Mechanismen definiert:

Erweiterungsmechanismen

- Stereotypen (engl. stereotypes)
- Einschränkungen (engl. constraints)
- Schlüssel-Werte-Paare (engl. tagged values)

Diese Mechanismen erlauben Erweiterungen und Konkretisierung, aber keine Änderungen an vorhandenen Modellelementen. Speziell Stereotypen und Einschränkungen werden maßgeblich bei der Beschreibung von Architekturen eingesetzt. So werden Zeitbedingungen, z. B. die Spezifikation der Reaktionszeit beim Online-Handel, häufig in Form von Einschränkungen als ergänzende Information bei Verhaltensbeschreibungen dargestellt. Beispiele für den Einsatz von Stereotypen werden in den nächsten Abschnitten zu finden sein. Die genannten Erweiterungsmechanismen werden auch genutzt, um komplette Erweiterungsprofile für Anwendungsgebiete wie den Einsatz von *Enterprise Java Beans* (EJB) oder anderen Komponentenmodellen zu definieren. Beispielsweise wird im J2EE/EJB Profile der Stereotyp *EJBEntityBean* definiert und kann Komponenten zugewiesen werden, die eine EntityBean darstellen. Ein entsprechender Codegenerator kann dann diese zusätzliche Information auswerten und direkt den Quellcode für diese Bean erzeugen.

6.5.2 Darstellungsmöglichkeiten für die Kontextsicht

Die Kontextsicht beschreibt Systeme als Blackbox, um die nach außen sichtbaren Eigenschaften zu definieren. Aus Sicht der UML bieten sich hier zum einen das Use-Case-Diagramm an, das die Kernfunktionalitäten des Systems beschreibt, und zum anderen das Komponentendiagramm, das die Schnittstellen des Systems zur Umgebung hervorhebt. Aus Sicht des Architekten sind Use-Case-Diagramme Eingangsinformationen, die er als Ergebnis aus der Anforderungsanalyse benötigt.

Zugegebenermaßen ein Idealszenario, das so häufig in der Praxis nicht gegeben ist. Wir wollen uns hier aber auf die Kernaufgaben des Architekten beschränken. Die Szenarien, also die Beschreibung der Ablaufschritte eines Use Cases, werden dabei häufig mittels Aktivitätsdiagrammen veranschaulicht. Im Gegensatz zu diesen beiden UML-Diagrammarten, stellt ein Komponentendiagramm ein wesentliches Arbeitsergebnis dar, das vom Architekten erbracht werden muss. Im Folgenden werden wir Use-Case- und Komponentendiagrammen genauer betrachten.

Geeignete UML-2-Diagrammarten für die Kontextsicht:

- Use-Case-Diagramme
- Aktivitätsdiagramme } Anforderungsanalyse
- Komponentendiagramme
- Sequenzdiagramme } Architekturdesign

In dieser Sicht erscheint uns die Unterscheidung von Anforderungsanalyse und Architekturdesign wichtig. Beide Bereiche sind für die Softwareentwicklung wichtig, es sollte aber klar definiert werden, welche Aufgaben in den Bereich der Architektur fallen.

Use-Case-Diagramme

Eine typische grafische Darstellung im Bereich der Anforderungsanalyse sind UML-Use-Case-Diagramme. Die Erstellung von Use Cases (Anwendungsfällen) ist, wie bereits erwähnt, nicht als Kernaufgabe des Architekten zu sehen, auch wenn in der Realität oftmals lediglich textuelle Anforderungen vorliegen und die gleiche Person die Use-Case-Diagramme erstellt, die später auch die Architektur entwirft, so handelt es sich dabei doch um zwei unterschiedliche Rollen. Die Unterscheidung ist wichtig, um bei größeren Projekten eine sinnvolle Aufgabenverteilung zu erreichen. Aufgabe des Architekten ist es aber, Themen wie Machbarkeit und Widerspruchsfreiheit der Anforderungen zu beurteilen, weshalb er sich mit den Notationen der Anforderungsanalyse vertraut machen muss.

Elemente eines Use-Case-Diagramms

Wesentliche Elemente eines Use-Case-Diagramms

- *Aktor* – stellt systemexterne Elemente dar, die mit dem System interagieren.

- *Use Case* – beschreibt eine nach außen sichtbare Kernfunktionalität.

- *Beziehung* – stellt eine Abhängigkeit zwischen Aktor und Use Case dar.

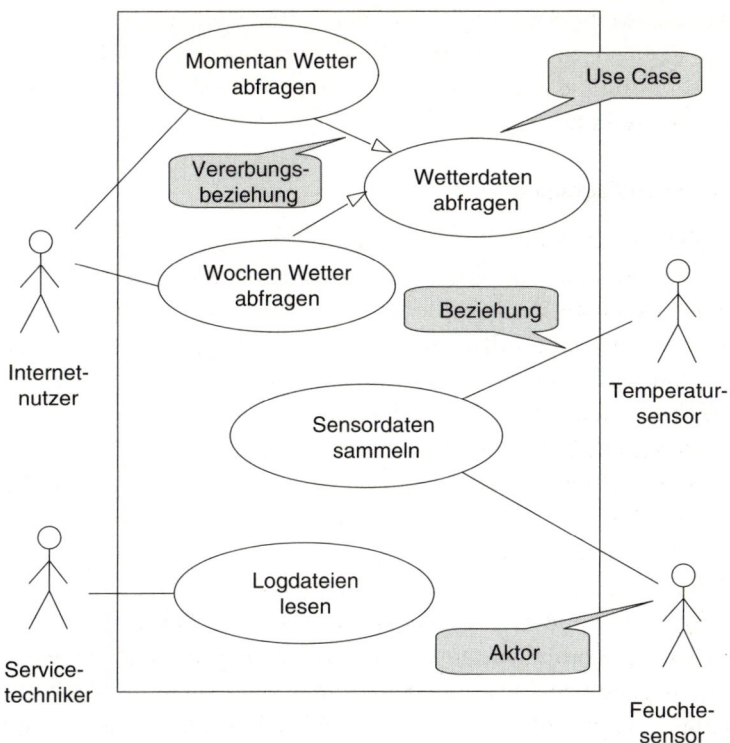

Abb. 6-5 Use-Case-Diagramm für eine Wetterstation

Abb. 6-5 zeigt mehrere Anwendungsfälle (z. B. Wochen Wetter abfragen) für eine Wetterstation. Die dargestellten Aktoren (z. B. Internetnutzer) lösen Anwendungsfälle aus oder tragen zu ihrer Durchführung etwas bei.

Zu einer vollständigen Beschreibung eines Anwendungsfalls gehört allerdings eine Reihe weiterer Aspekte, die in [Bittner02] ausführlich dokumentiert werden.

Use-Case-Diagramme stellen letztlich vier wichtige Informationen für den Architekten bereit:

- Beschreibung der Nachbarsysteme und Benutzer
- Eine auf Funktionalitäten bezogene Systemabgrenzung
- Beschreibung der Kernfunktionalitäten
- Beziehungen zwischen Nachbarsystemen/Benutzern und Funktionalitäten

Use-Case-Diagramme bieten keine Möglichkeit, die Schnittstellen zwischen dem System und der Umgebung zu spezifizieren. Daher benötigt

der Architekt eine weitere Beschreibungsmöglichkeit, um die Systemgrenzen genauer zu spezifizieren. Eine hierfür geeignete Diagrammart
der UML 2 sind die Komponentendiagramme mit ihren klaren Schnittstellenbeschreibungen.

Komponentendiagramme

Definition einer
Komponente

Komponenten im Sinne der UML sind Bausteine, die eine bestimmte
Funktionalität – zum Beispiel die Kapselung der Zugriffe auf eine Datenbank – bereitstellen und über eine definierte Schnittstelle mit anderen Bausteinen kommunizieren. Die Schnittstellenspezifikation bezieht
sich sowohl auf statische Informationen (Signatur der erlaubten Operationen) als auch auf dynamische Informationen (Sequenz der erlaubten Aufrufe). Die Schnittstellenspezifikation kann sowohl die nach außen bereitgestellten Funktionalitäten als auch die von der Umgebung
geforderten Funktionalitäten festlegen. Die UML 2 definiert dafür bereitgestellte (engl. provided) und benötigte (engl. required) Schnittstellen. Abb. 6-6 zeigt Beispiele solcher Schnittstellen. Damit werden eine
klare Kapselung und die Möglichkeit zur besseren Wiederverwendung
gewährleistet. Komponenten werden sehr häufig als Laufzeitelemente
des Systems gesehen. Sie können allerdings auch im Sinne von Bausteinen (engl. building block), die keine direkte Laufzeitentsprechung haben, betrachtet werden.

Komponentendiagramme bieten also für den Architekten die Möglichkeit, durch Definition von Schnittstellen eine genaue System-
abgrenzung zu dokumentieren. Außerdem können diese Schnittstellen
für die Betrachtung des Innenlebens des Systems wieder herangezogen
werden.

Wesentliche Elemente eines Komponentendiagramms:

- *Komponente* – repräsentiert ein komplettes System bzw. einzelne
  Architekturbausteine. Bei der Betrachtung des Systemkontexts wer-
  den Komponenten sowohl zur Darstellung für das zu erstellende
  System als auch für die Nachbarsysteme verwendet.

- *Port* – definiert einen namentlichen Interaktionspunkt einer Komponente, dem bereitgestellte und benötigte Schnittstellen zugeordnet werden können. Eine Komponente kann mehrere Ports mit gleichen Schnittstellen besitzen, d. h., die gleiche Operation kann über
  verschiedene Ports aufgerufen werden und wird somit intern von
  der Komponente unterschiedlich behandelt.

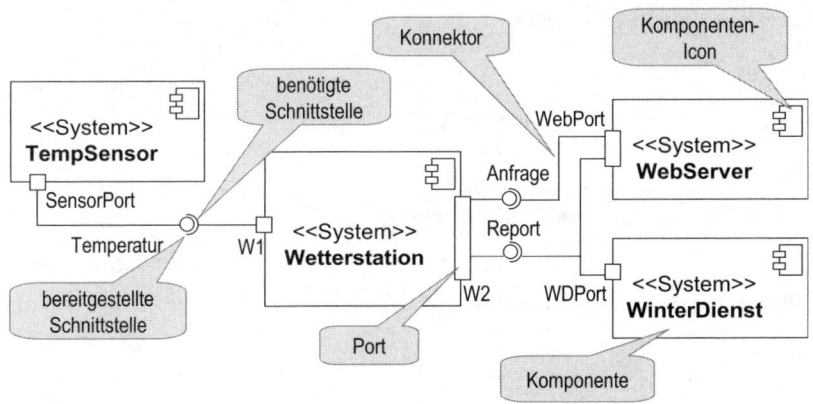

Abb. 6-6 Komponentendiagramm als Kontextsicht für die Wetterstation

■ *Schnittstelle* – beschreibt die möglichen Typisierungen von Ports und damit die erlaubten Eingangs- und Ausgangsnachrichten. Schnittstellen werden benannt und in bereitgestellte und benötigte Schnittstellen unterschieden.

■ *Konnektor* (engl. connector) – ist ein Kommunikationskanal zwischen Komponenten.

Abb. 6-6 zeigt die Definition des Systemkontexts mittels eines UML-2-Komponentendiagramms am Beispiel einer Wetterstation. Das Stereotyp <<System>> wird verwendet, um eine Komponente in der Kontextdarstellung als komplettes und eigenständiges System zu kennzeichnen. Die Wetterstation kommuniziert mit zwei Sensoren, einem Webserver und einer weiteren Applikation für den Winterdienst.

Das Diagramm beschreibt dabei die konkreten Schnittstellen der Wetterstation zu seinen Nachbarsystemen wie *Temperatur* und *Report*. Die ausführliche Beschreibung der Schnittstelle *Temperatur* ist in Abb. 6-7 zu sehen. Die Wetterstation stellt mit *W1* und *W2* namentliche Interaktionspunkte dar, die durch die Schnittstellen typisiert werden. Zwischen zwei Ports, wie beispielsweise *SensorPort* und *W1*, befindet sich ein Konnektor, der im einfachsten Fall durch eine Linie dargestellt wird. In unserem Beispiel wurde der Konnektor durch die Beschreibung der Schnittstelle *Temperatur* konkretisiert. Zusammen mit weiteren Informationen zu den dynamischen Abläufen (siehe Sequenzdiagramme) ist das System »Wetterstation« eindeutig bezüglich seiner Umwelt spezifiziert.

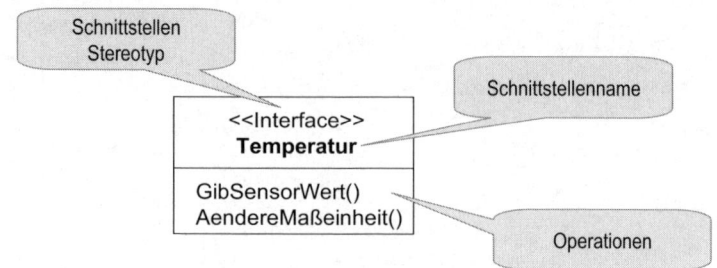

Abb. 6-7 Beschreibung der Schnittstelle »Temperatur«

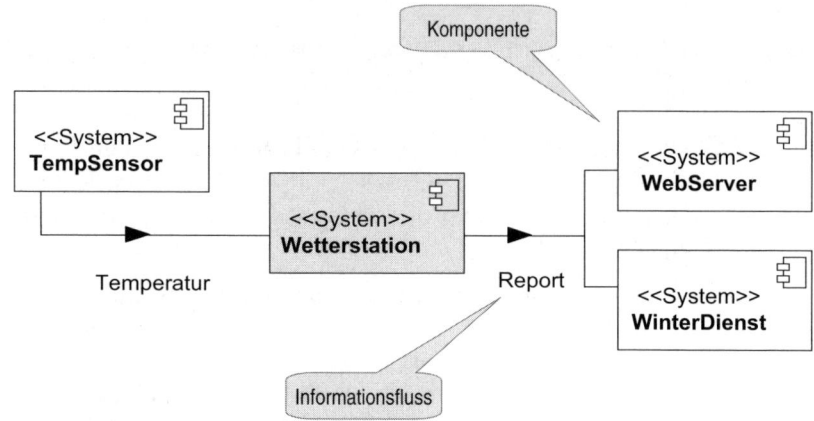

Abb. 6-8 Kontextsicht mit Informationsflüssen

Informationsflüsse in einem Komponentendiagramm

Neben der Beschreibung der Schnittstellen kann es außerdem notwendig sein, die Informationsflüsse zwischen der Wetterstation und den Nachbarsystemen zu beschreiben. Abb. 6-8 zeigt die UML-2-Notation für einen solchen Fall. Diese Notation beschreibt eine gröbere Form der Darstellung und wird häufig in einer frühen Phase der Architekturerstellung eingesetzt, wenn noch keine exakten Aussagen über die Schnittstellen gemacht werden können.

Abbildung von Szenarien

Um die im Komponentendiagramm dargestellten Schnittstellen zu konkretisieren, ist es notwendig, die Szenarien der Use Cases auf diese Schnittstellen abzubilden. Zu diesem Zweck eignen sich die UML-Sequenzdiagramme sehr gut. Wir werden diese Diagrammart in Abschnitt 6.5.4 genauer betrachten.

Einordnung der Abstraktionsebene

Im Kapitel 1, »Grundlagen«, wurden Detaillierungsgrad und Abstraktionsebenen für die Softwareerstellung beschrieben. Die Darstellung der Wetterstation in der Kontextsicht entspricht dabei der ersten

Architekturebene. Im nächsten Abschnitt werden wir in die Komponente Wetterstation eintauchen und das Innenleben betrachten und damit auf die zweite Architekturebene übergehen.

6.5.3 Darstellungsmöglichkeiten für die Struktursicht

Die UML 2 wurde um eine Reihe von Elementen zur Architekturbeschreibung erweitert. Das Komponentenkonzept mit der Darstellung von *Ports* als Interaktionspunkte ist dabei von wesentlicher Bedeutung für die systematische und durchgängige Zerlegung des Systems. Das Komponentendiagramm wurde bereits in Kapitel 6.5.2. vorgestellt. Dort wurden die Schnittstellen des zu entwerfenden Systems spezifiziert. In der Struktursicht ist jetzt die Realisierung dieser Schnittstellen im Inneren des Systems zu beschreiben. Hierzu werden in der UML 2 interne Strukturdiagramme (engl. composite structure diagram) verwendet, die die innere Struktur eines Architekturbausteins darstellen. Diese innere Struktur wird mit Hilfe von so genannten *Parts* beschrieben. Parts sind Bestandteile eines übergeordneten Bausteins. Ein Part kann vom Typ einer Komponente oder einer Klasse sein. In dem Baustein, wo er sich befindet, nimmt er eine bestimmte Rolle ein. Ein Beispiel soll dies verdeutlichen. Das System Auto ist der übergeordnete Architekturbaustein. Bestandteil des Autos sind die Vorderachse sowie die Hinterachse. Beide werden als Parts modelliert, die vom Typ der Komponente Achse sind. Der eine Part nimmt die Rolle der Vorderachse, der andere die Rolle der Hinterachse ein. Die Parts selber können wiederum eine innere Struktur besitzen, die sich aus ihrem Typ ableitet. Eine Architektur kann also mit Hilfe dieser Diagrammart hierarchisch zerlegt werden.

In der Kontextsicht wurde das Komponentendiagramm als Mittel der Wahl vorgestellt. Alternativ dazu wäre auch der Einsatz eines Klassendiagramms möglich gewesen. Wir werden in diesem Buch Komponenten einsetzen, wenn der Architekturbaustein eine innere Struktur hat und Klassen, wenn dies nicht der Fall ist. Wir tun dies aus Vereinfachungsgründen wohl wissend, dass die UML 2 eine innere Struktur auch für Klassen zulässt.

Komponenten versus Klassen

Geeignete UML-2-Diagrammarten für die Struktursicht:
■ Interne Strukturdiagramme

Internes Strukturdiagramm (engl. composite structure diagram)

Interne Strukturdiagramme beschreiben die innere Struktur eines beliebigen Bausteins – also eines ganzen Systems oder einer Komponente.

Durch diese Beschreibungsform kann nun ein System mit Hilfe von UML 2 hierarchisch zerlegt werden. Dabei wird nicht nur die innere Struktur beschrieben, sondern auch das Zusammenspiel zwischen den nach außen definierten Schnittstellen des Strukturbausteins und den im Inneren liegenden Elementen. Diese Elemente sind ja letztlich für die Realisierung der Schnittstellen verantwortlich.

Wesentliche Elemente eines Composite-Structure-Diagrammes:

- *Part* – repräsentiert eine Menge von Ausprägungen (Rolle), die zu einem übergeordneten Baustein gehören. Parts tragen zur Realisierung der Funktionalität des Bausteins bei.

- *Port* – siehe Komponentendiagramm.

- *Konnektor (engl. connector)* – ist ein Kommunikationskanal zwischen Parts oder Parts und Ports des übergeordneten Bausteins.

- *Schnittstelle* – siehe Komponentendiagramm.

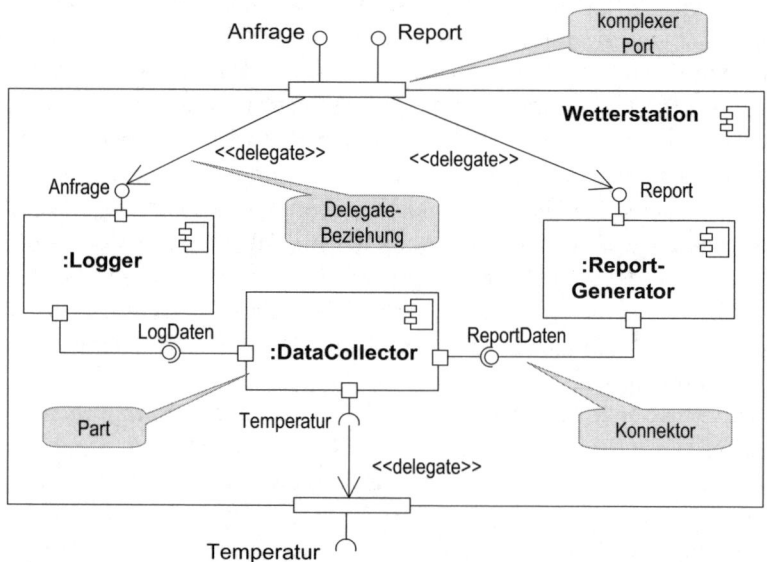

Abb. 6-9 Internes Strukturdiagramm für die Wetterstation

Abb. 6-9 beschreibt die Parts, im Beispiel vom Typ Komponente, aus denen das Gesamtsystem »Wetterstation« aufgebaut ist. Über die »delegation« – Beziehungen wird dargestellt, welche innere Komponente (z. B. *Logger*) für die Realisierung welcher äußeren Schnittstelle, z. B. *Anfrage*, verantwortlich ist bzw. welche Komponente, z. B. *Data-*

Collector, welchen von der Umgebung geforderten Dienst, z. B. *TemperaturDaten,* benötigt.

Interne Strukturdiagramme eignen sich somit sehr gut zur Beschreibung komplexer Systeme, die durch hierarchische Zerlegung in beherrschbare Teilsysteme zerlegt werden sollen.

Wird bei der Zerlegung ein Detaillierungsgrad erreicht, der keine weitere Zerlegung im Sinne von Architekturbausteinen benötigt, dann kann die innere Struktur am besten mit Parts vom Typ Klasse beschrieben werden. Dies ist aber häufig die Aufgabe der Entwickler, die mit dem Feindesign betraut werden, und nicht mehr die des Architekten. Abb. 6-10 zeigt ein Beispiel für die Darstellung dieser nächsten Abstraktionsebene – die in Kapitel 1, »Grundlagen«, als Feindesign bezeichnet wird – anhand der inneren Struktur des Report-Generator-Bausteins aus Abb. 6-9.

Abstraktionsebene Feindesign

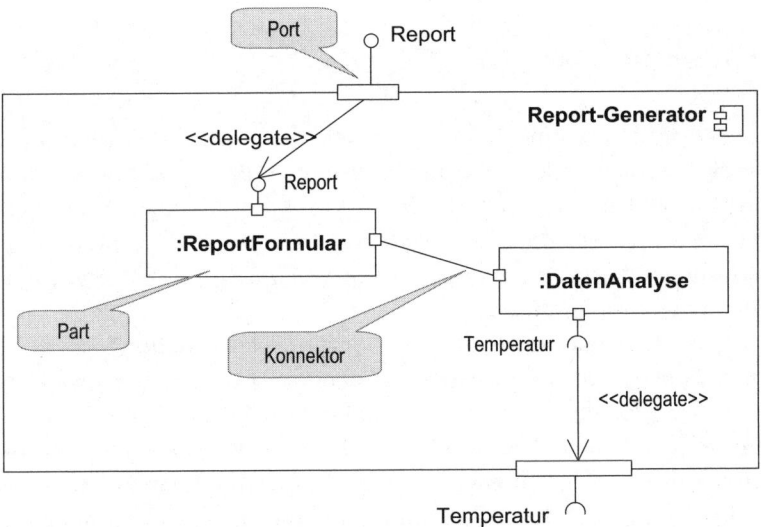

Abb. 6-10 Darstellung der internen Struktur der Komponente Report-Generator mittels Parts, deren Typen auf dieser Ebene Klassen sind.

Wir haben hier das interne Strukturdiagramm als erste Wahl für die Modellierung der Struktursicht vorgestellt. Weitere UML-Diagramme, die eingesetzt werden können, sind Komponenten-, Klassen- oder Paketdiagramme. Diese wurden insbesondere im Rahmen von UML 1.x verwendet.

Weitere Diagramme zur Strukturbeschreibung

6.5.4 Darstellungsmöglichkeiten für die Verhaltenssicht

Neben der strukturellen Beschreibung eines Systems sind die dynamischen Abläufe von essenzieller Bedeutung. Die strukturelle Beschreibung einer Ampelanlage beispielsweise definiert für eine typische Kreuzung, dass es vier Ampeln mit den Lampen rot, gelb und grün gibt und wie diese angeordnet sind. Die Verhaltensbeschreibung zeigt, wie diese Ampelsteuerung funktioniert, also welche Farbwechsel in welcher Reihenfolge ablaufen. Für die Verhaltenssicht gibt es zwei wesentliche Bereiche: die Beschreibung von Interaktionen zwischen mehreren Bausteinen und des Verhaltens eines einzelnen Bausteins. Das Ampelbeispiel würde beides beinhalten, da sowohl jede Ampel für sich ein Verhalten aufweist (Wechsel der Farben), als auch eine Kommunikation zwischen den einzelnen Ampeln zur Koordination notwendig ist.

Geeignete UML-2-Diagrammarten für die Verhaltenssicht:
- Interaktionsdiagramme
- Zustandsdiagramme

Interaktionsdiagramme

Interaktionsdiagramme beschreiben, wie der Name bereits verrät, die Interaktionen zwischen einzelnen Bausteinen. Bausteine können dabei zum Beispiel Komponenten (im Sinne von Laufzeiteinheiten), Objekte oder auch Prozesse sein. Die UML stellt vier Arten von Interaktionsdiagrammen bereit: *Sequenz-, Kommunikations-, Interaktionsübersichts-* und *Timing-Diagramme.*

Zustandsdiagramme

Zustandsdiagramme dienen als Verhaltensbeschreibungen von einzelnen Bausteinen und basieren auf den von David Harel definierten Zustandsautomaten. Die UML 2 stellt zwei Formen von Zustandsdiagrammen bereit: *Protokollzustands-* und *Verhaltenszustandsdiagramme.* Erstere dienen zur Verhaltensbeschreibung an Schnittstellen und Letztere zur Verhaltenbeschreibung von einzelnen Bausteinen.

Im Folgenden betrachten wir die Sequenz- und Interaktionsübersichtsdiagramme sowie beide Formen der Zustandsdiagramme ausführlicher.

Sequenzdiagramme

Sequenzdiagramme beschreiben Interaktionen zwischen mehreren Instanzen (Ausprägungen) eines oder mehrerer Bausteine. In der strukturellen Beschreibung im vorherigen Abschnitt wurden die Bausteine betrachtet, also die statische Sichtweise. Im Mittelpunkt der Betrachtung der Interaktionen befinden sich nun ihre Instanzen zur Laufzeit, also die dynamische Sichtweise. Dabei steht neben den übertragenen Nachrichten zur Realisierung der Interaktionen vor allem die zeitliche Abfolge dieser Nachrichten im Vordergrund. Die Nachrichten werden durch gerichtete Pfeile zwischen den Instanzen der Bausteine und die Instanzen selbst durch Lebenslinien repräsentiert (siehe Abb. 6-11). Jede eintreffende Nachricht führt zu einer Aktivierung beim Empfänger. Nachrichten können synchron oder asynchron sein und müssen stets benannt sein. Ein Sequenzdiagramm, wie auch jedes andere Interaktionsdiagramm, repräsentiert immer einen exemplarischen Ablauf, der für eine Menge von Instanzen gültig ist. So beschreibt ein Sequenzdiagramm für eine Transaktion beim Online-Banking, wie ein Kunde mit dem System interagiert. Ob der konkrete Kunde dabei Müller, Meier oder Schulz heißt, ist nicht wesentlich. Für alle drei gilt der gleiche Ablauf. Die dargestellten Instanzen in einem Sequenzdiagramm sind also wie Rollen zu sehen, die von beliebigen Instanzen des gleichen Bausteins eingenommen werden können.

Die UML 2 erweitert die Beschreibungsmöglichkeiten dieser Diagrammart durch die Einführung von Kontrollstrukturen wesentlich. Sprachkonstrukte wie Alternativen, Schleifen und Referenzen tragen dem Bedürfnis nach der Bewältigung von komplexen Abläufen Rechnung. Das Fehlen derartiger Konstrukte hat in der Vergangenheit zu einer Reihe von proprietären Ergänzungen geführt.

Kontrollstrukturen

Wesentliche Elemente eines Sequenzdiagramms:

■ *Lebenslinie* (engl. lifeline) – steht für eine Instanz, die an der Interaktion teilnimmt; findet sich als Part in der Struktursicht wieder.

■ *Nachricht* – beschreibt die Interaktion zwischen zwei Instanzen. Eine Nachricht kann synchron oder asynchron sein, muss einen Namen haben und kann optional Parameter enthalten.

■ *Referenz* – verweist auf ein zweites Sequenzdiagramm, das weitere Interaktionen enthält, die für die Gesamtinteraktion bedeutsam sind. Der Mechanismus eignet sich dafür, Details auszublenden, also zu abstrahieren.

■ *Dekomposition der Lebenslinie* – erlaubt die detaillierte Betrachtung der Interaktionen an einer Instanz in einem weiteren Interaktionsdiagramm. Diese Dekomposition eröffnet die Möglichkeit der hierarchischen Zerlegung von Verhaltensbeschreibungen.

■ *Kontrollstruktur* – erlaubt die Darstellung von komplexeren Interaktionsszenarien (z. B. Alternativen, Parallelitäten, Schleifen …).

Abb. 6-11 zeigt am Beispiel eines Geldautomaten vereinfacht die möglichen Interaktionen zwischen Instanzen verschiedener Bausteine und

stellt die möglichen Strukturierungselemente wie Referenz oder Dekomposition der Lebenslinie vor.

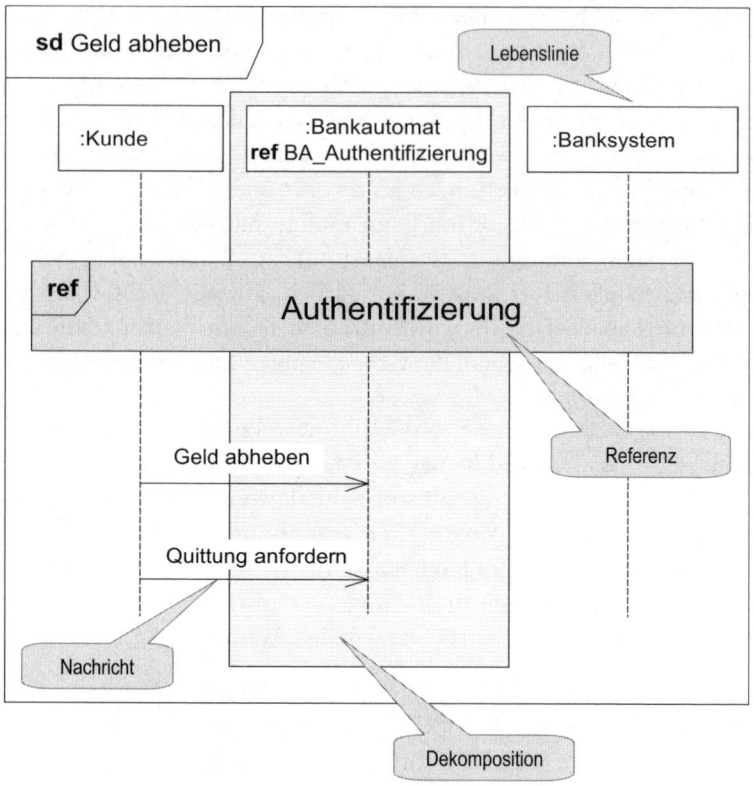

Abb. 6-11 Sequenzdiagramm am Beispiel eines Geldautomaten

Die Verwendung von Referenzen zur Strukturierung reduziert die
Komplexität der dargestellten Interaktionen, da einzelne Aspekte der
Interaktion (z. B. die Authentifizierung des Kunden) ausgelagert wer-
den können. Abb. 6-12 zeigt das Sequenzdiagramm zu einer solchen
Referenz.

Das Schlüsselwort *alt* weist auf eine Kontrollstruktur zur alternativen Darstellung von Sequenzen hin. Kontrollstrukturen, wie beispielsweise auch Schleifen und parallele Abläufe, werden durch eigene Bereiche und ein entsprechendes Schlüsselwort gekennzeichnet. Die
Bereiche enthalten je nach Kontrollstruktur eine oder mehrere Regio-
nen, die dann durch eine gestrichelte Linie getrennt sind.

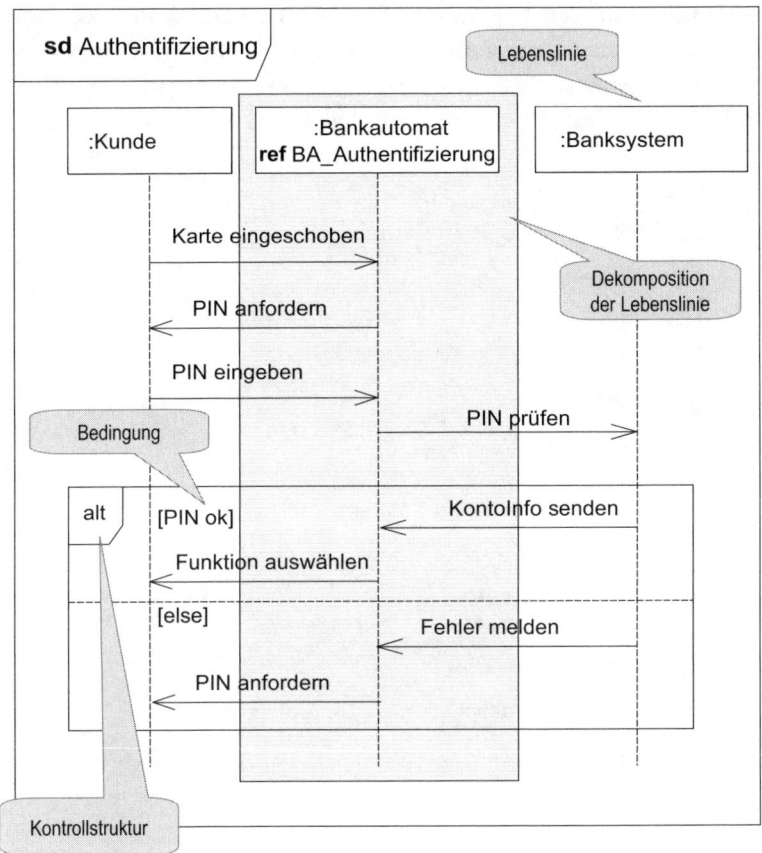

Abb. 6-12 Sequenzdiagramm zur Detaillierung der Authentifizierung

Die in Abb. 6-12 dargestellten Interaktionen mit dem Baustein Bankautomat können nun durch ein weiteres Sequenzdiagramm mit dem Namen *BA_Authentifizierung* konkretisiert werden. Zur Repräsentation dieses Sachverhalts wird in der Lebenslinie für den Bankautomat die Referenz *ref BA_Authentifizierung* angegeben. Die Verwendung der Dekomposition von Lebenslinien ermöglicht also analog zu Komponenten in der Struktursicht eine hierarchische Zerlegung der Verhaltensbeschreibungen. Dabei entspricht die Darstellung in Abb. 6-12 der *ersten Architekturebene* und die Darstellung in 6-14 der *zweiten Architekturebene*. Zuerst wird eine Interaktion zwischen mehreren Instanzen betrachtet, um dann dieses Sequenzdiagramm bezüglich der ein- und ausgehenden Nachrichten an einer der Instanzen in der nächsten Betrachtungsebene zu konkretisieren. Abb. 6-14 zeigt einen Ausschnitt eines Beispiels für die Referenz *BA_Authentifizierung* aus Abb. 6-12.

Die Realisierung der Kommunikation am Bankautomaten wird durch seine inneren Bausteine *Eingabeeinheit*, *Steuerung* und *Banksystem-Proxy* repräsentiert. Das Sequenzdiagramm entspricht einer Verhaltensdarstellung auf der zweiten Architekturebene.

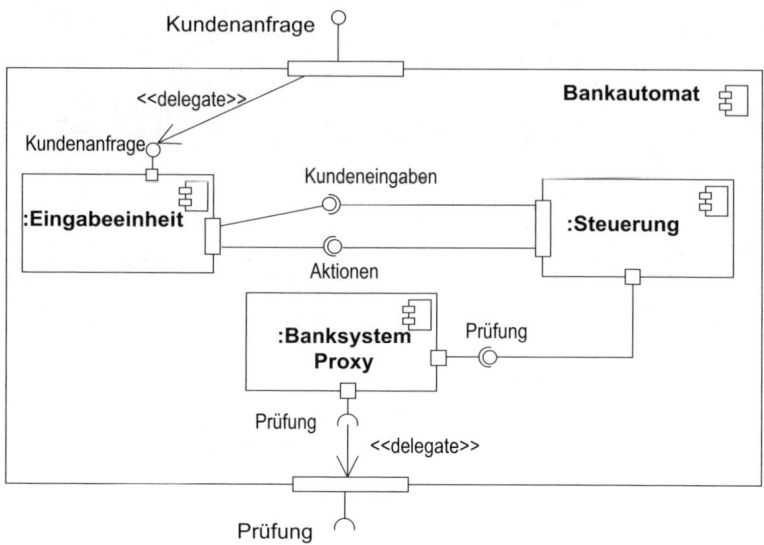

Abb. 6-13 Strukturdiagramm für einen Bankautomaten – Architekturebene 2

Die Abb. 6-13 zeigt das zugrunde liegende Strukturdiagramm für diese Sequenz. Die Eingabeeinheit kapselt dabei die Interaktionen mit dem Kunden und der BanksystemProxy die Interaktionen mit dem Banksystem. Die Steuerung beinhaltet die zentrale Logik des Bankautomaten.

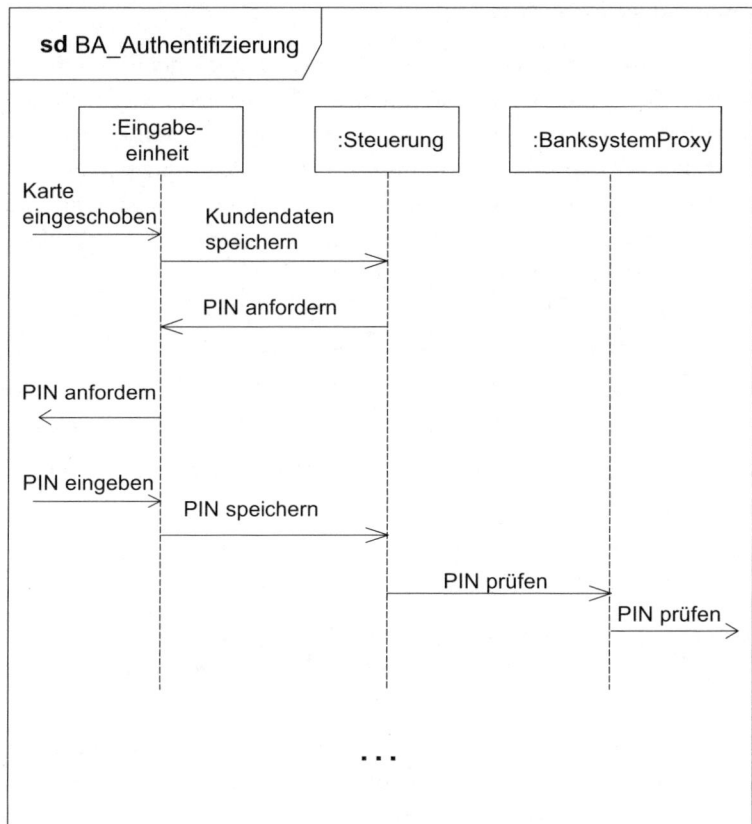

Abb. 6-14 Dekomposition einer Lebenslinie am Beispiel des Bausteins Bankautomat

Mit dem Konzept der hierarchischen Zerlegung sowohl für Struktur- als auch für Verhaltensbeschreibungen bietet die UML 2 einen durchgängigen Ansatz zur Beschreibung der verschiedenen Architekturebenen.

Neben den Sequenzdiagrammen bietet die UML 2 zusätzlich auch Kommunikationsdiagramme an, die grundsätzlich ähnliche Informationen darstellen können. Diese sind aber vergleichsweise nicht so mächtig, da beispielsweise die Kontrollstrukturen aus den Sequenzdiagrammen fehlen. Kommunikationsdiagramme fokussieren mehr auf die Interaktion zwischen zwei Bausteinen und weniger auf deren zeitlichen Verlauf. Sequenzdiagramme waren bereits in der Vergangenheit verbreiteter, was mit den erweiterten Beschreibungselementen zukünftig noch zunehmen wird. Daher werden wir uns in diesem Kapitel auf die Beschreibung der Sequenzdiagramme beschränken. Weitere Informationen zu Kommunikationsdiagrammen finden Sie in [Fowler03].

Kommunikations-diagramm

Interaktionsübersichtsdiagramme

Interaktionsübersichtsdiagramme sind eine weitere neue Diagramm-
form der UML 2. Sie stellen ein wichtiges Bindeglied zwischen den in
verschiedenen Sequenzdiagrammen dargestellten Szenarien dar. Gerade für das Verständnis der Architektur ist das Zusammenspiel einzelner Abläufe essenziell. Interaktionsübersichtsdiagramme sind spezialisierte, genauer gesagt vereinfachte Aktivitätsdiagramme, bei denen
jeder Knoten statt einer Aktion eine Interaktion bzw. eine Interaktionsreferenz repräsentiert. Neben einfachen Transitionen sind beispielsweise Verzweigungen und parallele Abläufe erlaubt.

Wesentliche Elemente eines Interaktionsübersichtsdiagramms:

- *Interaktionen* – beschreibt ein komplettes Interaktionsdiagramm.

- *Interaktionsreferenz* – beschreibt eine Referenz auf ein Interaktionsdiagramm.

- *Start- und Endpunkt* – beschreiben den Einstiegs- und Ausstiegs-
punkt des Ablaufs.

- *Transition* – ist ein definierter Übergang zwischen den einzelnen Interaktionsdiagrammen und wird jeweils bei Ende einer Interaktion
ausgeführt.

- *Kontrollelement* – beschreibt ein Element zur Ablaufsteuerung der
Interaktionsübersicht (z. B. Entscheidungsknoten, Parallelisie-
rungs- und Synchronisationsknoten).

Abb. 6-15 zeigt ein Beispiel für ein Interaktionsübersichtsdiagramm,
das das Zusammenspiel zwischen drei Interaktionsdiagrammen für
den Bankautomaten beschreibt. Zuerst wird die Sequenz *Authent.* ausgeführt, danach findet eine Entscheidung statt, die hier nicht weiter
beschrieben ist. Als Ergebnis der Prüfung innerhalb der Entscheidungs-
aktivität wird entweder die Sequenz *Geld abheben* oder *Kontostand
abfragen* ausgeführt. Damit werden ansonsten unabhängige Sequenzen
in einen Zusammenhang gebracht, der den Beteiligten das Gesamtverständnis des Systems erleichtert.

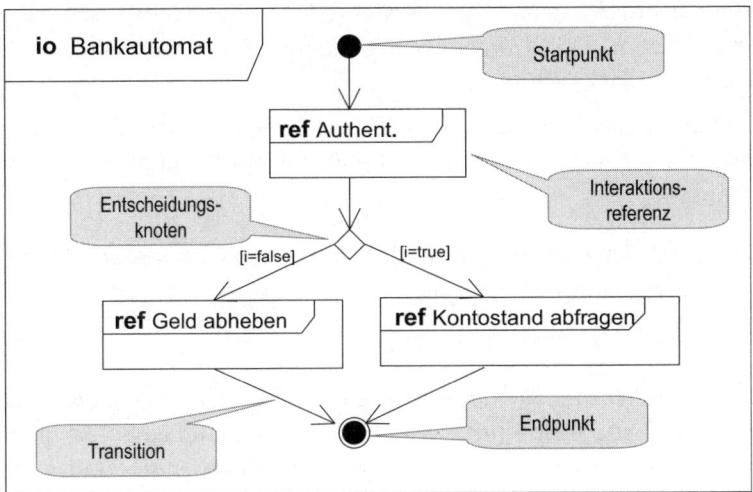

Abb. 6-15 Interaktionsübersichtsdiagramm

Zustandsdiagramme

Zustandsdiagramme bieten die Möglichkeit, eine vollständige Beschreibung des Verhaltens eines einzelnen Bausteins darzustellen. Eine solche Darstellung bietet sich immer dann an, wenn für einen Baustein, z. B. die Tempomatsteuerung eines Autos, einzelne Zustände bestimmt werden können. Ein Zustandsdiagramm für diesen Baustein beschreibt dann die Zustände, alle möglichen Übergänge zwischen diesen Zuständen und die Aktionen bei der Ausführung von Übergängen. Übergänge werden stets durch externe Ereignisse ausgelöst. Ein Zustandsdiagramm beschreibt also ein vollständiges Ablaufsystem für einen Baustein, das lediglich von Ereignissen beeinflusst wird. Diese Darstellung ist somit gut geeignet, um das Verhalten von ereignisgesteuerten Systemen zu dokumentieren, wie sie häufig im technischen Umfeld auftreten. Hinzu kommt, dass sich Zustandsautomaten sehr gut für eine automatische Codegenerierung eignen.

Wesentliche Elemente eines Zustandsdiagramms:

- *Zustand* – kann sowohl einfach (ohne Unterzustände) als auch hierarchisch (mit Unterzuständen) sein und beschreibt einen bestimmten Status des Systems.

- *Transition* – beschreibt einen Zustandsübergang, der beim Eintreten eines externen Ereignisses eventuell unter Beachtung einer zusätzlichen Bedingung ausgeführt wird. Einer Transition kann zusätzlich eine Aktion zugeordnet werden, die beim Zustandsübergang ausgeführt wird. Beispielsweise könnte eine Ampelsteuerung beim Übergang vom Zustand *Grün* auf *Gelb* einen Timer initialisieren. Das *Timeout*-Signal könnte dann den nächsten Zustandswechsel auslösen.

■ *Initialzustand* – ist kein echter Zustand, sondern verweist lediglich auf den Zustand, den der Automat nach der Initialisierung einnimmt.

Die UML 2 unterscheidet zwei Arten von Zustandsdiagrammen:

● Protokollzustandsdiagramme

● Verhaltenszustandsdiagramme

Protokoll-
zustandsautomaten
Ein *Protokollzustandsdiagramm* ergänzt die Schnittstellenbeschreibung eines Ports (siehe Komponentendiagramme) um eine Verhaltensbeschreibung der zulässigen Sequenzen von eingehenden und ausgehenden Nachrichten. Ports können, wie bereits kennen gelernt, durch *benötigte* und *bereitgestellte* Schnittstellen beschrieben werden. Welche der dort definierten Operationen zu welchem Zeitpunkt zulässig ist, kann durch ein Protokollzustandsdiagramm spezifiziert werden. Wenn eine Folge nicht erlaubt ist, dann wird der unzulässige Aufruf gar nicht erst an das Innere des Bausteines weitergeleitet. Ein Fehlerhandling kann dann beispielsweise direkt durch den Port initiiert werden. Protokollzustandsautomaten ergänzen also die Schnittstellenbeschreibung eines Ports um die dynamischen Aspekte.

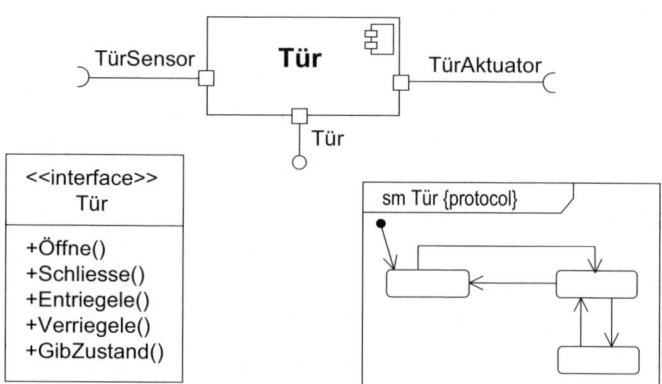

Abb. 6-16 Schnittstellendefinition des Ports Tür

Am Beispiel einer Türsteuerung soll die Aufgabe von Protokollzustandsdiagrammen verdeutlicht werden:

Eine Komponente Tür soll die Überwachung und Steuerung der Tür übernehmen. Dazu wird eine entsprechende Schnittstelle definiert.

Diese Schnittstelle wird einem Port zugeordnet, der zusätzlich einen
Zustandsautomaten erhält.

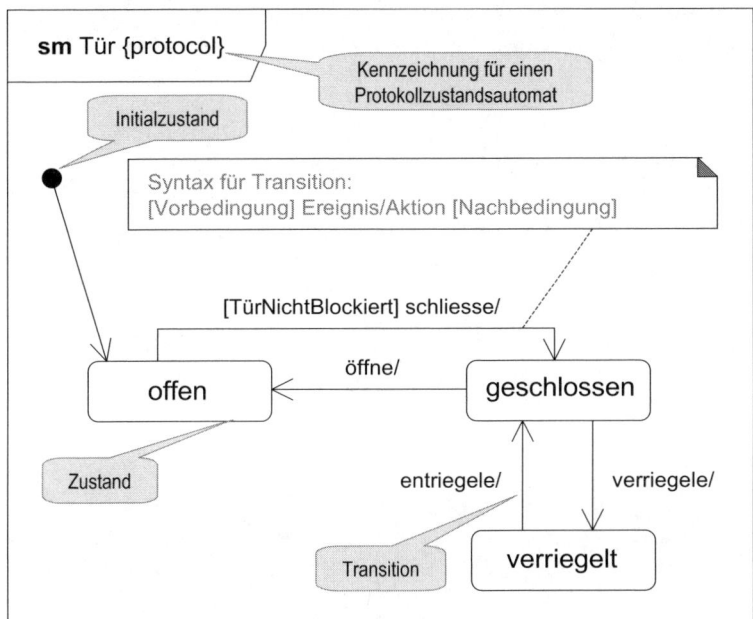

Abb. 6-17   Protokollzustandsautomat eines Ports Tür

Die Beschreibungselemente von Protokollzustandsautomaten sind auf
einfache Zustände, Transitionen und den Initialzustand eingeschränkt.
Abb. 6-17 zeigt das Protokollzustandsdiagramm für den Port Tür der
Komponente Türsteuerung aus Abb. 6-16. Protokollzustandsdiagramme ergänzen die Verhaltensbeschreibung für eine Schnittstelle
durch die Festlegung der zulässigen Aufrufe an einem Port, also dem
dynamischen Verhalten der Schnittstelle.

Verhaltenszustandsdiagramme beschreiben dagegen die eigentliche   *Verhaltenszustands-*
innere Ablauflogik des Bausteines. Die Beschreibungsmöglichkeiten   *diagramme*
für diese Form der Zustandsdiagramme sind wesentlich mächtiger.
Verhaltenszustandsdiagramme der UML 2 entsprechen den bisher bekannten Zustandsdiagrammen der UML 1.x. Alle Beschreibungselemente von Protokollzustandsautomaten sind auch hier verfügbar. Darüber hinaus können zusätzlich hierarchische und parallele Automaten
modelliert werden. Neu sind dedizierte Eingangs- (engl. *entry point*)
und Ausgangspunkte (engl. *exit point*) für Zustände in der UML 2. Damit wird eine *Kapselung hierarchischer Zustände* ähnlich wie bei Kom-

ponenten durch Ports auf struktureller Ebene auch auf der Verhaltensebene erreicht.

Für den Architekten sind Verhaltenszustandsdiagramme speziell bei ereignisorientierten Systemen eine gute Möglichkeit, das Kernverhalten des Gesamtsystems oder einzelner Bausteine zu spezifizieren.

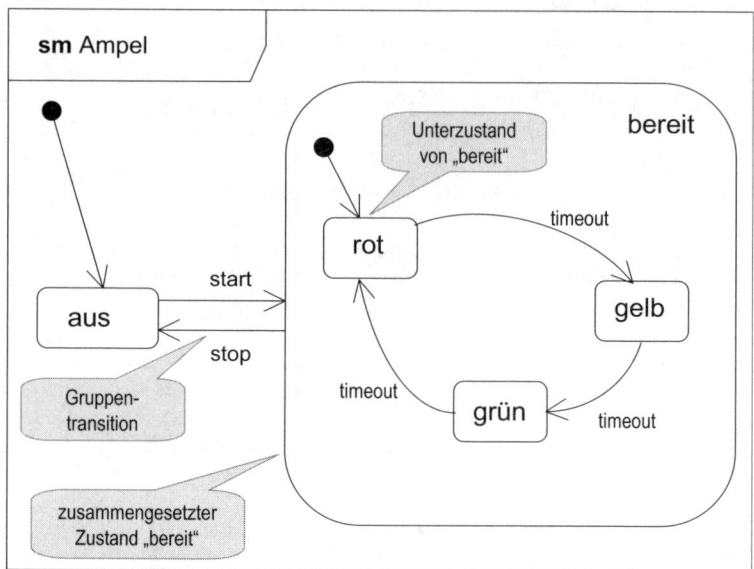

Abb. 6-18 Verhaltenszustandsautomaten

Abb. 6-18 zeigt ein Zustandsdiagramm für eine Ampelsteuerung. Das Diagramm beschreibt vereinfacht das prinzipielle Verhalten einer Ampel. Die Steuerung erfolgt über zwei wesentliche Zustände: dem einfachen Zustand *aus* und dem hierarchischen Zustand *bereit*. Der Zustand *bereit* setzt sich wiederum aus mehreren Unterzuständen zusammen. In unserem Beispiel sind es die drei Farbzustände einer Ampel. Der Übergang von Zustand *aus* nach Zustand *bereit* führt immer in den Unterzustand *rot*. Ein Auslösen des Ereignisses *stop* im Zustand *bereit*, unabhängig vom konkreten Unterzustand, führt immer zu einem Übergang in den Zustand *aus*. Daher spricht man hier auch von einer Gruppentransition, da sie für alle Subzustände des hierarchischen Zustands gilt.

Verhaltenszustandsdiagramme haben noch eine Vielzahl weiterer definierter Elemente, die wir hier nicht ausführlich vorstellen. Dazu zählen Endzustände, parallele Zustände, Synchronisationspunkte oder

History-Zustände. Insgesamt sind UML-Zustandsautomaten somit ein mächtiges Werkzeug für die Definition von Verhalten.

6.5.5 Darstellungsmöglichkeiten für die Abbildungssicht

Die Abbildungssicht beschreibt, wie bereits in Kapitel 6.4.4 erläutert, die Zuordnung von Bausteinen zu ihren Ausführungsumgebungen und ihren Realisierungen. Diese Aspekte werden in der UML 2 durch die Verteilungsdiagramme unterstützt, deren Beschreibungselemente eng mit der Struktursicht aus Abschnitt 6.4.2 verknüpft sind. Die UML 2 bietet neben den Verteilungsdiagrammen zusätzlich weitere alternative Darstellungsmöglichkeiten für diese Aspekte, auf die wir aber hier nicht eingehen werden.

Geeignete UML-2-Diagrammarten für die Abbildungssicht:
- Verteilungsdiagramme

Verteilungsdiagramme

Verteilungsdiagramme ermöglichen die Beschreibung eines über Kommunikationskanäle verbundenen Systems aus verteilt angeordneten Bausteinen. Dabei wird zwischen Knoten (engl. nodes) und Verbindungen unterschieden. Verteilungsknoten stehen dabei einerseits für Ausführungseinheiten wie z. B. Prozessoren und andererseits für Geräte (engl. devices) wie z. B. Sensoren oder Aktuatoren. Verteilungsdiagramme werden zur Beschreibung der zugrunde liegenden Infrastruktur für Softwaresysteme verwendet. Eine Webapplikation mit einer typischen 3-Schichten-Architektur mit Präsentations-, Applikations- und Datenbankschicht könnte beispielsweise auf drei Rechner verteilt werden. Jeder Rechner stellt dann einen Verteilungsknoten dar. Die Kommunikation erfolgt über TCP/IP, und für jede Schicht existiert eine Softwarekomponente, die diese Schicht realisiert. Diese Komponenten können dann zusätzlich innerhalb der Knoten dargestellt werden, um den Zusammenhang zwischen Infrastruktur und Software zu verdeutlichen. Darüber hinaus spezifizieren so genannte Artefakte die physikalischen Realisierungen der Komponenten, wie z. B. DLLs oder Quellfiles. Die UML 2 bietet hier verschiedene alternative Darstellungsmöglichkeiten, die je nach Bedarf eingesetzt werden können.

Beschreibung der Infrastruktur

Wesentliche Elemente eines Verteilungsdiagramms:

- *Knoten* – ist eine physikalische Verteilungseinheit, wie beispielsweise ein Rechner oder ein Sensor, die mit anderen Einheiten über Kommunikationsbeziehungen verbunden ist.

- *Kommunikationsbeziehung* – beschreibt einen Kommunikations-kanal zwischen zwei Knoten, beispielsweise eine serielle Leitung, einen CAN-Bus oder TCP/IP.

- *Verteilungsbeziehung* – beschreibt eine Zuordnungsbeziehung zwischen einem Knoten und einem auf diesem Knoten ablaufenden Artefakt. Ein Artefakt wiederum stellt die physikalische Realisierung eines Bausteins dar, wie beispielsweise eine DLL für eine Komponente.

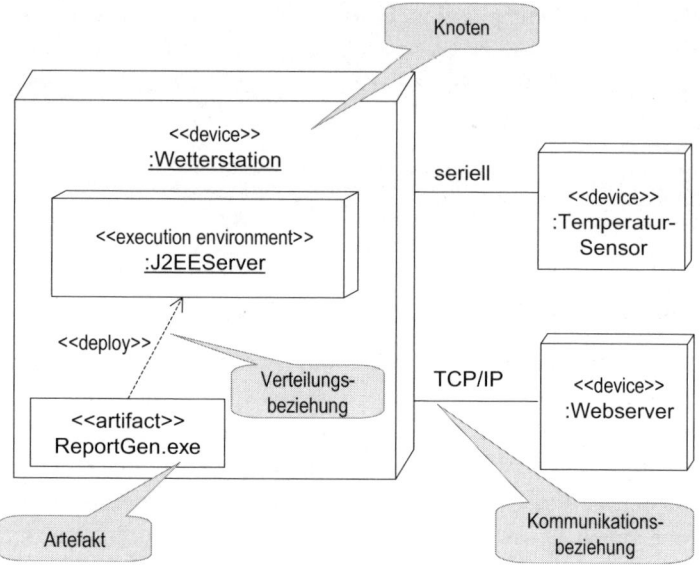

Abb. 6-19 Verteilungsdiagramm

Abb. 6-19 beschreibt mit den Verteilungsknoten *Wetterstation*, *Temperatursensor* und *Webserver* grob die Infrastruktur des Systems. Es gibt eine serielle Kommunikationsbeziehung zwischen *Wetterstation* und *Temperatursensor* sowie eine auf TCP/IP basierende zwischen *Wetterstation* und *Webserver*. Darüber hinaus zeigt die Darstellung, dass das Artefakt ReportGen.exe auf dem Knoten J2EEServer ausge-führt wird. Verteilungsknoten werden grundsätzlich in zwei Kategorien eingeteilt:

- Geräte (engl. devices), z. B. Sensoren oder Aktuatoren

- Ausführungseinheit (engl. execution environment), z. B. Server oder Prozessoren

Verteilungsknoten können, wie in Abb. 6-19 abgebildet, hierarchisch aufgebaut sein. Typischerweise besteht ein Gerät wieder aus Ausfüh-

rungseinheiten, auf denen dann die Softwarekomponenten in Form
von Artefakten ablaufen. Neben den beschriebenen Darstellungen zu
Knoten und Artefakten ist es auch möglich, Realisierungsbeziehungen
zwischen Komponenten und Artefakten zu beschreiben. Abb. 6-20
zeigt eine solche durch den Stereotyp *<<manifest>>* gekennzeichnete
Beziehung, bei der die Komponente *Wetterstation* durch die beiden Artefakte *Report.jar* und *Logger.jar* realisiert wird.

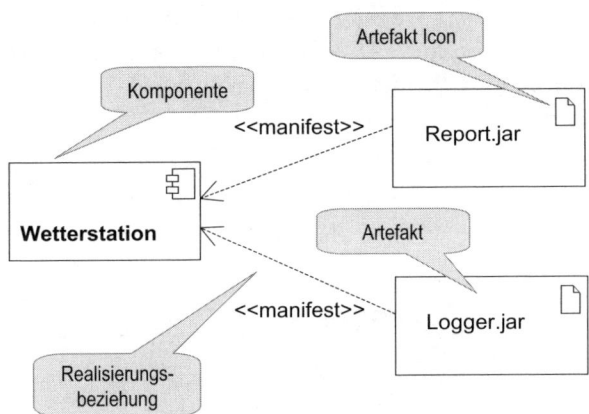

Abb. 6-20 Realisierungsbeziehungen der Komponente »Wetterstation«

6.5.6 Beschreibungsmöglichkeiten für weitere Architekturaspekte

Im Folgenden werden weitere Beschreibungsmittel der UML zur Darstellung von Architekturaspekten vorgestellt, die den Architekten bei
seiner Arbeit unterstützen.

Kooperationen

Kooperationen (engl. collaboration) dienen als Beschreibungsmittel
für Aspekte der Zusammenarbeit verschiedener Bausteine. Der eng-
lische Begriff Collaboration wird von deutschsprachigen Autoren unterschiedlich übersetzt. Wir haben uns für *Kooperation* und nicht für
Kollaboration entschieden, da diese Übersetzung dem Sinn des Be-
schreibungsmittels entspricht. Im Folgenden ein kurzer Auszug aus
dem Duden Fremdwörterbuch [Duden01]:

Kol|la|bo|ra|ti|on *die; -, -en*: aktive Unterstützung einer feindlichen Be-
satzungsmacht gegen die eigenen Landsleute

Ko|o|pe|ra|ti|on *die; -, -en <lat.>*: Zusammenarbeit verschiedener Part-
ner

Die Interaktion mehrerer Bausteine zur Erfüllung einer Aufgabe stellt ein typisches Szenario für eine Architektur dar. Kooperationen beschreiben die Struktur und das Verhalten einer Menge von kooperierenden Bausteinen. Die Darstellungselemente *Rolle A* und *Rolle B* in der Kooperation in Abb. 6-21 sind Rollen, die von einer konkreten Instanz eines Bausteins eingenommen werden können. Für das Beispiel einer Vermietung einer Wohnung könnte *Rolle A* der Vermieter und *Rolle B* der Mieter sein. Die Kooperation würde dann wahrscheinlich den Namen *Vermietung* tragen und das Verhältnis zwischen zwei solchen Personen beschreiben. Die Darstellung der Kooperation könnte dann noch durch typische dynamische Abläufe, wie z. B. Miete zahlen, ergänzt werden.

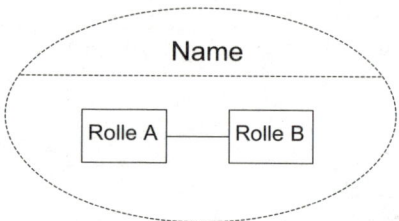

Abb. 6-21   Kooperation mit zwei beteiligten Rollen

Kooperationen werden, wie in Abb. 6-21 dargestellt, durch eine gestrichelte Ellipse mit dem Namen der Kooperation im oberen Abschnitt und den beteiligten Rollen im unteren Abschnitt dargestellt. Eine Rolle steht dabei für eine Verantwortlichkeit, wie z. B. die Fähigkeit, andere Bausteine zu registrieren, um sie später über Veränderungen zu informieren. Im laufenden System nimmt ein konkreter Baustein dann diese Rolle in der Kooperation ein. Eine Ausprägung für ein solches Szenario wäre der bekannte Mechanismus der Newsletter. Internetbenutzer registrieren sich für ein bestimmtes Thema und bekommen dann bei Neuigkeiten eine E-Mail gesendet. Ein konkreter Benutzer und der E-Mail-Service wären in diesem Beispiel die Ausprägungen der Rollen *Kunde* und *Informationslieferant* der Kooperation. Eine allgemeine Form dieser Kooperation ist in der Literatur auch unter dem Namen *Observer* bzw. *Listener* bekannt.

Die Möglichkeit, grundlegende Muster der Architektur in der Dokumentation hervorzuheben, erleichtert die Lesbarkeit der Beschreibungen wesentlich.

Abb. 6-22 zeigt den Einsatz einer Kooperation für die Darstellung des Model-View-Controller-Architekturmusters (MVC). Das MVC-

Muster ist ein etabliertes Konzept für grafische Benutzeroberflächen (siehe auch Kapitel 5, »Entwurf«).

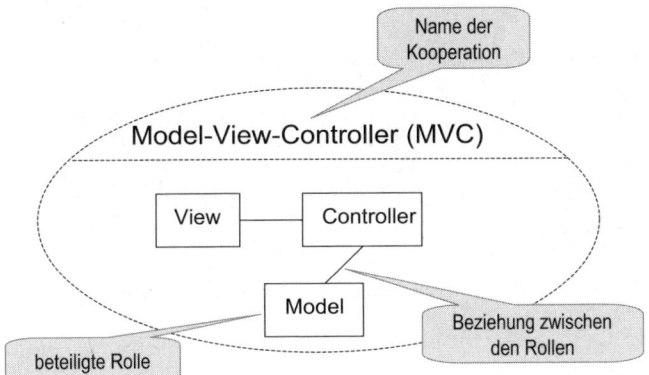

Abb. 6-22 Beispiel einer Kooperation

Schichtenbildung

Ein wichtiges Architekturkonzept, um Komplexität zu bewältigen und Flexibilität zu erreichen, ist die Schichtenbildung (engl. layering). Das Konzept wird in Kapitel 8, »Toolbox«, näher vorgestellt. Die UML 2 bietet zwei unterschiedliche Notationsmittel, um Schichten zu dokumentieren:

- Komponenten
- Pakete

Paketdiagramme wurden in den bisherigen Betrachtungen nicht erwähnt, da sie im Wesentlichen als logisches Strukturierungsmittel eingesetzt werden. Sie erlauben es, Notationselemente zu gruppieren und somit die Übersichtlichkeit zu erhöhen. Abb. 6-23 zeigt eine Drei-Schichten-Architektur mit Hilfe von Paketen. Die Präsentationsschicht besteht dabei aus zwei Bausteinen, der *Listbox* und dem *Label*. Diese Bausteine benutzen wiederum die Bausteine *Liste* und *String* der darunter liegenden Applikationsschicht. Die Paketdarstellung bietet dabei keinerlei Schnittstellenbeschreibung. Das Entwurfsmuster *Fassade* aus [Gamma94] kann hier als Ersatz für ein Schnittstellenelement verwendet werden.

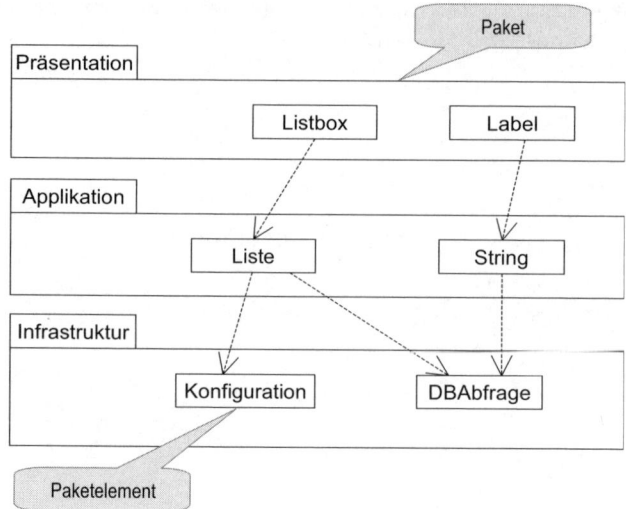

Abb. 6-23   Schichtenbildung mit Hilfe einer Paketdarstellung

Abb. 6-24 zeigt die gleiche Architektur mit Hilfe von Komponenten. Dabei wird jede Schicht als Komponente interpretiert, die klare Schnittstellen zu ihren benachbarten Schichten aufweist. Bis zur UML 2 waren Pakete das einzige Strukturierungsmittel, um Modelle hierarchisch aufzubauen. Mit der UML 2 können auch Komponenten und Klassen hierarchisch beschrieben werden. Aufgrund der besseren Schnittstellenbeschreibungen ist die hierarchische Darstellung mit Hilfe von Komponenten gerade für die Dokumentation von Architekturen eine echte Bereicherung des UML-Sprachumfangs.

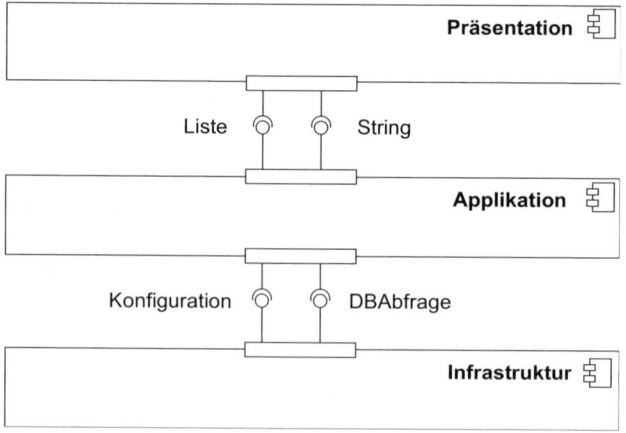

Abb. 6-24   Schichtenbildung mit Hilfe einer Komponentendarstellung

Zuordnung von Arbeitspaketen und Verwaltungseinheiten

Komponenten bzw. Pakete können neben ihrer Beschreibung der technischen Aspekte der Architektur auch für organisatorische Aspekte herangezogen werden. So eignen sich komplexe Komponenten mit definierten Schnittstellen oder Pakete mit einer abgegrenzten Fassade sehr gut, um sie als Arbeitspakete an einzelne Teammitglieder oder Teams zu verteilen. Diese Teammitglieder können dann unabhängig von anderen Komponenten bzw. Paketen ihre Aufgabe realisieren. Sie müssen lediglich den Vertrag erfüllen, der durch die Schnittstelle bzw. Fassade festgelegt wird. Darüber hinaus kann die Struktur des Konfigurationsmanagements aus der Paketstruktur abgeleitet werden.

6.6   Zusammenfassung

Architekturbeschreibungen dienen zwei grundlegenden Zielen, der erfolgreichen Umsetzung eines Projektes und dem Erhalt des in diesem Projekt gewonnenen Wissens. Für beide Ziele gilt, dass die Beschreibung die wichtigsten Aspekte festhalten muss, nicht mehr und nicht weniger. Dieses ausreichende Mindestmaß an Information festzulegen ist nicht einfach und bedarf – wie die Erstellung der Architektur selbst – viel Erfahrung. Die wichtigsten Aspekte zur Architekturbeschreibung zu vermitteln war Ziel dieses Kapitels.

Nach dem Studium des Kapitels sollten Sie die Grundregeln für eine gute Dokumentation kennen, einen Überblick über das Thema Sichten einer Architektur haben, die UML 2 als konkrete Notation einordnen können und wissen, wie eine Dokumentation aufgebaut werden kann.

7 Bewertung

> »It's much better to discover a missing bedroom
> while the architecture is just a blueprint, rather than on moving day.«
> Paul Clements [Clements02a]

Wie stelle ich sicher, dass ich die richtige Architektur entworfen habe?
Wie minimiere ich das Risiko, dass ich auf die falsche Lösung setze, bevor ich in die Umsetzung der Architektur übergehe?

Bis hierher haben wir bestimmt, wodurch der Entwurf einer Architektur getrieben wird, haben besprochen, was beim Entwurf der Architektur beachtet werden muss, und gezeigt, wie eine Softwarearchitektur in Form von Sichten dokumentiert wird. Ein wichtiger Schritt, der
uns noch fehlt, ist es, die entworfene Architektur zu bewerten. Wir
müssen sicherstellen, dass wir auf die richtige Architektur setzen, bevor
es an die Umsetzung durch Feindesign und Implementierung geht. Auf
das falsche Pferd zu setzen wird für das Projekt große Probleme mit
sich bringen.

Der erste Abschnitt des Kapitels gibt eine Einführung in das Thema
Bewertung von Softwarearchitekturen. Es wird beantwortet, worum es
geht, wieso Architektur bewertet werden muss, wie man dabei im Allgemeinen vorgeht, wann man dies tut und welche allgemeinen Ergebnisse erzielt werden. Im zweiten Abschnitt werden verschiedene Methoden zur Architekturbewertung vorgestellt. Danach wird auf
szenariobasierte Methoden genauer eingegangen. Abschließend setzen
wird uns mit den Kosten und dem Nutzen von Architekturbewertung
auseinander.

7.1 Grundlagen der Architekturbewertung

Architekturentwurf umfasst fundamentale Entscheidungen für ein Projekt. Aufbauend auf der Softwarearchitektur werden Organisationsstrukturen festgelegt und hohe Investitionen in die Entwicklung getätigt. Eine spätere grundlegende Änderung der Projektstrukturen kann
das Projekt ins Chaos stürzen. Die Umsetzung einer nicht tragfähigen
Architektur wird sehr teuer werden. Gerade weil Architekturentscheidungen von so großer Bedeutung sind, bedarf es einer genauen Über-

Warum bewerten?

prüfung. Wurden wirklich die richtigen Entscheidungen getroffen? Die Architektur ermöglicht oder verhindert einzelne Einflussfaktoren. Aufgabe der *Architekturbewertung* ist es, festzustellen, ob die gewählte Architektur geeignet ist, die kritischen Einflussfaktoren zu erfüllen. Dadurch soll vermieden werden, dass ein System gebaut wird, das schon auf Basis der Architektur die Anforderungen nicht erfüllen kann und dadurch die Kosten für die Entwicklung unkontrolliert in die Höhe treibt. Früh erkannte Probleme sind einfacher und billiger zu korrigieren – und die Architektur ist das früheste Artefakt, in dem weitreichende Probleme erkannt werden können. Die Kosten für die Überarbeitung eines implementierten Systems sind um mehrere Größenordnungen höher als die Bewertung und Korrektur auf Architekturebene. Leider sieht die Praxis in den meisten Projekten heutzutage genau entgegengesetzt aus. Ein typisches Beispiel ist das frühe Berücksichtigen des Qualitätsmerkmals Laufzeit. Häufig wird eine Architektur aufgesetzt und diese implementiert, in der Hoffnung, dass die Laufzeitanforderungen erfüllt werden. Meistens endet dies in aufwändigen, flickenteppichartigen Optimierungsarbeiten am Ende eines Projektes. Traditionell wird somit erst implementiert, und danach werden die Qualitätsmerkmale gemessen. Qualität muss aber von Beginn an eingebaut werden und nicht erst zum Schluss!

Wie bewerten?   Aus diesen Gründen ist es notwendig, dass wir eine effektive Bewertungsmethode besitzen. Nachdem Architekturentscheidungen Qualitätsmerkmale festlegen, muss es anders herum auch möglich sein, Architekturentscheidungen in Bezug auf ihren Einfluss auf Qualitätsmerkmale und andere Einflussfaktoren zu bewerten. Ziel einer Bewertung ist es, dass wir Hinweise über Problembereiche in der Architektur erhalten. Die Kernfrage dabei ist, wie man Systemeigenschaften basierend auf einer abstrakten Architekturspezifikation misst, wenn die Implementierung noch nicht vorliegt. Es liegt auf der Hand, dass es nicht möglich sein wird, die Eigenschaften eines Endsystems zu messen, das uns noch nicht vorliegt. Ziel ist es vielmehr, das Potenzial einer Softwarearchitektur zu bestimmen, mit dem sie die geforderten Merkmale erfüllen kann. So wird es z. B. anhand einer Architektur nicht möglich sein, die Aussage zu treffen, dass das Darstellen des Ergebnisses durch das System, nach der Eingabe durch den Benutzer, eine Sekunde benötigen wird. Wir können jedoch die Aussage treffen, dass aufgrund der gewählten Kommunikationsstrukturen die Architektur das Potenzial hat, sehr schnell auf Benutzereingaben zu reagieren. Wir nehmen also explizit die bei der Spezifikation der Einflussfaktoren gefundenen Risiken und bewerten diese auf Basis der vorliegenden Softwarearchitektur. Im Idealfall erfüllt die Architektur die Anforderungen, da der Architekt bereits beim Entwurf die Risiken berücksichtigt hat. Durch die Bewertung wird dies sichergestellt.

7.1.1 Allgemeines Vorgehen und Ergebnis

[Bosch00] schlägt vor, einen iterativen Prozess zwischen Entwurf, Bewertung, Überarbeitung des Entwurfs, Bewertung usw. zu durchlaufen, bis wir die optimale Architektur gefunden haben. Eine Bewertung der Architektur kann jedoch mit einigem Aufwand verbunden sein, so dass hier Zugeständnisse gemacht werden müssen. Zum einen wird die Architektur nicht gegen alle Einflussfaktoren bewertet werden können. Es ist wichtig, sich nur auf die wesentlichen Risken zu konzentrieren. Zum anderen werden unterschiedliche Ausprägungen von Bewertungen herangezogen, die sich in ihrem Umfang und Aufwand unterscheiden. Auf diese Arten der Bewertung gehen wir anschließend noch genauer ein. Im Allgemeinen gehen Sie bei der Bewertung einer Architektur wie folgt vor:

Vorgehen

- Bewertungskriterien festlegen
- Messbarkeit der Kriterien sicherstellen
- Bewertungsarten und Methoden festlegen
- Durchführen der Bewertung
- Zusammensetzen der Ergebnisse und Maßnahmen ergreifen

Der erste Schritt besteht darin, sich zu überlegen, nach welchen Kriterien die Architektur zu bewerten ist. Hierfür werden die wesentlichen gefundenen Risiken aus der Spezifikation der Einflussfaktoren herangezogen. Konzentrieren Sie sich auf die wichtigsten! Ansonsten wird die Bewertung der Architektur zu aufwändig und kostspielig. Stellen Sie nun sicher, dass die mit den Risiken verbundenen Einflussfaktoren sauber und messbar definiert sind. Das heißt, dass jeder dieser Einflussfaktoren mit einem entsprechend aussagekräftigen Profil und den dazugehörigen Szenarien in seinem Kontext beschrieben ist (siehe Kapitel 4, »Einflussfaktoren«). Als Nächstes legen Sie für die ausgewählten Risiken die Art der Bewertung und die verwendete Methode fest. Je nach Risiko können Sie zwischen unterschiedlichen sowie mehreren Methoden und Arten wählen. Planen Sie die gewählten Bewertungen der Softwarearchitektur auf jeden Fall als Arbeitspakete im Projektplan ein. Auf die Arten und Methoden wird im folgenden Abschnitt noch genauer eingegangen.

Im Laufe des Architekturentwurfs führen Sie nun die jeweils geplanten Bewertungen durch. Auf Basis der Ergebnisse müssen Sie even-

Ergebnis

tuell Teile der Architektur überarbeiten. Sollten sich Konflikte ergeben, die sich nicht ohne weiteres auflösen lassen, müssen einzelne Einflussfaktoren mit den Stakeholdern nochmals verhandelt werden. Die durchgeführten Bewertungen liefern Hinweise darauf, wo sich in der Architektur Problembereiche befinden. Zudem wird ein Nachweis erbracht, dass der gewählte Weg von den Anforderungen zur Architektur schlüssig und vernünftig ist. So kann ein Prototyp den Nachweis erbringen, dass das System die geforderten Laufzeiten einhält. Die exakten Ergebnisse hängen von der jeweiligen Bewertungsmethode ab. Die zentrale Frage, die jedoch immer beantwortet werden muss, ist die, ob die vorliegende Softwarearchitektur geeignet für das System ist. Dies entscheidet sich dadurch, ob die Einflussfaktoren berücksichtigt wurden, das resultierende System seine Qualitätsmerkmale erfüllen und die Architektur implementiert werden kann. Bewertung bedeutet meist, Werte auf einer mengenmäßigen Skala zu messen. Derzeit sind quantitative Methoden auf Architekturebene jedoch selten. Bewertung ist heute mehr ein Prozess, um Schlussfolgerungen über eine Softwarearchitektur zu ziehen. Das Ergebnis ist somit selten ein Skalar, wie 1,5, sondern meist ein nachdenklicheres. Es wird aufgezeigt, wo sich noch Risiken in der Architektur befinden. Wir bekommen Hinweise, um zu erkennen, wo Qualitätsmerkmale durch die Architektur beeinflusst werden. Mit diesen Erkenntnissen können Entscheidungen nochmals vorsichtiger überdacht und einzelne Aspekte noch präziser entworfen werden.

7.1.2 Arten von Bewertungen und Zeitpunkt

Wie bereits angesprochen, gibt es unterschiedliche Arten von Architekturbewertungen. Diese unterscheiden sich insbesondere in deren Umfang und Zeitpunkt der Anwendung. Wir unterscheiden folgende Ansätze:

- Umfangreiches, szenariobasiertes Assessment
- Discovery Review
- Gezielte Überprüfungen
- Ad-hoc-Bewertungen

Umfangreiches szenariobasiertes Assessment

Die Art von Bewertung, die auf jeden Fall eingeplant werden soll, ist das *umfangreiche Assessment*. Typischerweise handelt es sich dabei um eine *szenariobasierte Bewertung* wie SAAM oder ATAM. Wir werden auf die unterschiedlichen Methoden zur Bewertung in einem späteren Abschnitt dieses Kapitels noch genauer eingehen. An diesem Assessment nehmen neben dem Projektmanager das Architekturteam, alle wichtigen Stakeholder und ein projektexternes Bewertungsteam teil. Alleine an der Anzahl der Teilnehmer wird schon ersichtlich, dass es sich dabei um ein umfangreicheres Unterfangen handelt. Die Softwarearchitektur muss für die Bewertung noch nicht vollständig sein. Zugleich darf sie aber, für diese aufwändige Art von Assessment, nicht zu bruchstückhaft sein. Versuchen Sie also, die Bewertung so früh wie möglich durchzuführen, so dass getroffene Entscheidungen ohne allzu großen Aufwand rückgängig gemacht werden können, zugleich aber spät genug, so dass die wesentlichen Entscheidungen bereits getroffen wurden, um die Berücksichtigung der Einflussfaktoren in der Softwarearchitektur bewerten zu können. Das Assessment befindet sich somit etwa am Beginn des letzten Drittels der Architekturentwurfsphase; auf jeden Fall jedoch, bevor Entwicklungsteams beginnen, Entscheidungen zu treffen, die auf die Architektur aufbauen. Rechnen Sie genügend Zeit ein, um die Ergebnisse des Assessments im Rahmen der Architekturentwurfsphase noch einzuarbeiten.

Eine Bewertungsvariante, die sehr früh im Prozess angewandt wird, ist das so genannte *Discovery Review*. Dabei handelt es sich um eine weniger aufwändige, leichtgewichtige Minibewertung. Diese wird ergänzend zum umfangreichen Assessment eingesetzt. Auch hier wird ein szenariobasierter Ansatz gewählt, dieser jedoch deutlich leichtgewichtiger durchgeführt. Zum einen wird ein geringerer Personenkreis hinzugezogen und, wenn gewünscht, auf ein externes Bewertungsteam verzichtet. Zum anderen besitzt die Softwarearchitektur zu diesem Zeitpunkt noch einen deutlich geringeren Umfang. Durchgeführt wird diese Art der Bewertung, wenn die wesentlichen, elementaren Entwurfsentscheidungen, wie die Auswahl von Architekturstilen und Mustern, für die Architektur getroffen wurden, diese aber noch nicht so sehr verankert sind. Typischerweise ist dies spätestens am Ende des ersten Drittels der Architekturentwurfsphase. Ziel ist es herauszufinden, ob die getroffenen Grundlagenentscheidungen tragfähig sind. Damit wird sichergestellt, dass nicht zu einem großen Teil in der Architekturentwurfsphase die falsche Richtung eingeschlagen wird.

Discovery Review

Eine weitere Variante der Architekturbewertung ist das *gezielte Überprüfen* bzw. Absichern einzelner, definierter Risiken. Typischerweise werden hierfür Prototypen, mathematische Modelle oder Simulationen eingesetzt. Auch diese Herangehensweisen werden bereits zu Beginn im Projektplan vorgesehen, nämlich genau dann, wenn man im Rahmen der Spezifikation der Einflussfaktoren die Risiken identifiziert hat und sich entscheidet, für einzelne gezielte Maßnahmen durchzuführen. Muss ein webbasiertes System z. B. eine sehr hohe Anzahl von gleichzeitigen Zugriffen verkraften, ist es sinnvoll, die Architektur

Gezielte Überprüfungen

bzgl. dieser Eigenschaft sehr früh durch einen Prototypen oder durch Vergleiche mit ähnlichen Systemen zu überprüfen. Diese Art von Maßnahmen kann sehr aufwändig sein oder auch starken Einfluss auf Architektur oder Entwicklungsprozess haben. Ist ein Prototyp vorgesehen, kann dieser z. B. als evolutionärer Prototyp geplant werden, wodurch sich Rückkopplungen auf den Entwicklungsprozess ergeben. Der Einsatz von analytischen Methoden, wie z. B. Rate Monotonic Analysis, muss in der Architektur berücksichtigt werden. Der Aufbau einer Simulationsumgebung als Ersatz für die Hardware, die noch nicht vorliegt, ist mit zusätzlichen Entwicklungsaufwänden verbunden. Der Einsatz dieser Bewertungsmethoden findet gezielt im Laufe der Architekturentwurfsphase statt.

Ad-hoc-Bewertungen   Neben diesen geplanten Architekturbewertungen bleibt dem Softwarearchitekt jederzeit noch die Möglichkeit einer spontanen Risikobewertung, wenn er dies für notwendig erachtet. Ist der Architekt sich beispielsweise bei einer seiner Entscheidungen nicht sicher, ist es notwendig, dass er diese angemessen überprüft. Dabei können unterschiedlichste Methoden zum Einsatz kommen: eine schlanke, szenariobasierte Bewertung, kleinere Prototypen, mathematische Berechnungen oder einfach nur logisches Schlussfolgern. Die Maßnahmen kann er entweder alleine durchführen oder zusammen mit dem ganzen oder einem Teil des Architekturteams. Auf jeden Fall sollten auch die Ergebnisse dieser *Ad-hoc-Bewertungen* in einem kurzen Protokoll festgehalten werden.

7.1.3 Der Faktor Erfahrung

Vielleicht argumentieren Sie jetzt, dass Sie den ganzen Bewertungsaufwand nicht benötigen, da Ihre Architekturen auch so den Anforderungen gerecht werden. Richtig ist, dass es Organisationen gibt, die auch ohne Bewertungsmechanismen die Qualität der Softwarearchitektur sehr gut im Griff haben. Oftmals sind dies Unternehmen, die seit langem mit ihrer Softwareentwicklung in einer Domäne aktiv sind. Diese Unternehmen verfügen über Softwarearchitekten, die ein beachtliches Verständnis der Möglichkeiten und Probleme von Softwarearchitektur in ihrer Domäne besitzen. Alleine ihre Erfahrung hilft ihnen dabei, die Wahrscheinlichkeit der Notwendigkeit einer aufwändigen Überarbeitung des Architekturdesigns zu minimieren. Die Tatsache, keine Bewertungen durchzuführen, hat jedoch auch für diese Unternehmen Nachteile. Zum einen hängt die Fachkenntnis vollständig an den einzelnen Architekten. Verlassen diese das Unternehmen, geht auch das gesamte Wissen mit ihnen. Zum anderen sind die getroffenen Designentscheidungen implizit, lassen sich somit schwer kritisch bewerten und verhindern ein in der Breite angelegtes Lernen des Unternehmens. Durch den Vorgang der Bewertung wird zudem das Softwarearchitekturdesign in einem Unternehmen reifer. Zunehmend gelingt es dann, kausale Zusammenhänge zwischen Designentscheidungen und Qualitätseigenschaften in einem System leichter zu erkennen.

Es ist definitiv notwendig und an der Zeit, Bewertungsmethoden als Standard in den Softwareentwicklungsprozess mit aufzunehmen, da es eine kluge und, wie wir noch ausführen werden, relativ günstige Vorgehensweise zur Risikominimierung ist. Natürlich bleiben trotz jeder Bewertungsmethode erfahrene und kreative Softwarearchitekten sowie Entwickler essenzieller Bestandteil eines jeden erfolgreichen Projektes. Nicht zuletzt kann die Softwarearchitektur alleine die Funktionalität und Qualität des Systems nicht garantieren. Ein schwaches Feindesign, mangelhafte Implementierung, unzureichende Tests oder ein schlechtes Management können die Architektur leicht untergraben und jegliche Qualität verhindern.

Bewertungsmethoden als Standard

7.2   Bewertungsmethoden

Wie bereits angesprochen, gibt es unterschiedliche Methoden zur Bewertung von Softwarearchitekturen. Dabei können qualitative und quantitative Methoden unterschieden werden. *Qualitative Techniken* umfassen Fragetechniken, wie szenariobasierte Bewertung, Fragebögen und Checklisten, sowie auf Erfahrung basierende Argumentation. Diese Ansätze können zur Bewertung jeglicher Art von Faktoren verwendet werden. Sie führen ein Gedankenexperiment durch, um vorherzusagen, wie sich ein System verhalten wird. Zu den *quantitativen Herangehensweisen* zählen Simulation, Prototypen, Metriken und mathematische Modelle, wie z. B. die Rate Monotonic Analysis (RMA). Diese sind nicht allgemein anwendbar, da sie Aussagen über spezifische Fragen liefern. Sie adressieren spezielle Qualitätsmerkmale der Softwarearchitektur, wie z. B. Laufzeit. Sinnvoll ist es auch, die Methoden kombiniert einzusetzen. Eine bestimmte Messtechnik wird z. B. verwendet, um ein bei einer Fragetechnik aufgetauchtes Problem genauer zu untersuchen. Sowohl qualitative Fragetechniken wie quantitative Techniken sind für die Praxis geeignet. Kostengünstiger sind häufig qualitative Ansätze. In den meisten Projekten ist der momentane Stand der Praxis jedoch ausschließlich eine subjektive, qualitative Bewertung, im besten Fall im Sinne einer auf Erfahrung basierenden Argumentation. Ziel sollte es aber auf jeden Fall zumindest sein, szenariobasierte Methoden einzusetzen.

Qualitative und quantitative Methoden

7.2.1 Fragetechniken

Im Folgenden werden drei verschiedene *Fragetechniken* vorgestellt:

- Szenariobasierte Bewertung
- Fragebögen
- Checklisten

Die drei Ansätze unterscheiden sich in ihrem Anwendungsbereich. Gemeinsam haben sie, dass eine Diskussion über die Architektur hervorgerufen wird, die zu einem erhöhten Verständnis über die Eignung der Architektur in Bezug auf die Anforderungen an das Softwaresystem führt. Auf die szeanario-basierte Bewertung wird in einem anschließenden Unterkapitel noch ausführlicher eingegangen.

Szenariobasierend

Szenariobasierende Methoden sind zur Bewertung jeglicher Art von Faktoren geeignet, die mit einem Profil anhand von Szenarios, bezogen auf ihren Kontext, beschrieben werden können. Verwendung finden die im Rahmen der Spezifikation der Einflussfaktoren definierten Profile. Fehlen Profile zu einzelnen Faktoren, die in der Bewertung betrachtet werden sollen, müssen diese noch erarbeitet werden. Diese Art der Bewertung erlaubt es somit, auch komplexe Qualitätsmerkmale, die nicht auf Basis einer einfachen Skala gemessen werden können, zu bewerten. Im Rahmen der Bewertung wird geprüft, wie sich die Architektur bei Anwendung der einzelnen Szenarien verhält. Wird z. B. von dem System gefordert, dass es sehr leicht auf ein anderes Betriebssystem portierbar sein soll, so kann dieses Szenario konkret anhand der vorliegenden Architektur durchgespielt werden. Aufgrund dessen wird erkennbar, welche Teile der Software bei einer Portierung geändert werden müssten. Die Qualität der Ergebnisse der szenariobasierten Vorgehensweise hängt stark von der Qualität der gewählten Szenarien ab. Es ist deshalb wichtig, diese sorgfältig zu erarbeiten. Die erarbeiteten Szenarien sind spezifisch für das zu entwickelnde System und werden deshalb im Rahmen der Entwicklung erarbeitet. Für eine Systemfamilie kann ein allgemeiner Satz von Szenarien entwickelt werden, der dann für das jeweils konkrete System um weitere Szenarien ergänzt wird.

Fragebögen

Fragebögen werden nicht im Rahmen des Projektes entwickelt. Sie existieren bereits vor Beginn des Projektes. *Fragebögen* beinhalten eine Menge an allgemein und relativ offen formulierten Fragen, die auf alle Softwarearchitekturen Anwendung finden. Dadurch können auch formale Kriterien einer Architektur abgeprüft werden. Eine Frage könnte z. B. lauten, ob die Architektur anhand mehrerer Sichten dokumentiert wurde oder ob eine Verteilungssicht vorhanden ist. Fragebögen entstehen aus einer längeren Erfahrung heraus. Immer wieder auftauchende

Probleme bei der Bewertung von Softwarearchitekturen werden in Fragebögen übernommen. Da diese bereits von Projektbeginn an vorliegen, können die Probleme bereits frühzeitig adressiert werden.

Auch *Checklisten* existieren bereits vor Projektbeginn. Sie umfassen eine Menge von Fragen, die weitaus detaillierter sind. Checklisten entstehen auf der Basis von Erfahrung bei der Entwicklung von Systemen ein und derselben Art. Bei Systemen, die für den internationalen Markt entwickelt werden, könnte eine Frage in der Checkliste sein, ob die Architektur eine einfache Umstellung auf andere Sprachen erlaubt. Sie überprüfen somit viel spezifischere, typische Probleme aus dem Anwendungsbereich des Systems. Checklisten können aus Szenarios über mehrere Projekte hinweg entstehen.

Checklisten

7.2.2 Messtechniken

Messtechniken sind ausgereifter wie Fragetechniken, jedoch deshalb auch nicht so flexibel einsetzbar. Sie konzentrieren sich darauf, Aussagen über einzelne Qualitätsmerkmale zu liefern. Im Gegensatz zu Fragetechniken benötigen Sie ausführlichere Design- oder Implementierungsartefakte, um Ergebnisse liefern zu können. Im Bereich der Messtechniken stellen wir folgende drei Ansätze vor:

- Metriken
- Rate Monotonic Analysis (RMA)
- Simulation und Prototypen

Metriken sind eine zahlenmäßige Interpretation bestimmter Eigenschaften der Softwarearchitektur. Am besten erforscht sind Metriken, die Aussagen über die Komplexität der Software treffen. Metriken setzen immer bestimmte Annahmen voraus, um Aussagen machen zu können. Hierbei ist insbesondere auch zu überprüfen, inwiefern diese Annahmen für den konkreten Fall gültig sind. Typischerweise entstehen solche Metriken im Rahmen verschiedener Softwareforschungsgruppen.

Metriken

Rate Monotonic Analysis (RMA) ist ein konkretes mathematisches Modell. Es findet typischerweise Anwendung im Umfeld technischer Systeme. Durch die Anwendung von RMA kann sichergestellt werden, dass eine Menge von Prozessen, die auf einer CPU laufen, geplant werden kann, so dass kein Prozess jemals seine Ausführungszeiten verfehlt. RMA benötigt keine Implementierung, um angewendet werden zu können. Es handelt sich dabei um eine gut verstandene mathematische Technik, deren Anwendung unkompliziert ist. Eine Beschreibung, wie RMA angewandt wird, finden Sie in [Klein93].

RMA

Simulation und Prototypen

Das Erstellen eines *Prototypen* oder einer *Simulation* kann dabei helfen, einzelne Aspekte der Architektur zu klären. Es kann geprüft werden, ob bestimmte Entwurfsentscheidungen mit der eingesetzten Technologie umgesetzt werden können. Prototypen kommen insbesondere zur Überprüfung von Leistungsaspekten, wie Laufzeit oder Belastbarkeit bei hohen Zugriffzahlen, der Software zum Einsatz. Der Bau eines umfassenden Prototyps oder einer Simulation nur für Bewertungszwecke kann sehr aufwändig und teuer sein. Es ist deshalb besser, wenn diese Teil des normalen Entwicklungsprozesses sind.

7.2.3 Auf Erfahrung basierende Argumentation

Die bisher besprochenen Techniken sind Methoden im klassischen Sinn. Der Einsatz solcher Methoden in der Praxis ist oftmals noch nicht fester Bestandteil des Softwareprozesses. Vielmehr findet die Bewertung der Architektur auf Basis einer subjektiven Einschätzung statt. Der Architekt hat das Gefühl, dass die Architektur tragfähig ist. Grundlage dieser Einschätzung ist das Wissen und die Erfahrung des Architekten, externer Berater oder anderer Projektmitglieder. Auch wenn es Ziel sein sollte, die zuvor beschriebenen Methoden systematisch anzuwenden, ist die auf *Erfahrung basierende Bewertung* nicht zu unterschätzen. Oftmals sind es gerade erfahrene Architekten, die auf der Grundlage ihrer Berufsjahre intuitiv Probleme erkennen und richtige Entscheidungen treffen. Da dieses Vorgehen implizit geschieht, kaum erkennbar ist und somit die Ergebnisse schwer nachvollziehbar sind, sollte versucht werden, den Entscheidungsprozess expliziter zu machen. Dies wird erreicht, indem der Architekt versucht, seine Entscheidungen anhand einer objektiven und logischen Argumentationskette herzuführen, zu kommunizieren und zu dokumentieren. Indem der Architekt versucht, seinen Ansatz durch *logische Argumentation* zu belegen, wird der Prozess explizit gemacht. Dies ermöglicht den anderen Beteiligten teilzuhaben und eine eigene Bewertung der Argumente vorzunehmen.

7.2.4 Kategorisierung der Bewertungsmethoden

Architekturbewertungsmethoden können entlang der Dimensionen Allgemeingültigkeit, Detaillierungsgrad, Zeitpunkt und Bewertungsgegenstand kategorisiert werden. Diese Einteilung geht zurück auf die Arbeiten von Gregory Abowd vom Georgia Institute of Technology [Abowd97]. Die Einteilung finden Sie in Tabelle 7–1. Die Dimensionen sind anschließend noch ausführlicher erläutert.

Bewertungs-methode	Allgemein-gültigkeit	Detaillierungsgrad	Zeitpunkt	Bewertungs-gegenstand
Fragebogen	allgemein	grob	früh	Artefakt, Prozess
Checkliste	domänen- spezifisch	variiert	mittel	Artefakt, Prozess
Szenariobasierend	system- spezifisch	mittel	mittel	Artefakt
Metrik	allgemein oder domänen-spezifisch	fein	mittel	Artefakt
Prototyp, Simulation	domänen-spezifisch	variiert	früh	Artefakt

Tab. 7–1 Kategorisierung von Bewertungsmethoden; Quelle: [Abowd97]

Allgemeingültigkeit sagt aus, für welche Gruppe von Systemen eine   *Allgemeingültigkeit*
spezifische Ausprägung einer Methode angewandt werden kann. Ein
Fragebogen als allgemeine Technik kann auf jede Art von Softwarearchitektur angewandt werden. Checklisten sind typischerweise für
Systeme aus einer Domäne gültig, wohingegen Szenarien für ein spezi-
fisches System erstellt werden.

Der *Detaillierungsgrad* gibt an, wie viel an Information über die Ar-   *Detaillierungsgrad*
chitektur vorhanden sein muss, um die Methode durchzuführen. Der
Detaillierungsgrad korreliert direkt mit dem Zeitpunkt.

Der *Zeitpunkt* gibt an, wann in der Architekturdesignphase die   *Zeitpunkt*
Methode zum Einsatz kommt. Früh bedeutet, nachdem die hochprio-
ren Entscheidungen in der Architekturphase getroffen wurden. Eine
tatsächliche Architektur existiert noch nicht. Zu diesem Zeitpunkt
können die wichtigen, vorbereitenden Architekturentscheidungen, auf
die alles Weitere aufbaut, bewertet werden. Mittel bedeutet, nachdem
das Architekturdesign bereits zu einem gewissen Maße ausgearbeitet
und dokumentiert ist. Die Ausarbeitung der Architektur ist ein iterativer, inkrementeller Prozess, so dass die Bewertung zu unterschiedlichen Zeitpunkten, in unterschiedlichem Umfang erfolgen kann. Allgemein gilt die Regel, so früh wie möglich bewerten.

Bewertungsgegenstand ist zum einen die Architektur als Artefakt.   *Bewertungsgegenstand*
Dies ist der grundlegende Ansatz für Architekturbewertung, wie wir
ihn bisher auch motiviert haben. Dass heißt, es wird bewertet, ob die
Architektur geeignet ist, die an das System gestellten Anforderungen zu
unterstützen. Fragebögen und Checklisten können aber auch noch einen zweiten Aspekt der Architektur bewerten: nämlich die Rolle der
Architektur im Softwareprozess. Dabei werden alle Aspekte der Architektur bewertet, die sich aufgrund des angewandten Prozesses ergeben.
Stellt ein Unternehmen beispielsweise sicherheitskritische Software
her, die nach einer vorgegebenen Norm abgenommen werden muss,
können hieraus Prozessanforderungen an die Architektur gestellt wer-

den. Ein Beispiel kann sein, dass es möglich sein muss, alle Anforderungen über die Architektur hinweg verfolgen zu können (engl. *traceability*).

7.3 Szenariobasierte Bewertung

Die *szenariobasierte Methode* ist in einer großen Breite einsetzbar und in der Praxis für nahezu jegliche Art von Projekt geeignet. Der Aufwand steht in einem sehr guten Verhältnis zu dem Nutzen, der erzielt wird. Deshalb sollte ein ausführliches Assessment auf Basis einer szenariobasierten Methode fester Bestandteil eines jeden Softwareentwicklungsprojektes sein. In abgespeckter Form eignet sich diese Methode auch sehr gut für andere Bewertungsarten, wie z. B. dem Discovery Review.

Szenariobasierte Methoden
 In der Literatur werden verschiedene Ansätze für eine szenariobasierte Bewertung beschrieben. Jan Bosch beschreibt seinen Ansatz in [Bosch00]. Len Bass beschreibt die *SAAM-Methode* in [Bass98]. Am weitesten ausgereift ist ATAM. *ATAM* steht für »Architecture Tradeoff Analysis Method«. Entwickelt wurde ATAM am SEI als Nachfolger von SAAM. Eine ausführliche Beschreibung von ATAM sowie weiterer szenariobasierter Methoden des SEI findet sich in [Clements02a].

7.3.1 ATAM

ATAM ist eine Methode, die aufdeckt, wie gut eine Architektur bestimmte Faktoren, wie Qualitätsmerkmale, erfüllt. Darüber hinaus liefert sie auch einen Einblick, wie diese gegenseitig aufeinander einwirken. Im Folgenden wird der exakte Aufbau von ATAM erläutert. Eine gründlich strukturierte Methode ermöglicht es, die Bewertung von Softwarearchitektur wiederholbar zu machen. Beschrieben werden Phasen, Schritte, Aufgaben, Beteiligte und Ergebnisse, so dass ein Leitfaden für die Durchführung einer ATAM-Bewertung entsteht. Die Ausführungen lehnen sich an [Clements02a, Kap. 3] an.

ATAM-Aufbau
 ATAM besteht aus vier Phasen. Nummeriert sind die *Phasen* von null bis drei. Die Phasen eins und zwei umfassen die eigentlichen Kernaufgaben einer ATAM-Bewertung. Diese Kernaufgaben lassen sich in neun *Einzelschritte* zerlegen, die auf die beiden Phasen verteilt sind. Im weiteren Verlauf werden wir nun zunächst die vier Phasen genauer beschreiben. Danach wird auf die neun Einzelschritte innerhalb der beiden Kernphasen genauer eingegangen. Hauptteilnehmer einer ATAM-Bewertung sind das Bewertungsteam, das Projektteam sowie weitere

Stakeholder. Ein Überblick des Aufbaus von ATAM ist in Abb. 7-1 dargestellt.

7.3.2   ATAM-Phasen

Die ATAM-Phasen unterteilen die Bewertung in vier zeitlich aufeinander folgende Blöcke mit unterschiedlichen Aufgabenschwerpunkten. Die vier Phasen von ATAM sind:

- Phase 0: Vorbereitung
- Phase 1: Bewertung – Architektur zentriert
- Phase 2: Bewertung – Stakeholder zentriert
- Phase 3: Nachbearbeitung

In der Vorbereitungsphase werden insbesondere das Bewertungsteam sowie die Zusammenarbeit zwischen dem Bewertungsteam und dem Projektteam aufgesetzt. In Phase 1 und Phase 2 findet die eigentliche Bewertung mit ihren neun Einzelschritten statt. Dabei handelt es sich im Kern um jeweils einen Workshop je Phase. Phase 1 ist dabei mehr auf die Architektur zentriert. Sie konzentriert sich darauf, Informationen der Architektur zu entlocken und diese zu bewerten. Phase 2 konzentriert sich mehr auf die Stakeholder. Ziel ist es, deren Sichtweise auf das System einzunehmen und die in Phase 1 gewonnenen Ergebnisse nochmals zu festigen. Phase 2 ist somit auch eine Art Testphase für die Ergebnisse aus Phase 1. Aufgabe der Nachbearbeitung ist es, einen Abschlussbericht zu erstellen, Informationen zu Kosten und Nutzen der Bewertung zu sammeln und die gewonnenen Ergebnisse für eine mögliche Wiederverwendung bei späteren Bewertungen zu archivieren.

Phase 0: Vorbereitung

Im Laufe des Kapitels haben wir bereits darauf hingewiesen, dass das Bewertungsteam nicht Bestandteil des Projektteams sein sollte. Das Bewertungsteam stellt somit eine eigene Einheit in Ihrem Unternehmen dar, oder es wird ein externes Unternehmen beauftragt. Bevor die Bewertung beginnen kann, muss somit zunächst die Zusammenarbeit zwischen Bewertungsteam und Projekt vertraglich festgelegt werden. Dabei sollten folgende Punkte auf jeden Fall beachtet werden:

Aufsetzen der Zusammenarbeit zwischen Bewertungsteam und Projekt

- Dem Vertreter des Projekts muss ein grundlegendes Verständnis der Bewertungsmethode gegeben werden. Ihm müssen der Aufwand und die organisatorischen Notwendigkeiten klar sein.

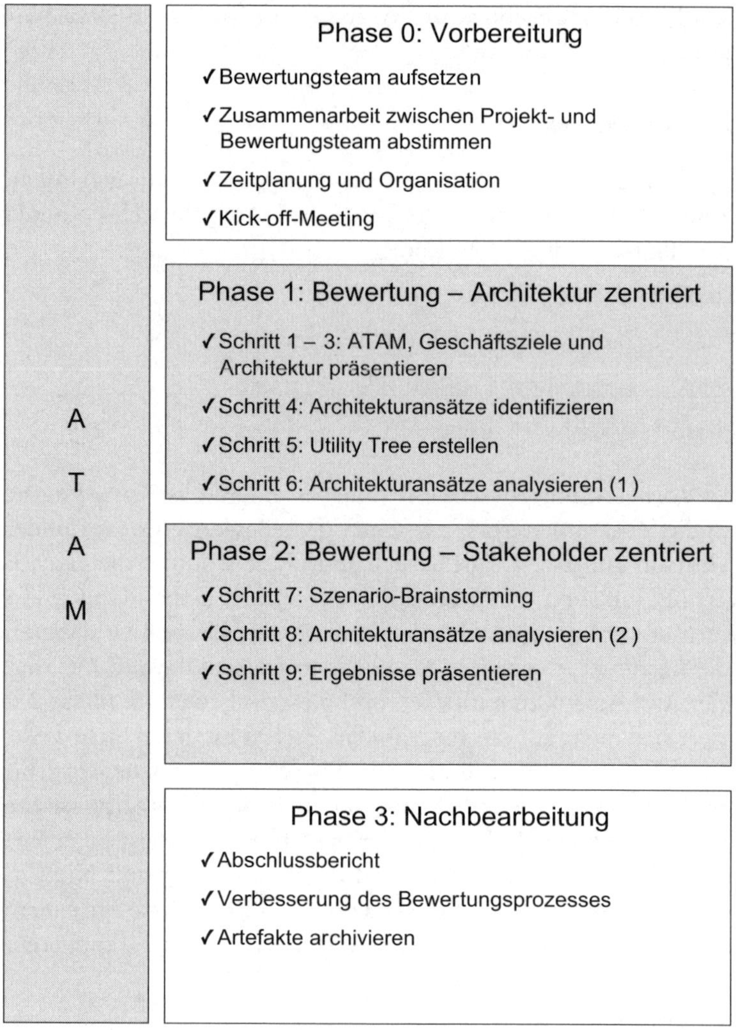

Phase 0: Vorbereitung

✓ Bewertungsteam aufsetzen

✓ Zusammenarbeit zwischen Projekt- und
  Bewertungsteam abstimmen

✓ Zeitplanung und Organisation

✓ Kick-off-Meeting

Phase 1: Bewertung – Architektur zentriert

✓ Schritt 1 – 3: ATAM, Geschäftsziele und
  Architektur präsentieren

✓ Schritt 4: Architekturansätze identifizieren

✓ Schritt 5: Utility Tree erstellen

✓ Schritt 6: Architekturansätze analysieren (1)

Phase 2: Bewertung – Stakeholder zentriert

✓ Schritt 7: Szenario-Brainstorming

✓ Schritt 8: Architekturansätze analysieren (2)

✓ Schritt 9: Ergebnisse präsentieren

Phase 3: Nachbearbeitung

✓ Abschlussbericht

✓ Verbesserung des Bewertungsprozesses

✓ Artefakte archivieren

A T A M

Abb. 7-1 ATAM-Überblick

■ Der Vertreter des Projekts muss sicherstellen, dass er für die spätere
  Bewertung auf alle wichtigen Stakeholder Zugriff hat.

■ Die Verfügbarkeit der Stakeholder zu den geplanten Terminen muss
  geklärt werden.

■ In welchem Zeitfenster wird die Bewertung stattfinden? Ein erster
  Projektplan für die Bewertung muss aufgesetzt werden.

■ Dem Bewertungsteam muss ein grundlegendes Verständnis der Architektur gegeben werden.

Zusätzlich zum Aufsetzen der Zusammenarbeit muss das Bewertungsteam selbst organisiert werden. Das Bewertungsteam ist verantwortlich für eine erfolgreiche Durchführung der Bewertung. Insbesondere steuert es den Ablauf der Sitzungen in Phase 1 und 2 mit den Stakeholdern und fasst in Phase 3 die Ergebnisse der Bewertung zusammen. Um dies zu erreichen, müssen innerhalb des Bewertungsteams bestimmte Rollen besetzt werden. Eine Person kann dabei mehrere Rollen einnehmen. [Clememts02a] schlägt jedoch eine Mindestanzahl von vier Personen für das Bewertungsteam vor. Die zu besetzenden Rollen sind im Einzelnen:

Aufsetzen des Bewertungsteams

- *Teamleiter* – Hauptverantwortlicher für die Bewertung und somit verantwortlich für das Ergebnis. Trifft die Absprachen mit dem Projektvertreter; dazu gehören Vertragsgestaltung wie auch Ziel- und Ergebnisvereinbarung. Setzt das Bewertungsteam auf.

Rollen des Bewertungsteams

- *Bewertungsleiter* – Führt die Bewertung durch und koordiniert diese. Unterstützt die Ausarbeitung der Szenarien und verwaltet den Ausarbeitungsprozess.

- *Szenarioschreiber* –Erfasst die Szenarien während der Diskussion auf dem Flip-Chart und stellt sicher, dass diese exakt und eindeutig formuliert sind.

- *Protokollführer* – Hält das Vorgehen in Form von Protokollen zu den einzelnen Treffen auf dem Laptop fest und verteilt diese Protokolle an alle Beteiligten. Insbesondere hält er die gefundenen Szenarios und die Argumente zu diesen fest. Im weiteren Verlauf dokumentiert er die Architekturlösungen für jedes Szenario.

- *Zeitüberwacher* – Unterstützt den Bewertungsleiter bei der Einhaltung des vorgegebenen Zeitplanes.

- *Prozessbeobachter* – Ist verantwortlich für die Verbesserung des Bewertungsprozesses an sich. Deshalb ist er ein stiller Beobachter, der Notizen über den Verlauf der Bewertung vornimmt. Nach der Bewertung gibt er eine Zusammenfassung, wie der Ablauf war und welche Schritte verbessert werden können. Dies hilft vor allem dem Bewertungsteam selbst, sich fortlaufend zu verbessern.

- *Prozessüberwacher* – Hilft dem Bewertungsleiter dabei, den Prozess der Bewertungsmethode Schritt für Schritt durchzuführen. Erinnert ihn so weit notwendig an die nächsten Schritte.

- *Fragensteller* – Wirft Fragen zur Architektur auf, die von den Stakeholdern nicht bedacht werden.

Die Vorbereitungsphase endet mit einem *Kick-off-Meeting* des Bewertungsteams. Dort wird das weitere Vorgehen für die Phase 1 genau geplant. Mit dem Vertreter des Projekts wird vereinbart, welche Personen aus dem Projekt an der Phase 1 beteiligt sind und welche Stakeholder in der Phase 2 hinzugezogen werden.

Phase 1: Bewertung – Architektur zentriert

Schritte in Phase 1 In der ersten Phase trifft sich das Bewertungsteam mit einer Hand voll Schlüsselpersonen aus dem Projekt. Dies sollten nicht mehr als 2 bis 5 Personen sein. Der Architekt des Projektes ist verantwortlich für die richtige Auswahl der Teilnehmer. Phase 1 konzentriert sich auf die ersten sechs ATAM-Schritte. Diese beinhalten Vorstellung der Methoden, der *Geschäftsziele* sowie der Architektur, das Identifizieren der Architekturansätze, das Erstellen des *Utility Tree* sowie die erste Analyse der Architekturansätze. Die genaue Beschreibung der einzelnen Schritte erfolgt im Unterkapitel 7.3.3, »ATAM-Schritte«.

Neben der Ausführung dieser sechs Schritte als Teil der Kernaufgaben der ATAM-Bewertung werden in Phase 1 noch weitere Ziele verfolgt:

- Das Bewertungsteam sowie der Architekt bekommen genügend Einblick in die Architektur aus der Perspektive einer Bewertung, so dass die Phase 2 mit deutlich mehr Beteiligten produktiver wird.

- Es wird erkannt, ob die vorhandene Architekturdokumentation für die Bewertung ausreichend ist. Sollte dies nicht der Fall sein, muss diese vor Beginn der Phase 2 entsprechend ergänzt werden.

- Es kann festgestellt werden, ob es sinnvoll ist, die Bewertung fortzuführen oder abzubrechen, bevor in die aufwändigere zweite Phase übergegangen wird. Eventuell ist es besser, die Bewertung zu einem späteren Zeitpunkt mit den gewonnenen Erkenntnissen erneut aufzusetzen.

- Es werden die Stakeholder ausgewählt, die in die zweite Phase mit einbezogen werden. Auch kann die Runde um Spezialisten erweitert werden, wenn erkannt wurde, dass für bestimmte kritische Architekturthemen tieferes Know-how unter den Beteiligten fehlt.

Phase 1 wird mit einer ausführlichen Planung für die zweite Phase abgeschlossen.

Phase 2: Bewertung – Stakeholder zentriert

Phase 2 folgt wenige Tage oder auch mehrere Wochen auf Phase 1. Dies hängt vor allem davon ab, welche Lücken in Phase 1 aufgedeckt wurden, die bis zu Beginn von Phase 2 noch geschlossen werden müs-

sen. In dieser Phase ist ein größerer Kreis von Stakeholdern involviert.
Dies können zwischen 5 und 40 Personen sein. Ziel ist es vor allem, die
Ergebnisse aus der ersten Phase zu verifizieren. Soweit notwendig wer-
den weiterführende Analysen durchgeführt.

Phase 2 konzentriert sich auf die letzten drei ATAM-Schritte. Diese *Schritte in Phase 2*
umfassen das Szenario-Brainstorming, die zweite Analyse der Architekturansätze sowie die Präsentation der Ergebnisse. Die genaue Beschreibung der einzelnen Schritte erfolgt wieder im Unterkapitel 7.3.3,
»ATAM-Schritte«. Bevor jedoch mit dem *Szenario-Brainstorming* begonnen wird, wird nochmals auf die ersten sechs Schritte zurückgegriffen. Insbesondere der erste Schritt, die Vorstellung der ATAM-Methode, wird nochmals wiederholt. Die Schritte zwei bis sechs werden
nur kurz zusammengefasst, so dass allen Beteiligten klar ist, was bisher
im Rahmen der Bewertung geschehen ist und worauf die weiteren
Schritte aufbauen.

Phase 3: Nachbearbeitung

Die Nachbearbeitungsphase rundet die Bewertung ab. Sie umfasst folgende drei Aktivitäten:

- Abschlussbericht schreiben

- Daten für die Verbesserung des Bewertungsprozesses sammeln

- Artefakte für zukünftige Bewertungen ablegen

Für den *Abschlussbericht* sollte eine Standardvorlage verwendet wer- *Abschlussbericht*
den. Der Bericht hält fest, was im Rahmen der Bewertung getan, was
herausgefunden und welche Schlussfolgerungen getroffen wurden.

Jede Bewertung liefert Information und Daten, die gesammelt wer- *Verbesserung des*
den können, um den Bewertungsprozess selbst zu verbessern. Zu die- *Bewertungsprozesses*
sen Daten gehören Informationen zum Ablauf der Bewertung, Ansatz-
punkte für Verbesserungen, aber auch Kosten- und Nutzendaten. Die
Informationen sollten sowohl vom Bewertungsteam wie auch von den
Projektvertretern und den weiteren beteiligten Stakeholdern eingeholt
werden. Geeignet für das Sammeln von Informationen sind Umfragen
in Form von Fragebögen.

Das während der Bewertung gewonnene Wissen sollte für zukünf- *Artefakte archivieren*
tige Bewertungen archiviert werden. Die Bewertung zukünftiger Architekturen kann dadurch optimiert und erleichtert werden. Insbesondere
die gefundenen Szenarien sind ein wertvolles Artefakt. Mit der Zeit
kann ein Satz von Szenarien entstehen, der für eine bestimmte Domäne
Anwendung findet. Mit fortschreitender Reife können auch Checklisten aus diesen Informationen extrahiert werden. Weitere Artefakte

einer Bewertung sind die gefundenen Architekturstile zusammen mit der Argumentation, warum sie für bestimmte Problemstellungen geeignet sind. Auch die Fragen, die gestellt wurden, um Zusammenhänge zu durchleuchten, und die darauf gefundenen Antworten sind es wert, für zukünftige Bewertungen archiviert zu werden.

7.3.3 ATAM-Schritte

Die ATAM-Schritte sind der eigentliche Kern der Bewertung. Sie sind verteilt auf die Phase 1 und 2 der Bewertung. Die Schritte sind in vier Gruppen eingeteilt:

- *Präsentation* – umfasst die Schritte eins bis drei. Bewertungsteam und Projektteam tauschen gegenseitig Informationen über ATAM, Geschäftsziele sowie die Architektur in Form von Präsentationen aus.
- *Recherche & Analyse* – beinhaltet die Schritte vier bis sechs. Die wesentlichen Einflussfaktoren werden den Architekturlösungen gegenübergestellt. Dies erfolgt in einem kleinen Kreis.
- *Test* – erstreckt sich über die Schritte sieben und acht. Die Ergebnisse aus der Recherche und ersten Analyse werden durch einen größeren Kreis von Stakeholdern verifiziert.
- *Report* – ist der letzte Schritt neun. Die Ergebnisse der ATAM-Bewertung werden präsentiert.

Schritte 1–3: Präsentation

Schritt 1:
ATAM präsentieren

Im ersten Schritt beschreibt der Bewertungsleiter die ATAM-Bewertungsmethode den beteiligten Stakeholdern, stellt deren Erwartungen fest und beantwortet eventuelle Fragen. Insbesondere gibt er eine kurze Zusammenfassung von ATAM, beschreibt die angewandten Techniken, wie Architekturansätze, Szenarien, Utility Tree, und erklärt, was die Ergebnisse der Bewertung sind.

Schritt 2:
Geschäftsziele präsentieren

Anschließend stellt der Projektvertreter die wichtigsten Projektziele aus geschäftlicher Sicht vor, also die Faktoren, die für den wirtschaftlichen Erfolg des Projektes unabdingbar sind. Dies sind somit auch die wesentlichen Faktoren, die von der Architektur berücksichtigt werden müssen. Umfassen kann dies z. B. die wichtigsten Funktionalitäten des Systems, alle geschäftlich relevanten technischen, wirtschaftlichen oder politischen Einschränkungen sowie die wichtigsten Stakeholder.

Schritt 3:
Architektur präsentieren

Als letzten Schritt aus der Gruppe Präsentation stellt der Architekt die Softwarearchitektur vor. Dabei versucht er, bereits Bezug auf die vorher genannten Geschäftsziele zu nehmen. Der Architekt muss ein

Gefühl dafür haben, in welchem Detaillierungsgrad er die Architektur für die Bewertung vorstellen muss. Als Mittel für die Präsentation dienen die Sichten, über welche die Architektur während des Entwurfs dokumentiert wurde.

Schritte 4–6: Recherche & Analyse

Im vierten Schritt werden die angewandten *Architekturansätze identifiziert*. Der Architekt steht hierfür dem Team Rede und Antwort und zeigt auf, welche Lösungsansätze er explizit angewandt hat, um die wichtigsten Einflussfaktoren zu adressieren. Fokussiert wird dabei auf Architekturstile, Muster sowie die wesentlichen Strukturen und Mechanismen, da diese die Grundlagen legen, ob z. B. bestimmte Qualitätsmerkmale erreicht werden können. So kann er beispielsweise aufzeigen, dass er eine Abstraktionsschicht für die Hardware eingebaut hat, um diese leicht austauschen zu können.

Schritt 4:
Architekturansätze
identifizieren

Der *Utility Tree* stellt das Rückgrat für die gesamte weitere ATAM-Bewertung dar. Ihn zu erstellen arbeitet das Bewertungsteam mit dem Projektteam zusammen, um die wesentlichen Einflussfaktoren zu identifizieren, zu verfeinern und zu priorisieren. Dabei wird auf die bereits gewonnenen Ergebnisse aus der Spezifikation der Einflussfaktoren zurückgegriffen. Jedoch ist nun der richtige Zeitpunkt, diese nochmals kritisch zu hinterfragen und soweit notwendig abzuändern oder zu ergänzen.

Schritt 5:
Utility Tree erstellen

Der Utility Tree ist eine andere Darstellungsform für die Einflussfaktoren. In Abb. 7-2 sehen Sie ein Beispiel. Auf der ersten Ebene des Baumes stehen alle wichtigen Faktoren, welche die Architektur beeinflussen. Die zweite Ebene enthält die Kategorien der einzelnen Faktoren, wie in Kapitel 4.3.1 im Abschnitt »Profile und Szenarien« beschrieben wurde. Die Blätter des Baumes umfassen letzten Endes die Szenarien aus den einzelnen Kategorien mit ihren Prioritäten.

Aufbau Utility Tree

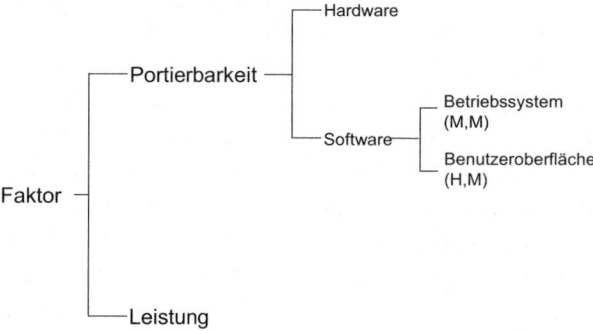

Abb. 7-2 Ausschnitt aus einem Utility Tree

Szenario-Prioritäten Die Szenarios werden relativ zueinander mit hoch, mittel, niedrig entlang zweier Dimensionen priorisiert. Die erste Dimension gibt an, wie wichtig das Szenario für den Erfolg des Systems ist. Sie wird von den Stakeholdern vergeben, die für den geschäftlichen Erfolg des Systems verantwortlich sind. Die zweite Dimension gibt an, wie schwierig es ist, das Szenario im System umzusetzen. Diese *Priorisierung* wird vom Architekten in Abstimmung mit den technischen Experten des Systems vorgenommen. Die Prioritäten geben an, worauf sich das Bewertungsteam im weiteren Verlauf konzentrieren soll. Alle Szenarien mit den Einstufungen (hoch,hoch), (hoch,mittel) oder (mittel,hoch) müssen behandelt werden. Alle Szenarien mit wenigstens einer niedrigen Einstufung werden aus Kosten-Nutzen-Gründen nicht behandelt. Die Szenarien mit der Einstufung (mittel,mittel) werden behandelt, soweit noch Zeit zur Verfügung steht.

Schritt 6: Architekturansätze analysieren (1) Nachdem der Utility Tree erstellt wurde, kommen wir zum sechsten Schritt des Vorgehens, der *Analyse der Architekturansätze*. An dieser Stelle sei noch gesagt, dass die Reihenfolge der Schritte eine logische ist, jedoch auch zwischen den Schritten iteriert werden kann. Bisher haben wir eine Menge von Architekturansätzen sowie einen Satz priorisierter Szenarien. Ziel dieses Analyseschritts ist es, die beiden zu verlinken. Das heißt, die Zusammenhänge zwischen den wichtigen Szenarien und den Architekturentscheidungen herzustellen. Dadurch soll belegt werden, dass die Architektur in der Lage ist, die Szenarien zu erfüllen. Zuerst wird die Verknüpfung durch den Architekten hergestellt, indem er für ein Szenario die Architekturentscheidungen vorstellt, die zur Lösung beitragen. Im Anschluss hinterfragen alle Beteiligten diesen Zusammenhang noch intensiver. Die *Analysefragen* können spontan aufkommen, auf der Erfahrung früherer Bewertungen basieren oder entsprechender Literatur entnommen sein. Ein Beispiel hierfür ist das gezielte Hinterfragen der Tauglichkeit eines angewandten Architekturstils für ein bestimmtes Qualitätsmerkmal. In unserem obigen Beispiel hat der Architekt eine Abstraktionsschicht eingeführt, um die Hardware leicht austauschen zu können. Eine Analysefrage diesbzgl. kann sein, ob die Zugriffe auf die Grafiktreiber dann noch schnell genug erfolgen. Weitere Fragen können z. B. aus der Toolbox in Kapitel 8 entnommen werden. Ziel ist es, das Bewertungsteam davon zu überzeugen, dass die Architekturlösung eine angemessene für das Problem darstellt. Der Schlüssel hierfür ist, so viele Architekturinformationen wie möglich zu sammeln, um eine Verbindung zwischen den Szenarien und den Architekturentscheidungen herzustellen. Ergebnisse dieses Schrittes sind:

- Eine verlinkte Liste der wichtigen Szenarien mit den relevanten Architekturansätzen

- Die Liste der gestellten Analysefragen mit den Antworten des Architekten auf die Fragen

- Eine Aufstellung von Risiken, Nichtrisiken, Sensitivity Points und Tradeoff Points

Risiken sind Architekturaspekte, die sich während der Analyse als problematisch herausgestellt haben. Beispielsweise kann festgestellt werden, dass aufgrund der Vielzahl der eingesetzten Kommunikationsprotokolle eine ebenso große Vielzahl an Kommunikationsschnittstellen entstehen kann und dadurch die Wartbarkeit der Software sowie die konzeptuelle Integrität der Architektur gefährdet sind. Es ist wichtig, diese Risiken festzuhalten, um sie später zu überarbeiten. Aber auch die *Nichtrisiken* sollen festgehalten werden. Dabei handelt es sich um Architekturentscheidungen die explizit als gut erkannt wurden. Gleichzeitig muss mit festgehalten werden, unter welchen Annahmen es sich um ein Nichtrisiko handelt. Dadurch soll sichergestellt werden, dass diese Annahmen nicht bei einer Überarbeitung der Architektur untergraben werden und somit das Nichtrisiko zu einem Risiko wird. Für beide Kategorien wird zudem die Argumentation, warum es sich um ein Risiko oder Nichtrisiko handelt, notiert.

Risiken und Nichtrisiken

Ein *Sensitivity Point* ist eine Eigenschaft von ein oder mehreren Architekturbausteinen, die essenziell wichtig ist, um einen bestimmten Einflussfaktor zu erfüllen oder nicht zu erfüllen. So kann z. B. eine ganz spezielle Kommunikationsstruktur zwischen Komponenten der Architektur ausschlaggebend dafür sein, dass die Antwortzeiten des Systems erfüllt werden. Es handelt sich also um eine sensible Eigenschaft der Architektur, die entscheidend ist, um ein bestimmtes Qualitätsmerkmal zu erfüllen. Ein Sensitivity Point wird als *Tradeoff Point* bezeichnet, wenn er nicht nur für die Erfüllung eines Einflussfaktors maßgeblich ist, sondern für mehrere. Bei Tradeoff Points handelt es sich um die kritischsten Entscheidungen in einer Softwarearchitektur. Das Festhalten dieser sensiblen Stellen der Architektur ist wichtig für den Architekten, so dass er besondere Vorsicht walten lässt, wenn an diesen Stellen Änderungen vorgenommen werden.

Sensitivity Points und Tradeoff Points

Schritt 7–9: Test und Reporting

Die bisher gewonnenen Erkenntnisse werden nun durch Schritt sieben und acht verifiziert. Dies erfolgt in einem größeren Kreis von Stakeholdern. Um einen echten *Test* zu erhalten, wird mit den neuen Stakehol-

Schritt 7:
Szenario-Brainstorming

dern ein Brainstorming durchgeführt. Ziel dessen ist es, die aus der Sicht der Stakeholder wichtigsten Szenarien zu finden. Es wird also erneut nach Szenarien gesucht, diesmal jedoch in einem anderen Personenkreis. Die Methode des *Szenario-Brainstormings* funktioniert sehr gut in einer größeren Gruppe, wo sich Ideen und Gedanken der Teilnehmer gegenseitig Impulse geben können. Es wird eine Atmosphäre der Kommunikation und Kreativität geschaffen. Als Ergebnis können die gleichen Szenarien gefunden werden, wie schon im Utility Tree vorhanden, oder aber auch neue, wichtige Szenarien entdeckt werden. Um die gefundenen Szenarien zu priorisieren, wird eine Abstimmung zwischen den Stakeholdern durchgeführt. [Clements02a] schlägt vor, dass jeder Stakeholder eine gerundete Anzahl von Stimmen hat, die 30% der Anzahl der gefundenen Szenarien entspricht. Jeder Stakeholder darf seine Stimmen dann beliebig auf die Szenarien verteilen. Er kann alle seine Stimmen einem einzigen Szenario geben. Die Szenarios mit den meisten Stimmen haben die höchste Priorität. Die Vergabe der Stimmen sollte öffentlich durchgeführt werden. Dadurch werden eventuell weitere Diskussionen angeregt. Weicht die Priorität einzelner Szenarien stark von vorhandenen gleichen Szenarien im Utility Tree ab, so ist dies bereits ein Risikohinweis. In einem solchen Fall wird die Bedeutung eines Szenarios vom Architekten höher oder geringer eingestuft als von den Stakeholdern.

Richtung des Brainstorming

Während des Szenario-Brainstormings gibt der Bewertungsleiter immer wieder neue Impulse in die Runde. Er kann die Teilnehmer z. B. in eine neue Richtung bei der Szenariosuche lenken, indem er bestimmte Qualitätsmerkmale, mit seinem Hintergrundwissen aus der ersten Phase, in den Raum wirft. Neben reinen Anwendungsfallszenarien sollte insbesondere auch auf Änderungsszenarien eingegangen werden. Es darf auch etwas weitergesponnen und fantasiert werden, indem z. B. tief greifende Veränderungen zur Diskussion kommen. Abschließend werden die gefundenen Szenarios in den bereits vorhandenen Utility Tree eingearbeitet. Ein Szenario kann dabei schon genau so vorhandenen sein, es kann bzgl. der Priorität angepasst werden, es kann ein neues Szenario in einer bereits bestehenden Kategorie sein, oder es kann sich um eine völlig neue Kategorie oder einen neuen Einflussfaktor handeln.

Schritt 8: Architekturansätze analysieren (2)

Im Schritt acht der Bewertung werden die gleichen Aktivitäten wie bereits in Schritt sechs ausgeführt. Als Grundlage für die *Analyse* werden nun aber die eben gefundenen Szenarien der Stakeholder herangezogen. Auch hier konzentriert sich die Analyse wieder nur auf die wichtigsten, also die Szenarien, welche die meisten Stimmen bekommen haben. Idealerweise wiederholt der Architekt einen Großteil der

Argumentation aus dem Schritt sechs. Sollten jedoch völlig neue Aspekte hinzugekommen sein, müssen diese noch genauer durchleuchtet werden. Das Ergebnis aus den Schritten sieben und acht ist eine gute Gewissheit, dass die Erkenntnisse aus den ersten Schritten richtig waren oder aber, dass einzelne Punkte vergessen oder falsch eingeschätzt wurden.

Unabhängig von dem ausführlichen Bericht, der in der Nachbearbeitungsphase erstellt wird, werden zum Abschluss der Bewertung die *Ergebnisse präsentiert*. Idealerweise wird der Workshop durch eine Pause unterbrochen. In dieser Pause kann der Bewertungsleiter die Abschlusspräsentation vorbereiten. Ziel ist es, die Ergebnisse kurz für alle Beteiligten zusammenzufassen.

Schritt 9:
Ergebnisse präsentieren

Im Rahmen der Zusammenfassung versucht der Bewertungsleiter auch, *Risikothemen* zu identifizieren, und stellt diese dann mit vor. Risikothemen fassen mehrere Einzelrisiken in Gruppen zusammen, basierend auf irgendeiner Art von Gemeinsamkeit. Idealerweise korrelieren diese Risikothemen mit den Architekturthemen, die bei der Spezifikation der Einflussfaktoren, wie in Kapitel 4 beschrieben, gefunden wurden. Für jedes Risikothema stellt das Bewertungsteam nun fest, welche der Geschäftsziele davon betroffen sind. Ist ein Geschäftsziel z. B., das System auf einer Vielzahl von Plattformen zu installieren, und ist ein Risiko der Architektur die Portierbarkeit, so ist dies entsprechend in Zusammenhang zu setzen. Mit diesem Vorgehen wird in der Bewertungsmethode der Kreis zu den ersten Schritten – der Präsentation von Geschäftszielen – geschlossen.

Risikothemen

7.4   Kosten und Nutzen

Einleitend in diesem Kapitel haben wir bereits die Probleme aufgezeigt, die durch Architekturbewertung adressiert werden und diese somit motiviert. Abschließend bleibt nun die Frage zu klären, ob der entstehende Nutzen sowie die damit verbundenen Kosten den Aufwand für die Bewertung rechtfertigen. Vorneweg sei hier gesagt, dass Architekturbewertung dazu tendiert, die Qualität in Softwareprojekten zu erhöhen, die Kosten zu kontrollieren und damit die Budgetrisiken zu minimieren. Architektur ist der technische Rahmen für alle Entscheidungen und hat als solcher einen gewaltigen Einfluss auf die Kosten und die Qualität des Produkts. Zu beachten ist aber auch, dass Architekturbewertung keine höhere Qualität und geringere Kosten garantieren kann. Viele andere Bereiche in der Softwareentwicklung haben ebenso maßgebenden Einfluss.

7.4.1 Kosten

Die Kalkulation der Kosten für die Architekturbewertung ist stark abhängig von der gewählten Methode und der Komplexität des Projektes. Eine Simulation oder ein aufwändiger Prototyp in einem großen Projekt kann sehr teuer werden. Handelt es sich aber um ein enormes Risiko und besteht keine Möglichkeit, dies auf anderem Wege einzugrenzen, muss die Simulation dennoch entwickelt werden. Vorausgesetzt, diese ist immer noch deutlich günstiger als der Totalverlust des Projektes. Die Kostenabschätzung bei solchen Methoden gleicht der Abschätzung des Entwicklungsprojektes selbst und kann sehr aufwändig sein.

	Bewertungsteam: 5 Personen	Projektentscheider: Architekt, Projektleiter, Kunde	Weitere Stakeholder: 8 Personen
Phase 0: Vorbereitung	1 PT Teamleiter	1 PT	0
Phase 1: Initiale Bewertung	5 PT	3 PT	0
Phase 2: Komplette Bewertung	15 PT	9 PT + 2 PT Vorbereitung	16 PT
Phase 3: Nachbearbeitung	15 PT	3 PT (lesen und antworten auf Bericht)	0
GESAMT	36 PT	18 PT	16 PT

Tab. 7–2 Geschätzte Kosten einer ATAM-Bewertung für ein Projekt mittlerer Größe; Quelle: [Clements02a]

Kosten von Fragetechniken Anders verhält sich dies bei Fragetechniken. Dort sind die Kosten leicht in Form von aufgewendeten Personentagen zu kalkulieren. [Clements02] kalkuliert für ein umfangreiches Assessment nach dem ATAM-Ansatz für ein Projekt mittlerer Größe etwa 70 Personentage. Dies erscheint im ersten Moment sehr viel. Bei genauerer Betrachtung ist dies jedoch gar nicht so erschreckend. In diese Zahlen ist bereits das Erstellen der Profile und Szenarien mit eingerechnet, was eigentlich bereits in früheren Phasen des Architekturentwurfs gemacht werden sollte. Die Anzahl der eigentlichen Kalendertage, um die sich das Projekt wirklich verlängert, ist minimal. Zudem ist der gesamte Aufwand nicht alleine durch das Entwicklungsteam zu erbringen. Ein Teil wird auch von anderen Stakeholdern erbracht, die nicht direkt das Projekt belasten. Tabelle 7–2 zeigt die *Aufwandskalkulation* für eine ATAM-Bewertung. Einfachere, reduzierte Bewertungen wie z. B. ein Discovery Review können an ein bis zwei Tagen mit ca. 3-6 Personen durchgeführt werden. In einem mittleren Entwicklungsprojekt fällt dies nicht ins Gewicht. Verglichen mit den Kosten für die späte Korrektur eines größeren Problems welches anfangs nicht erkannt wurde, ist dieser Aufwand zu vernachlässigen.

Zahlenmäßige Angaben zum Kosten-Nutzen-Verhältnis von Architekturbewertung finden sich in [Abowd97]. Verwiesen wird dort auf Erfahrungen von AT&T. Über acht Jahre hinweg hat AT&T bei Projekten, die ein umfangreiches szenariobasiertes Assessment durchlaufen haben, eine Reduzierung der Kosten um 10% erreichen können. Bei einem Aufwand von 70 Personentagen für eine solche Bewertung ist diese bei Projekten ab einem Umfang von etwa 700 Personentagen rentabel.

10% Kostenersparnis

7.4.2 Nutzen

Die rein finanzielle Kosten-Nutzen-Betrachtung, dass durch Architekturbewertung Probleme aufgedeckt werden, die, wenn nicht oder erst sehr spät erkannt, um Größenordnungen teurer sind, sollte schon für sich alleine ein tragfähiges Argument sein. Architekturbewertung hat jedoch noch weitere Vorteile. Zusammengefasst sind dies:

- Überprüfung, Klärung und Priorisierung der Anforderung
- Besseres Maß an Verständnis und Dokumentation der Architektur
- Mehr Kommunikation zwischen den Stakeholdern
- Lernende Organisation
- Höhere Qualität der Softwarearchitektur
- Erkennen von Chancen für projektübergreifende Wiederverwendung

Die Definition von Profilen und das Bestimmen der wesentlichen Risiken, die bei der Bewertung überprüft werden, führen dazu, dass die Anforderungen an das System nochmals kritisch diskutiert werden. Es erfolgt eine Aussprache über einzelne Qualitätsmerkmale und was genau darunter verstanden wird. Unklare Anforderungen werden somit messbar gemacht. Die klassische Anforderungsanalyse erfolgt ohne Betrachtung der späteren Architektur der Software. Dies führt dazu, dass Konflikte zwischen den Anforderungen bei der Umsetzung auftreten. Durch die Bewertung werden die wichtigsten Anforderungen im Kontext des Systemdesigns nochmals betrachtet. Dies führt zu einem klareren Verständnis und gewöhnlich auch zu einer Priorisierung, wenn entsprechende Kompromisse erarbeitet werden müssen.

Überprüfung, Klärung und Priorisierung der Anforderung

Besseres Maß an
Verständnis und
Dokumentation der
Architektur

Für eine Bewertung werden gut aufbereitete Unterlagen benötigt. Dies zwingt den Architekten dazu, seine Architektur gut und für andere Beteiligte verständlich zu dokumentieren. Zwangsläufig führt somit eine Bewertung zu einer verbesserten Projektdokumentation. Der Bewertungsprozess selbst konzentriert sich auf die identifizierten Risiken und hinterfragt diese im Kontext mit der vorgeschlagenen Architektur. Der Architekt muss seine Entwurfsentscheidungen in diesem Zusammenhang darlegen, erklären und rechtfertigen können. Dies führt für alle Beteiligten zu einer intensiveren Auseinandersetzung mit der Architektur und somit auch zu einem tieferen Verständnis. Das Vertrauen, dass die Umsetzung der Architektur erfolgreich ist, wird bei allen Beteiligten erhöht.

Mehr Kommunikation
zwischen den Stakeholdern

Bewertungsmethoden, wie Fragetechniken, sind hoch kommunikativ. Sie erzwingen, dass sich die verschiedenen Stakeholder zusammen in einen Raum setzen und über die Architektur diskutieren. Mit dem festen Einplanen einer solchen Aktivität im Projektplan setzt man somit auch feste Zeitpunkte, zu denen alle zusammenkommen, um miteinander zu reden. Gerade in einem sehr stressigen Projektalltag ist dies keine Selbstverständlichkeit und wird leicht vergessen oder erfolgt nur sehr oberflächlich, so dass zu den eigentlichen Problemen nicht vorgedrungen wird.

Lernende Organisation

Organisationen, die Architekturbewertungen regelmäßig, als festen Bestandteil eines jeden Projektes durchführen, können eine zunehmende Verbesserung der Architekturen verzeichnen. Die Organisation lernt, welche Aspekte für eine gute Architektur wichtig sind. Sie bekommt ein besseres Wissen über Softwarearchitektur allgemein und in ihrer Domäne im Speziellen. Das Wissen bleibt nicht auf einzelne Personen begrenzt, sondern breitet sich im Unternehmen aus. Es entwickelt sich mit der Zeit eine Kultur, die gutes Architekturdesign fördert.

Höhere Qualität der
Softwarearchitektur

Insgesamt führt dies mit der Zeit zu Softwarearchitekturen mit einer deutlich höheren Qualität. Da nun aber Architektur, als der technische Rahmen für alle Entscheidungen, einen gewaltigen Einfluss auf die Kosten und die Qualität des Produkts hat, bewegt man sich in einer regelrechten Aufwärtsspirale.

Erkennen von Chancen für
projektübergreifende
Wiederverwendung

Verstärkt wird diese Aufwärtsbewegung noch dadurch, dass durch die breite, intensive Auseinandersetzung mit den Softwarearchitekturen im Unternehmen auch vermehrt Potenziale für Wiederverwendung erkannt werden. Wesentliche Einflussfaktoren treten z. B. in ähnlichen Projekten wieder auf. Problemlösungen können somit übernommen werden. Qualitativ hochwertige Architekturen bestehen per se aus sauber definierten, hochwertigen Bausteinen. Diese können zunehmend ausgereift und projektübergreifend eingesetzt werden. Wichtig für die erfolgreiche Wiederverwendung in diesem Zusammenhang ist das hohe Maß an Kommunikation, was durch die Bewertung erzwungen wird.

7.5 Zusammenfassung

Die Architektur legt fundamentale Entscheidungen für den weiteren Projektverlauf fest und bestimmt somit in großem Maße über Projekterfolg oder Misserfolg. Es ist deshalb von essenzieller Bedeutung sicherzustellen, dass man auf die richtige Architektur setzt, bevor man zu deren Umsetzung übergeht. Um dies zu erreichen, wird eine Architekturbewertung durchgeführt, deren Ziel es ist zu prüfen, ob die Architektur die gestellten Anforderungen erfüllen kann. Die Bewertung liefert Hinweise auf potenzielle Risiken in der Architektur.

Es gibt verschiedene Arten von Bewertungen, die sich in ihrem Umfang und Zeitpunkt der Anwendung unterscheiden. Ein kleineres Discovery Review findet sehr früh in der Architekturdesignphase Anwendung, wohingegen das umfangreichere Assessment erst zum Ende des zweiten Drittels der Architekturdesignphase zum Einsatz kommt.

Für jede einzelne Bewertung einer bestimmten Art kann zudem aus einer Vielzahl von Bewertungsmethoden ausgewählt werden. Diese reichen von qualitativen Fragetechniken bis hin zu quantitativen Messtechniken, die auf mathematischen Modellen basieren. Je nach Art des Projektes ist die eine oder andere Methode geeignet oder nicht geeignet.

Unabhängig von der Projektart sollte jedoch ein umfangreiches Assessment, basierend auf einer Szenariomethode, durchgeführt werden. Eine größere Gruppe von Stakeholdern erarbeitet hierfür eine Menge von Szenarien, welche die wichtigsten Anforderungen des Systems beschreiben. In einer Art Gedankenexperiment werden diese Szenarien dann auf der Architektur ausgeführt, um vorherzusagen, wie sich das System verhalten wird. ATAM ist die derzeit am weitesten ausgereifte szenariobasierte Bewertungsmethode. Sie wurde am SEI entwickelt. Der Einsatz einer solchen Methode tendiert dazu, die Qualität in Softwareprojekten zu erhöhen, die Kosten zu kontrollieren und damit die Budgetrisiken zu minimieren. Die Bewertung von Softwarearchitekturen rechnet sich somit insbesondere auch wirtschaftlich! Entscheidend ist, dass Softwarequalität von Beginn an eingebaut werden muss. Wird sie erst zum Ende des Projektes berücksichtigt, verursacht dies enorm hohe Kosten. Es ist deshalb auf jeden Fall anzuraten, eine Architekturbewertung als festen Bestandteil des Softwareentwicklungsprozesses vorzusehen.

8 Die Toolbox des Softwarearchitekten

Der Mensch, der recht zu wirken denkt,
muß auf das beste Werkzeug halten.
Johann Wolfgang von Goethe, 1808

Vom Handwerker bis zur Vorstandsvorsitzenden – erfolgreiche Mitglieder jeder Berufssparte haben eigene Methoden und Werkzeuge, die sie direkt zur Bewältigung von Aufgaben in ihrem Arbeitsalltag anwenden können. Auch der Softwarearchitekt benötigt dieses Handwerkszeug: eine Sammlung von Methoden, Mechanismen und Werkzeugen zur Lösung von Problemen aus dem Bereich des Software-Engineering.

In Kapitel 5 wurde beschrieben, wie der Architekt beim Entwurf einer Softwarearchitektur vorgeht. Ausgehend von den Anforderungen analysiert er Einflussfaktoren, Risiken und Lösungsmöglichkeiten. Um den darauf folgenden Schritt hin zu einer ersten Architektur und die weiteren Arbeitsschritte effektiv zu meistern, sollte er bei Bedarf auf Werkzeuge und katalogisierte Lösungsvorlagen zugreifen.

In diesem Kapitel werden nun nach einer Einführung zwei Kategorien von Werkzeugen beschrieben. Die erste Kategorie (in Abschnitt 8.2) enthält kodifiziertes Wissen in Form von Lösungsvorlagen und Methoden. In der zweiten Kategorie (in Abschnitt 8.3) werden konkrete Formen von Technologien und Werkzeugen diskutiert, die dem Architekten bei seiner Arbeit helfen.

8.1 Einführung

In den bisherigen Kapiteln dieses Buches, vor allem bei den Kapiteln zu Vorgehen und Entwurf (Kapitel 3 und Kapitel 5), wurden Ihnen bereits viele Techniken, Methoden und Vorgehensweisen für Ihre Tätigkeit als Softwarearchitekt vorgestellt. Dieses Wissen ist von zentraler Wichtigkeit und wird für die meisten Projekte benötigt werden. In vorliegendem Kapitel wollen wir gemeinsam eine Sammlung von weiteren Methoden, Werkzeugen und Technologien in Form einer Toolbox zusammenstellen. Diese Sammlung enthält wie die Kapitel zu Vorgehen und Entwurf bewährtes Wissen über die Erstellung von Softwarearchitekturen. Sie sollten das Wissen aus diesem Kapitel jedoch nur bei Bedarf anwenden, je nach den Gegebenheiten in Ihrem spezifischen Projekt.

Im nun folgenden ersten Abschnitt dieses Kapitels werden zunächst die Wurzeln einzelner Werkzeuge und Ideen aus der Toolbox zum Ende der 1960er-Jahre und danach der heutige Stand der Literatur beschrieben. Im Anschluss werden die Vorteile und der Aufbau unserer Toolbox erläutert. Schließlich wird kurz auf den Wissenserwerb durch den Architekten eingegangen.

8.1.1   Historie und derzeitiger Stand

Die Ideen aus unserer Toolbox gehen in der Geschichte der Informatik weit zurück. In der aktuellen Literatur zum Thema erscheinen Toolsammlungen in vielen Formen. Die historische Entwicklung und der aktuelle Stand werden im Folgenden kurz beschrieben.

Historische Entwicklung der Toolbox-Gedanken

D. L. Parnas   Einige grundlegende Ideen zur Toolbox heutiger Softwarearchitekten wurden bereits weit im letzten Jahrhundert von Pionieren der Informatik veröffentlicht. Bereits ab 1972 erschienen Artikel von *David L. Parnas* zu heute noch aktuellen Themen wie dem Verbergen von Informationen (engl. *information hiding*, [Parnas72]), oder der Notwendigkeit zur sauberen Einteilung der verschiedenen Strukturen von Softwaresystemen [Parnas74]. Mit [Hoffman00] steht uns heute eine kommentierte Sammlung der wichtigsten Veröffentlichungen von David L. Parnas zur Verfügung.

E. Dijkstra   Der Pionier der Informatik *Edgar Dijkstra* beschrieb 1968 erstmals die Wichtigkeit der Partitionierung und Strukturierung von Softwaresystemen [Dijkstra68]. Dieses Thema haben wir bereits in Kapitel 5 für den Entwurf von Architekturen aufgegriffen. In der Toolbox des Architekten tauchen diese Methoden zur Bewältigung von Komplexität in Form von vorgefertigten Mustern und Stilen wieder auf (Abschnitt 8.2).

Das Toolbox-Thema in der aktuellen Literatur

In der heute verfügbaren Literatur über Softwarearchitektur werden verschiedentlich Methoden, Mechanismen und Werkzeuge als Arbeitsmittel für den Softwarearchitekten aufgeführt. Dabei werden verschiedene Begriffe und Einteilungen verwendet:

Taktiken   ■ [Bass03] führt *Taktiken* ein, um einzelne Qualitätsattribute zu verbessern. Durch die Anwendung einer Reihe von solchen Taktiken sollen letztlich alle Qualitätsanforderungen erfüllt werden können. Dabei werden die Taktiken zu jeder Qualitätsanforderung der Übersichtlichkeit halber nochmals hierarchisch geordnet. Methoden und Techniken aus dem Bereich von Organisation und Prozessen werden nur am Rande erwähnt und nicht in die Klassifikation mit einbezogen. Als Beispiel seien die Taktiken zum Qualitätsattribut Leistung genannt: Hier unterscheidet Bass zwischen Taktiken zur Beeinflussung des Ressourcenbedarfs, zur Ressourcenverwaltung und schließlich zur Ressourcenverteilung.

■ [Bosch00] schlägt *Transformationen* vor, welche die Qualität einer bestehenden Architektur im Sinne der Anforderungen verbessern sollen. Diese Transformationen ordnet er in einem 2×2-Schema nach Themen (z. B. Einführung eines Architekturstils, Anwenden eines Entwurfsmusters). Zu jeder Transformation analysiert er die Auswirkungen auf die Qualitätsanforderungen. Themen aus den Bereichen Organisation und Prozess stehen im Hintergrund. *Transformationen*

■ [Garland03] ordnet *Techniken* lose nach Themen (z. B. Integrationsstrategien, Architekturmuster, Strategien zur Partitionierung von Systemen). *Techniken*

■ [Hofmeister00] geht von organisatorischen, technologischen und produktspezifischen Faktoren aus. Im Rahmen einer globalen Analyse setzt der Architekt *Strategien* ein, um die einzelnen Faktoren zu adressieren. Eine genauere Beschreibung dieses Ansatzes enthält Kapitel 4, »Einflussfaktoren«. *Strategien*

8.1.2 Vorteile und Aufbau unserer Toolbox

Nachdem wir uns im vorigen Abschnitt mit der historischen Entwicklung der Werkzeuge für Softwarearchitekten bis hin zum heutigen Stand in der Literatur beschäftigt haben, soll nun in diesem Abschnitt unsere Form der Toolbox beschrieben werden. Dazu werden zunächst die Vorteile beim Einsatz einer Toolbox herausgestellt und danach der Aufbau der Toolbox erklärt. Abschließend werden wir kurz auf den Wissenserwerb des Architekten eingehen.

Vorteile durch den Einsatz einer Toolbox

Die Toolbox repräsentiert das Wissen, das Ihnen als Softwarearchitekt zur Verfügung steht. Wie in einem Werkzeugkasten können Sie auf einzelne Hilfsmittel zugreifen, sobald Sie Bedarf dafür sehen. Eine gut aufgebaute Architekten-Toolbox bietet Ihnen folgende Vorteile:

■ Es muss nicht jede Einzelheit und jede Problemlösung neu erfunden werden; dies reduziert die kognitive Last des Architekten. Er kann sich dadurch besser auf die eigentlichen Aufgaben konzentrieren [Bass03].

■ Der Architekt kann durch die Toolbox auf bewährte Lösungen zurückgreifen und damit Risiken minimieren.

■ Die Komplexität einer Architektur wird minimiert, wenn sie gemäß den Standardelementen aus einer Toolbox aufgebaut wurde.

■ Die Softwarearchitektur kann schneller entworfen werden, da bestimmte Bausteine und ihr Zusammenspiel aus der Toolbox entnommen bzw. daraus abgeleitet werden können. Der Aufwand des Architekten und seines Teams wird reduziert.

■ Falls der Architekt mit einem Team arbeitet, bietet die Toolbox die Möglichkeit, die einzelnen Methoden und Werkzeuge bekannt zu machen und in Begriffen von Toolbox-Bestandteilen zu diskutieren.

Aufbau der Toolbox

Unsere Toolbox enthält hauptsächlich Methoden und Werkzeuge, die sich in der resultierenden Softwarearchitektur wieder finden lassen. Beispiele sind Entwurfsmuster, generierter Quellcode oder Frameworks. Abb. 8-1 zeigt einen groben Überblick zur Strukturierung der Toolbox. Die Elemente der Toolbox lassen sich demnach in zwei Kategorien unterteilen:

■ Die erste Kategorie enthält bewährtes Wissen in Form von katalogisierten *Lösungsvorlagen und Methoden*. Dies ist die immaterielle Kategorie, da sie aus Wissenskatalogen, Methoden und Vorgehensweisen besteht.

■ In der zweiten Kategorie werden wichtige *Basistechnologien und Werkzeuge* katalogisiert, die oft in Architekturen vorkommen bzw. die ein Architekt häufig für seine Arbeit brauchen wird. Diese Kategorie enthält also konkrete Software, die der Architekt kennen und handhaben muss.

Beide Kategorien können naturgemäß nur unvollständig sein. Sie bieten zwar einen guten Grundstock, der Architekt muss jedoch seine Toolbox kontinuierlich erweitern und dem aktuellen Stand der Kunst anpassen.

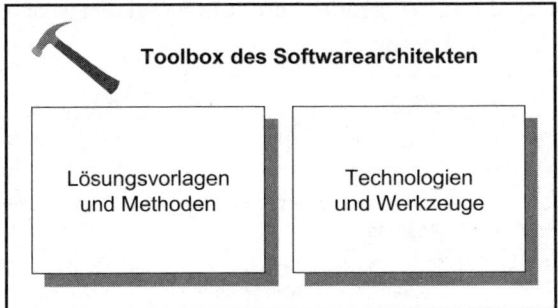

Abb. 8-1 Die Toolbox des Softwarearchitekten – ein Überblick

8.1.3 Wie erwirbt der Architekt sein Wissen?

Das grundlegende Wissen für die Toolbox erwirbt der Softwarearchitekt zum einen Teil durch Lernen (z. B. aus Büchern wie dem vorliegenden); zum anderen Teil baut er die Sammlung während seiner langen Berufspraxis schrittweise auf. Bestandteile der Toolbox können z. B. sein: Architekturstile und -muster, Entwurfsmuster (engl. *design patterns*) oder der Einsatz von Softwarewerkzeugen. Er wird existierende Architekturen auf diese Bestandteile hin analysieren und dadurch seinen Erfahrungsschatz vergrößern.

Zur Informationsbeschaffung hat der Architekt mehrere Quellen:

- kontinuierliches Studium von Fachzeitschriften und Fachbüchern

- Abgleich mit Kollegen (z. B. auf Konferenzen)

- Internet (z. B. Recherchen auf einschlägigen Architekturseiten oder Abonnieren von Newsgroups)

- Informationssammlung durch Messebesuche, Fachzeitschriften, Roadshows (v. a. bei kommerziellen Produkten)

Die beiden restlichen Teile dieses Kapitels können als leichter Einstieg für den Aufbau einer Toolbox dienen und bieten gleichzeitig eine Strukturierungshilfe für das zukünftig gesammelte Wissen des Softwarearchitekten.

8.2   Lösungsvorlagen und Methoden

Die Toolbox ist eine Sammlung von Methodenwissen, Softwaretechnologien und Werkzeugen. Im nun folgenden Abschnitt werden wir bewährtes Wissen in Form von Mustern, Stilen und Methoden zusammentragen. Der darauf folgende Abschnitt beschäftigt sich dann mit Werkzeugen und Technologien.

Bezeichnung	Zweck	Beispiele
Architekturstil	globale Prinzipien zur Strukturierung	Pipes and Filters, Schichten, Blackboard
Architekturmuster	adressieren querschnittlicher Aspekte	Threads oder Prozesse (für Nebenläufigkeit)
Entwurfsmuster	lokale Anwendung von bewährtem Entwurfswissen	Observer, Abstract Factory, Singleton

Tab. 8–1 Übersicht und Gegenüberstellung der im Folgenden vorgestellten Lösungsvorlagen für Architekturen

Der Softwarearchitekt wird bereits in einer frühen Phase des Architekturentwurfs auf das Wissen aus diesem Abschnitt zugreifen. Er wird katalogisierte Lösungsvorlagen für seine Entwurfsaufgaben einsetzen, z. B. Architekturstile wie Schichten oder Objektorientierung. Später können die Qualitätsattribute von Architekturen durch den Einsatz und die Variation von Architektur- oder Entwurfsmustern gezielt beeinflusst werden.

8.2.1 Anwendung von Architekturstilen

Betrachtet man Softwarearchitekturen auf einer globalen Ebene, so wird man auf eine kleine Anzahl von Architekturarten stoßen, die immer wieder verwendet werden. Diese Arten von Architekturen nennen wir *Stile*. Kennt der Softwarearchitekt einen Katalog der wichtigsten Architekturstile, so kann er durch die Auswahl eines solchen Stils auf bewährtes Wissen aus vorigen Projekten zurückgreifen. Diese Vorgehensweise ermöglicht hohe Qualität durch den Rückgriff auf bekannte Lösungen für Standardprobleme.

Globale Strukturierung und Organisation

Architekturstile sind also globale Strukturierungs- bzw. Organisationsprinzipien für Softwarearchitekturen. Von der Auswahl und Anwendung eines bestimmten Architekturstils ist daher im Allgemeinen die gesamte Softwarearchitektur betroffen. Um bestimmte Qualitätsanforderungen zu erfüllen, kann für eine Architektur ein passender Stil eingeführt werden; dies wirkt sich meist auf alle beteiligten Architekturbausteine aus. Die Auswahl eines Stils für eine Ebene der Architektur muss manchmal auch getroffen werden, wenn bereits eine Architektur existiert. Diese nachträgliche Umstellung ist möglich, wird aber mit einigem Mehraufwand verbunden sein.

Problematisch kann die Vermischung von Stilen innerhalb einer Architektur sein. Die Auswirkungen auf die Qualitätsattribute können in diesem Fall gegenläufig sein und so die Vorteile beider Stile verwässern. Die Anwendung von zwei verschiedenen Stilen auf unterschiedlichen Abstraktionsebenen (z. B. Architektur und einzelner, kleinerer Baustein) ist dagegen weitgehend unproblematisch. Im Sinne der konzeptuellen Integrität (vgl. Kapitel 5, »Entwurf von Softwarearchitekturen«) ist jedoch ein einheitlicher Stil auf allen Ebenen einer Architektur wünschenswert.

Vermischung von Stilen

In der Literatur zum Thema Architekturstile wird für diese oft der Begriff Architekturmuster (engl. *architectural patterns*) verwendet, z. B. in [Buschmann96]. Wir wollen beide Begriffe in diesem Buch jedoch konsistent zur Sprachregelung in [Bosch00] verwenden: Stile sind globale Strukturierungsprinzipien für Architekturen, Muster dagegen Lösungen für querschnittliche Probleme. Architekturen sind instanziierte Architekturstile.

Stile und Muster

Bosch beschreibt folgende Architekturstile und ihre Auswirkungen auf Qualitätsattribute wie Leistung, Flexibilität, Wartbarkeit oder Sicherheit [Bosch00]:

- *Pipes and Filters* (Verbindungen und Filter)

Architekturstile

- *Layers* (Schichten)

- *Blackboard* (Tafel)

- Objektorientierung

- *Implicit Invocation* (impliziter Aufruf)

Weitere Architekturstile werden z. B. in [Buschmann96] bzw. [Clements02a] beschrieben. Im verbleibenden Teil dieses Abschnitts werden wir uns auf die von [Bosch00] diskutierten Stile konzentrieren.

Pipes and Filters

Bei diesem Architekturstil arbeiten die einzelnen Bausteine in Form eines Datenflussgraphen zusammen [Bosch00, S.117]. Jeder der Bausteine hat Eingänge und Ausgänge, über die ein Datenstrom durch den Baustein fließt und von diesem verarbeitet wird. Die Verbindungen zwischen den Bausteinen sind die sog. *Pipes*.

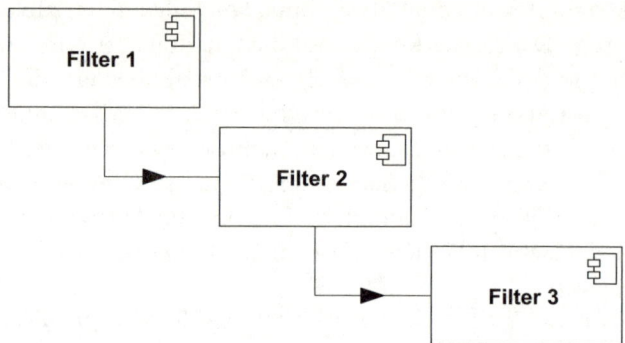

Abb. 8-2 Schematische Darstellung des Architekturstils Pipes and Filters

Beispiele Beispiele für diesen Stil sind:

- ▦ Compiler (bestehend aus den Filterbausteinen Scanner, Parser, Optimierung und Codeerzeugung)

- ▦ Unix-Skripte oder -Programme (die Pipe ist hier direkter Bestand-teil des Betriebssystems)

Einsatz und Vorteile Dieser Stil ist immer dann sinnvoll, wenn es um die Verarbeitung von kontinuierlichen Datenströmen geht. Die Filterbausteine arbeiten meist asynchron und sind weitgehend voneinander unabhängig. Daher kann eine Architektur in diesem Stil einfach auf mehrere Entwickler bzw. Teams verteilt werden. Die Bausteine können ebenfalls einfach umkonfiguriert und in anderem Kontext wiederverwendet werden. Für die Leistung eines Systems ist es manchmal interessant, dass eine Pipes-and-Filters-Architektur einfach auf ein Mehrprozessorsystem verteilt werden kann.

Nachteile Nachteile dieses Architekturstils sind negative Auswirkungen auf die Leistung durch Umkopieren und Transport aller Daten, Probleme bei der Wartbarkeit, da sich Änderungen an den Anforderungen oft auf mehr als einen Baustein auswirken, sowie verringerte Zuverlässig-keit und Sicherheit, weil die gesamte Kette von Verbindungen und Fil-tern genauso schwach ist wie ihr schwächstes Glied.

Layers

Architekturen dieses Stils bestehen aus einer Anzahl von horizontalen Schichten. Jede Schicht repräsentiert eine bestimmte Abstraktions-ebene, verwendet Operationen der darunter liegenden Schicht und bie-tet der nächst höheren Schicht komplexere Operationen an [Bosch00, S.119]. Bei *strikten* Schichtenarchitekturen greift jede Schicht nur auf Operationen der direkt darunter liegenden Schicht zu.

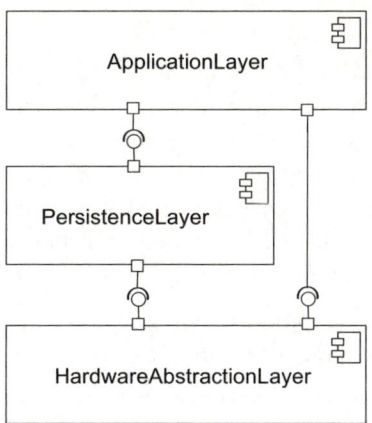

Abb. 8-3 Der Layers-Architekturstil am Beispiel einer Applikation mit Persistenz.
Die Hierarchie der Schichten im Beispiel ist nicht strikt.

Typische Beispiele für Schichtenarchitekturen sind:

- Das OSI-7-Schichten-Modell für Kommunikationssysteme der ISO *Beispiele*
  (eine strikte Hierarchie von Schichten)

- Typische Betriebssystemarchitekturen mit der Hardware-Abstraktionsschicht (Treiber), der eigentlichen Betriebssystemschicht (z. B.
  Kernel und Dateisystem) und schließlich der grafischen Benutzeroberfläche

- Die Navigationssoftware im Fallbeispiel von Kapitel 9. Dieser Typ
  von Softwaresystem mit den Schichten Benutzer-Interface, Steuerlogik, applikative Logik und Persistenz ist typisch für viele Anwen-
  dungsbereiche.

Der wesentliche Vorteil der Schichtenarchitektur liegt in der Verfüg- *Vorteile und Nachteile*
barkeit von verschiedenen Abstraktionsebenen. Die Portierung eines
Systems ist bei einer sauberen Schichtung gleichbedeutend mit der Portierung der untersten Schicht. Gleichzeitig bedeutet die konsequente
Umsetzung dieses Stils aber oft einen Mehrbedarf an Rechenzeit und
damit ein Risiko für die Leistung. Sowohl für Betriebssicherheit (engl.
safety) als auch für Schutz vor Einbrüchen ins System (engl. *security*)
bietet dieser Stil Vorteile, da z. B. Überwachungsschichten leicht in die
bestehende Architektur eingeführt werden können.

Blackboard

Beim Blackboard-Stil sind die Bausteine der Architektur um einen zentralen Baustein (Tafel oder Blackboard) angeordnet. Dieser zentrale Baustein dient zur zentralen Datenhaltung; die anderen Bausteine überwachen den Inhalt und erkennen eigenständig, wann sie Aufgaben auf der Tafel aufgreifen, bearbeiten und die Lösung auf die Tafel zurückschreiben [Bosch00, S.123]. Dieser Stil hat seinen Ursprung im Bereich der künstlichen Intelligenz (kurz: KI). Beispiele sind:

Beispiele
- Mustererkennungsapplikationen, z. B. das Spracherkennungssystem HEARSAY-II (eines der ersten Blackboard-Systeme, [Erman80])
- Aktien-Trendanalyse, Werkzeuge zum Reverse Engineering, Filter für Spam-E-Mails, Software zur Verbrechensanalyse und -bekämpfung

Einsatz
Der Einsatz dieses Stils empfiehlt sich immer dann, wenn die Problemlösung aus einem nichtdeterministischen Zusammenwirken von spezialisierten Bausteinen entsteht. Dies ist insbesondere in relativ neuen Anwendungsgebieten der Fall, wo es keine deterministischen Standardlösungen gibt.

Nachteile
Der fehlende Determinismus und die zentrale Datenhaltung sind gleichzeitig die Schwachstellen von Blackboard-Architekturen. Dies kann sich negativ auf die Qualitätsattribute Leistung, Wartbarkeit, Sicherheit und Zuverlässigkeit auswirken.

Objektorientierung

Bei diesem Stil werden Architekturen aus kooperierenden Objekten zusammengesetzt. Objekte kapseln dabei Zustandsvariablen und Verhalten. Die Zusammenarbeit zwischen Objekten geschieht durch Zusendung von Nachrichten bzw. durch den Aufruf von Funktionen des empfangenden Objekts. Die Schnittstelle von Objekten beschreibt dabei die möglichen Nachrichten bzw. Funktionen mit ihren Parametern [Bosch00, S.125]. Objekte sind passiv (d. h. nur von außen aufgerufen) oder aktiv (d. h. mit einem Eigenleben wie einem eigenen Prozess oder Thread). Der objektorientierte Stil ist ein sehr allgemeines Konzept, dem trägt die Existenz von objektorientierten Programmiersprachen wie Java oder C++ Rechnung. Beispiele für den Stil der Objektorientierung gibt es in großer Zahl, hier sei exemplarisch auf [Booch94] verwiesen.

Auswirkungen
Die Auswirkungen dieses Architekturstils auf die Qualitätsattribute sind vielfältig; je nach Anwendung des Stils sind positive und negative Folgen für die einzelnen Attribute wie Leistung, Wartbarkeit und Zuverlässigkeit denkbar.

Implicit Invocation

Beim oben beschriebenen Stil der Objektorientierung muss dem Sender die Identität des empfangenden Objekts bekannt sein. Will man diese Kopplung vermeiden, so bietet sich der Stil Implicit Invocation an: Hier versenden Bausteine Ereignisse (engl. *events*), die von ihnen unbekannten Bausteinen empfangen und bearbeitet werden [Bosch00, S.127]. Dieser Stil wird daher auch *ereignisbasierte Steuerung* genannt. Die Ereignisse sind stets asynchron, d. h., die Ausführung durch den empfangenen Baustein blockiert den Sender des Ereignisses nicht, sondern geschieht nebenläufig. Beispiele für diesen Stil sind:

- grafische Benutzeroberflächen (die Kontrollelemente wie Buttons, *Beispiele*
  Slider etc. senden die Ereignisse)

- eingebettete Systeme (es werden sowohl Ereignisse von außen als
  auch interne Ereignisse empfangen, die oftmals in Echtzeit abgearbeitet werden müssen)

Dieser Stil erlaubt es, die einzelnen Bausteine voneinander zu entkop- *Vorteile*
peln, was positive Auswirkungen auf Flexibilität und Wartbarkeit hat. Ereignisse können aufgrund ihrer asynchronen Natur relativ einfach zwischen verschiedenen Prozessoren oder Prozessen verschickt werden und ermöglichen es dadurch, eine Architektur in einem verteilten System einzusetzen.

Für die Implementierung der impliziten Aufrufe über Ereignisse ist *Nachteile*
eine zusätzliche Maschinerie als Kommunikationssystem nötig. Die Leistung wird von diesem Overhead negativ beeinflusst. Falls die Menge von Ereignissen in einem System nicht durch zusätzliche Strukturierungsmittel (z. B. die Zusammenfassung innerhalb von Protokollen) geordnet wird, kann auch die Verständlichkeit insbesondere von großen Systemen leiden.

8.2.2   Anwendung von Architekturmustern

Wie wir im vorigen Abschnitt beschrieben und an einer Sammlung von *Abgrenzung zu*
Beispielen dargelegt haben, stellt jeder Architekturstil ein globales *Architekturstilen*
Strukturierungsprinzip für eine Softwarearchitektur dar. Die Auswahl eines Architekturstils wird oft der erste Schritt beim Entwurf einer Architektur sein. Über die globale Struktur hinaus gibt es in jedem System jedoch *Querschnittsaspekte* wie Nebenläufigkeit oder Persistenz, die zwar die gesamte Architektur betreffen, aber unabhängig davon adressiert werden können, ob als Architekturstil etwa *Layers* oder *Pipes and Filters* gewählt wurde. Diese übergreifenden Problemstellungen können durch *Architekturmuster* angegangen werden.

Architekturmuster sind also Vorgehensweisen bzw. Regeln, die einen bestimmten Aspekt der Systemfunktionalität adressieren (vgl. [Bosch00, S.131]). Im Gegensatz zu Entwurfsmustern (siehe Abschnitt 8.2.3) wirken sich Architekturmuster auf das gesamte System aus, nicht nur auf einzelne Bausteine. Üblicherweise wählt der Softwarearchitekt für jeden Aspekt eines Systems maximal ein Architekturmuster aus, z. B. Model/View/Controller für den Aspekt *grafische Benutzeroberfläche*. Damit sorgt er für konzeptuelle Integrität (vgl. Kapitel 5, »Entwurf von Softwarearchitekturen«).

Architekturmuster betreffen weniger die fachliche Domäne, sondern eher technische Aspekte von Softwaresystemen, also die Infrastrukturthemen. Beispiele sind: Verteilung, Transaktionen, Nebenläufigkeit oder Echtzeitverhalten. Zu jedem Aspekt gibt es mehrere Architekturmuster, die sich meistens gegenseitig ausschließen. Jedes Architekturmuster wirkt sich – ähnlich wie beim Entwurfsmuster – auf die Qualitätsattribute des Systems bzw. Systemteils aus.

Querschnittsaspekt	Lösungsmöglichkeiten durch Architekturmuster
Nebenläufigkeit	▓ Prozesse des Betriebssystems ▓ Threads des Betriebssystems ▓ Kooperative Threads ▓ Scheduling auf Applikationsebene
Persistenz	▓ Datenbankmanagementsysteme ▓ Persistenz auf Applikationsebene
Verteilung	▓ Vermittler (engl. broker) ▓ Entfernter Methodenaufruf
Benutzerschnittstelle	▓ Model-View-Controller ▓ Präsentation-Abstraktion-Steuerung

Tab. 8–2 Übersicht zu den hier vorgestellten Architekturmustern

Für die folgenden Aspekte von Systemen wollen wir im verbleibenden Teil dieses Abschnitts jeweils einige Architekturmuster beschreiben [Bosch00]:

▓ Nebenläufigkeit

▓ Persistenz

▓ Verteilung

▓ Grafische Benutzerschnittstelle

Tabelle 8-2 gibt eine Übersicht zu diesen Aspekten und den hier vorgestellten Lösungsmöglichkeiten durch Architekturmuster. Die Auswirkungen der einzelnen Architekturmuster auf die Qualitätsattribute eines Systems sollen hier nicht im Einzelnen beschrieben werden (für eine detaillierte Darstellung sei auf [Bosch00] verwiesen). Wie im Abschnitt 8.2.1 zum Thema Architekturstile beschrieben, erhebt auch diese Auswahl keinen Anspruch auf Vollständigkeit. Hier ist der Architekt geforder, seine Toolbox aufgrund seiner Erfahrungen durch weitere Architekturmuster zu ergänzen.

Architekturmuster für Nebenläufigkeit

Nur sehr wenige heutige Softwaresysteme kommen ohne Parallelität und *Nebenläufigkeit* aus. Eingebettete Systeme, grafische Benutzeroberflächen und Echtzeitsteuerungen sind alles Beispiele für Software, die auf irgendeine Weise Task-Parallelität brauchen, um ihre Anforderungen abzudecken. Dies hat seine Ursache letztlich in der Gleichzeitigkeit, in der externe Ereignisse auf das System einströmen.

Folgende Architekturmuster können eingesetzt werden, um die Infrastruktur für nebenläufige Systeme zu schaffen [Bosch00, S.132ff]:

Muster für Nebenläufigkeit

- *Prozesse des Betriebssystems.* Wenn die einzelnen Bausteine der Architektur in separaten Prozessen laufen, ist jeder durch einen eigenen Adressbereich vor der Außenwelt geschützt. Für den Informationsaustausch zwischen den Prozessen bzw. Bausteinen gibt es verschiedene Methoden der Interprozesskommunikation, z. B. Austausch von Nachrichten oder gemeinsamer Speicher. Dieses Muster ist natürlich nur einsetzbar, wenn das System auf Basis eines Betriebssystems entwickelt werden soll.

- *Threads des Betriebssystems.* Threads werden auch als leichtgewichtige Prozesse bezeichnet, da Taskwechsel zwischen Threads weniger aufwändig sind als Wechsel zwischen Prozessen. Mehrere Threads können im gleichen Adressraum laufen; dadurch wird die Kommunikation zwischen ihnen einfacher. Allerdings müssen Threads wegen des möglicherweise gleichzeitigen Zugriffs auf die gleichen Datenelemente durch Mechanismen des Betriebssystems (z. B. geschützte Bereiche) synchronisiert werden.

- *Kooperative Threads.* In Systemen, die Echtzeitanforderungen erfüllen müssen oder die auf bestimmte Leistungseigenschaften angewiesen sind, reichen die pauschalen Methoden des Betriebssystem-Schedulings oft nicht aus. Das Muster der kooperativen Threads gibt dem Entwickler hier mehr Kontrolle: Jeder Thread bestimmt dabei selbst, wann er den Prozessor abgibt und damit die Ausführung eines anderen Threads erlaubt. Dieses Muster erfordert Spe-

zialwissen der Entwickler und birgt das Risiko von Komplett-
abstürzen des Systems aufgrund von Fehlern einzelner Entwickler.

■ *Scheduling auf Applikationsebene.* In Systemen ohne jedes Betriebssystem (z. B. Systeme mit wenigen Ressourcen wie 8-Bit-
Microcontroller) muss die Zuweisung des Prozessors zu Aufgaben
durch das Applikationsprogramm selbst geschehen. Ähnlich wie
bei kooperativen Threads ist hier detailliertes Wissen der Entwickler über die Zuordnung der nebenläufigen Aufgaben zur Rechenzeit
des Prozessors nötig. Die entstehenden Systeme liegen aber vollständig in der Hand des Entwicklers, so dass z. B. erschöpfende statische Analysen des Laufzeitverhaltens durchgeführt werden können.

Architekturmuster für Persistenz

Durch *Persistenz* lässt sich die Lebensdauer von Daten über die Lebensdauer der Programme hinaus verlängern. Ob es sich dabei um ein
Steuergerät in einem Fahrzeug, einen elektronischen Organizer (PDA)
oder um eine Textverarbeitungssoftware auf einem PC handelt, stets
erwartet der Benutzer, nach dem Aus- und Anschalten der Software
seine Daten wieder unverändert vorzufinden. In objektorientierten
Systemen erfordert Persistenz die Wiederherstellung kompletter Ob-
jektstrukturen. Dies ist besonders in Bezug auf Referenzen zwischen
den Objekten und die dauerhafte Identität der Objekte eine Herausforderung.

Transaktionen   Oft geht mit der Forderung nach Persistenz auch der Bedarf nach
Transaktionen einher. Transaktionen ermöglichen die Änderung mehrerer Datenelemente in Form einer atomaren Operation. Die Anforderungen, die an eine Transaktionsinfrastruktur gestellt werden, hängen
von der jeweiligen Domäne ab: Transaktionen in Systemen für Konfigurationsmanagement sind nicht unabhängig voneinander verwaltbar
bzw. ausführbar, dies ist für Datenbanksysteme jedoch ein Muss.

Muster für Persistenz   Die folgenden Architekturmuster können für den Aspekt der Persistenz eingesetzt werden [Bosch00, S.137f]:

■ *Datenbankmanagementsysteme.*   Datenbankmanagementsysteme
(kurz DBMS) sind meist hochgradig optimierte Softwarekomponenten, welche die effiziente Speicherung von Daten auf verschiedensten Datenträgern erlauben. Der bekannteste Typ solcher Systeme sind *relationale Datenbanken*, bei denen Daten in Tabellen-
form mittels der Abfragesprache SQL gelesen und verändert werden
können. DBMS-Bausteine unterstützen meist die Benutzung von
Transaktionen.

■ *Persistenz auf Applikationsebene.* Mangelnde Ressourcen (etwa in eingebetteten Systemen) oder ein eingeschränkter Bedarf an Funktionalität können dazu führen, dass der Einsatz eines DBMS nicht möglich oder auch nur nicht sinnvoll ist. In diesem Fall muss der Aspekt der Persistenz auf der Ebene der Applikation gelöst werden. Oft können dazu direkte Sprachmittel oder aber Hilfskonstrukte wie z. B. Basisklassen verwendet werden (z. B. Serialisierung im MFC-Framework oder bei Java).

Architekturmuster für Verteilung

Applikationen auf Basis von Internettechnologien und die fortschreitende Entwicklung von immer kleineren und leistungsfähigeren eingebetteten Systemen führen dazu, dass verteilte Anwendungen immer mehr unser Alltagsleben durchdringen. Die Gartner Group spricht in einer Studie aus dem Jahre 2001 von »*Ubiquitous Computing: IT embedded in products, services, places and people*« als einem der fünf wichtigsten Trends für die Jahre 2002-2007 [Fenn01]. Verteilte Systeme bestehen aus einzelnen Knoten, die über verschiedenartige Netzwerke miteinander verbunden sind.

Allgegenwärtige Software

Drei Themen dominieren den Verteilungsaspekt: Werden die Verbindungen zwischen den verteilten Bausteinen statisch hergestellt, oder wird diese Aufgabe von einer zentralen Vermittlung dynamisch gelöst? Ist die Verteilung aus Sicht der einzelnen Bausteine transparent? Und schließlich: Wie sieht die eigentliche Kommunikation zwischen den Bausteinen aus? Im Folgenden werden Architekturmuster vorgestellt, die den Verteilungsaspekt unterstützen [Bosch00, S.140f].

■ *Vermittler.* Ein Vermittler (engl. *broker*) stellt in einem verteilten System Funktionalität bereit, mit der sich Bausteine auf unterschiedlichen Prozessoren gegenseitig finden und verbinden können. Er leitet Dienstanfragen weiter und übermittelt Ergebnisse und Fehlermeldungen [Buschmann96]. Die Bausteine sind dadurch nicht statisch miteinander verbunden, was die Flexibilität der Architektur erhöht. Eine Variationsmöglichkeit beim Vermittlermuster ergibt sich daraus, ob der Vermittler selbst Bestandteil der Applikation oder der darunter liegenden Infrastrukturebene ist. Beispiele für das Vermittlermuster sind CORBA (Common Object Request Broker Architecture) der OMG oder Microsoft DCOM. Im ersteren Fall ist der Vermittler eine Komponente der Plattforminfrastruktur, im zweiten Fall ist er Teil des Betriebssystems.

■ *Entfernter Methodenaufruf.* Der entfernte Methodenaufruf (engl. *remote method invocation*) ist die objektorientierte Variante des bekannten entfernten Prozeduraufrufs (engl. *remote procedure call*).

Dabei ruft ein Objekt direkt Methoden eines Objekts auf einem anderen Prozessor auf. Damit ist ein Verpacken der Parameter auf der Sende- und ein Auspacken der Parameter auf der Empfangsseite verbunden (engl. *marshalling/demarshalling*). Entfernte Methodenaufrufe sind deshalb aufwändiger als lokale Methodenaufrufe; dennoch ist dieses Muster eines der Mittel, um Verteilung elegant nachträglich in ein System einzuführen. Als Beispiel sei die Sprache Java genannt, deren RMI-Schicht dieses Muster bereits unterstützt.

Architekturmuster für grafische Benutzerschnittstellen

Die grafische Benutzerschnittstelle ist in heutigen Systemen der Teil, der dem Anwender die Interaktion mit den Elementen der Fachlogik erlaubt. Der Benutzer kann die Wirkungsweise eines Systems hauptsächlich durch die grafische Benutzerschnittstelle erfühlen; er kann die Applikation in kurzer Zeit verstehen und benutzen. Viele Entwicklungsumgebungen bringen die Infrastruktur für die grafische Benutzeroberfläche bereits mit und legen so eine bestimmte architektonische Lösung für diesen Aspekt nahe (z. B. Java mit dem Zusammenspiel aus Event-Mechanismus und Swing oder Microsoft Windows mit dem MFC-Framework).

Der Architekt eines interaktiven Systems hat die Aufgabe, die Benutzerschnittstelle vom funktionalen Kern zu trennen [Buschmann96, S. 121f]. Die Kernfunktionalität bleibt über den Lebenszyklus eines Softwaresystems relativ stabil; die Benutzerschnittstelle ändert sich im Allgemeinen häufiger. Im Folgenden werden zwei strukturelle Architekturmuster erklärt, die diesen Aspekt der grafischen Benutzerschnittstellen abdecken [Bosch00, S.142f].

■ *Model-View-Controller.* Bei diesem Muster werden interaktive Applikationen aus drei Grundbausteinen zusammengesetzt [Buschmann96]. Die Kernfunktionalität und die Datenbasis werden im Modell (engl. *model*) zusammengefasst. Ansichten (engl. *views*) und Steuerungskomponenten (engl. *controller*) bilden die Benutzerschnittstelle. Dabei werden die Daten durch die Ansichten präsentiert und Eingaben durch die Steuerungskomponenten verarbeitet. Ein Notifikationsmechanismus ermöglicht die Konsistenz von Ansichten und Modell. Das meistgenannte Beispiel für das Model-View-Controller-Muster ist die Smalltalk-Umgebung mit ihrem Framework zur Entwicklung von Benutzerschnittstellen [Krasner88]. Eine Spezialisierung des Model-View-Controller-Musters ist das *Document-View-Muster*, dessen bekanntester Vertreter die Microsoft-Foundation-Classes-Bibliothek (kurz: MFC) ist [Kruglinski96].

■ *Präsentation-Abstraktion-Steuerung.* Im Gegensatz zum Model-
View-Controller-Muster, bei dem der gesamte fachliche Teil einer
Architektur in einem zentralen Modell gekapselt ist, wird beim
Präsentation-Abstraktion-Steuerung-Muster (engl. *presentation-
abstraction-control*) die Verantwortlichkeit für die funktionalen
Anforderungen auf verschiedene Bausteine verteilt, von denen jeder
einen Präsentationsteil, einen Abstraktionsteil und einen Kontroll-
teil enthält. Buschmann nennt die Bausteine in diesem Zusammenhang *Agenten* [Buschmann96]. Die Agenten werden in einer Hierarchie angeordnet. Der Präsentationsteil jedes Agenten enthält sein
sichtbares Verhalten; der Abstraktionsteil enthält das Datenmodell
und zugehörige Methoden. Schließlich enthält der Steuerungsteil
die Kommunikation zwischen Präsentation und Abstraktion sowie
zu anderen Agenten. Ein Beispiel für den Einsatz dieses Musters ist
die Steuerung von intelligenten mobilen Robotern [Crowley85].

8.2.3 Anwendung von Entwurfsmustern

Häufig wiederkehrende Aufgabenstellungen beim Entwurf von Softwaresystemen können durch Entwurfsmuster (engl. *design patterns*)
schnell und umfassend bearbeitet werden. Mit Entwurfsmustern kann
das Wissen erfahrener Entwickler über die Struktur und das Zusammenspiel von Bausteinen und einzelnen Klassen innerhalb von Softwaresystemen formalisiert, dokumentiert und weitergegeben werden.
Letztlich erlauben Entwurfsmuster, erfolgreiche Architekturen und
Entwürfe wiederzuverwenden. Besonders beim Entwurf von objektorientierter Software spielen Entwurfsmuster eine entscheidende Rolle.

   Bereits 1994 erschien mit dem Buch von E. Gamma, R. Helm, R.
Johnson und J. Vlissides das Standardwerk zum Thema Entwurfsmuster [Gamma94]. Seither hat diese Viererbande (*gang of four,* auch:
GoF) eine regelrechte Pattern-Bewegung ausgelöst. Der Ursprung der
Entwurfsmuster als Lösungsvorgaben komplexer Designprobleme
stammt aus der Architektur von Gebäuden. Der Architekt und Städte-
planer Christopher Alexander hat bereits in den 1970er-Jahren zusammen mit seinen Mitarbeitern mehrere Bücher zum Thema Muster im
Bereich von Planung und Bau veröffentlicht [Alexander77]. Mittlerweile gibt es zum Thema Entwurfsmuster unzählige Veröffentlichungen von sehr vielen Autoren, einige Konferenzen und Myriaden von In-
ternetseiten. Wir halten uns im folgenden Text an die klassischen
Ursprünge der Softwareentwurfsmuster, empfehlen aber das Studium
der weiterführenden Literatur zum Thema Entwurfsmuster (z. B.
[Fowler02], [Vlissides98] oder [Buschmann96]).

In den folgenden Abschnitten werden Entwurfsmuster von den Stilen und Mustern aus den vorigen Abschnitten abgegrenzt, die Vorteile für den Softwarearchitekten durch die Verwendung von Entwurfsmustern beschrieben und Möglichkeiten zur Klassifikation solcher Muster vorgestellt. Danach wird besprochen, wie Entwurfsmuster in der Literatur üblicherweise dargestellt werden. Darauf basierend werden abschließend einige Beispiele von Mustern vorgestellt, die für die Softwarearchitektur besonders relevant sind.

Abgrenzung von Architekturstilen und -mustern

Sowohl Architekturstile (siehe Abschnitt 8.2.1) als auch Architekturmuster (siehe Abschnitt 8.2.2) wirken sich global aus, also auf der Ebene der Softwarearchitektur. Sie betreffen jeweils mehrere, wenn nicht gar alle Bausteine einer Architektur. Dabei erstrecken sich die Auswirkungen entweder auf die Struktur und das Zusammenspiel von Bausteinen (bei Architekturstilen) bzw. auf einen übergreifenden Aspekt quer durch alle Bausteine (bei Architekturmustern).

Im Gegensatz dazu wirken Entwurfsmuster rein lokal, also innerhalb von einzelnen Bausteinen. Sie können angewendet werden, ohne die Gesamtarchitektur zu berühren. Deshalb sind Entwurfsmuster im Gegensatz zu Architekturstilen und -mustern ein Mittel, das auch von einzelnen Entwicklern bzw. Architekten einzelner Bausteine eingesetzt werden kann. Umgekehrt können in einem Baustein mehrere Entwurfsmuster kombiniert werden, ohne die konzeptuelle Integrität zu verletzen.

Vorteile für den Softwarearchitekt

Der Softwarearchitekt hat durch die Verwendung von Entwurfsmustern eine Reihe von Vorteilen:

- Entwurfsmuster dienen als mentale Bausteine [Buschmann96]. Der Architekt kann während des Architekturentwurfs mit Entwurfsmustern und damit mit komplexen Kombinationen von Softwarekomponenten jonglieren. Er bewegt sich dadurch auf einer hohen Abstraktionsebene.

- Entwurfsmuster dienen als effektives Kommunikationsmittel mit den Entwicklern. Über die Namen solcher Muster wird bei Architekt und Entwickler mit geringstem Aufwand ein gemeinsames Verständnis hergestellt. Dies entspricht dem fundamentalen Entwurfsprinzip der Abstraktion (vgl. Kapitel 5, »Entwurf«).

- Entwurfsmuster erlauben die Verbesserung von Qualitätsattributen [Bosch00]. Jedes Entwurfsmuster hat positive, aber auch negative

Auswirkungen auf ein oder mehrere Qualitätsattribute (wie Leistung oder Flexibilität). Der Architekt kann im Vorfeld aus der Dokumentation eines Musters ableiten, wie der Einsatz dieses Musters die Qualitätsattribute beeinflussen würde.

▨ Entwurfsmuster erlauben die Wiederverwendung von bewährten Lösungen. Der Architekt kann beim Entwurf seiner Architektur auf Standardlösungen für Teilprobleme zurückgreifen, indem er aus einem Musterkatalog oder Mustersystem auswählt.

Klassifikation von Entwurfsmustern

Entscheidend für die effektive Verwendung von Entwurfsmustern ist, das richtige Muster für die jeweilige Entwurfsaufgabe schnell und einfach zu identifizieren. Dazu reicht es wegen der großen Anzahl von Entwurfsmustern nicht, einen *Musterkatalog* in Form einer reinen Auflistung zur Verfügung zu haben. Jedes Entwurfsmuster hat zudem noch Beziehungen zu anderen Mustern. Einige Muster ergänzen andere, bestimmte Muster werden oft kombiniert eingesetzt, manche Muster sind Spezialisierungen oder Generalisierungen anderer Muster.

Abb. 8-4 zeigt ein Beispiel der Beziehung zwischen drei beliebten, oft eingesetzten Entwurfsmustern. Demnach kann ein *Iterator*-Muster dazu verwendet werden, um die einzelnen Kindelemente aus einem *Composite*-Muster aufzuzählen. Gleichzeitig kann ein *Visitor*-Muster verwendet werden, um verschiedene Operationen auf dem *Composite* bereitzustellen; dazu wird der *Visitor* wieder auf den *Iterator* zugreifen (zu allen erwähnten Entwurfsmustern siehe [Gamma94]).

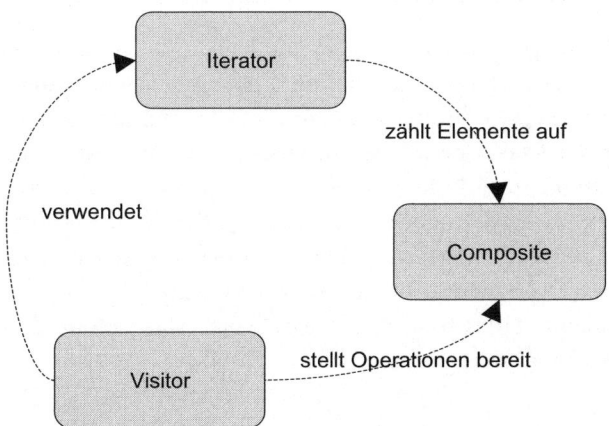

Abb. 8-4 Beziehungen zwischen verschiedenen Entwurfsmustern am Beispiel von Composite, Visitor und Iterator.

Klassifikation Bereits in [Gamma94] wurde eine *Klassifikation* von Mustern vorgeschlagen, die sich am Einsatzgebiet des jeweiligen Musters orientiert. Dabei wird jedes Entwurfsmuster in eine der folgenden drei Kategorien eingeteilt:

▪ Erzeugungsmuster (engl. *creational patterns*). Diese ermöglichen es, ein Softwaresystem unabhängig von der Erzeugung, der Art der Zusammensetzung und der Repräsentation von Objekten zu machen.

▪ Strukturmuster (engl. *structural patterns*). Diese befassen sich mit der Zusammensetzung von Klassen und Objekten zu größeren Strukturen.

▪ Verhaltensmuster (engl. *behavioral patterns*): Diese beschreiben komplexe Kontrollflüsse und die Interaktion zwischen Klassen und Objekten.

Mustersysteme Entwurfsmuster existieren nicht isoliert voneinander; diesem Aspekt haben bereits Gamma et al. mit einem Graphen Rechnung getragen, der die spezifischen Beziehungen der einzelnen Muster aufzeigt [Gamma94]. Buschmann geht noch einen Schritt weiter und führt den Begriff des *Mustersystems* ein [Buschmann96]. Das Mustersystem verbindet die einzelnen Entwurfsmuster und beschreibt ihre Beziehungen untereinander. Es enthält zudem Richtlinien für die Implementierung und die Kombination von Mustern. Das Ziel jedes Mustersystems sollte sein, Entwurf und Entwicklung eines Softwaresystems so zu unterstützen, dass sowohl die funktionalen als auch die nichtfunktionalen Anforderungen erfüllt werden können.

Darstellung und Beschreibung von Entwurfsmustern

Entwurfsmuster können nicht allein durch grafische Modelle dokumentiert werden. Es ist zusätzlich wichtig, Entwurfsentscheidungen, Alternativen und Beispiele für die Verwendung festzuhalten [Gamma94]. Es hat sich in der Praxis bewährt, Entwurfsmuster in Form eines einheitlichen Schemas zu dokumentieren. Dadurch können Entwurfsmuster leichter erlernt und angewendet werden. Auch der Vergleich von manchmal nur scheinbar ähnlichen Entwurfsmustern fällt mit einem einheitlichen Dokumentationsschema leicht. Tabelle 8-3 zeigt die wichtigsten Elemente eines Beschreibungsschemas, das sich an die Darstellung in [Gamma94] anlehnt.

Name	Essenz des Musters, wird Bestandteil des Vokabulars von Architekt und Entwickler
Klassifizierung	Einordnung in das umgebende Mustersystem bzw. in die geltende Klassifizierung
Grundprinzip	Kurze Erklärung, was das Entwurfsmuster leistet und welches Problem gelöst werden soll
Motivation	Szenario zur Darstellung des Problems, das vom Muster gelöst wird
Struktur	Grafisches Strukturmodell des Entwurfsmusters (z. B. als UML-2-Diagramm)
Rollen	Teilnehmende Klassen/Objekte und ihre Rollen und Verantwortungen
Kooperationen	Wie arbeiten die Teilnehmer zusammen, um das Muster zu bilden?
Konsequenzen	Ziele und Auswirkungen des Entwurfsmusters auf das System; dies dient auch zur Auslotung von Entwurfsalternativen.
Implementierung	z. B. Techniken, bestimmte Aspekte von Programmiersprachen, Hinweise
Beispiel	Anwendungsfall für das Muster und beispielhafte Implementierung in Form von Codefragmenten
Verwandte Muster	Beziehungen zu anderen Entwurfsmustern

Tab. 8–3 Elemente eines Beschreibungsschemas für Entwurfsmuster

Jedes Entwurfsmuster ist also so dokumentiert, dass es sich leicht als Lösung für ein Entwurfsproblem auffinden und bewerten lässt. Die Anforderungen an das Entwurfsmuster, die Lösung (bestehend aus Struktur und Dynamik) sowie die Umsetzung in Form von Implementierungsanweisungen und Beispielen sollten ebenfalls Bestandteil einer guten Musterbeschreibung sein.

Beispiele von Entwurfsmustern

In diesem Buch wollen wir aus Platzgründen nicht zu weit in die Beschreibung einzelner Muster einsteigen, dies sei der jeweiligen Literatur zum Thema Entwurfsmuster überlassen (z. B. [Gamma94], [Buschmann96]). Stattdessen wollen wir in kurzen Absätzen einige wenige Entwurfsmuster beschreiben, die für den Softwarearchitekten besonders relevant sind. Ihnen als angehenden Architekten sei jedoch geraten, sich anhand der existierenden Literatur ein Vokabular von 20–30 Mustern flüssig zu erarbeiten. Dieses Vokabular wird ein aktiver, oft genutzter Bestandteil Ihrer persönlichen Toolbox sein.

Da die Namen der Muster seit Jahren auch im deutschsprachigen Raum mit ihrer englischen Bezeichnung verwendet werden, sehen wir davon ab, diese Entwurfsmuster mit einem künstlich wirkenden deutschen Begriff zu beschreiben. Die deutsche Entsprechung zu den englischen Namen führen wir ergänzend im Text auf.

Proxy **Beispiel 1:** *Proxy* (Stellvertreter). Das Proxy-Entwurfsmuster ist ein Strukturmuster, bei dem für eine existierende Softwarekomponente ein Stellvertreter eingeführt wird. Anstatt direkt mit der Komponente zu kommunizieren, kennen Kommunikationspartner nur das Proxy-Objekt. Vorteile dieses Entwurfsmusters sind:

- Der Kommunikationspartner muss den Ort der eigentlichen Komponente nicht kennen. In diesem Fall wird das Proxy-Muster dazu verwendet, um den Verteilungsaspekt transparent zu halten.

- Das Proxy-Objekt kann die Kontrollfunktionalität erledigen. Beispielsweise ist eine gesteigerte Effizienz der Gesamtapplikation durch dynamisches Nachladen der Komponente bei Bedarf möglich (engl. *load on demand*).

Beispiele für den Einsatz des Proxy-Musters sind die bereits erwähnte CORBA-Komponentenplattform, bei der aus plattformunabhängig definierten Schnittstellen Proxy-Objekte generiert werden, oder Microsoft OLE, wo ein Proxy-Objekt über einen RPC-Mechanismus die Verbindung zum OLE-Server herstellt.

Das Proxy-Entwurfsmuster spielt auf der Architekturebene oft eine wichtige Rolle, da es die Aspekte der Verteilung, Kapselung sowie das Kontrollverhalten von Objekten thematisiert. Es adressiert fundamentale Entwurfsprinzipien wie Kapselung oder Abstraktion (vgl. Kapitel 5).

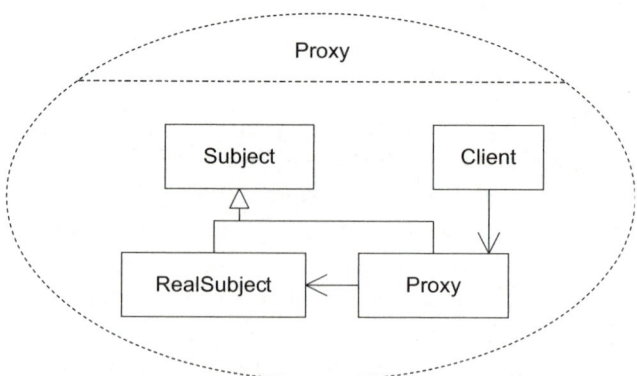

Abb. 8-5 Eine übliche Version des Proxy-Entwurfsmusters als Kooperationsdiagramm der UML 2 (engl. collaboration).

Abb. 8-5 zeigt eine gängige Version des Proxy-Entwurfsmusters. Wie in Kapitel 6, »Dokumentation«, bereits erläutert, können Entwurfsmuster mittels UML 2 als Kooperationen (engl. *collaborations*) dargestellt werden. Hierbei werden die Rollen der beteiligten Bausteine und ihre Beziehungen untereinander dargestellt. Im Fall des Proxy-Entwurfsmusters ist das zentrale Element der Proxy-Baustein. Dieser bietet seinem Client dieselbe Schnittstelle an, die der Baustein RealSubject für den Client bilden würde. Dies ist in Abb. 8-5 durch die Ableitung von einer gemeinsamen Subject-Schnittstelle verdeutlicht. Bei vielen Anwendungen des Proxy-Musters existiert diese Ableitung übrigens nicht im Sourcecode, sondern ist durch einen Codegenerator oder nur implizit festgelegt. RealSubject muss nicht in derselben Umgebung wie Client und Proxy ausgeführt werden.

Observer

Beispiel 2: *Observer* (Beobachter). Das Observer-Entwurfsmuster ist ein Beispiel aus der Kategorie der Verhaltensmuster. Dieses Muster löst das Problem, eine Reihe von abhängigen Komponenten zu benachrichtigen, wenn sich der Zustand einer anderen Komponente (oft *Subjekt* genannt) ändert. In 8-6 ist das Observer-Muster als UML-2-Kooperationsdiagramm vereinfacht dargestellt. Dazu sieht das Observer-Muster vor, dass sich die Beobachter beim Subjekt registrieren und danach bei jeder Zustandsänderung explizit benachrichtigt werden. Ein wichtiges Detail ist, dass jede Observer-Komponente nach dieser Benachrichtigung bei Bedarf den aktuellen Zustand vom Subjekt erfragt. Die Zustandsdaten sind nicht Teil der Benachrichtigung.

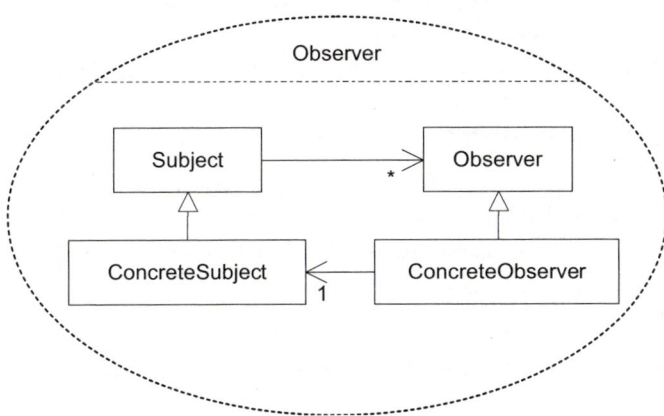

Abb. 8-6 Vereinfachte Darstellung des Observer-Entwurfsmusters als Kooperationsdiagramm der UML 2

Dieses Entwurfsmuster bringt folgende Vorteile:

■ Die beobachtenden Komponenten werden direkt bei Änderungen des Subjekts benachrichtigt. Es gibt keinen Mehraufwand zur Überwachung des Zustands.

■ Die Beobachter sind vom Subjekt durch einen abstrakten Mechanismus entkoppelt. Dieser Mechanismus wird durch das Observer-Muster vorgegeben.

■ Eine *Broadcast*-Kommunikation ist automatisch verfügbar, ohne dass das konkrete Subjekt die Beobachter kennen muss.

■ Es ist einfach, dem System neue Beobachter-Komponenten hinzuzufügen.

Beispiele für den Einsatz des Observer-Musters sind die Ereignisbehandlung in der Programmiersprache Java (z. B. die Reaktion auf die Bedienung eines *JButton*-Objekts durch den Benutzer) oder auch das Architekturmuster Model-View-Controller (Siehe S. 212), das ein Observer-Entwurfsmuster enthält.

Abstract Factory   **Beispiel 3:** *Abstract Factory* (abstrakte Fabrik). Dieses Entwurfsmuster gehört in die Klasse der Erzeugungsmuster. Es erlaubt, eine Gruppe von zusammengehörigen Objekten (sog. *Produkten*) zu erzeugen, ohne die Objekte konkret zu kennen. Dazu wird eine abstrakte Komponente definiert, die eine Schnittstelle zur Objekterzeugung darstellt (die *abstrakte Fabrik*). Diese definiert eine Erzeugungsmethode für jeden abstrakten Produkttyp. Zu jeder konkreten Gruppe von Produkten wird ein spezialisiertes Factory-Objekt bereitgestellt, das dieselbe Schnittstelle wie die abstrakte Fabrik besitzt. Hat man nun eines der spezialisierten Factory-Objekte zur Verfügung, so kann man damit die konkreten Produkte erzeugen.

Dieses Entwurfsmuster bietet folgende Vorteile:

■ Der Prozess des Zusammenbaus ist unabhängig von der konkreten Ausformung der Produkte. Beispiel hierfür ist die Produktion eines Autos, bei dem die Arbeiter am Band nicht wissen müssen, welches ABS-Steuergerät sie gerade konkret verbauen.

■ Die Erzeugung zusammengehöriger Objekte kann kontrolliert passieren. Durch spezielle Mechanismen der Programmiersprache kann zudem sichergestellt werden, dass nur die jeweilige konkrete Fabrik ihre Produkte erzeugen kann (z. B. private Konstruktoren in C++).

■ Eine zusätzliche Gruppe von Produkten mit einer dazu passenden konkreten Fabrik kann leicht hinzugefügt werden.

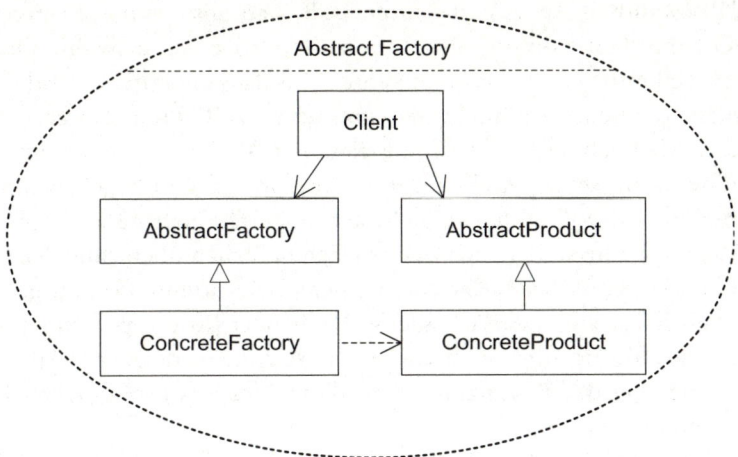

Abb. 8-7 Vereinfachte Darstellung des Entwurfsmusters Abstract Factory
als Kooperationsdiagramm der UML 2.

Das Entwurfsmuster *Abstract Factory* wird z. B. für GUI-Toolkits eingesetzt, die es ermöglichen, grafische Benutzerschnittstellen portabel
zu gestalten. Die Produkte, die von der abstrakten Fabrik erzeugt werden, sind dann Objekte wie *Window, Scrollbar* oder *Button*.

Aus Sicht der Architektur ist dieses Entwurfsmuster wichtig, da es
explizit die Erzeugung von Bausteinen adressiert. Oft wird die Erzeugung von Bausteinen und Objekten in Architekturen vernachläs-
sigt. Insbesondere bei eingebetteten Systemen spielt das Verhalten bei
Startup und Shutdown des Systems eine wichtige Rolle, z. B. bei Orga-
nizern oder Mobiltelefonen.

8.3   Technologien und Werkzeuge

Im bisherigen Teil dieses Kapitels haben wir uns mit Lösungsvorlagen
für Softwarearchitekturen beschäftigt. Diese enthielten kodifiziertes
Wissen in Form von Architekturstilen, -mustern und Entwurfsmustern
auf verschiedenen Ebenen der Granularität. Im nun folgenden Teil
widmen wir uns einem anderen, ebenso wichtigen Teil der Toolbox:
Technologien und Werkzeuge, die Sie bei Ihrer Arbeit als Softwarearchitekt benötigen.

Der Softwarearchitekt ist auf mehrere Arten mit der riesigen Vielfalt an existierenden Technologien und Werkzeugen konfrontiert.
Zum einen setzt er selbst einen Teil davon ein, während er Architekturen entwirft (z. B. Modellierungswerkzeuge). Einen weiteren Teil plant

*Einsatzbereiche im
Rahmen der
Softwarearchitektur*

er als Bestandteil der Architekturen (z. B. Betriebssysteme, Commercial-Off-the-shelf-Komponenten), er trifft also eine Auswahl. Einen dritten Teil muss er nur insoweit kennen, als dass die Entwickler damit arbeiten, die seine Architekturen umsetzen (z. B. Programmiersprachen). Schließlich muss er Technologien und Werkzeuge benutzen, um die Einhaltung seiner Architektur zu überprüfen und gegebenenfalls die Architektur von bestehenden Systemen zu rekonstruieren.

Alle diese Einsatzbereiche können sich natürlich überschneiden. So wird der Architekt beispielsweise zum einen bestimmte Programmiersprachen selbst einsetzen, um kleine Tools oder Prototypen zu entwickeln. Gleichzeitig ergibt sich aus seinem Architekturentwurf, dass die Entwickler bei der Umsetzung eben diese Programmiersprachen beherrschen müssen.

In den nun folgenden Abschnitten soll eine kursorische Aufstellung von Technologien und Werkzeugen und ihre jeweilige Beziehung zur Softwarearchitektur beschrieben werden. Darüber hinaus werden dem Softwarearchitekten Anhaltspunkte zur Auswahl von geeigneten Technologien und Werkzeugen an die Hand gegeben.

Klassifizierung von Technologien und Werkzeugen

In den folgenden Abschnitten werden Technologien und Werkzeuge grob klassifiziert und in ihrer Wirkung für die Softwarearchitektur beschrieben. Das Wissen um die einzelnen Kategorien von Technologien und Werkzeugen gehört in die Toolbox des Softwarearchitekten. Folgende Kategorien werden im Rest dieses Kapitels erklärt:

- Betriebssysteme und Programmiersprachen
- Bibliotheken, Komponenten und Frameworks
- Modellierung und Generierung
- Analyse und Rekonstruktion

Diese Themen stellen nur eine Auswahl aller existierenden Technologien und Werkzeuge dar, decken aber einen wesentlichen Teil des Bedarfs eines Architekten ab.

8.3.1 Betriebssysteme und Programmiersprachen

Betriebssysteme und Programmiersprachen sind Basistechnologien, auf denen die meisten Softwarearchitekturen aufsetzen. Eine übergreifende Kenntnis der Landschaft von Betriebssystemen und Programmiersprachen ist für den Softwarearchitekten unabdingbar. Er muss unter diesen oft eine Auswahl treffen und diese vor allem selbst einsetzen, z. B. zum Bau von Prototypen oder zur Überprüfung von Richtlinien.

Betriebssysteme

Betriebssysteme stellen eine grundlegende Technologie dar, auf der die höheren Schichten der Applikationsprogrammierung aufsetzen. Die zentrale Aufgabe eines Betriebssystems ist die Verwaltung und Steuerung einer Computer-Hardware und ihrer Ressourcen. In eingebetteten Systemen, die oft auf weniger leistungsfähigen Microcontrollern basieren, obliegt dem Softwarearchitekten die Entscheidung, ob überhaupt ein Betriebssystem eingesetzt werden soll. Im Bereich der PCs und Mainframes sind oft ein oder mehrere Standard-Betriebssysteme eine Vorgabe, die der Architekt als Einflussfaktor in seinen Architekturentwurf einbeziehen muss. *(Aufgaben)*

Der Softwarearchitekt muss bei der Wahl des Betriebssystems berücksichtigen, dass vom Betriebssystem die darüber hinaus verwendbaren Technologien und Werkzeuge abhängen. Diese Abhängigkeit lässt sich allerdings durch portable Sprachen und Werkzeuge (z. B. Java) reduzieren. *(Abhängigkeiten)*

Beispiele für Betriebssysteme sind die verschiedenen Microsoft-Windows-Varianten aus dem kommerziellen Bereich, Linux als Open-Source-Betriebssystem sowie VxWorks und QNX als Beispiele aus einer Vielzahl von Echtzeitbetriebssystemen. *(Beispiele)*

Programmiersprachen

Programmiersprachen lassen sich nach ihren grundlegenden Eigenschaften klassifizieren. So gibt es prozedurale (z. B. COBOL oder C), objektorientierte (z. B. C++ oder Java), deklarative oder funktionale Sprachen. Dazu kommen noch Datenbankabfragesprachen (z. B. SQL) und Markup-Sprachen (wie HTML oder XML). Der Softwarearchitekt hat bei der Auswahl der verwendeten Programmiersprachen zahlreiche Randbedingungen zu beachten:

- Große Systeme erfordern immer öfter den gleichzeitigen Einsatz von mehreren Programmiersprachen. Im IT-Umfeld ist z. B. der Einsatz von Java, JSP, HTML und SQL im gleichen Projekt keine Seltenheit. Im Umfeld der eingebetteten Systeme hat man immer häufiger den parallelen Einsatz von C, C++ und Java. *(Auswahl von Programmiersprachen)*

- Bereits existierende Systeme (sog. *legacy systems*) können nicht von heute auf morgen ersetzt werden. Somit sind ihre Programmiersprachen (z. B. COBOL auf Mainframe) bereits festgelegt und liegen außerhalb des Einflussbereichs des Softwarearchitekten.

- Durch Codegenerierung wird das manuelle Codieren immer weiter automatisiert; die Beherrschung einzelner Programmiersprachen rückt in den Hintergrund.

- Neuere Plattformen (z. B. Microsoft .NET) bieten ihre Funktionalität und APIs in einer Vielzahl von Programmiersprachen an. Damit wird die Programmiersprache austauschbar.

- Eine fließend beherrschte Programmiersprache ist Muttersprache und Kern-Know-how des Entwicklers. Unabhängig vom zu lösenden technischen Problem werden daher (oft unbegründete) Vorbehalte gegen neue Programmiersprachen aufgebaut.

8.3.2 Bibliotheken, Komponenten und Frameworks

Dieser Abschnitt beschreibt Technologien und Werkzeuge, die eine *Wiederverwendung* von Software unterstützen bzw. ermöglichen. Dies ist sowohl für einzelne Softwarearchitekturen als auch für Architektur im Rahmen von Produktlinien wichtig. Bei einzelnen Softwarearchitekturen müssen oft Bausteine von Drittanbietern und/oder Bausteine aus anderen Projekten desselben Unternehmens eingesetzt und dadurch wiederverwendet werden. Bei einer Produktlinienarchitektur (vgl. Kapitel 10) ist Wiederverwendung ein grundlegender Mechanismus, der durch die Technologien und Werkzeuge aus diesem Abschnitt bereitgestellt werden kann.

Softwarebibliotheken

Bei der Entwicklung von großen Softwaresystemen haben sich in der Vergangenheit sog. Softwarebibliotheken (engl. *libraries*) bewährt. Bei prozeduralen Sprachen fassen Bibliotheken mehrere Prozeduren bzw. Funktionen zu einer Einheit zusammen. Bei objektorientierten Softwaresystemen können mehrere zusammengehörige Klassen in der gleichen Bibliothek abgelegt werden. Die Klassen können in eigenen Projekten direkt verwendet werden oder als Basis für neue Klassen dienen (z. B. durch Aggregation oder Vererbung).

Beispiel: STL   Beispielsweise bietet *die Standard Template Library* (kurz: *STL*) für Programme der Sprache C++ mehrere unterschiedliche Containerklassen (z. B. verkettete Listen oder Hash-Tabellen), eine Reihe von Iteratorklassen (für den abstrakten Zugriff auf die Container) sowie eine Auswahl von Algorithmenklassen (z. B. für Sortierung von Containern) an [Musser01].

Softwarebibliotheken bieten drei wesentliche Vorteile:

Vorteile von Bibliotheken
- *Strukturierungsmittel* durch Kapselung ähnlicher und zusammengehöriger Funktionalitäten in ein gemeinsames Paket

- *Wiederverwendung* von Softwarebausteinen, entweder von Drittanbietern oder von anderen Abteilungen desselben Unternehmens

■ *Binärauslieferung*, d. h., Quellcode verbleibt beim entwickelnden Unternehmen

Ein zusätzlicher Nebeneffekt des dritten Vorteils ist, dass binär ausgelieferte Bibliotheken den wiederholten Bauprozess großer Systeme im Rahmen der Entwicklungsaktivitäten erheblich beschleunigen können.

Komponenten

Die oben beschriebenen Bibliotheken sind jeweils an eine bestimmte Programmiersprache gebunden, da ihre Schnittstellen in dieser Programmiersprache formuliert werden müssen. Komponenten aus Komponentenbibliotheken können meistens unabhängig von einer Programmiersprache eingesetzt werden. Komponenten sind dabei Standardbausteine, die jeweils für sich abgeschlossen sind und genau definierte externe Schnittstellen haben.

Da Komponenten ein wesentliches Mittel der Wiederverwendung von Software sind, ist ihnen in diesem Buch ein eigener Abschnitt in Kapitel 10, »Produktlinien«, gewidmet.

Ein Beispiel für diese Technologie sind ActiveX-Komponenten, die in Microsoft-Umgebungen angewendet werden können. Für den Einsatz der Komponente muss es eine übergeordnete Spezifikation geben, welche die externen Schnittstellen der Komponente festlegt. Diese Spezifikation zusammen mit einer begleitenden Laufzeitumgebung ist die so genannte *Komponenten-Plattform*.

Beispiel: ActiveX

Frameworks

Klassen- und Komponentenbibliotheken ermöglichen die Wiederverwendung von Software unabhängig von spezifischen Anwendungsgebieten. Beispielsweise kann die oben erwähnte STL von Software zur Produktionssteuerung und Software zum Customer Relationship Management gleichermaßen effektiv genutzt werden. Im Gegensatz dazu ermöglichen *Frameworks* die Wiederverwendung für spezifische Anwendungsfelder. Die Stärke von Frameworks ist daher, dass nicht nur Software auf der Ebene der Implementierung wiederverwendet werden kann, sondern auch auf der Ebene von Design und Softwarearchitektur eine Wiederverwendung möglich ist (sog. *design reuse*). Damit sind Frameworks ein zentrales Mittel zur Formulierung von wiederverwendbarer Softwarearchitektur. Neben diesen *fachlichen* Frameworks, die bestimmte Anwendungsfelder unterstützen, gibt es sog. *technische* Frameworks, die Systemaspekte wie Kommunikation, grafische Benutzeroberflächen oder Persistenz unterstützen.

Frameworks versus
Komponenten

Auch auf technischer Ebene unterscheiden sich Frameworks von reinen Bibliotheken: Eine wichtige Eigenschaft von normalen Softwarebibliotheken ist es, dass die Klassen bzw. instanziierte Objekte in der Regel nur von außen aufgerufen werden und keine eigene Aktivität entwickeln. Frameworks gehorchen dagegen dem *Hollywood-Prinzip*:

> *Don't call us, we call you!*

Demnach bietet das Framework einen Applikationsrahmen, der die Ablaufhoheit besitzt. Dieser Rahmen wird in einem konkreten Projekt durch Ableitung von projektspezifischen Klassen aus Framework-Klassen und Implementierung von Callback-Funktionen ausgefüllt. Im Beispiel einer grafischen Benutzerschnittstelle (kurz: GUI) wird z. B. der Mausklick auf ein Steuerelement in der Benutzeroberfläche in ein Ereignis aus dem Framework-Rahmen umgewandelt, der schließlich in den Aufruf einer projektspezifischen Funktion mündet.

Beispiele für Frameworks

Beispiele für Frameworks sind: *Microsoft MFC* zur Entwicklung von grafischen Benutzeroberflächen auf Basis von Microsoft Windows, *JUnit* zur Entwicklung von Testsuiten für Java-Programme oder das Open-Source-Projekt *Eclipse* zur Entwicklung von integrierten Entwicklungsumgebungen (engl. *integrated development environments*, kurz IDE).

Frameworks werden ebenfalls in Kapitel 10, »Produktlinien«, noch ausführlicher behandelt.

8.3.3 Modellierung und Generierung

Der Softwarearchitekt muss Architekturen entwerfen und dabei Systeme modellieren. Wir haben bereits früher im Buch gesehen, dass es sinnvoll ist, für diese Aktivitäten eine grafische Standardnotation wie UML einzusetzen (vgl. Kapitel 6, »Dokumentation von Softwarearchitekturen«). Um die Architekturmodelle effektiv zu dokumentieren, zu erstellen und zu pflegen, wird der Softwarearchitekt Modellierungswerkzeuge einsetzen. Von der Modellierung (z. B. via CASE) hin zu automatischer Generierung von Quellcode und anderen Artefakten ist es dann nur noch ein kleiner Schritt.

Modellierungswerkzeuge

Softwarearchitektur ist die hierarchische Struktur von Architekturbausteinen und umfasst die Beziehungen und Schnittstellen zwischen diesen Bausteinen (vgl. Kapitel 1). Dadurch sind die Begriffe festgelegt, mit denen ein Softwarearchitekt hantieren muss. Die Modellierung von Systemen mittels Bausteinen und Abhängigkeiten kann sehr gut von

Softwarewerkzeugen unterstützt werden. In der kurzen Geschichte der Informatik wurden diese Werkzeuge auch als CASE-Tools bezeichnet (engl. *computer aided software engineering*).

Die verschiedenen Modelle eines Systems können durch Sichten dargestellt werden (vgl. Kapitel 6). Bei der Modellierung sind nicht nur die Strukturaspekte, sondern ebenfalls die Verhaltensaspekte des Systems wichtig. Modellierungswerkzeuge müssen die Bearbeitung all dieser Aspekte erlauben. Zusätzlich sollte die Modellierungssprache standardisiert sein, damit die Modelle austauschbar werden und als Kommunikationsmedium dienen können. Hier bietet sich UML 2.0 an (vgl. Kapitel 6.5). *Modellierungsaspekte*

Mit grafischen Modellierungswerkzeugen kann der Architekt Modelle in Form von Diagrammen komfortabel erstellen, verändern und verwalten. Bei der Auswahl von Modellierungswerkzeugen sollte der Softwarearchitekt folgende Aspekte bewerten: *Grafische Modellierung*

- Ist die verwendete Modellierungssprache geeignet für das Problem? *Bewertung von Werkzeugen*

- In welchen Branchen wird das Werkzeug bisher eingesetzt?

- Lässt sich das Werkzeug komfortabel benutzen?

- Lassen sich Diagramme und andere Informationen aufbereiten und als Kommunikationsmedium mit anderen Projektbeteiligten nutzen?

- Gibt es Integrationsmöglichkeiten mit anderen Werkzeugen (z. B. Anforderungsmanagement, Konfigurationsmanagement, IDE)?

- Gibt es Import-/Exportmöglichkeiten, möglichst in Standardformaten (z. B. XMI für UML)?

- Welche Unterstützung von Generierung oder Reverse Engineering gibt es?

Gerade der letzte Punkt ist für den produktiven Einsatz von CASE-Werkzeugen entscheidend. Damit eine Generierung von Software aus den erstellten Modellen möglich ist, müssen diese mit klar definierter Semantik hinterlegt sein. Ein Beispiel: Ein Werkzeug zur Modellierung von Zustandsautomaten muss eine klare Definition hinterlegt haben, was mit einem Zustand, einer Transition etc. eigentlich gemeint ist. Dies beinhaltet auch Einschränkungen dessen, was mit dem grafischen Werkzeug modelliert werden kann. Falls das CASE-Werkzeug nur ein komfortables Zeichentool ist, wird eine Generierung nicht möglich sein. *Semantischer Reichtum der Modelle*

Generierung

Jedes erstellte Modell enthält bereits wichtige Informationen über das modellierte System, die in nachgeschalteten Artefakten wieder auftauchen. Die Strukturaspekte einer Architektur schlagen sich beispielsweise in der Strukturierung des daraus resultierenden Quellcodes nieder. Wenn die Modelle bereits mit einem Werkzeug konsistent erstellt wurden, liegt es nahe, diese Informationen zur automatischen Generierung z. B. des Quellcodes aus den Modellen zu verwenden.

Wiederholung von Entwicklungsleistungen

Generierung ermöglicht in diesem Sinn die automatische Wiederholung einer Entwicklungsleistung. Je mehr Information bereits in den Modellen steckt, desto vollständiger kann der daraus generierte Quellcode sein. Dies könnte z. B. ein grobes Gerippe sein, das aus generierten, leeren Funktionsprototypen besteht, die der Entwickler erst mit Algorithmen ausfüllen muss. Es könnte aber auch 100% des Zielcodes generiert werden, wenn die Modelle vollständig genug sind. Voraussetzung dazu ist immer, dass die Semantik der verwendeten Diagramme klar und ausreichend genau definiert ist.

Höhere Abstraktionsebene

Durch die Generierung kann der Aufwand zur Entwicklung verringert und eine gleich bleibende Qualität sichergestellt werden. Wenn die Generierung den Zielcode vollständig erzeugt, kann das Zusammenspiel von Modellierungswerkzeug und Generator dazu führen, dass sich das Denken während der Entwicklung auf einer höheren Abstraktionsebene abspielt. Dies entlastet den Architekt und die Entwickler von Routineaufgaben und ermöglicht ihnen die Konzentration auf die eigentlichen Entwurfsaufgaben. Als Beispiel können die heute durchgängig verwendeten Compiler dienen: Diese ermöglichen es dem Entwickler, in einer Hochsprache zu denken und zu arbeiten, indem sie Assembler-Code für den jeweiligen Prozessor generieren.

XML

Ein typischer Weg, um Generierung für Architekturen gewinnbringend einzusetzen, ist die Verwendung von XML-Formaten zur Beschreibung von Inhalten auf höheren Abstraktionsebenen. XML als Standardformat eignet sich hierfür sehr gut, da bereits komplette Infrastrukturen in Form von Vorgehensweisen und Werkzeugen verfügbar sind. Konfigurierbare Editoren für XML-Schemata und XML-Dateien bestimmter Formate, Syntax-Checker, Parser sowie Codegeneratoren können direkt als Open-Source- oder kommerzielle Lösung beschafft und eingesetzt werden. Eine gute Einführung zum Thema XML findet sich in [Harold01], tiefergehendes XML-Wissen kann der Architekt durch [Martin00] erwerben.

Model Driven Architecture

Ein wichtiges Ziel der Modellierung von Systemen ist die Plattformunabhängigkeit. Ein Codegenerator kann die Abbildung vom Modell auf die Plattform leisten; die dadurch entstehende Abhängigkeit des Codegenerators von Plattformeigenschaften ist jedoch nicht wünschenswert. Hier setzt der neue Standard der *Model Driven Architecture* (kurz *MDA*) ein. Hier wird zum fachlichen Modell (engl. *platform independent model*, kurz *PIM*) ein weiteres Modell hinzugefügt, das die technischen Gegebenheiten der Plattform beschreibt (engl. *platform specific model*, kurz *PSM*). Beide Modelle können unabhängig voneinander bearbeitet und weiterentwickelt werden. Dies reduziert die Komplexität, ermöglicht Arbeitsteilung, erhöht die Wiederverwendung und trägt den unterschiedlichen Änderungsgeschwindigkeiten im fachlichen und technischen Bereich Rechnung. Der Codegenerator muss beide Modelle verknüpfen und dadurch plattformspezifischen Quellcode erzeugen.

8.3.4 Analyse und Rekonstruktion

Die Technologien und Werkzeuge, die in diesem Abschnitt beschrieben werden, benötigt der Softwarearchitekt, um die Einhaltung seiner Architektur und der zugehörigen Richtlinien sicherzustellen. Zusätzlich können die hier beschriebenen Technologien zur Rekonstruktion von Softwarearchitekturen aus bestehenden Softwaresystemen eingesetzt werden.

Einhaltung der Architektur

Der Softwarearchitekt erstellt die Architektur sowie ergänzende Richtlinien und gibt diese Informationen an das Entwicklerteam weiter. Die Entwickler haben die Maßgabe, das System im Rahmen der Architektur zu implementieren und dabei die Richtlinien einzuhalten. Der Architekt kann natürlich das System nicht bis in kleinste Detail spezifizieren, er lässt also den Entwicklern Freiheiten. Wenn ein Entwickler diese Freiräume überschreitet, verstößt er gegen die Architektur. Der Softwarearchitekt benötigt also Technologien und Werkzeuge, um die Einhaltung seiner Vorgaben zu überwachen und bei wiederholten Verstößen dagegen zu steuern.

Rekonstruktion

In der Praxis kommt jeder Softwarearchitekt ab und zu in die Situation, die Architektur eines fertigen oder halbfertigen Systems rekonstruieren zu müssen. Hier müssen ebenfalls große Mengen an Quellcode und anderen Artefakten analysiert, die Informationen in Form gebracht und daraus eine Architektur abgeleitet werden. Dies kann als Basis für eine verbesserte Architektur und damit für höhere Qualität des betrachteten Systems dienen.

Analysemethoden

Zur Analyse von Softwaresystemen sind zwei Technologien denkbar, die einander ergänzen. Bei der *statischen Analyse* wird der Quellcode des Systems automatisiert betrachtet. Mit der *dynamischen Analyse* werden Eigenschaften des laufenden Systems überwacht und kontrolliert.

Statische Analyse
    Für die statische Analyse kann der Softwarearchitekt entweder Standardprodukte einsetzen oder selbst mit Hilfe von Skriptsprachen mit wenig Zeitaufwand eigene, spezialisierte Werkzeuge entwickeln (z. B. mit Perl [Christiansen98] oder Python). Standardprodukte zur statischen Codeanalyse sind z. B. lint zur Suche nach Schwachstellen in C- oder C++-Quellcode oder kommerzielle Produkte zur statischen Analyse basierend auf Methoden der theoretischen Informatik (z. B. Polyspace oder Sotograph).

Dynamische Analyse
    Bei der dynamischen Analyse gibt es eine ähnliche Aufteilung. Durch die Analyse von projektspezifischen Trace-Ausgaben mittels kleiner, selbst verfasster Tools kann der Architekt wichtige Informationen über das Gesamtsystem gewinnen. Beispiele sind hier das Systemverhalten in bestimmten Szenarien oder die Leistung der Kommunikationsinfrastruktur. Zusätzlich gibt es kommerzielle Standardprodukte, die meist den Quellcode automatisiert instrumentieren. Beispiele hierzu sind Profiling-Werkzeuge zur Bestimmung von Zeitbedarf und Aufrufhierarchie in Softwaresystemen oder Werkzeuge zum Aufspüren von Codierproblemen wie z. B. fehlerhaften Speicherzugriffen (z. B. Purify).

    Sowohl zur Rekonstruktion von Architekturen als auch zur statischen und dynamischen Analyse von Systemen ist es also für den Architekten hilfreich, eine Skriptsprache wie z. B. Perl flüssig zu beherrschen. Weiterhin sollte der Architekt einen Überblick über die auf dem Markt verfügbaren Analysewerkzeuge haben.

8.4 Zusammenfassung

Die Toolbox stellt einen Wissensspeicher für die Erfahrung des Softwarearchitekten dar. In diesem Kapitel haben wir bewährtes Wissen in Form von zwei Kategorien diskutiert:

- Lösungsvorlagen und Methoden
- Technologien und Werkzeuge

Im Rahmen der ersten Kategorie haben wir unterschieden in Architekturstile, Entwurfsmuster und Architekturmuster. Alle diese Lösungsvorlagen lassen sich in konkreten Architekturen wiederfinden; die Anwendung einer solchen Vorlage wirkt sich auf die Architektur und ihre Qualitätsattribute aus. Im konkreten Projektalltag eines Softwarearchitekten könnten Sie den Architekturentwurf mit der Auswahl eines Architekturstils beginnen und danach die Querschnittsaspekte durch Architekturmuster adressieren. Schließlich sollten Sie das Feindesign durch den Einsatz von Entwurfsmustern vorantreiben und so gleichzeitig lokale Entwurfsentscheidungen dokumentieren.

Die zweite Kategorie von Wissen enthält konkrete Softwarewerkzeuge und -technologien, die Sie als Architekt kennen müssen, um sie im richtigen Augenblick einsetzen zu können. Neben allgemeinem, möglichst aktuellem Wissen aus dem Bereich von Informationstechnologie und Informatik sollten Sie bei diesen konkreten Kenntnissen über Softwareprodukte auf dem neuesten Stand bleiben. Speziell wurden Werkzeuge und Methoden behandelt, mit denen Sie die Aufgabe erfüllen können, Architekturen zu entwerfen und die Umsetzung von Architektur und Richtlinien während der Implementierung zu kontrollieren.

Die Darstellung der Toolbox in diesem Kapitel bleibt natürlich fragmentarisch, stellt aber sowohl in inhaltlicher als auch in struktureller Hinsicht einen Grundstock für die Entwurfsarbeit des Architekten dar. Sie können auf die Informationen aus der Toolbox zurückgreifen und diese im Verlauf Ihrer zunehmenden Projekterfahrung erweitern. Damit können Sie sich die Aufgabe erleichtern, aus den Anforderungen und Einflussfaktoren eine tragfähige Architektur zu entwerfen.

▪ Setzen Sie Muster auf möglichst vielen Ebenen der Granularität ein, und sammeln Sie erfolgreiche Muster in Ihrer Toolbox!
▪ Verfeinern Sie Ihr Wissen zu Technologien und Werkzeugen. Bleiben Sie auf dem neuesten Stand!
▪ Erweitern Sie Ihre Toolbox kontinuierlich, vor allem mit Wissen aus erfolgreichen Projekten!
▪ Tauschen Sie Toolbox-Wissen mit anderen Architekten aus!

Tab. 8–4 Die vier goldenen Regeln der Architekten-Toolbox

Zum Schluss wollen wir Ihnen mit Tabelle 8-4 die vier goldenen Regeln der Architekten-Toolbox mit auf den Weg geben. Wie bei Autos, Softwaresystemen und guten Freunden sind auch für eine nachhaltige, erfolgreiche Toolbox kontinuierliche Wartung und Pflege unabdingbar.

9 Fallbeispiel

Nur in der Theorie sind Theorie und Praxis dasselbe.
Unbekannter Autor

Da Theorie und Praxis bekanntlich oft weit auseinander liegen und Erfahrung ein wichtiger Faktor für eine erfolgreiche Architektur ist, sollen die wichtigsten Themen des Buches anhand eines Fallbeispiels nochmals verdeutlicht werden. Wissen aufzubauen ist der erste Schritt zum Erfolg. Um aber ein Thema zu beherrschen, muss es auch angewendet werden. Dazu soll Ihnen die Fallstudie weitere Anregungen geben.

Das Buch hat bisher ein allgemeines Vorgehen zur Architekturerstellung mit vertiefenden Kapiteln zu den Themen Organisation, Einflussfaktoren, Entwurf, Dokumentation, Bewertung und Toolbox beschrieben. Die Fallstudie greift erneut dieses Vorgehen auf und wendet die einzelnen Themen des Buches im Rahmen eines konkreten Beispiels an. Das abschließende Kapitel erweitert dann die bisherigen Themen um den Aspekt von Produktlinien.

Die Fallstudie beschreibt die Architekturerstellung für ein virtuelles Projekt eines Navigationssystems. Ausgehend von den Anforderungen an das Navigationssystem werden Einflussfaktoren und damit verbundene Risiken beschrieben. Für einige der identifizierten Problemstellungen werden danach Strategien für den Entwurf abgeleitet. Einen weiteren Schwerpunkt stellt die Betrachtung allgemeiner Entwurfskriterien wie z. B. Einfachheit dar. Grafisch dokumentierte Lösungsansätze, ergänzt durch Text, beschreiben anschließend den Entwurf in exemplarischer Form. Nach einer szenariobasierten Bewertung der Architektur bezüglich ausgewählter Einflussfaktoren werden abschließend kurz die Implementierung und die damit für den Architekten verbundenen weiteren Schritte betrachtet.

9.1 Projektbeschreibung

Wenn im Umfeld von Automotive-Systemen von innovativen Technologien gesprochen wird, also von den Technologien, die neue Generationen von Fahrzeugen von den aktuellen abheben, dann wird neben Begriffen wie Steer-by-Wire und Sicherheit auch der Begriff Infotainment genannt. Infotainment lässt sich als die Bereitstellung jeglicher

Art von Informationen beschreiben, die für den Fahrer oder andere Insassen des Fahrzeuges interessant sind. Hierzu zählt beispielsweise auch die Navigation.

Die Aufgabenstellung für das virtuelle Projekt besteht in der Erstellung der Software für ein Fahrzeugnavigationssystem.

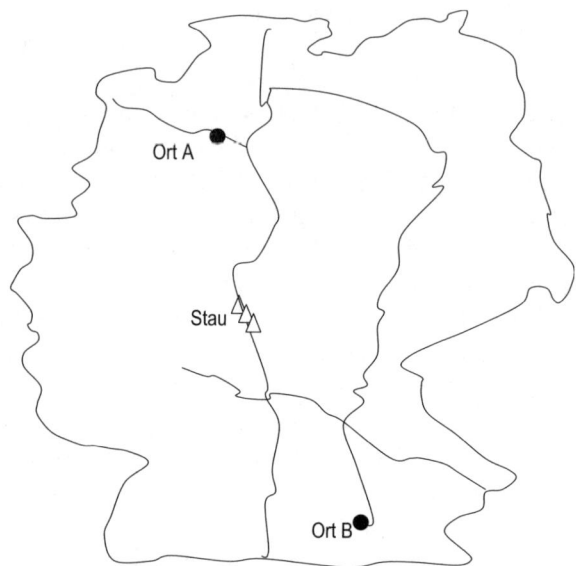

Abb. 9-1 Fallstudie: Fahrzeugnavigation von Ort A nach Ort B

Fokus der Fallstudie   Basierend auf Kartenmaterial soll die Navigationssoftware die Route zwischen den Orten A und B ermitteln. Die Fallstudie beschreibt dabei kein vollständiges Projekt für das Navigationssystem, sondern geht nur auszugsweise auf Aspekte ein, um die wichtigsten Schritte bei der Erstellung einer Softwarearchitektur anhand des Beispiels zu verdeutlichen.

9.2   Schrittweises Vorgehen zur Erstellung der Architektur

Die Fallstudie soll nach dem in Kapitel 3, »Vorgehen«, vorgestellten Ablauf bearbeitet werden. Abb. 9-2 zeigt nochmals die wichtigsten Schritte für die Architekturerstellung. Wir wenden unser allgemeines Vorgehen nun auf ein konkretes Beispiel an und werden dabei auf die in Abb. 9-2 mit eins bis fünf nummerierten Schritte detailliert eingehen. Das Kapitel ist im weiteren Verlauf wie folgt aufgebaut:

- Abschnitt 9.3 beschreibt die Ausgangssituation des Projektes und gibt einen Überblick über die wesentlichen Merkmale, die für das Navigationssystem gefordert sind.

- Abschnitt 9.4 und 9.5 spezifizieren wichtige Anforderungen, eine Use-Case-Analyse sowie ein fachliches Modell (Schritt 1 in 9-2).

- Abschnitt 9.6 legt den Aufbau der Architekturdokumentation fest, d. h., aus welchen einzelnen Dokumenten die Architekturdokumentation für die Navigationssoftware besteht.

- Abschnitt 9.7 befasst sich mit der eigentlichen Architekturerstellung (gestrichelter Kasten in Abb. 9-2). Dabei werden folgende Themen berücksichtigt:

  - Die Spezifikation der Einflussfaktoren (Schritt 2 in Abb. 9-2)
  - Entwurf und Dokumentation (Schritt 3 in Abb. 9-2) – Hier werden das Sammeln weiterer Informationen für den Entwurf, die

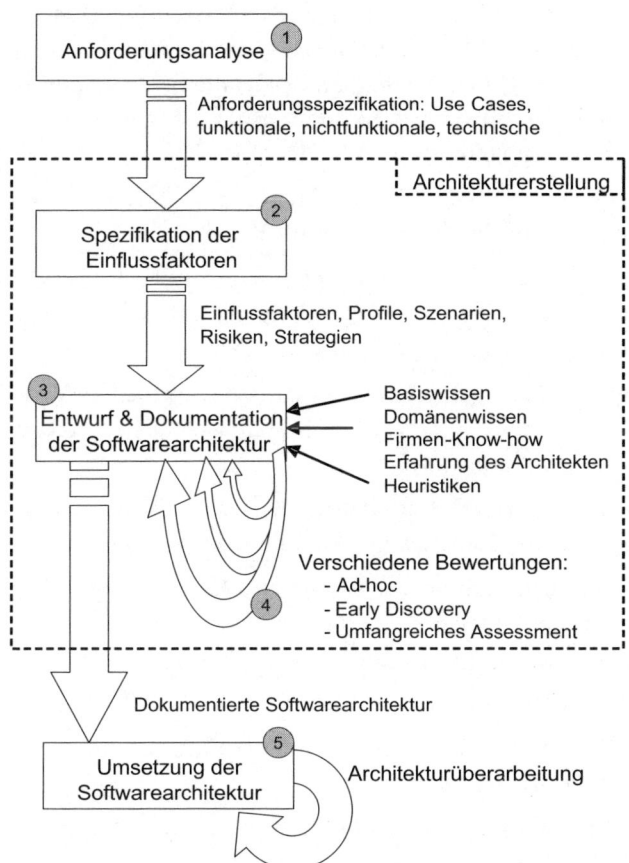

Abb. 9-2 Vorgehensweise für die Architekturerstellung

Definition des Systemkontexts, der Erstentwurf und die anschließende iterativ inkrementelle Weiterentwicklung betrachtet.

- Das umfangreiche Assessment mittels ATAM (Schritt 4 in Abb. 9-2)

■ Abschnitt 9.8 geht kurz auf die Umsetzung der Architektur ein (Schritt 5 in Abb. 9-2).

9.3 Ausgangssituation

Das betrachtete Fallbeispiel hat folgende Ausgangssituation:

Die Entwicklung wird für einen konkreten Kunden durchgeführt und vom Management für das Unternehmen als strategisch wichtig angesehen. Die Zeitplanung ist sehr eng gestaltet und wird durch den festen Endtermin des Kunden geprägt. Die Navigationssoftware ist für ein High-End-System geplant. Die Kosten stehen daher nicht im Vordergrund. Es wurde ein Projektleiter eingesetzt, der sowohl als Ansprechpartner des eigenen Managements als auch des Kunden fungiert. Für die Entwicklung liegt ein Lastenheft des Kunden vor. Dieses beinhaltet grob die Anforderungen des Kunden an das Navigationssystem. Die wichtigsten davon sind:

■ Die Navigation erfolgt über GPS unterstützt durch die Fahrzeugbewegung und mit Hilfe einer CD mit Kartenmaterial.

■ Die Navigation wird sowohl optisch (grafische Kartendarstellung auf großem Display in der Mittelkonsole) als auch akustisch (Routenführung durch Ansagen) durchgeführt.

■ Es sollen Stauinformationen anhand der aktuellen Verkehrsmeldungen verarbeitet werden. Das System aktualisiert stets die Route auf Basis von Stauinformationen.

■ Es werden Service-Schnittstellen für Drittanbieter zur Verfügung gestellt (Hotel-, Tankstellen-, Händlerinformation).

■ Es soll möglich sein, neue Versionen (eng. updates) der Software im Fahrzeug einzuspielen.

■ Die Hardware (CD-Laufwerk, GPS-Empfänger, Controller) soll für spätere Systeme austauschbar sein.

■ Beim Ausschalten der Zündung müssen Informationen zur aktuellen Route erhalten bleiben.

■ Der Fahrer soll gleichzeitig eine Audio-CD hören können, während die Navigation aktiv ist.

9.4   Anforderungen und Use Cases

Aus dem Lastenheft des Kunden wurde in der Anforderungsanalyse eine Anforderungsspezifikation erstellt. Im Rahmen der Anforderungsanalyse wurden die Anforderungen aus dem Lastenheft des Kunden konkretisiert. Bei den nichtfunktionalen Anforderungen wurde insbesondere die Portierbarkeit auf neue Hardware nochmals hervorgehoben. Die funktionalen Anforderungen wurden in Form von Use Cases (Anwendungsfällen) genauer spezifiziert. Ein Ausschnitt der wichtigsten Uses Cases und Aktoren ist in Abb. 9-3 dargestellt.

Use Cases:

- *Ziel eingeben* – Der Fahrer gibt sein gewünschtes Fahrziel ein. Die Zieldaten kommen von der CD.

- *Navigation starten* – Der Fahrer startet die Navigation. Die Route wird berechnet. Für die Ausgabe der ersten Fahranweisung wird der Use Case Fahranweisung aktualisieren aufgerufen.

- *Fahranweisung aktualisieren* – Abhängig von der Bewegung des Fahrzeugs werden die aktuellen Fahranweisungen vom System ausgegeben.

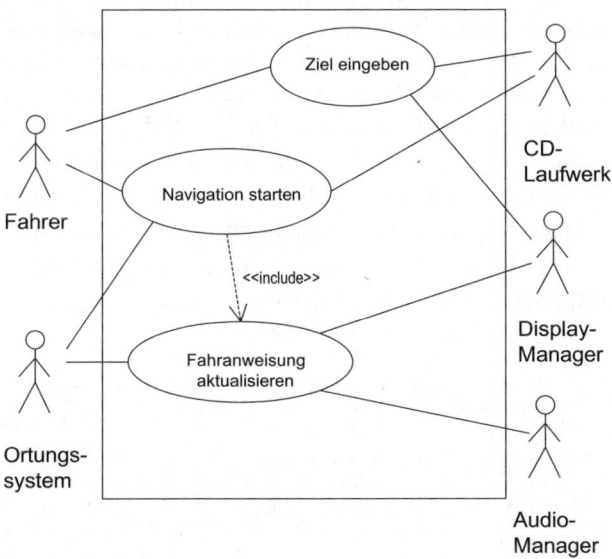

Abb. 9-3 Use-Case-Diagramm für die Navigation

Aktoren:

- *Fahrer* – Er ist der Benutzer des Navigationssystems. Gibt das gewünschte Ziel ein, startet die Navigation und nimmt die Fahranweisungen entgegen.

- *CD-Laufwerk* – Liefert die Informationen für die Zieleingabe sowie das Kartenmaterial für die Navigationsberechnung von CD.

- *Ortungssystem* – Stellt die jeweils aktuelle Position und Bewegung des Fahrzeuges zur Verfügung. Nutzt hierfür GPS sowie Informationen des Bordcomputers des Fahrzeuges.

- *Display-Manager* – Nimmt die Bildschirmausgaben des Navigationssystems entgegen und gibt diese auf dem Display aus. Der Display-Manager koordiniert dabei den Zugriff konkurrierender Anwendungen im Fahrzeug, wie z. B. Bordcomputer, Mobiltelefon oder Radio.

- *Audio-Manager* – Nimmt die Sprachausgaben des Navigationssystems entgegen und gibt diese über das Soundsystem aus. Der Audiomanager koordiniert dabei den Zugriff konkurrierender Anwendungen im Fahrzeug, wie z. B. Mobiltelefon oder Radio.

Durch das Use-Case-Diagramm wird eine aus Anforderungssicht wichtige Systemabgrenzung (Rechteck in Abb. 9-3) bestimmt. Nur mit Hilfe dieser klaren Trennung zwischen Umgebung und System können die von der zu erstellenden Navigationssoftware geforderten Funktionalitäten eindeutig bestimmt werden.

Für die weiteren Betrachtungen in der Fallstudie wird der Use Case *Navigation starten* bzgl. seines Hauptszenarios noch genauer beschrieben. Die Beschreibung des Use Cases wurde für das Beispiel vereinfacht. Für eine vollständige Betrachtung von Use Cases würden Vorbedingungen, Alternativszenarien, Akzeptanzkriterien und einige weitere Aspekte nötig sein. Weiterführende Informationen zu diesem Thema können in [Bittner02] nachgelesen werden.

Use Case: *Navigation starten*

Szenario:

1. Der Fahrer aktiviert die Funktion »Navigation starten«
2. Aktuelle Position vom Ortungsmodul holen
3. Route berechnen
4. <Use Case Fahranweisung aktualisieren aufrufen>:
   a. Positionsänderung vom Ortungsmodul abfragen
   b. Fahranweisung berechnen
   c. Fahranweisung ausgeben an Audio- und Display-Manager

9.5   Analysemodell

Ein weiterer Ausgangspunkt für die Architekturerstellung, der im Rahmen der Anforderungsanalyse entsteht, ist neben dem Use Case Modell ein Analysemodell. Dieses beschreibt losgelöst von der technischen Realisierung die fachliche Logik des zu erstellenden Systems. Abb. 9-4 zeigt ein vereinfachtes Analysemodell für die Navigationssoftware. Als fachliche Bausteine wurden dabei folgende Klassen identifiziert:

- *Steuerung* – zentrale Steuerlogik, die Aktionen der anderen Bausteine koordiniert und auslöst.

- *Nutzerinteraktion* – verarbeitet alle vom Fahrer ausgelösten Aktionen.

- *Routenberechnung* – bestimmt die aktuelle Fahrroute aufgrund der eingegebenen Informationen.

- *NaviDaten* – stellt die Karteninformationen zur Verfügung.

- *Display* – ist für die Darstellung der Fahranweisungen verantwortlich.

- *Sprachausgabe* – ist für die akustischen Anweisungen verantwortlich.

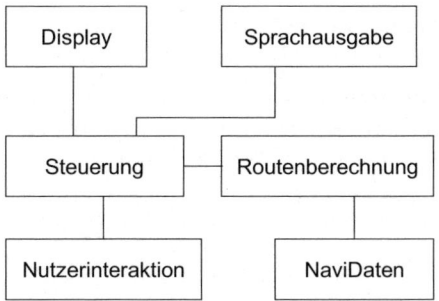

Abb. 9-4 Analysemodell der Navigationssoftware in Form eines UML-Klassendiagramms

9.6   Aufbau der Architekturdokumentation

Die Dokumentation einer Architektur umfasst eine Reihe von verschiedenen Dokumenten. Die Festlegung der Struktur der Architekturbeschreibung ist eine wichtige Voraussetzung für die weitere Dokumentation der Architektur. Kapitel 5, »Dokumentation«, beschreibt die Ziele und Techniken für die Erstellung einer guten Dokumentation.

Einer der wichtigsten Faktoren dabei ist, dass ein Dokument immer einem konkreten Zielpublikum (z. B. Benutzer, Entwickler usw.) und einem konkreten Zweck (z. B. Handlungsanweisung, Implementierungsanweisung usw.) gewidmet sein sollte. Aus Sicht der Architektur des Navigationssystems sind daher folgende Themen zu dokumentieren:

Ergebnisse der Dokumentation

- *Liste der Einflussfaktoren:* Diese Liste dient dem Architekten zur systematischen Erfassung aller Einflüsse auf das System und als Ausgangspunkt für eine Bewertung und Priorisierung der Anforderungen. Die Einflussfaktoren werden mit Hilfe von Faktorentabellen in Abschnitt 9.7.1 erfasst.

- *Liste der Risiken und potenziellen Lösungsstrategien:* Diese Liste dient dem Architekten zur Auswahl der Konzepte für einen ersten Entwurf und dem Projektleiter als Hilfestellung für die Bewertung der Projektrisiken. Die Risiken und Lösungsstrategien werden in Abschnitt 9.7.1 mit Hilfe von Themenkarten dargestellt.

- *Hinweise zum Lesen der Dokumentation:* Diese Hinweise dienen allen Projektbeteiligten zum Verständnis der Dokumentation und als Leseleitfaden. Hier werden beispielsweise Notationskonventionen und das Zusammenspiel unterschiedlicher Sichten beschrieben. Da die Fallstudie keine vollständige Dokumentation bereitstellt, werden wir auf diese Hinweise nicht weiter eingehen.

- *Architektursichten*: Die Dokumentation aller notwendigen Architektursichten dient dem Architekten und dem Entwicklungsteam als Kommunikationsmittel. Die Beschreibung der Sichten stellt neben Einflussfaktoren, Risiken und Lösungsstrategien das Kernwissen des Projektes dar. Dieses Wissen kann gewinnbringend für Folgeprojekte eingesetzt werden. Als Architektursichten werden in Abschnitt 9.7.2 die in Kapitel 6, »Dokumentation«, vorgestellten Kontext-, Struktur- und Verhaltenssichten beschrieben.

- *Bewertung des aktuellen Entwurfs*: Die Bewertung dient in erster Linie der Einschätzung des Status und somit für alle Projektbeteiligten als objektive Beurteilung ihrer bisherigen Arbeit. Die Bewertung erfolgt in Abschnitt 9.7.3 durch ein umfangreiches Assessment.

9.7 Architekturerstellung

Nach der Diskussion der Projektbeschreibung und der zu erstellenden Dokumentationsstruktur sowie der Bereitstellung der Anforderungen können wir uns nun den Kernthemen der Architekturerstellung zuwenden.

9.7.1 Spezifikation der Einflussfaktoren

Bevor ein Softwarearchitekt eine erste Architekturbeschreibung entwirft, muss er sich über kritische Aspekte des Systems im Klaren sein, daraus die Risiken ableiten und geeignete Lösungsstrategien entwerfen. Alle weiteren Entwurfsentscheidungen des Architekten orientieren sich an diesen Strategien.

Einflussfaktoren identifizieren, präzisieren und analysieren

Wie aus Kapitel 4, »Einflussfaktoren«, bereits bekannt, gibt es drei wichtige Gruppen von Faktoren – produktspezifische, technische und organisatorische. Um diese zu identifizieren sowie deren Flexibilität, Veränderbarkeit und Einfluss zu analysieren, trifft sich das Architekturteam mit dem Projektleiter und eventuell weiteren Stakeholdern. Die Ergebnisse der Diskussion werden mit den in [Hofmeister00] eingeführten Faktorentabellen festgehalten. Wir beschränken uns dabei nur auf ausgewählte Beispiele, die für den weiteren Verlauf der Fallstudie von Bedeutung sind.

In Tabelle 9-1 werden als produktspezifische Einflussfaktoren die Bereiche Portierbarkeit und Benutzerschnittstelle identifiziert. In Tabelle 9-2 wird als technischer Einflussfaktor der Bereich Softwaretechnologie identifiziert.

Produktfaktoren & technische Faktoren

Produktspezifische Faktoren	Flexibilität und Veränderbarkeit	Einfluss
P1: Funktionale Anforderungen		
...		
P2: Portierbarkeit		
P2.1: Externe Systeme		
Die Software soll zukünftig auf andere Plattformen portiert werden.	Es ist wahrscheinlich, dass in der nächsten Produktgeneration andere Plattformen zum Einsatz kommen.	Designentscheidungen
P3: Benutzerschnittstelle		
P3.1: Änderbarkeit		
Die Benutzerschnittstelle soll einfach auf eine reduzierte Darstellung, wie z. B. einfache Pfeildarstellungen im Radiogerät, geändert werden können.	Die Anpassung muss unterstützt werden können für die High-End- und eine zukünftige Low-End-Variante der Navigationssoftware.	Designentscheidungen
P4: ...		

Tab. 9–1 Ausgewählte produktspezifische Einflussfaktoren

Technische Faktoren	Flexibilität und Veränderbarkeit	Einfluss
T1: Softwaretechnologie		
T1.1: Kommunikationsprotokolle		
Es werden verschiedene Kommunikationsprotokolle eingesetzt, wie MOST oder CAN.	Die Arten von Protokollen sind noch nicht exakt festgelegt. Die Kommunikationstechnologien ändern sich alle 3-5 Jahre.	Design-entscheidungen
T1.2: Betriebssystem		
Als Betriebssystem wird VxWorks eingesetzt.	Das Betriebssystem kann sich in zukünftigen Versionen ändern. Für diese High-End-Variante ist es jedoch festgelegt.	Design-entscheidungen
T2: ...		

Tab. 9–2 Ausgewählte technische Einflussfaktoren

Organisatorische Faktoren   In Tabelle 9-3 werden als organisatorische Einflussfaktoren die Bereiche Zeitplan, Budget und Mitarbeiter identifiziert.

Organisatorische Faktoren	Flexibilität und Veränderbarkeit	Einfluss
O1: Management		
...		
O2: Zeitplan		
O2.1: Fester Zeitplan		
Der Liefertermin beim Kunden steht fest.	Es ist kein Verhandlungs-spielraum gegeben.	Design-entscheidungen
O3: Budget		
O3.1: Hardwarekosten		
Für die High-End-Variante des Systems sind die Kosten der Hard-ware unkritisch, da keine so hohen Stückzahlen produziert werden.	Bei einer zukünftigen Low-End-Variante sind die Hardware-kosten kritisch.	Zeitplan und Design-entscheidungen
O3.2: Entwicklungskosten		
Die Kosten der Entwicklung sind unkritisch.	Es gibt ein ausreichendes Budget, um auf externe Kapazitäten oder Weiterbil-dungsmaßnahmen zuzugreifen.	Zeitplan und Design-entscheidungen
O4: Mitarbeiter		
O4.1: Wissen über Routenberechnung		
Es gibt keine Mitarbeiter, die über fundiertes theoretisches und prakti-sches Wissen verfügen, wie eine Routenberechnung auf Basis von Karteninformationen durchzuführen.	Wissensaufbau ist im gegebenen Zeitplan kaum möglich.	Zeitplan, Design-entscheidungen, Qualität
O5: ...		

Tab. 9–3 Ausgewählte organisatorische Einflussfaktoren

Die identifizierten Einflussfaktoren sind nun noch zu präzisieren, so *Präzisieren* dass im Rahmen von Bewertungen oder Tests festgestellt werden kann, ob die Anforderungen vom System auch wirklich erfüllt werden. Nehmen wir als Beispiel den Produktfaktor P2 »Portierbarkeit«. Die Aussage, dass das System auf neue Hardware portierbar sein muss, ist zu ungenau. Über die in Kapitel 4, »Einflussfaktoren«, eingeführten Szenarien lässt sich der Faktor derart spezifizieren, dass er messbar wird. Um die Portierbarkeit zu beschreiben, verwenden wir ein Änderungsprofil. Das Profil besteht aus den Szenariokategorien Hardwareplattformen und Softwareplattformen. Zu diesen beiden Kategorien wollen wir im Weiteren Szenarien beschreiben:

- Softwareplattform:
  - *Austausch des Betriebssystems* – Das Betriebssystem VxWorks wird auf Anforderung eines anderen Fahrzeugherstellers durch OSEK ausgetauscht. Der Austausch des Betriebssystems soll nicht mehr als zwei Personenwochen in Anspruch nehmen.

- *Hardwareplattform*:
  - *Austausch der Ortungskomponente* – Die externe Ortungskomponente wird durch eine Komponente eines anderen Herstellers ausgetauscht. Diese bietet die gleiche Funktionalität, stellt jedoch andere Schnittstellen zur Verfügung. Der Austausch der Komponente muss in drei Personentagen durchführbar sein. Die Änderungen dürfen sich zudem nur auf eine Quellcodedatei auswirken.
  - *Austausch des CD-Laufwerks* – Das CD-Laufwerk wird durch eine neue Generation dieses Herstellers ersetzt. Das neue Laufwerk bietet die gleiche Funktionalität, aber definiert ein anderes Kommunikationsprotokoll. Der Austausch des Laufwerks muss sich auf Änderungen in einer Komponente des Navigationssystems beschränken.

Die angegebenen Zeiträume mögen für reale Projekte in diesem Umfeld unrealistisch erscheinen, aber nur deshalb, weil die angegebenen Szenarien nicht in der Architektur in ausreichendem Maße berücksichtigt wurden. Das kann daran liegen, dass andere Aspekte, wie beispielsweise Laufzeitoptimierungen, eine höhere Priorität haben, oder aber auch daran, dass die Szenarien bei der Erstellung der Architektur einfach vergessen wurden. In unserem Beispiel sind diese Szenarien ein Kriterium für die Bewertung der Architektur und entscheiden daher auch über die Qualität der erstellten Architektur. Das bedeutet, wenn die angegebenen Zeiten mit der erstellten Architektur unrealistisch sind, muss eine Überarbeitung der Architektur stattfinden oder aber, falls begründete Notwendigkeiten vorliegen, eine Anpassung der Anforderungen mit dem Kunden diskutiert werden.

Risiken identifizieren

Risiken Nach der systematischen Analyse der Einflussfaktoren müssen aus diesen Faktoren die für das Projekt kritischen Themen abgeleitet werden. An diesen Risiken orientiert sich dann der Architekturentwurf. Würde sich der Architekt nicht an diesen Risiken orientieren, sondern an den zuvor gefundenen einzelnen Faktoren, würde dies nicht den gewünschten Erfolg bringen. Grund hierfür ist, dass sich einzelne Faktoren oftmals gegenseitig beeinflussen. In der Fallstudie greifen wir folgende Risiken für die Erstellung der Navigationssoftware heraus:

■ *Einhaltung des Zeitplans* – Dieser ist sehr knapp bemessen und aufgrund des fixen Produktionsstarts nicht flexibel. Verschärft wird diese Situation durch das mangelnde Wissen der Mitarbeiter zum Thema Routenberechnung sowie der Anforderung, dass das System portierbar sein soll.

■ *Tragfähigkeit der Architektur für zukünftige Systeme* – Für den geschäftlichen Erfolg des Unternehmens ist es wichtig, dass die Software schnell auf neue Umgebungen portiert werden kann. Insbesondere zählt hier die Erstellung einer Low-End-Variante mit vereinfachter Benutzerschnittstelle, Varianten für andere Automobilhersteller, die z. B. ein anderes Betriebssystem einsetzen, oder die Kopplung an unterschiedliche Infotainmentsysteme, die andere Kommunikationssysteme verwenden. Ein Beispiel dafür ist die Verbindung zum Handy oder PDA, um das Adressbuch dieser Geräte für die Zieleingabe zu verwenden.

Lösungsstrategien entwickeln

Nach der Herausstellung potenzieller Risiken besteht der nächste Schritt in der Definition von möglichen Lösungsstrategien, um diese Risiken in der Architektur zu adressieren. Diese Aufgabe wird im nächsten Abschnitt exemplarisch mit Hilfe der in Kapitel 4, »Einflussfaktoren«, vorgestellten Themenkarten nach [Hofmeister00] umgesetzt.

Tabelle 9-4 zeigt die Themenkarte für das Risiko »Einhaltung des Zeitplans«. Diese Karte benennt die zugehörigen Einflussfaktoren, die hier im Wesentlichen organisatorisch sind, und stellt verschiedene Strategien zur Einsparung von Entwicklungszeit vor.

Einhaltung des Zeitplans
Der Zeitplan ist sehr knapp bemessen und aufgrund des fixen Produktionsstarts nicht flexibel. Weitere Einflussfaktoren, wie das mangelnde Wissen zu spezifischen Themen, sowie Portierbarkeit verschärfen diese Problematik.
Beeinflussende Faktoren: O2.1:   fester Zeitplan O4.1:   Wissen über Routenberechnung P2:   Portierbarkeit
Lösung: Über verschiedene Ansätze soll versucht werden, die benötigte Entwicklungszeit für die Software zu verkürzen. **Strategie:** COTS Es soll nach Komponenten gesucht werden, die fertig zugekauft werden können. Fertige Komponenten reduzieren die Komplexität in der eigenen Entwicklung und sparen Entwicklungszeit. **Strategie:** Outsourcing Zu Themen, bei denen im Haus erst Know-how aufgebaut werden müsste, soll nach externen Partnern gesucht werden, die dieses Know-how bereits besitzen. Diese Partner werden beauftragt, Komponenten des Systems vollständig zu erstellen, und fungieren dann als Zulieferer. **Strategie:** Hoher Grad an paralleler Entwicklung Das Design soll so ausgelegt werden, dass eine möglichst hohe Anzahl von Entwicklern parallel arbeiten kann. Eine mögliche Aufstockung der Entwicklungsmannschaft erspart nur dann Zeit, wenn unabhängige Arbeitspakete definiert sind.
Verwandte Themen und Strategien: O.3 Budget: Die Kosten im Projekt sind nicht kritisch.

Tab. 9–4 Themenkarte »Einhaltung des Zeitplans«

Tabelle 9-5 zeigt die Themenkarte für das Risiko »Tragfähigkeit der Architektur«. Die Karte beschreibt die zugehörigen produktspezifischen und technischen Einflussfaktoren und stellt Strategien zur Zerlegung und Kapselung vor.

Tragfähigkeit der Architektur

Für den geschäftlichen Erfolg des Unternehmens ist es wichtig, dass die Software schnell auf neue Umgebungen portiert werden kann. Insbesondere zählt hier die Erstellung einer Low-End-Variante mit vereinfachter Benutzerschnittstelle zu den vorrangigen Zielen. Außerdem sind weitere Varianten für andere Automobilhersteller denkbar, die z. B. ein anderes Betriebssystem einsetzen. Die Kopplung an unterschiedliche Infotainmentsysteme, die andere Kommunikationsmechanismen verwenden, ist ein weiterer möglicher Variationspunkt.

Beeinflussende Faktoren:

P2:   Portierbarkeit
P3.1:   Änderbarkeit der Benutzerschnittstelle
T1:   Softwaretechnologien

Lösung:

Portierbarkeit kann durch eine Zerlegung in geeignete Teilsysteme und die Kapselung der variablen Anteile unter Einsatz objektorientierter Mechanismen erreicht werden.

Strategie: Schichtenbildung

Schichtenbildung stellt eine Möglichkeit dar, um ein komplexes System in Teile zu zerlegen. Jede Schicht hat bestimmte Aufgaben, wobei eine Schicht die Dienste anderer Schichten nutzt. Die Kopplung zwischen den einzelnen Schichten sollte jedoch so gering wie möglich sein. Schichtenbildung ist damit eine geeignete Strategie, um Flexibilität zu erreichen.

Strategie: Kapselung der variablen Anteile

Eine Schicht zur Hardwareabstraktion (engl. hardware abstraction layer, kurz HAL) kann die Kapselung der Besonderheiten der Hardware übernehmen. Durch eine solche Kapselung kann die Software weitgehend unabhängig von der konkreten Hardware entwickelt werden.

Strategie: Einsatz von Entwurfsmustern

Ein konkretes Beispiel für Kapselung ist die Anwendung von Entwurfsmustern, wie z. B. dem Model-View-Controller-Muster für die Definition von Benutzerschnittstellen. Entwurfsmuster stellen einen allgemein gültigen Lösungsansatz bereit und kapseln dabei den variablen Anteil einer Problemstellung.

Verwandte Themen und Strategien:

O.2 Zeitplan: Es besteht ein enger, fixer Zeitplan.

Tab. 9–5 Themenkarte »Tragfähigkeit der Architektur«

9.7.2 Entwurf und Dokumentation

Nachdem der Architekt die Einflussfaktoren identifiziert und die Risiken und allgemeinen Lösungsstrategien abgeleitet hat, kann er ausgehend von diesen Informationen den Entwurf der Architektur beginnen. Als erste Schritte sammelt er weitere Informationen über ähnliche, bereits vorhandene Systeme und entwickelt eine Systemidee.

Sammeln weiterer Eingangsinformationen

Ähnliche Systeme Der Architekt recherchiert im Internet nach verfügbaren Fertigkomponenten (engl. component of the shelf, kurz COTS) und stellt fest, dass eine geeignete Komponente für den Navigationskernel, also die Komponente zur Bestimmung der Route aus den Karteninformationen, von einem Zulieferer erhältlich ist. Daraufhin wird zusammen mit dem Projektmanagement die Entscheidung getroffen, diese Komponente einzukaufen und nicht selbst zu entwickeln, da das dafür notwendige Wissen erst noch aufgebaut werden müsste. Um das Risiko einer Fehlinvestition zu beschränken, wird vor dem Kauf eine Evaluation der Fremdkomponente bzgl. der wichtigsten Anforderungen durchgeführt.

Als weiterer Schritt entwickelt der Architekt nun eine Idee vom zu entwickelnden System. In unserem Beispiel soll das System aus einer Benutzerschnittstelle (engl. man machine interface, kurz MMI), einer zentralen Steuerung, einer Hardware-Abstraktionsschicht und dem zugekauften Navigationskernel zur Routenberechnung bestehen. Die Benutzerschnittstelle übernimmt die Interaktionen mit den Nachbarsystemen Tatstatur, Audio- und Display-Manager, die wiederum für die direkte Interaktion mit dem Fahrer über Tasten, Bild- und Tonausgabe verantwortlich sind. Die Steuerung koordiniert die Anfragen des Fahrers mit dem Navigationskernel und die Hardware-Abstraktionsschicht kapselt die Zugriffe auf das CD-Laufwerk und das Ortungsmodul. Mit dieser Systemidee geht der Architekt an den Entwurf.

Systemidee

Betrachtung des Systemkontextes

Eine der wichtigsten Aufgaben für die Architekturerstellung ist die Festlegung der Schnittstellen. Um die inneren Komponenten eines Systems diesbezüglich spezifizieren zu können, müssen in einem ersten Schritt die Schnittstellen des Systems nach außen (Kontext des Systems) festgelegt werden. Mit dem Use-Case-Diagramm in Abschnitt 9.4 wurde bereits eine Form der Kontextdarstellung beschrieben. Dabei kommt es auf die Abgrenzung von Funktionalitäten und externen Aktoren an. Für die Architektur sind nun die konkreten Schnittstellen zwischen dem zu erstellenden System (der Navigationssoftware) und den Nachbarsystemen (Aktoren) zu spezifizieren.

Abb. 9-5 stellt die Kontextsicht der Navigationssoftware durch ein UML-Komponentendiagramm dar. Das Thema Kontextsicht wird in Kapitel 6, »Dokumentation«, detailliert behandelt. Die Navigationssoftware wird als Komponente mit ihren Schnittstellen zur Umwelt dargestellt. Die Aktoren aus Abb. 9-3 werden jeweils als Komponente abgebildet. Damit können die konkreten Schnittstellen für die notwendigen Interaktionen zwischen System und Umwelt definiert werden. Der Aktor Fahrer als Auslöser für die Use Cases wie z. B. »Navigation starten« wird in dieser Darstellung durch die Komponente Tastatur repräsentiert.

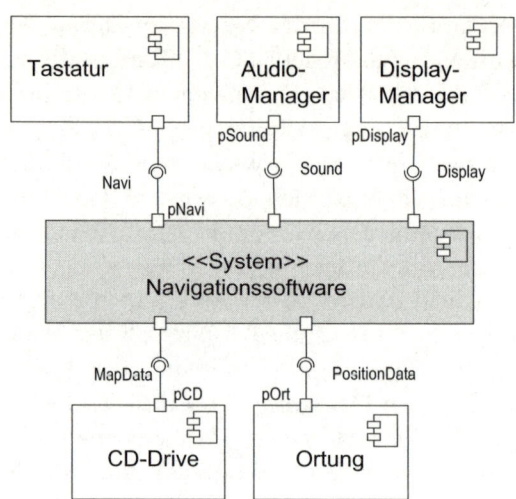

Abb. 9-5   UML-Komponentendiagramm als Architekturkontextsicht

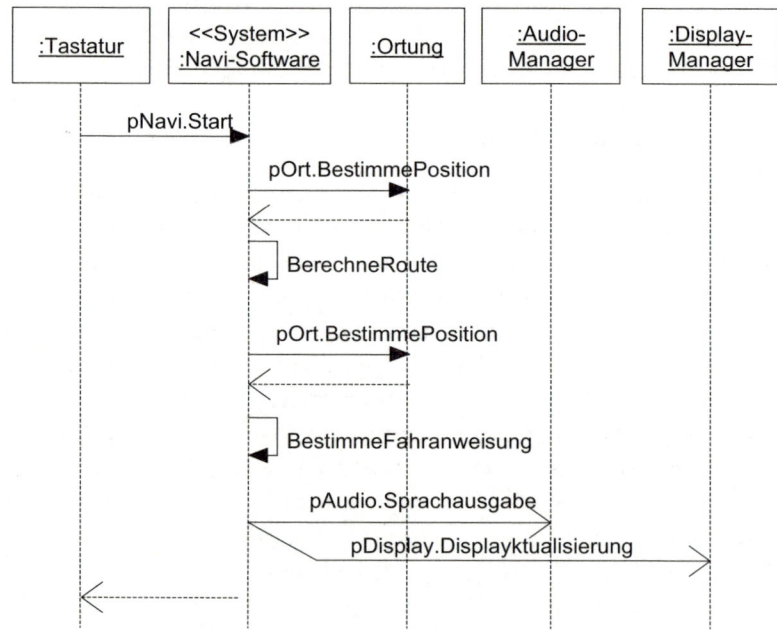

Abb. 9-6   UML-Sequenzdiagramm für den Use Case »Route berechnen« aus
Kontextsicht

Ablauf der Use Cases auf
technischer Lösung

Unter Berücksichtigung der in Abb. 9-5 dargestellten Komponenten und deren Schnittstellen können die Szenarien der Use Cases nun mit Hilfe von UML-Sequenzdiagrammen beschrieben werden. Dabei wird

gezeigt, wie der Use Case zwischen System und externen Systemen ab-
läuft, mit dem Ziel, die Schnittstellen des Systems nach außen zu spezifizieren. Abb. 9-6 zeigt die Realisierung des Use Cases »*Navigation
starten*« mittels eines Sequenzdiagramms. Schritt 1 des Use Cases wird
durch die Nachricht »Start« von der Tastatur zur Navi-Software abgebildet, Schritt 2 durch die Nachricht »BestimmePosition« zur Ortung.
Danach wird Schritt 3 als interne Aktion an der Navi-Software ausgeführt. Schritt 4 des Use Cases stellt wiederum einen kompletten Use
Case dar – »*Fahranweisung aktualisieren*«. Aus diesen Schritten resultieren die Nachricht »BestimmePosition« an die Ortung, die interne
Aktion »BestimmeFahranweisung« und die Nachrichten »Sprachausgabe« und »Display-Aktualisierung« an Audio- und Display-Manager.

Aus diesem Sequenzdiagramm lässt sich nun beispielsweise die
Schnittstellenspezifikation für den Port »pNavi« konkretisieren. Die
Schnittstelle muss eine Operation »Start« bereitstellen.

Erstellung des ersten (Ent-)wurfs

Die treibenden Aspekte für den Architekten beim Entwurf sind: Kernabstraktionen zu identifizieren, Strategien bzgl. der identifizierten Risiken umzusetzen und allgemeine Entwurfsprinzipien zu berücksichtigen.

Kernabstraktionen sind essenzielle Bestandteile des Systems, die die   *Kernabstraktionen*
wesentliche Funktionalität ausmachen. Diese Abstraktionen bilden die
Bausteine des Systems. Als ein Ausgangspunkt dient uns dabei das
Analysemodell aus Abschnitt 9.5. Die dort identifizierten fachlichen
Klassen werden hier auf eine technische Realisierung abgebildet. *Display* und *Sprachausgabe* sowie *Benutzerinteraktion* bilden das *MMI*.
Die *Steuerung* wird durch den Baustein *Steuerlogik* realisiert, und *Routenberechnung* und *NaviDaten* werden durch den gleichnamigen Baustein *Routenberechnung* umgesetzt. Für unser Beispiel existieren somit
folgende Bausteine:

- *Man Machine Interface (MMI)* – übernimmt die Kommunikation
  des Systems mit der Tastatur, dem Audio- und Display-Manager.

- *Steuerlogik* – ist die zentrale Steuerkomponente des Systems. Sie
  nimmt Anfragen vom MMI entgegen und koordiniert die Berech-
  nung der Route und die Aktualisierung der Fahranweisungen.

- *Routenberechnung* – führt die eigentliche Routenberechnung
  durch. Dieser Baustein kann im Rahmen der Outsourcing-Strategie
  zugekauft werden (COTS-Komponente).

■ *Hardware Abstraction Layer (HAL)* – kapselt die Zugriffe auf das CD-Laufwerk und die Ortungskomponente. Dieser Baustein erleichtert die Portierbarkeit des Systems auf neue Hardware. Der *HAL* ist ein rein technischer Baustein zur Abstraktion der Hardware und hatte daher noch keine Bedeutung im Analysemodell.

Strategien und Prinzipien

In der Fallstudie setzt der Architekt Schichtenbildung (engl. layering) und Kapselung ein, um die Portierbarkeit der Architektur zu gewährleisten. Der HAL und das MMI sind Resultate dieser Strategie. Die Entscheidung, die Zeitplanung durch Outsourcing des Navigationskernels sicherzustellen, erfordert die Kapselung dieser Funktionalität im Baustein Routenberechnung. Zusätzlich setzt der Architekt für die Benutzeroberfläche das Model-View-Controller-Muster ein, um eine flexible und portierbare Lösung zu erhalten. Um die konzeptuelle Integrität des Systems sicherzustellen, definiert der Architekt ein Kommunikationsframework, das eine einheitliche Schnittstelle für verschiedene Kommunikationsmechanismen bereitstellt. Abb. 9-7 dokumentiert den inneren Aufbau der Navigationssoftware, wie für die Struktursicht in Kapitel 6, »Dokumentation«, vorgestellt. Hier finden sich die Kernabstraktionen in Form von Komponenten und ihren Beziehungen wieder.

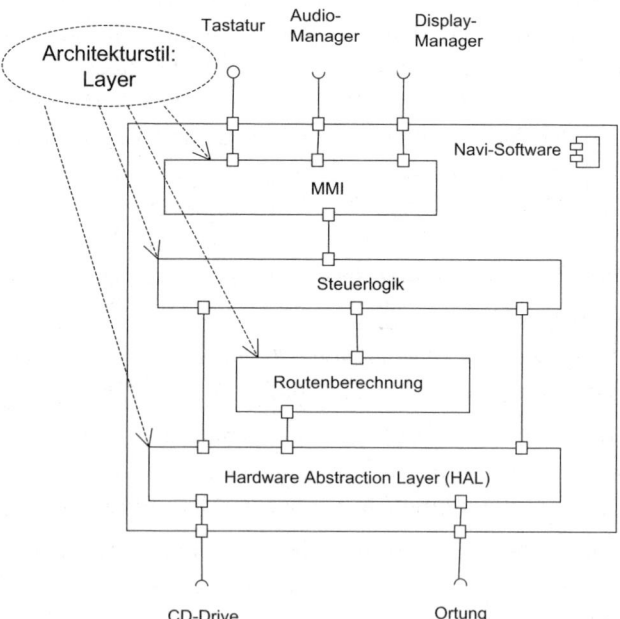

Abb. 9-7 UML-internes Strukturdiagramm für die Navigationssoftware

Die Toolbox des Softwarearchitekten hält für grafische Benutzer-schnittstellen einige Architekturmuster bereit (vgl. Kapitel 8, »Tool-box«). Der Architekt wählt zur weiteren Detaillierung der Schnittstel-len zwischen MMI, Steuerlogik und Routenberechnung aus diesem Katalog das Model-View-Controller-Muster (MVC) aus. Die Stärke des Musters liegt in einer Abgrenzung der Verantwortlichkeiten und der Festlegung der Kommunikationswege zwischen den beteiligten Komponenten. Damit wird die Portierbarkeit der Architektur unter-stützt. In [Buschmann96] finden Sie eine detaillierte Beschreibung des Model-View-Controller-Musters.

Muster auswählen

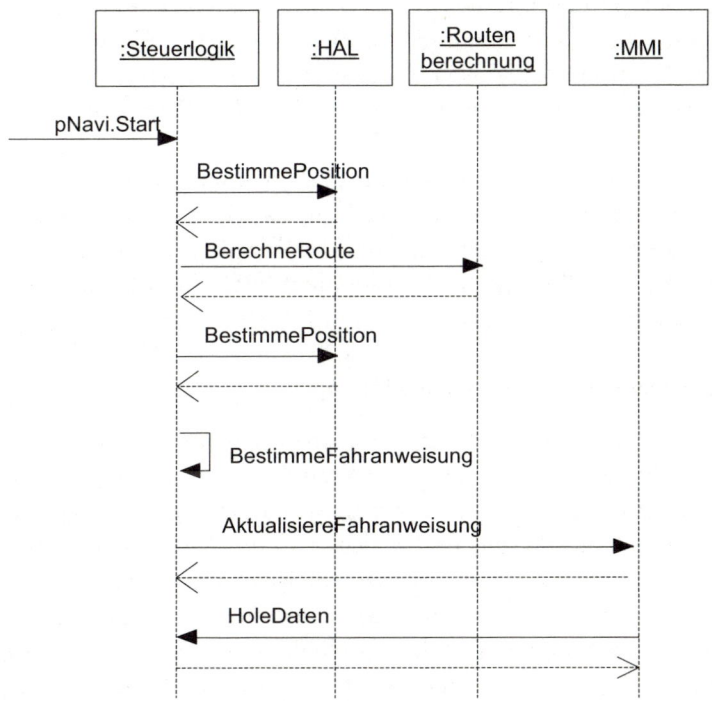

Abb. 9-8 UML-Sequenzdiagramm: Abbildung des Use Case »Route berechnen« auf die interne Struktur

Die Schnittstellen der strukturellen Bausteine können mit Hilfe der Use-Case-Szenarien konkretisiert werden. Der Use Case »*Navigation starten*« dient hier wiederum als Beispiel und wird mit Hilfe eines UML-2-Sequenzdiagramms weiter verfeinert, indem er auf die interne Struktur der Navigationssoftware abgebildet wird. Abb. 9-8 doku-mentiert einen Ausschnitt des inneren Ablaufs des Use Cases, diese Darstellung entspricht der Verhaltenssicht aus Kapitel 6, »Dokumen-

Schnittstellen konkretisieren

tation«. Damit werden die äußeren Schnittstellen aus der Kontextsicht durch ihre interne Realisierung verfeinert. Das MMI implementiert die Schnittstelle zur Tastatur und nutzt die Schnittstellen zum Audio- und Display-Manager. Der HAL nutzt die Schnittstellen zur Ortung und zum CD-Laufwerk.

Sicherstellen der konzeptuellen Integrität

Die Bedeutung der konzeptuellen Integrität für die Erhaltung der Vision der Architektur und für die Erhaltung der Einfachheit des Systems wurde in Kapitel 5, »Entwurf«, bereits erläutert. Die Pflege und Erweiterbarkeit komplexer Systeme ist ganz erheblich von der konzeptuellen Integrität abhängig. So könnten fünf Entwickler für fünf verschiedene Kommunikationsmechanismen wie beispielsweise MOST, CAN etc. fünf verschiedene Lösungen mit unterschiedlichen Schnittstellen erzeugen. Dies würde die Architektur unnötig verkomplizieren. Der Architekt gibt daher für den Architekturaspekt Kommunikation ein Architekturmuster vor – er definiert ein Framework zur Kommunikation. Dieses Framework gibt einheitliche Schnittstellen und Prinzipien zur Benutzung vor. Spezifische Kommunikationsprotokolle werden dadurch gekapselt.

Iterative, inkrementelle Weiterentwicklung

Nach der Erstellung einer ersten Architektur ist die Arbeit des Architekten nicht beendet. Vielmehr liegt auch die iterative Verfeinerung der Architektur in seiner Verantwortung. So muss die gesamte geforderte Funktionalität des Systems schrittweise in die Architektur eingebaut werden. Darüber hinaus gibt es aber eine Reihe weiterer Einflussfaktoren und Risiken, die es zu adressieren gilt. Ein regelmäßiger Abgleich mit anderen Beteiligten ist dabei empfehlenswert. So gehören Besprechungen mit dem Projektleiter über den Status der Risiken wie z. B. die Synchronisation von Audio- und Display-Informationen genauso zur Tagesordnung wie Diskussionen mit dem Architekturteam über die Umsetzbarkeit der spezifizierten Kommunikationsprotokolle. Diese Weiterentwicklung ist geprägt von Bewertungen der Einflussfaktoren sowie deren Risiken und den daraus resultierenden Überarbeitungen der Architektur.

Das Ergebnis dieser Schritte ist eine Architektur des Systems, die einer umfangreicheren Bewertung unterzogen wird und bei einem positiven Ergebnis in die Implementierung übergeht. Werden durch die Bewertung Probleme in der Architektur identifiziert, muss zuerst eine erneute Überarbeitung erfolgen.

9.7.3 Umfangreiches Assessment

Die umfangreiche Bewertung der ersten Architektur gibt Aufschluss, wie gut die entworfene Architektur ist. Wie bereits in Kapitel 7, »Bewertung«, ausgeführt, stellt das umfangreiche Assessment einen wichtigen Meilenstein in der Entwicklung dar, da hier vor dem Übergang in die Implementierung nochmals die Richtigkeit und Angemessenheit der Architektur überprüft wird. Die Architecture Tradeoff Analysis Method (ATAM) beschreibt dazu eine szenariobasierte Vorgehensweise, die wir für die Fallstudie grob durchführen wollen. Wir werden hier lediglich die wichtigsten Schritte von ATAM andeuten: den ATAM-Kern mit den Schritten 1–9.

Schritte 1–3: Präsentation

Zu Beginn der Phase 1 stellt der Teamleiter des Bewertungsteams die ATAM-Methode vor. Der Projektleiter geht anschließend auf die wesentlichen Geschäftsziele des Projekts ein, die für das Fallbeispiel in einer termingerechten Auslieferung und der zukünftigen Erweiterbarkeit bestehen. Danach gibt der Architekt einen kurzen Überblick über die Architektur. Er beschreibt die Kontextsicht des Systems sowie die wichtigsten internen Komponenten und ihr Zusammenspiel.

Schritt 4: Architekturansätze identifizieren

In diesem Schritt stellt der Architekt die wichtigsten Ansätze bei der Erstellung der Architektur vor:

- Der Architekturstil Schichtenbildung resultiert aus der geforderten Portierbarkeit des Systems.
- Der Einsatz einer Fertigkomponente für die Routenberechnung wurde aufgrund der engen Zeitplanung und fehlender Erfahrung auf diesem Gebiet gewählt.
- Das Entwurfsmuster MVC wurde gewählt, um die Änderbarkeit der Benutzerschnittstelle zu unterstützen.
- Das Architekturmuster Kommunikations-Framework stellt die konzeptuelle Integrität für den Aspekt Kommunikation im System sicher.

Schritt 5: Utility Tree aufbauen

Nach der Vorstellung der Architekturansätze wird anhand der identifizierten Einflussfaktoren ein Utility Tree mit einer Priorisierung (L-Low, M-Medium, H-High) der Faktoren aufgebaut. Abb. 9-9 zeigt einen Ausschnitt aus einem solchen Baum für die Fallstudie.

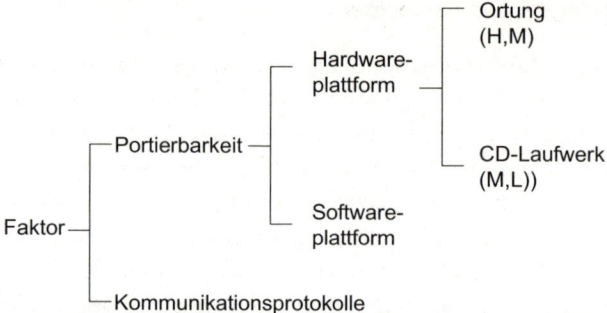

Abb. 9-9 Ausschnitt aus dem Utility Tree für die Navigationssoftware

Schritt 6: Architekturansätze analysieren

Im Schritt 6 identifiziert das Bewertungsteam alle wichtigen Blätter aus dem Utility Tree und ordnet den Blättern die Architekturansätze zu, die zur Lösung dieses Aspektes beitragen. Einstufungen mit einem »L« werden aufgrund der begrenzten Zeit für die Bewertung nicht berücksichtigt. Damit ergibt sich für unser Beispiel nur das Thema Portierbarkeit des Systems auf eine andere Ortungskomponente. Dieser Aspekt wurde durch die Einführung einer Hardwareabstraktionsschicht (engl. HAL) ausreichend adressiert und kann somit als Nichtrisiko eingestuft werden. Die Komponente HAL kann als Sensitivity Point bezeichnet werden, da sie die einzige Zugriffsmöglichkeit auf die Ortung darstellt und somit die Portierbarkeit sicherstellt.

Schritt 7: Szenario Brainstorming

In Schritt 7 führt eine erweiterte Gruppe von Beteiligten ein Szenario-Brainstorming mit dem Ziel durch, weitere wichtige Anwendungsszenarien zu finden. Als Ergebnis für die Fallstudie wurde nochmals das Thema Portierbarkeit benannt. Dieses Thema wurde allerdings bereits als unkritisch eingestuft. Außerdem wurde ein Szenario identifiziert, das die synchrone Ausgabe von Audio- und Display-Informationen beschreibt. Dieses Szenario muss nun in die weiteren Betrachtungen aufgenommen werden.

Schritt 8: Architekturansätze analysieren

Das Bewertungsteam kommt nun in der erneuten Analyse zu der Erkenntnis, dass bisher kein explizites Konzept vorhanden ist, das die synchrone Ausgabe sicherstellt. Bei der Betrachtung kommt auch die Frage auf, ob die Verwendung von Schichten hier zu Laufzeitproblemen führen könnte. Das Thema »synchrone Ausgabe« wird vom Bewertungsteam als Risiko eingestuft. Das Team schlägt eine Überprüfung des Laufzeitverhaltens durch einen Prototypen vor. Wenn dieser erfolgreich ist, dann kann die Architektur in der jetzigen Form umgesetzt werden. Anderenfalls müssen weitere Optimierungen erfolgen.

9.8 Umsetzung der Architektur

Nach der Bewertung aller wichtigen Einflussfaktoren und dem Abschluss notwendig gewordener Überarbeitungen erfolgt der Übergang in die Umsetzung der Architektur. Die Hauptaufgabe des Architekten liegt hier hauptsächlich in der Überwachung und dem Coaching der Implementierung. Ein wichtiges Thema dabei sind die Umsetzungskonzepte, um aus einem Modell die Implementierung zu erzeugen. Wie wird aus einem Architekturbaustein, z. B. einer Komponente oder Klasse, ein Stück Quellcode? Für die Umsetzung einer Klasse aus dem UML-Modell in die Programmiersprache Java stellt das sicher kein Problem dar. Wie wird aber eine Komponente mit Ports oder aber eine Vererbung in einer nicht objektorientierten Sprache abgebildet? Hier sind geeignet Konzepte gefragt, die vom Architekten in Form von Schablonen und einem durchgängigen Programmiermodell bereitgestellt werden müssen. Ohne die explizite Rolle des Architekten während der Umsetzungsphase besteht außerdem häufig die Gefahr, dass die Architektur unterwandert wird. Beispielsweise könnte die Forderung nach einer weiteren Kommunikationsschnittstelle während der Umsetzungsphase auftauchen. Ein Entwickler könnte die geforderte Funktionalität in die Implementierung seines Moduls direkt einbauen. Damit wird aber die konzeptuelle Integrität verletzt. Der Architekt sorgt dafür, dass die neue Kommunikationsschnittstelle in das Kommunikations-Framework eingebaut wird. Damit bleibt die Idee der Architektur erhalten. In Kapitel 8, »Toolbox«, werden einige Technologien und Werkzeuge beschrieben, die dem Architekten helfen, die Einhaltung seiner Vorgaben zu überwachen und sicherzustellen (vgl. Abschnitt 8.3.4).

9.9 Zusammenfassung

Ziel der Fallstudie war die Vertiefung der im Buch vorgestellten Themen anhand eines Beispiels. Dabei stand nicht die Navigationssoftware im Vordergrund, sondern die Anwendung der Schritte zur Architekturerstellung, die bereits in Kapitel 3, »Vorgehen«, vorgestellt und in den weiteren Kapiteln dann vertieft wurden. Das vorgestellte Fallbeispiel beschreibt keine vollständige Architektur, sondern greift immer wieder einzelne Themen heraus, um sie bzgl. wichtiger Aspekte der Architekturerstellung zu beschreiben. Die Fallstudie bietet eine logische Klammer um die im Buch vorgestellten Themen.

Teil III:
Produktlinien

10 Produktlinien für Software

Variations in application demands,
variations in hardware configurations,
and the ever-present opportunity to improve a program mean
that software will inevitably exist in many versions.
David L. Parnas, 1976

Der Lebenszyklus von Softwareprodukten ist meist eine Abfolge einzelner Versionen. Verschiedene Softwareprodukte eines Herstellers bilden oft eine zusammengehörige Familie. Diese Formen von Variabilität können durch Produktlinien abgebildet werden. Dieses Kapitel führt in die Thematik der Softwareproduktlinien ein und zeigt, dass die Architektur für die erfolgreiche Umsetzung von Produktlinien eine wesentliche, wenn nicht die zentrale Rolle spielt.

Das Kapitel besteht aus vier Teilen. Im ersten Abschnitt beleuchten wir grundlegende Aspekte zum Thema Produktlinien. Ein zweiter Abschnitt zu den Themen Aktivitäten und Vorgehen schließt sich an. Der dritte Abschnitt setzt Produktlinien in Beziehung zu Softwarearchitektur und Software Engineering. Im vierten Abschnitt beschreiben wir technische und organisatorische Aufgaben und Tätigkeiten im Rahmen eines Produktlinienansatzes.

10.1 Was sind Produktlinien?

Mit seinem 1976 erschienenen Artikel »*On the Design and Development of Program Families*« leitete David L. Parnas eine Diskussion über Produktlinien und -familien im Bereich der Software ein, die bis heute andauert. Bei den hardwarelastigen Produkten vom Dübel bis zum Passagierflugzeug ist der breite Einsatz von Produktlinien längst Realität. Im Bereich des Software Engineering jedoch nähert man sich diesem Thema im Lauf der letzten vier Jahrzehnte nur schrittweise, von Ansätzen basierend auf Modulen über die Objektorientierung mit dem Framework-Gedanken bis hin zu Komponentenansätzen und Plattformen.

Die treibende Kraft all dieser Bestrebungen ist es, den Grad an Wiederverwendung zu erhöhen. Dabei sollen nicht nur Softwareartefakte wie Quellcode, Entwürfe oder die Softwarearchitektur, sondern auch technische und organisatorische Errungenschaften wie Anforderungen oder Prozesse wiederverwendet werden können. Softwareproduktlinien bieten einen formalen Rahmen für diese Wiederverwendung.

Im gesamten bisherigen Buch haben wir uns mit der Architektur von Softwaresystemen beschäftigt und dazu auch das Umfeld betrachtet, in dem solche Architekturen entstehen. Dabei war die Softwarearchitektur gedanklich meist auf ein einzelnes Projekt oder Softwareprodukt beschränkt. Wie schaffen wir nun den Sprung von handgefertigten Einzelstücken zur intellektuellen Serienproduktion?

10.1.1   Vom Softwaresystem zur Standardplattform

Eine Architektur pro Projekt

Softwarearchitektur wird derzeit am häufigsten für die Entwicklung einzelner Softwaresysteme eingesetzt. Als solches ist die Softwarearchitektur ein Teil im normalen Entwicklungszyklus, zusammen mit Analyse, Implementierung oder Test [Bosch00]. Der Hauptteil der heute verfügbaren Literatur zum Thema Softwarearchitektur konzentriert sich deshalb auch auf diese Art des Einsatzes. Im Folgenden werden wir jedoch sehen, dass die Disziplin Softwarearchitektur weit mehr Potenzial hat.

Aus den bisherigen Kapiteln zum Thema Softwarearchitektur mit all seinen Facetten wie Vorgehen, organisatorischem Umfeld, Entwurf, Dokumentation oder Toolbox kann man durchaus den Eindruck gewinnen, dass die Beschäftigung mit dieser neuen Disziplin nicht nur Vorteile, sondern auch zusätzlichen Aufwand und Kosten für den Entwicklungsprozess mit sich bringt. Daher wirkt es wie eine allzu künstliche Beschränkung – genauso wie eine Verschwendung von Ressourcen –, für jedes weitere Softwaresystem eine neue Architektur aufzusetzen. Wie aber können Softwarearchitekturen wirtschaftlicher entwickelt und eingesetzt werden?

Eine Architektur – mehrere Produkte

Wiederverwendung ist ein geeigneter Mechanismus, um die Entwicklung von Softwarearchitekturen ökonomischer zu gestalten. Dies führt uns zur zweiten Form des Einsatzes von Softwarearchitektur: gemeinsame Architekturen für Gruppen von verwandten Produkten innerhalb einer Organisation. In Unternehmen, die einige wenige bis hin zu vielen gleichartigen Systemen oder Produkten entwickeln, kann gerade die Architektur mit ihrer hohen Abstraktionsebene der Speicher für das projektübergreifende Wissen sein. Natürlich haben solche Produktlinien oder -familien mehr gemeinsam als die Softwarearchitektur; daher wird im Rahmen dieses Kapitels auch von technischen und organisatorischen Aspekten die Rede sein. Ein wichtiges Thema auf der Software-Engineering-Seite von Softwareproduktlinien ist der projektübergreifende Einsatz von Komponenten oder Frameworks.

Der Sprung vom Einzelsystem zur Produktfamilie lässt sich von mutigen Mitspielern – oder eher: von den Akteuren mit der größten Marktmacht – noch vergrößern: Durch die Standardisierung von Plattformen für den Einsatz von Komponenten über die Grenzen von einzelnen Unternehmen oder Institutionen hinaus wird eine Softwarearchitektur gleichsam globalisiert. Dies setzt oft die Beschränkung auf eine bestimmte Fachdomäne voraus. Von Zeit zu Zeit gelingt es auch, fachlich übergreifende Standardarchitekturen zu etablieren. Beispiele sind hier Microsoft Visual Basic oder Enterprise Java Beans (EJBs). Szyperski nennt diese Architekturen *Komponenten-Frameworks*, welche die Regeln und Schnittstellen zum Zusammenspiel von Komponenten innerhalb eines gemeinsamen Rahmens definieren [Szyperski97]. Er grenzt diese damit von den Komponenten-Plattformen ab, welche die konkrete Laufzeitumgebung für Komponenten-Frameworks darstellen.

Architektur als domänenspezifische Standardplattform

Solche firmenübergreifenden Softwarearchitekturen müssen nicht unbedingt von einer offiziellen staatlichen Institution oder einem industriellen Gremium (z. B. Object Management Group, kurz OMG) definiert worden sein. Oft entstehen durch die Mechanismen des Marktes und das Gesetz des Stärkeren so genannte *De-facto-Standards*.

Softwarearchitektur kann also auf drei Arten verwendet werden, die schrittweise auf ein immer globaleres Einsatzgebiet zielen [Bosch00]:

- für individuelle Softwaresysteme,
- für Softwareproduktlinien und
- als domänenspezifische Standardplattform.

Die erste Art wurde im restlichen Teil des Buches bereits ausführlich behandelt. Die Verwendung von Softwarearchitektur als Standardplattform, die über die Grenzen von Unternehmen und Institutionen hinaus agiert, ist technologisch und organisatorisch schwierig und wird bisher nur selten umgesetzt. Im Rest dieses Kapitels beschäftigen wir uns daher mit der zweiten Einsatzform der Softwarearchitektur: Software für spezifische Mengen von Produkten, also Produktlinien.

10.1.2   Grundlegende Begriffe

Als erster Ansatz zur Definition des Begriffs *Produktlinie* reicht sicher die folgende Kurzformel [Bass03]:

Produktlinie

   Produktlinie: Übergang von einem System zu vielen.

Bevor wir uns jedoch genauer mit verschiedensten Aspekten von Softwareproduktlinien und den passenden Methoden und Tätigkeiten befassen, müssen wir noch weitere Begriffe definieren. Neben der Bestimmung des Begriffs »Produktlinie« selbst werden in diesem Abschnitt andere, teilweise verwandte Begriffe erklärt, z. B. Produktfamilie oder Referenzarchitektur. Zum Abschluss dieses Abschnitts werden Entwicklungsmethoden, bei denen die Gefahr der Gleichsetzung mit dem Produktlinienansatz besteht, kurz diskutiert und abgegrenzt.

Softwareproduktlinie

Beginnen wir mit dem Begriff Softwareproduktlinie. Clements und Northrop definieren diesen in [Clements02b] als:

- Eine Menge von softwarelastigen Systemen,

- die einen gemeinsamen, kontrollierten Satz von Produkteigenschaften teilen, die auf die spezifischen Bedürfnisse eines einzelnen Marktsegments ausgerichtet sind und

- die ausgehend von einem gemeinsamen Vorrat an Softwaregütern auf eine vorgeschriebene Art und Weise entwickelt werden.

Ein wichtiger Vorteil dieser Definition ist, dass sie der traditionellen Definition von Produktlinien (abseits von Software) nicht widerspricht. Die Softwarewelt ist jedoch flexibler als das Universum der bisherigen hardwarelastigen Produkte, deswegen muss in der Definition Wert auf die Art der Herstellung von Produkten einer Produktlinie gelegt werden. Die ökonomische Herangehensweise, aus einem Vorrat an bereits fertigen Softwarekomponenten und anderen Geistesgütern nach streng definierten Regeln und Schnittstellen Softwareprodukte zusammenzubauen, ist gerade der Aspekt, den wir an Produktlinien im Softwarebereich so attraktiv finden. Die Herstellung von Softwareprodukten verlagert sich vom Programmieren zum Integrieren [Clements02b].

Produktlinienarchitektur

Die obige Definition sagt noch nichts zum Verhältnis von Softwareproduktlinien und Softwarearchitekturen aus. Diese Lücke kann [Bosch00] schließen. Demnach ist die Softwarearchitektur ein Kernelement in erfolgreichen Softwareproduktlinien, da die Produkte in der Linie auf der gleichen Architektur basieren. Die *Produktlinienarchitektur* bildet somit das Rückgrat einer Produktlinie, indem sie die wesentlichen Qualitätsattribute und die gemeinsame Struktur der Systeme und ihrer Komponenten festlegt.

Produktfamilie

Die Begriffe *Produktfamilie* und *Produktlinie* werden in der Praxis oft austauschbar gebraucht. Im Glossar des Virtuellen Software-Engineering-Kompetenzzentrums ViSEK (ein vom Bundesforschungsministerium gefördertes Projekt) wird beispielsweise nicht zwischen Produktfamilie und Produktlinie unterschieden. Auf einer Vielzahl von

Unternehmens-Internetseiten, die verschiedenste Produkte jeweils aus Produktlinien anbieten, werden die Begriffe Produktfamilie und Produktlinie wild durcheinander gewürfelt. Im akademischen Bereich wird das Begriffspaar ab und zu genauer unterschieden [Czarnecki00].

Ein weiterer wichtiger Begriff ist die *Referenzarchitektur*. Sie ist eine generische Architektur für Anwendungen aus einer bestimmten Fachdomäne [Jazayeri00]. Die Entwicklung von guten Referenzarchitekturen ist fast immer schwer, denn dabei müssen zukünftige Anforderungen möglichst genau vorausgesehen werden. Die beteiligten Ingenieure müssen exakte Vorhersagen über die kommenden Anforderungen treffen, denn davon hängt die Qualität der Referenzarchitektur empfindlich ab. Warum wird dies ausgerechnet hier im Zusammenhang mit Produktlinien erwähnt?

Referenzarchitektur

- Oft dient die Softwarearchitektur einer Produktlinie als Grundlage für die Entwicklung einer Referenzarchitektur. Ausgehend von der Produktliniensoftwarearchitektur wird in einer Abfolge von Bewertungs- und Entwurfsschritten die Referenzarchitektur iterativ entwickelt.

- Die Herausforderungen bei der Erstellung einer guten Produktlinienarchitektur sind denen für eine gute Referenzarchitektur sehr ähnlich. Beispielsweise ist es bei beiden nötig, die fachlichen Aspekte des Anwendungsbereichs einzubeziehen, da jeder Konflikt zwischen Architektur und Fachdomäne später zu Problemen, vielleicht sogar zum Scheitern der gesamten Architektur führt.

- Strategische Überlegungen (z. B. Kundenbindung durch Vorgabe der Plattform oder Lizenzmodelle auf Basis der projektübergreifenden Architektur) sind sowohl bei Produktlinienarchitekturen als auch bei Referenzarchitekturen wichtig. Wirtschaftlich gesehen ist die Qualität der Architektur oft zweitrangig; wichtiger ist es dann, als Erster eine branchenspezifische Architektur zu definieren (Vorteil des sog. *First Movers*) [SEI01].

Was sind Produktlinien nicht?

Neben der Definition eines Begriffes kann auch die Abgrenzung von solchen Konzepten und Ansätzen zum Verständnis beitragen, die auf den ersten Blick ähnlich zum definierten Begriff sind. Deshalb fragen wir zum Schluss dieses Abschnitts, was mit dem Begriff »Produktlinie« *nicht* gemeint ist. Die folgende Liste ist natürlich nicht vollständig, räumt aber mit einigen Vorurteilen über Produktlinienansätze auf [Clements02b]. Was sind also Produktlinien nicht?

- *Ausschlachten bzw. Klonen von vorherigen Projekten.* Im englischen Sprachraum gibt es für diese Vorgehensweise den markigen Begriff »*clone and own*«. Hier haben die einzelnen Projekte keine gemeinsame Basis, es gibt keine Komponenten, die explizit für den mehrfachen Einsatz entwickelt wurden.

- *Feingranulare Wiederverwendung.* Wiederverwendung auf der Ebene von Bibliotheken ist allgemein üblich und oft auch sinnvoll. In vielen Unternehmen wird vorhandene Software in Form von Bibliotheken (z. B. Klassenbibliotheken bei objektorientierter Entwicklung) allgemein verfügbar gemacht. Es ist aber oft schwerer, die Arbeit anderer Entwickler aufzufinden und für den eigenen Bedarf anzupassen, als den nötigen Quellcode neu zu entwickeln, weil oft Dokumentation oder eine unterstützende, unternehmensweite Infrastruktur fehlt. Die Wiederverwendung von Architekturen, wie sie im Rahmen von Produktlinienansätzen möglich ist, ist hier ungleich mächtiger und weitreichender.

- *Reine komponentenbasierte Entwicklung.* Alle Softwarekomponenten einer Produktlinie werden in ihren Schnittstellen und ihrer Funktionalität von der Produktlinienarchitektur festgelegt und speziell für die Produktlinie entwickelt. Die Variabilität ist bereits in diesen Komponenten enthalten, eine Weiterentwicklung jeder Komponente ist innerhalb der Produktlinie eingeplant. Im Gegensatz dazu werden bei einer komponentenbasierten Entwicklung fertige Komponenten entweder aus dem eigenen Unternehmen unverändert übernommen oder von externen Anbietern zugekauft. Die Anpassung dieser Komponenten im Rahmen von Projekten geschieht durch zusätzlichen Quellcode (z. B. durch Adapter [Szyperski97]).

- *Neue Versionen eines bestimmten Produkts.* Die meisten Softwareprodukte werden nicht nur einmal verbreitet, sondern in einer Abfolge von Versionen. Im Gegensatz zu Produkten einer Produktlinie hat man es hier jedoch mit nur einem Produkt zu tun, bei dem zudem die älteren Versionen oftmals uninteressant werden, sobald eine neue Version auf dem Markt ist. In einer Produktlinie ist jedes Produkt eine Instanz der Produktlinienarchitektur, egal ob alt oder brandneu.

- *Nur eine Sammlung von technischen Standards.* Keine Entwicklungsorganisation kann ohne Standards und Vorschriften auskommen, welche die Entwicklung von Software sowie die Auswahl und die Schnittstellen von Komponenten reglementieren. Dies allein ist jedoch noch keine Softwareproduktlinie, sondern gibt nur die Randbedingungen für Letztere vor.

10.1.3   Wann sind Softwareproduktlinien sinnvoll?

Die zentrale Voraussetzung für den erfolgreichen Einsatz einer Soft- *Vorteile für das*
wareproduktlinie können wir bereits aus der Definition in Abschnitt *Unternehmen*
10.1.2 ablesen: Die Vorteile einer Softwareproduktlinie lassen sich am
besten für die Produktion vieler ähnlicher Systeme innerhalb eines Unternehmens nutzen. Dann können die Architektur, aber auch viele verschiedene Komponenten wiederverwendet werden. Die Vorteile aus
Unternehmenssicht sind: Einsparungen bei der Entwicklung, kürzere
Zeiten bis zur Fertigstellung und damit ein früherer Eintritt in den
Markt.

[Bass03] führt einige prominente Beispiele für typische Anwendungen des Produktlinien-Gedankens an. Zwei hierzulande bekannte Beispiele aus den Bereichen Telekommunikation und Informationstechnik
sind:

- Nokia entwickelt jedes Jahr auf Basis einer Produktlinien-Architek-
  tur 25 bis 30 verschiedene Modelle von Mobiltelefonen.

- Hewlett-Packard konnte wesentliche Einsparungen bei der Entwicklung von Drucker-Produktfamilien erzielen. Das Unternehmen
  berichtet von einem um den Faktor sieben schnelleren Markteintritt
  und einer Produktionssteigerung um das Sechsfache.

Softwarelastige Produkte (also im Wesentlichen die so genannten ein- *Produktlinien für*
gebetteten Systeme) und Standardsoftwarepakete für den Massen- *Dienstleister*
markt sind zwar prominente, nicht aber die einzigen Anwendungsfelder für den Produktlinienansatz. Softwaredienstleister und der
immense Markt für Unternehmenslösungen (z. B. SAP, Oracle und die
angegliederten Dienstleister) haben einen großen Umsatzanteil am gesamten IT-Softwaremarkt bei gleichzeitig höheren Wachstumsraten
[Hoch00]. Diese eher projektorientierten Bereiche können ebenfalls
vom Produktlinienansatz profitieren. Da Dienstleister meist speziali-
siert auf bestimmte Fachdomänen sind, ist auch hier die Produktion
vieler ähnlicher Systeme gegeben (allerdings meist nur eines pro
Kunde) [Bosch00]. Der Wiederverwendungsgrad wird hier zwar nicht
so hoch wie im reinen Produktbereich, aber ökonomisch immer noch
reizvoll genug sein, um den Aufwand zur Einführung eines Produktlinienansatzes zu rechtfertigen.

Neben einer wirtschaftlich orientierten Kosten-Nutzen-Analyse *Randbedingungen für*
müssen drei Randbedingungen erfüllt sein, damit Produktlinien sinn- *Produktlinien*
voll eingesetzt werden können [Bosch00]:

- Die einzelnen Systeme müssen genügend Gemeinsamkeiten haben.

- Die Anforderungen müssen verhandelbar sein.

- Das Eigentum an den entwickelten Gütern (z. B. Softwarekomponenten) darf nicht an den Kunden übergehen.

Vorteile von Produktlinien

Wirtschaftliche Vorteile

Geringere Entwicklungskosten und die so genannte *Time to Market* (also die Zeit bis zum Markteintritt) sind *wirtschaftliche* Vorteile beim Einsatz von Softwareproduktlinien.

Organisatorische Vorteile für die Entwicklungsabteilung

Wir sollten jedoch die Vorteile für die Organisation eines Unternehmens bzw. seiner Entwicklungsabteilung und für einzelne Beteiligte wie Manager, Marketing oder Kunden nicht unterschätzen. Wichtige organisatorische Vorteile sind [Clements02b]:

- Bei erhöhter Nachfrage nach verschiedenen Versionen eines Produkts und nach den Produkten eines Unternehmens überhaupt kommen auf dessen Entwicklungsabteilung wesentliche Herausforderungen zu: Das Wachstum muss organisatorisch bewältigt werden. Hierzu kann eine Produktlinienarchitektur wesentlich beitragen.

- Die Anzahl an Entwicklern pro Produkt innerhalb einer Produktlinie ist geringer und dadurch leichter zu steuern. Mit der gleichen Entwicklungsabteilung kann eine höhere Zahl von verschiedenen Produkten einer Familie hergestellt werden. Da die Gemeinsamkeiten der einzelnen Produkte klar herausgearbeitet sind, können Entwickler ihr Wissen leicht von Projekt zu Projekt übertragen – die Zuordnung von Entwicklern zu Projekten wird flexibler.

- In Zeiten hoher Nachfrage läuft eine Vielzahl neuer Projekte an – ohne eine Produktlinienarchitektur müssen dafür viele zusätzliche Softwareentwickler eingestellt werden, die teilweise sich überschneidende Aufgaben zu erledigen haben. Gerade in diesen Zeiten sind jedoch üblicherweise zu wenige Experten für den Softwarebereich verfügbar. Durch den Produktlinienansatz können Kräfte gebündelt und wichtige Know-how-Träger projektübergreifend eingesetzt werden.

- In Zeiten stagnierender Geschäfte wird es nötig, durch erhöhten Durchsatz von Projekten und Ausstoß von Produkten weiterhin Gewinne zu gewährleisten. Meist muss dies mit dem vorhandenen Team von Entwicklern realisiert werden, da das Budget weitere Rekrutierungen nicht erlaubt (obwohl jetzt viele Experten verfügbar wären). Auch dieses Dilemma kann der Produktlinien-Ansatz auflösen helfen.

Nicht nur die Entwicklungsabteilungen, sondern auch die anderen Be- *Organisatorische Vorteile*
teiligten an einer Produktfamilie sehen Vorteile beim Produktlinienan- *für andere Beteiligte*
satz [Clements02b]:

■ Der *Geschäftsführer* kann die wirtschaftlichen und organisatorischen Vorteile einer Produktlinie (z. B. kostengünstige, planbare
Herstellung von Produkten einer Familie) nutzen, um sein Unternehmen in einem neuen Markt zu etablieren, Nischen schnell zu be-
setzen oder die Präsenz in einem bereits erschlossenen Markt zu
verstärken.

■ Für *Projektleiter und technische Geschäftsführer* ist vor allem die
bessere Planbarkeit durch einen Produktlinienansatz wichtig. Nicht
nur die technischen Errungenschaften der einzelnen Projekte, sondern auch organisatorische Aspekte können wiederverwendet werden. Das Wissen um Zeitpläne, Aufwandsschätzungen, Prozesse
und Verantwortlichkeiten kann entlang der Produktlinie übertragen werden. Neue Projekte können dadurch reibungslos aufgesetzt
werden.

■ Im *Marketing und Vertrieb* wird durch Produktlinien ebenfalls ein
neuer, erfolgreicherer Weg beschritten. Die Produkteigenschaften
teilen sich nun auf in einen nicht verhandelbaren, allen Produkten
gemeinsamen Teil und in einen flexiblen Teil. Der flexible Teil erlaubt es, ohne Verlust an Qualität und ohne längere Lieferzeiten
stärker auf die Bedürfnisse der Kunden einzugehen. Zusätzlich hilft
die bessere Planbarkeit des Entwicklungsprozesses, die Zufrieden-
heit der Kunden weiter zu steigern.

■ Der *Kunde* profitiert schließlich von der höheren Qualität, vom
verlässlicheren Liefertermin und Preis und schließlich von den Syn-
ergieeffekten durch Eigenschaften, die allen Produkten gemeinsam
sind. Diese Gemeinsamkeiten der Produkte schlagen sich für den
Kunden im günstigeren Preis und weniger Fehlern in der Software
selbst und in der Dokumentation nieder.

Kosten und Schwierigkeiten

Wann sind Softwareproduktlinien sinnvoll? Natürlich wäre es ein- *Kosten der Produktlinie*
seitig, sich nur mit den Vorteilen für alle Beteiligten zu befassen. Die
Einführung einer Produktlinienarchitektur bringt natürlich auch
Schwierigkeiten und zusätzliche Kosten mit sich, die den Vorteilen
gegenübergestellt werden müssen. Auf der Ausgabenseite fallen zwei
Arten von Kosten an [Clements02b]:

■ anfängliche Investition für die Einführung der Produktlinie

■ laufende Kosten, um die grundlegenden Güter (z. B. Architektur, Komponenten) auf dem Stand zu halten

Anfangsinvestition

Da die anfängliche Investition im Allgemeinen den Löwenanteil der Kosten ausmacht, wird die Einführung einer Produktlinie nicht bereits beim ersten oder zweiten Projekt rentabel sein. Bei den Folgeprodukten aus der Produktfamilie lohnt sich der initiale Aufwand dann aber umso mehr: Durch die oben erwähnte Produktivitätssteigerung und alle weiteren Vorteile des Produktlinienansatzes werden die Ersparnisse die Kosten bei weitem übertreffen. Der gewünschte ökonomische Effekt der Produktlinie stellt sich ein. [Clements02b] stellt die Vorteile und Kosten einer Produktlinie einander übersichtlich gegenüber, gegliedert nach den einzelnen Gütern innerhalb der Entwicklung.

Umstrukturierung in der Einführungsphase

Die hohe Investition in der Einführungsphase entfällt nicht allein auf zusätzliche Entwicklungsarbeit; in dieser Phase muss das Unternehmen auch bei seinen organisatorischen Strukturen Willen zur Innovation an den Tag legen. Bei der Einführung der Produktlinie muss nämlich oftmals die traditionelle Organisationsstruktur des Unternehmens aufgegeben werden. Eine neue Abteilung kann nötig werden, die sich um die zentralen Güter der Produktlinie kümmert. Zwischen dieser Abteilung und den projektverantwortlichen Teams kann es Zielkonflikte geben, welche die gesamte Organisation behindern und letztlich zu Fall bringen können. Projektabteilungen haben die Verantwortung für die rechtzeitige Fertigstellung der Projekte, was dem generalistischen Ansatz der Produktlinie entgegensteht. Hier sind interdisziplinäre Fähigkeiten gefragt: Abstraktionsvermögen, Verhandlungsgeschick und kreatives Problemlösen sind nur einige Beispiele [Clements02b].

Wie werden Produktlinien eingeführt?

Vier Szenarien der Einführung von Produktlinien

Nachdem ein Softwarearchitekt zusammen mit Projekt- und Geschäftsleitung die Vorteile und Kosten eines Produktlinienansatzes für sein Unternehmen abgewogen hat, wird eventuell eine Entscheidung für den Produktlinienansatz in der zukünftigen Softwareentwicklung des Unternehmens fallen. Das Unternehmen steht nun vor der Einführung der Produktlinie in Entwicklung und Organisation. Dabei gibt es je nach Ausgangslage und prinzipieller Vorgehensweise vier Möglichkeiten [Bosch00]:

1. Ausgangslage: Es gibt bereits Softwareprodukte, die bisher so gut wie unabhängig voneinander entwickelt wurden. Entscheidung: Die einzelnen Produkte werden schrittweise umgestellt (sog. evolutionärer Ansatz). Dazu werden Komponenten gesucht, die Anforderungen von mehreren Produkten umsetzen; diese werden verallgemeinert. Gleichzeitig muss die Produktlinienarchitektur ausgehend von den einzelnen Softwarearchitekturen definiert werden. Im Lauf der Zeit werden immer mehr Komponenten zu Bestandteilen der Produktlinie und können gleichzeitig durch geeignete Erweiterungen in mehr und mehr Produkten eingesetzt werden. Vorteile dieses Ansatzes sind eine geringe anfängliche Investition sowie die Möglichkeit, die Produkte während der Einführung der Produktlinienarchitektur weiterzuentwickeln. Als Nachteil seien die insgesamt höheren Kosten durch eine längere Übergangsphase genannt; während der komponentenweisen Umstellung müssen ggf. provisorische Übergangsversionen einzelner Softwareteile geschaffen werden.

    Bestehende Produkte – evolutionärer Ansatz

2. Ausgangslage: Es gibt ebenfalls bereits unabhängige Softwareprodukte. Entscheidung: Die Entwicklung wird eingefroren und in einem großen Schritt auf einen Produktlinienansatz umgestellt (sog. revolutionärer Ansatz). Die Anforderungen für die Produktlinienarchitektur werden aus der Summe der Anforderungen der Einzelprodukte abgeleitet, angereichert um mögliche zukünftige Erweiterungen. Für den revolutionären Ansatz sprechen die insgesamt geringeren Einführungskosten und manchmal auch eine schwierige Ausgangslage (z. B. sehr unterschiedliche Ausgangsprodukte, die auf verschiedener Hardware basieren). Der revolutionäre Ansatz birgt aber auch Risiken: Zum einen kann die Zeitverzögerung bis zur Auslieferung des ersten Produktes der Linie ein K.O.-Kriterium sein; zum anderen ist hier eine hohe Anfangsinvestition erforderlich, die z. B. bei großen Anforderungsänderungen wertlos werden kann.

    Bestehende Produkte – revolutionärer Ansatz

3. Ausgangslage: Das Unternehmen plant die Entwicklung neuer Produkte. Entscheidung: Es wird vom ersten Produkt an nach und nach eine Produktlinie aufgesetzt (evolutionärer Ansatz).Vorteilhaft sind hier wiederum die geringeren Anfangskosten sowie die kürzere Zeit bis zur Fertigstellung des ersten Produkts. Ein weiterer Vorteil ist, dass das Unternehmen beim evolutionären Ansatz das notwendige Know-how in dem bisher fremden Anwendungsbereich langsam aufbauen kann. Anfängliche Fehlentscheidungen wirken sich nicht unbedingt katastrophal aus. Allerdings werden die gesamten Kos-

    Noch keine Produkte – evolutionärer Ansatz

ten im Vergleich zum revolutionären Vorgehen (s.u.) weitaus höher ausfallen: Die zusätzlichen Anforderungen, die jedes neue Mitglied der Produktfamilie mitbringt, müssen in die Produktlinie einbezogen werden. Dies kann aufwändig und damit teuer sein.

Noch keine Produkte –
revolutionärer Ansatz

4. Ausgangslage: Das Unternehmen plant ebenfalls die Entwicklung neuer Produkte. Entscheidung: Es wird zunächst die Produktlinienarchitektur entwickelt, danach folgen erst die Produkte (revolutionärer Ansatz). Hier müssen die Anforderungen für die Produktlinie vorab definiert werden; von dieser »Schätzung« hängt der Erfolg der Produktlinienentwicklung ab. Sobald die Produktlinie steht, können neue Produkte in schneller Folge entwickelt werden – insgesamt werden Kosten gespart. Es besteht jedoch das Risiko des Scheiterns: Das Unternehmen hat im Bereich der Produktlinie noch wenig Erfahrung und kann daher die Anforderungen für die Produkte nur schlecht vorher abschätzen.

Abb. 10-1 Matrix zur Einführung von Produktlinien (nach [Bosch00])

Die möglichen Szenarien bei der Einführung von Produktlinien bilden also gemäß [Bosch00] je nach Ausgangslage (Produkte vorhanden bzw. neue Produkte) und Entscheidung zum Vorgehen (evolutionär bzw. revolutionär) eine 2 × 2-Matrix. Abb. 10-1 zeigt dies nochmals im Überblick. Unabhängig vom Szenario, das wir in der Praxis vorfinden, müssen nun noch konkrete Schritte zur Einführung und zum Betrieb ei-

ner Produktlinie eingeleitet werden. Diese Schritte werden im weiteren
Fortgang dieses Kapitels beschrieben.

10.1.4   Softwareproduktlinien in drei Dimensionen

Im folgenden Abschnitt soll das Fachgebiet der Softwareproduktlinien
näher unterteilt und dadurch weiter erschlossen werden. [Bosch00]
stellt dazu drei Aspekte zusammen, unter denen dieses Fachgebiet betrachtet werden kann. Jeder dieser Aspekte mit der zugehörigen Aufteilung stellt eine Dimension des Themas Softwareproduktlinien dar.
Diese drei Dimensionen werden im Folgenden jeweils kurz erklärt.

1. Welche Güter werden im Rahmen der Produktlinie erstellt?   *Klassifizierung nach Gütern*
   Wiederverwendung ist ein zentraler Aspekt von Softwareprodukt-
   linien. Daher soll die erste Dimension angeben, welche Güter im
   Rahmen der Produktlinie produziert und wiederverwendet werden.
   Die *Softwarearchitektur* ist das erste wichtige Gut; diese muss alle
   Produkte einer Produktlinie abdecken. Die *Komponenten* als Bestandteil der Produktlinie sind das zweite wiederverwendete Gut.
   Jacobson fügt als drittes Gut noch die zu entwickelnden *Systeme*
   hinzu [Jacobson97]. Damit wird die Produktlinie auch zeitlich grob
   strukturiert in die Phasen Erstellung einer Architektur bzw. Appli-
   kationsfamilie, Entwicklung von Komponentensystemen und
   schließlich planmäßige Konstruktion von Applikationen.

2. Welche unternehmerischen Aspekte bestimmen die Produktlinie?   *Klassifizierung aus*
   Die zweite Dimension gliedert das Fachgebiet ausgehend von den   *unternehmerischer Sicht*
   möglichen Sichten eines Unternehmens auf die Produktlinie. Dazu
   gehört als wichtigste Sicht die *Wirtschaftlichkeit*: Die Umstellung
   auf einen Produktlinienansatz bringt erhöhte Kosten mit sich und
   kann die Markteinführung der ersten Produkte aus der Linie verzö-
   gern, andererseits wird der hohe Ausstoß an verschiedenen Produkten höhere Gewinne einspielen. Aus *organisatorischer Sicht* muss
   berücksichtigt werden, inwieweit neue Abteilungen und Teams z. B.
   für die Entwicklung wiederverwendbarer Komponenten eingerich-
   tet werden müssen. Die *Prozesssicht* betrachtet die Auswirkungen
   der Produktlinie auf die Entwicklungsprozesse. Schließlich gibt es
   vielfältige Aspekte aus Sicht der *Technologie* (z. B. objektorientierte
   Frameworks als Plattform für wiederverwendbare Komponenten).

3. Welche Phasen gibt es im Lebenszyklus der Güter einer Produkt-   *Klassifizierung nach*
   linie?   *Produktphasen*
   Die dritte und letzte Dimension teilt das Fachgebiet der Softwareproduktlinien anhand des Lebenszyklus der Güter einer Produkt-

linie ein. Dabei unterscheidet [Bosch00] die Phasen Entwicklung, Verwendung sowie Weiterentwicklung. In der *Entwicklungsphase* werden die Güter einer Produktlinie erstmals erstellt, v. a. die Architektur und ein Satz von Basiskomponenten. In der *Verwendungsphase* (engl. *deployment*) werden die Bausteine aus der Produktlinie zu einzelnen Produkten zusammengesetzt. Die Produktlinienarchitektur, die Komponenten und die produzierten Systeme sind nicht statisch, sondern werden ständig weiterentwickelt. Dies geschieht in der letzten, der *Weiterentwicklungsphase*.

10.1.5   Wiederverwendung als treibende Kraft

Wiederverwendung der Architektur

Von allen Gütern, die im Rahmen eines Softwareprojekts entwickelt werden, ist die Softwarearchitektur eines derjenigen Güter, in die ein wesentlicher Anteil der Wertschöpfung fließt. Die Softwarearchitektur enthält wertvolles Wissen, Erfahrung und Know-how der besten Mitarbeiter eines Unternehmens. Deshalb ist es wichtig, die gleiche Softwarearchitektur als Basis in möglichst vielen Projekten einzusetzen [Bass03].

Opportunistische Wiederverwendung

Ist die Wiederverwendung von Softwaregütern innerhalb einer Organisation nicht explizit geplant, kann bestenfalls die sog. opportunistische Wiederverwendung betrieben werden. Einzelne Entwickler suchen innerhalb der existierenden Quellcode-Bestände nach Teilen, die zur Lösung aktueller Aufgaben beitragen. Diese werden kopiert und gegebenenfalls angepasst. Diese Art der »Codeplünderung« ist nicht effektiv [Bosch00]. Hier schlägt schnell die Komplexitätsfalle zu: Durch Kopieren von Quellcode werden implizite Abhängigkeiten geschaffen und Fehler ebenfalls kopiert, langes erfolgloses Suchen nach dem passenden Code ist Zeitverschwendung, und durch Anpassung des kopierten Artefakts entsteht zusätzliche Arbeit. Erfolgreiche Wiederverwendung muss innerhalb einer Organisation proaktiv vorbereitet, systematisch geplant und projektübergreifend umgesetzt werden.

Ebenen der Wiederverwendung

Das Prinzip der Wiederverwendung lässt sich auf vielen Abstraktionsebenen anwenden. Bereits in den Sechzigerjahren wurde in der Informationstechnik das Prinzip der Prozeduren eingeführt – eine sehr feingranulare Ebene der Wiederverwendung. Dagegen erlauben Softwarebibliotheken die Wiederverwendung von größeren Softwareteilen; die Anpassung an den jeweiligen Kontext ist allerdings nicht möglich. Seit den Achtzigerjahren lässt sich durch die objektorientierte Entwicklungsmethodik Software in Form von Klassen durch Vererbung an das jeweilige Umfeld der Wiederverwendung anpassen.

Alle obigen Mechanismen zur Wiederverwendung haben einen entscheidenden Nachteil: Sie gehorchen dem *Bottom-up*-Prinzip, d. h., nicht aufeinander abgestimmte Bausteine werden eingesetzt, um beliebige Systeme zu entwickeln. Dies kann in der Praxis ab einer gewissen Projektgröße nicht funktionieren. Ein besserer Ansatz zur Wiederverwendung geht von einer vorgegebenen Struktur aus, in die sich die Komponenten einpassen müssen. Genau dieses *Top-down*-Prinzip liegt den Softwareproduktlinien zugrunde [Bosch00].

Softwareproduktlinien sind also ein viel versprechender Ansatz, um den Grad der Wiederverwendung zu erhöhen. Durch die Produktlinienarchitektur wird ein Rahmen vorgegeben, der die Schnittstellen und Randbedingungen für die wiederverwendbaren Komponenten festlegt. In der Praxis ist die *Bottom-up*-Methode übrigens nicht immer vermeidbar: Oft gibt es bereits bestehende Software (sog. *Legacy*-Software) oder Komponenten von Fremdanbietern, die unverändert wiederverwendet werden müssen.

Wiederverwendung im Rahmen von Produktlinien

Auf Abstraktionsebene der Produktlinien wird nicht nur die Architektur wiederverwendet. Potenzial zur Wiederverwendung gibt es auch bei weiteren Aspekten und Gütern. Die folgende Liste gibt die wichtigsten Artefakte wieder, die im Rahmen von Produktlinien entstehen und projektübergreifend eingesetzt werden sollten [Bass03]:

Was kann wiederverwendet werden?

- *Anforderungen.* Durch die Bestimmung von gemeinsamen Anforderungen der Produkte einer Linie kann viel Aufwand bei der Anforderungsanalyse der einzelnen Produkte eingespart werden.

- *Architektur.* Zentrales Unternehmenswissen wird wiederverwendet, das Risiko der Erstellung einer nicht tragfähigen Architektur wird vermindert.

- *Komponenten und Frameworks.* Hierzu gehört nicht nur die fertige Software, sondern auch gute Designlösungen, Dokumentation oder Testpläne.

- *Ergebnisse aus Analysen.* Dies kann z. B. Leistungsanalysen, Betrachtungen zur Fehlertoleranz oder Lastverteilungsaspekte beinhalten.

- *Test.* Prozesse, Kommunikationspfade zur Problembehebung, Testpläne oder Testumgebungen sind nur einige Beispiele der Wiederverwendung im Testbereich.

- *Planung.* Wesentliche planerische Fragestellungen können vorgegeben werden, z. B. Kapitalbedarfsplanung, Terminplanung oder Teamorganisation. Dadurch werden die einzelnen Projekte innerhalb einer Produktlinie vorhersagbarer.

- *Prozesse, Methoden, Werkzeuge.* Der Entwicklungsprozess ist bereits zu Anfang einer Projektentwicklung etabliert. Konfigurationsmanagement, Build-Prozesse und Standards für die Entwicklung können meist unverändert übernommen werden.

- *Personal.* Die einzelnen Entwickler häufen kein projektspezifisches Wissen auf, sondern beschäftigen sich mit übergreifenden Themen. Daher können Mitarbeiter (bei Bedarf) wechselnden Projekten unkompliziert zugeordnet werden.

- *Beispielsysteme.* Alle bereits ausgelieferten Produkte einer Linie können als Beispiele für die Ausprägung weiterer Systeme dienen.

- *Fehlerbehebung.* Jedes weitere Produkt profitiert von den behobenen Fehlern der vorangegangenen Produkte. Dies trägt wesentlich zur Erhöhung der Qualität bei.

Im Zusammenhang mit Wiederverwendung werden oft Versprechungen über sagenhafte Vorteile gegeben, die sich in der Praxis leider oft nicht erfüllen. Um den Grund dafür zu finden, muss man nur den einzelnen Entwickler betrachten, wenn dieser vor einer Entscheidung zur Wiederverwendung steht. Werden zu viele Artefakte zur Wiederverwendung angeboten, ist es schwer, das Geeignete zu finden. Bei zu wenigen Artefakten gibt es das Gesuchte mit hoher Wahrscheinlichkeit noch nicht. Sind die Artefakte zu klein, dann leisten sie zu wenig und werden eher jedes Mal neu entwickelt. Sind die Artefakte zu groß, passen sie wahrscheinlich nicht in das angestrebte Umfeld. Die benötigten Qualitätsattribute des Artefakts decken sich wahrscheinlich nicht mit den vorhandenen. Diese Hindernisse für den Einzelnen werden durch das bekannte NIH-Syndrom (engl. *not invented here*) noch verstärkt.

Produktlinien setzen dagegen einen engen Rahmen für Wiederverwendung: Eine definierte Produktlinienarchitektur und bereits anfänglich bekannte Qualitätsattribute tragen dazu bei. Im Rahmen von Produktlinien geschieht Wiederverwendung strategisch, nicht opportunistisch [Bass03].

10.2 Aktivitäten und Vorgehen

Bisher haben wir das Thema Produktlinien eher statisch betrachtet, beispielsweise Eigenschaften oder Vorteile von Produktlinien. In der Praxis ist es zusätzlich wichtig, die *dynamischen Aspekte* von Produktlinien zu kennen. Dazu gehören die konkreten Schritte zur Einführung einer Produktlinie ebenso wie die wesentlichen Aktivitäten während des Betriebs. Weiterhin werden in diesem Abschnitt Vorgehensaspekte aus Sicht des Softwarearchitekten erläutert.

10.2.1 Wesentliche Aktivitäten zum Betrieb einer Produktlinie

Drei wesentliche, jeweils iterative Aktivitäten müssen für den erfolgreichen Betrieb einer Produktlinie eng verzahnt ablaufen [Clements02b]:

Drei wesentliche Aktivitäten

- Entwicklung der gemeinsamen Güter (Architektur und wiederverwendbare Komponenten)

- Entwicklung von Produkten

- Management

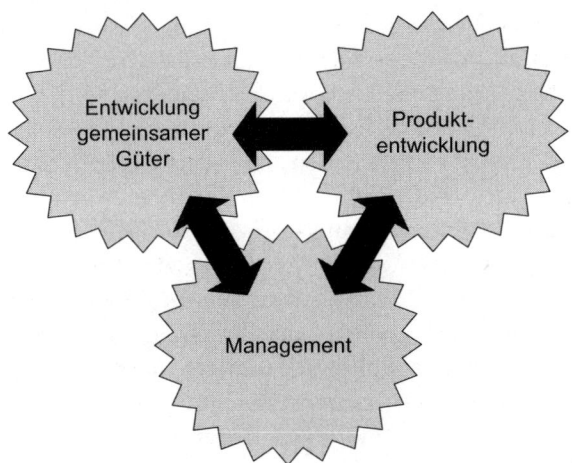

Abb. 10-2 Drei wesentliche Aktivitäten zum Betrieb einer Produktlinie und ihr Zusammenspiel (nach [Clements02b])

Die erste Aktivität stellt die Maschinerie für die Entwicklung von Produkten bereit. Dazu gehört es, den Gültigkeitsbereich für die Produktlinie genau abzugrenzen, die zentralen Güter der Produktlinie bereitzustellen (v. a. die Softwarearchitektur und die zugehörigen Komponenten) und schließlich einen Produktionsplan für die Erstellung der Produkte zu definieren. Als Grundlage für diese Aktivität werden folgende Informationen benötigt: gemeinsame Randbedingungen und Beschränkungen der Produkte, Muster und Stile, bereits existierende Komponenten. Diese Aktivität wird in der englischsprachigen Literatur auch als *Domain Engineering* bezeichnet.

Entwicklung gemeinsamer Güter

In der *Produktentwicklung* – der zweiten wesentlichen Aktivität – werden die Ergebnisse der ersten Aktivität genutzt, um mit möglichst geringem Aufwand und großem Nutzen auslieferbare Systeme zu produzieren. Dies ist das eigentliche, nach außen gerichtete Ziel der Produktlinie; trotzdem wird bei einem echten Produktlinienansatz die

Produktentwicklung

Priorität bei der ersten Aktivität liegen. Bereits beim prominentesten Beispiel für Softwareproduktlinien, dem schwedischen Unternehmen *CelsiusTech*, wird dieser Zusammenhang in der Literatur betont: Eine erfahrene Produktlinienorganisation sieht ihren Geschäftszweck (zumindest intern) bei der Bereitstellung und Aufrechterhaltung der Produktlinie [Brownsword96]. Diese Aktivität wird in der englischsprachigen Literatur auch unter *Application Engineering* geführt.

Management   Die dritte und letzte Aktivität zum Betreiben einer Produktlinie ist das Management. Natürlich kann eine Produktlinie nicht nur rein in der Entwicklung betrieben werden – es ist Unterstützung durch das Management bei der ausreichenden Zuteilung von Ressourcen und bei der Koordination und Überwachung nötig. Die Aufgaben werden dabei zu gleichen Teilen vom technischen und vom organisatorischen Management erbracht. Das Erstere betreut die Entwicklung der Architektur und der Basiskomponenten, überwacht die Prozesse und verfolgt den Entwicklungsfortschritt. Das Letztere sorgt für die richtige personelle Besetzung und organisatorische Struktur; das organisatorische Management ist somit für den Erfolg der Produktlinie verantwortlich. In den Bereich Management gehört auch die Definition der Position *Produktlinien-Manager*, der die Organisation in eine erfolgreiche Umsetzung des Produktlinienansatzes führt. Gerade in der Einführungsphase erfordert dies eine starke, visionäre Persönlichkeit.

Zusammenspiel der Aktivitäten   Alle drei essenziellen Aktivitäten laufen nicht nebeneinander her, sondern müssen nahtlos ineinander greifen. Beispielsweise können aus der Produktentwicklung wesentliche Güter für die erste Aktivität abgeleitet werden, z. B. wiederverwendbare Softwarekomponenten. Generell gibt es eine enge Beziehung zwischen den Produkten als Ausstoß der Produktlinie und den zugrunde liegenden Gütern als konfigurierbare Bausteine. In einigen Folgeabschnitten dieses Kapitels werden die Aktivitäten näher erläutert.

Den weiter oben hervorgehobenen Schwerpunkt auf der Aufrechterhaltung der Produktlinie stammt übrigens nicht rein aus der Softwaretechnik. In seinem Bestseller *The Seven Habits for Highly Effective People* bezeichnet S. Covey diesen Zusammenhang für den Bereich der Persönlichkeitsentwicklung als *Gleichgewicht von Produktion und Produktionsfähigkeit* (engl. *production/production capability* oder *P/PC-balance*, [Covey99]). Die Gans, die goldene Eier legt, muss entsprechend gepflegt werden, damit sie dies auch weiterhin tun kann!

10.2.2   Tätigkeiten des Softwarearchitekten

In einem einzelnen Softwareprojekt trennt der Softwarearchitekt die konstanten, langfristigen Aspekte des Systems von den variablen: In der Architektur für das Projekt drücken sich hauptsächlich die konstanten Eigenschaften des Systems aus. Bei Feindesign und Implementierung bleiben so viele Möglichkeiten offen, wie es die Architektur zulässt. Jede dieser Möglichkeiten ist als mögliche Lösung tauglich, die genauen Entscheidungen überlässt der Architekt den Entwicklern.

Für die Produktlinienarchitektur muss der Softwarearchitekt mehr Aufwand treiben: Hier müssen zusätzlich Variationspunkte definiert werden, welche die Erzeugung verschiedener Produkte einer Linie erlauben. Trotz dieser Variabilität müssen die Produkte dabei die vordefinierten, gemeinsamen Qualitätseigenschaften aufweisen. Der Architekt muss dabei (zusätzlich zu seinen in den vorigen Kapiteln beschriebenen Aufgaben) die Variationspunkte identifizieren, in der Architektur die Unterstützung der Variationspunkte einplanen und schließlich die Architektur bezüglich ihrer Tauglichkeit für die Produktlinie bewerten [Bass03]. *Architektur und Variationspunkte*

Um Variationspunkte zu finden, kann der Architekt von den Anforderungen an die Produkte der Produktlinie ausgehen. Zusätzliche Variationspunkte wird er während des Architekturentwurfs aufspüren und schließlich aus der Implementierung der grundlegenden Komponenten und der ersten Produkte extrahieren. Typische Variationspunkte ergeben sich aus Entscheidungen, die aufgrund fehlender Informationen erst später im Entwicklungs- und Auslieferungsprozess getroffen werden können. Betrachtet man z. B. einen einzelnen Konfigurationswert, so könnte dieser entweder bereits in einer grundlegenden Komponente als Konstante festgelegt, bei der Verwendung der Komponente in einem bestimmten Produkt definiert oder gar beim Kunden vor Ort von einem Servicetechniker in einer Konfigurationsdatenbank hinterlegt werden. *Variationspunkte finden*

Der Softwarearchitekt hat eine Vielzahl von Möglichkeiten, Variationspunkte in der Architektur umzusetzen. Auf Komponentenebene könnte er optionale Komponenten vorsehen, die für bestimmte Produkte weggelassen werden können. Ebenso könnte er die Anzahl von gleichartigen Komponenten variabel gestalten oder verschiedene Komponenten mit gleicher Schnittstelle einsetzen. Auf Ebene des Quellcodes ist es natürlich möglich, Variabilität durch Codeänderungen zu erzeugen. Eleganter sind jedoch Variabilität über Spezialisierung bzw. Generalisierung (über Vererbung oder Templates [Czarnecki00]), Erweiterungspunkte (z. B. über das Strategie-Entwurfsmuster [Gamma94]), Parameter für die Erstellung des Kompilats oder weitere codebasierte Techniken wie Reflexion oder Überladung. Die möglichen Variationspunkte lassen sich in einem Kontinuum einordnen; je mehr Flexibilität *Variationspunkte umsetzen* ein Variationspunkt ermöglicht, desto höher steigen auch der organisatorische Aufwand und der Leistungsbedarf (Abb. 10-3).

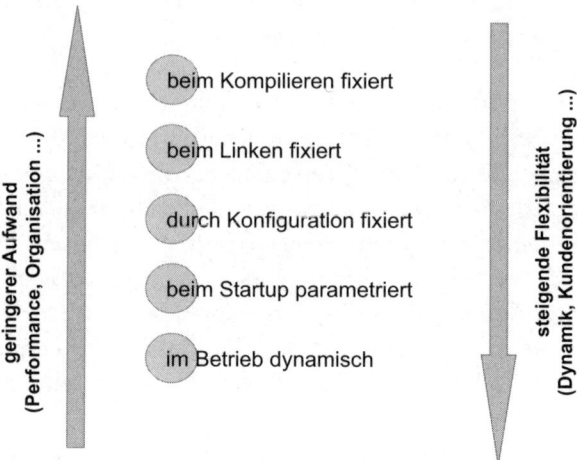

Abb. 10-3   Das Kontinuum der Variationspunkte, angeordnet nach Aufwand und Flexibilität

Variationspunkte dokumentieren und bewerten

Alle Variationspunkte müssen vom Softwarearchitekten geeignet dokumentiert werden, da sie die einzige Differenzierung von Produkten in einer Produktlinie darstellen. Besonderes Augenmerk sollte darauf gelegt werden, wie sich konkrete Produkte anhand der Variationspunkte realisieren lassen und welche Kombinationen von Variationen überhaupt erlaubt sind. Ein Mobiltelefon ohne jegliches Kommunikationsprotokoll mag zwar die Produktlinienarchitektur einhalten, ist aber für den Endkunden nicht besonders zweckmäßig.

Zur Bewertung der Produktlinienarchitektur kann der Architekt auf die Techniken zurückgreifen, die bereits früher in diesem Buch beschrieben wurden (siehe Kapitel 7, »Bewertung von Softwarearchitekturen«). Im Bereich der Produktlinien richtet sich die Bewertung zusätzlich noch an den Variationspunkten aus. Sind die Variationspunkte flexibel genug? Können Produkte der Linie in angemessener Zeit erzeugt werden? Dies sind nur einige der Fragen zur Bewertung von Architekturen für Produktlinien.

10.2.3   Allgemeine Schritte zum Produktlinien-Entwurf

Eine Produktlinie wird nicht nur in einer Entwicklungsabteilung, sondern für ein gesamtes Unternehmen etabliert. Deshalb wollen wir im

Folgenden die allgemeinen Schritte für den Entwurf einer Produktlinie betrachten. Als ergänzende Information dienen die bereits früher beschriebenen vier Szenarien mit der Unterscheidung evolutionär/revolutionär (siehe Abschnitt »Wie werden Produktlinien eingeführt?« in Abschnitt 10.1.3). Nach J. Bosch durchläuft ein Unternehmen bei der Einführung und dem Entwurf einer Produktlinie folgende Schritte [Bosch00]:

1. Wirtschaftlichkeitsanalyse: Lohnt sich die Einführung einer Produktlinie überhaupt? Wie unterscheiden sich die aktuelle Situation und der geplante Produktlinienansatz, z. B. in Bezug auf Kosten und Nutzen?

Allgemeine Schritte beim Produktlinienentwurf

2. Festlegen des Anwendungsbereichs (engl. *scoping*): Welche Produkteigenschaften soll die Produktlinienarchitektur vorsehen? Welche Produkte sind in der Linie voraussichtlich enthalten bzw. welche nicht?

3. Planung der zukünftigen Entwicklung: Welche Produkte und Produkteigenschaften werden in der Zukunft erwartet? Wie sollen diese in die Produktlinie einfließen?

4. Design der Produktlinienarchitektur: Welche Softwarearchitektur soll der Produktlinie zugrunde liegen? Ist die Architektur eine tragfähige Basis für die Produktlinie?

5. Festlegung von Anforderungen für die einzelnen Komponenten: Welche Anforderungen ergeben sich für die Komponenten aus der Produktlinienarchitektur? Wie sieht die Konfiguration von Komponenten für die einzelnen Produkte aus?

6. Validierung: Deckt die Produktlinie den geforderten Anwendungsbereich ab? Können alle Produkte aus der Produktlinie heraus entwickelt werden? Können zukünftig neue Features wie geplant einfließen?

Der zentrale Schritt, in den auch die meiste Arbeit des Softwarearchitekten fließen wird, ist natürlich das Design der Produktlinienarchitektur. Die vorangehenden Schritte, v. a. das Festlegen des Anwendungsbereichs, bestimmen jedoch wesentlich den Arbeitsumfang für den Produktlinien-Architekt, den Leistungsumfang der Produktlinie und damit letztlich die Aufgaben für die spätere Entwicklung. Wird der Anwendungsbereich der Produktlinie zu eng gesteckt, so dass nur wenige Produkte ableitbar sind, dann lohnt sich der Mehraufwand für die Produktlinie möglicherweise nicht. Ist der Anwendungsbereich dagegen zu

Korrektes Festlegen des Anwendungsbereichs

umfassend, ist der Aufwand zur Entwicklung jedes einzelnen Produkts eventuell zu groß [Bass03, S. 357f].

10.2.4 Softwarebezogene Schritte zur Einführung

Im vorigen Abschnitt wurden die Schritte zur Einführung einer Produktlinie aus globaler Sicht beschrieben, jedoch nicht aus Sicht der Softwaredesigner und Entwickler. Nun wollen wir mit Tabelle 10-1 als Abschluss der ersten Hälfte dieses Kapitels eine Abfolge von konkreten Schritten darstellen, mit denen die beteiligten Entwicklungsteams die Produktlinie in der Praxis umsetzen können [Bosch00]. Dies ist gleichzeitig eine Konkretisierung der ersten beiden Aktivitäten aus Abschnitt 10.2.1: Entwicklung der gemeinsamen Güter sowie Entwicklung von

Phase	Aktivität
	Vorbedingung: Die Entscheidung für die Einführung einer Produktlinie ist bereits gefallen. Die Vorgehensweise (z. B. evolutionär oder revolutionär) wurde festgelegt.
Entwicklung	Entwurf einer Softwarearchitektur, welche die Anforderungen an die Produkte der Familie unterstützt
	Entwicklung von Komponenten (traditionelle Komponenten, aber auch Frameworks)
Verwendung	Konfiguration der einzelnen Produkte aus den Komponenten im Rahmen der Produktlinienarchitektur (dies sollte ein viel geringerer Aufwand sein als bei einer reinen Produktentwicklung)
	a) Konfiguration z. B. durch Parameter oder durch Codegenerierung
	b) falls nötig: Entwicklung von produktspezifischen Erweiterungen für Komponenten
	Zusätzliche Entwicklung von produktspezifischer Software (nach Bedarf, ergibt sich aus produktspezifischen Anforderungen)
Weiterentwicklung	Alle Güter (Architektur, Komponenten, Produkte) werden kontinuierlich weiterentwickelt, um neue Anforderungen erfüllen zu können.
	a) Die Architektur muss neue Komponenten und neue Beziehungen zwischen Komponenten einführen bzw. berücksichtigen.
	b) Komponenten werden in Bezug auf ihre Funktionsweise und Eigenschaften, aber auch ihre Schnittstellen weiterentwickelt.
	c) Für Produkte werden Nachfolgeversionen entwickelt und ausgeliefert. Alternativ werden Produkte beim Kunden durch den Austausch oder die Ergänzung von Komponenten neu konfiguriert (sog. dynamische Architekturen).

Tab. 10-1 Softwarebezogene Aktivitäten während des Lebenszyklus einer Produktlinie

Produkten. Als Grobgliederung richten wir uns nach den Phasen im Lebenszyklus einer Produktlinie (Abschnitt 10.1.4).

10.3 Architektur und Software Engineering

Mit der allgemeinen Betrachtung des Produktlinienansatzes und den zugehörigen Aktivitäten und Vorgehensweisen hat uns die erste Hälfte dieses Kapitels eine grobe Übersicht zum Thema Produktlinien vermittelt. Die zweite Hälfte des Kapitels soll uns in die Lage versetzen, praktische Probleme bei der Einführung und beim Einsatz von Produktlinien zu meistern. Dazu beschreiben wir im nächsten Abschnitt zunächst die Aufgabengebiete für den Softwarearchitekten und die übrige Software-Engineering-Mannschaft. Danach betrachten wir die Entwicklung von Softwarekomponenten und Frameworks; beide Technologien sind zunächst für jede Art von Softwareentwicklung, besonders jedoch im Bereich der Produktlinien interessant.

10.3.1 Aufgaben für Architekt und Softwareingenieur

In Abschnitt 10.2.2 haben wir uns bereits mit den wesentlichen Tätigkeiten des Softwarearchitekten befasst, sind dabei aber ausschließlich vom Prinzip der Variationspunkte ausgegangen. Ergänzend beschreibt Clements in [Clements02b] eine Reihe von praktischen Aufgaben für den Architekten und das übrige Team von Softwareingenieuren. Diese praktischen Aufgaben wollen wir im Folgenden kurz anreißen und dadurch Anregungen geben, welche Überlegungen ein Produktlinienarchitekt und sein Team anstellen sollten. Dabei gehen wir besonders auf Entwurf und Bewertung von Produktlinienarchitekturen sowie auf das Finden und Wiederverwenden von Gütern aus bestehenden Systemen ein.

Entwurf der Produktlinienarchitektur

Die Softwarearchitektur ist ein zentrales Element einer jeden Produktlinie. Für den Entwurf der Architektur können wir zunächst auf die bisherigen Kapitel dieses Buches zurückgreifen. Der Architekturentwurf wird demnach durch organisatorische, technische und produktspezifische Einflussfaktoren getrieben. Die produktbezogenen Faktoren teilen sich auf in die wesentlichen funktionalen Anforderungen und die Qualitätsattribute. Beim Entwurf der Architektur selbst helfen fundamentale Designprinzipien wie Abstraktion, Kapselung oder Hierarchiebildung (vgl. Kapitel 5.2, »*Fundamentale Entwurfsprinzipien*«), aber auch Bestandteile der Toolbox wie Architekturstile und -muster (vgl. Kapitel 8, »Toolbox des Softwarearchitekten«). Entwurfsaufgaben des Softwarearchitekten sind z. B. Verantwortlichkeiten zu identifizieren und Schnittstellen zu finden.

Abstraktion und Variationspunkte

Jede Softwarearchitektur ist eine Abstraktion und erlaubt daher verschiedene konkrete Realisierungen eines Systems. Wenn die Architektur nur in einem Projekt eingesetzt werden soll, wird der Architekt den Entwicklern diese Freiheiten erlauben. Im Falle der Produktlinienarchitektur dagegen sollen auf definierte Weise mehrere Realisierungen aus derselben Architektur ableitbar sein: die Produkte. Wie die Produktlinienarchitektur dies über explizite Variationspunkte leisten kann, wurde bereits im Abschnitt 10.2.2 erläutert. Der Integrationsprozess für eine Produktlinienarchitektur muss die Variantenbildung ebenfalls effektiv unterstützen, da die Integration für jedes Produkt durchgeführt werden muss.

Product Builder's Guide

Die Dokumentation einer Produktlinienarchitektur sollte neben der Architekturdefinition auch eine Anleitung zur Konstruktion von Produkten enthalten (engl. *product builder's guide*, [Clements02b]). Diese Anleitung beschreibt die konkreten Schritte, um aus den grundlegenden Gütern der Produktlinie (z. B. Basiskomponenten) die individuellen Produkte zu erzeugen. Sie enthält eine Beschreibung der gemeinsamen Funktionalitäten und der Variationspunkte.

Risiken beim Entwurf

Der Entwurf einer Produktlinienarchitektur birgt einige Risiken, die letztlich in einer inadäquaten Architektur resultieren. Die Folgen sind z. B. nicht zusammenpassende Komponenten, Produkte, die ihre Anforderungen nicht erfüllen, oder zu aufwändige Prozesse bei der Konstruktion von Produkten. Die Ursachen für diese Probleme können ein unerfahrener Softwarearchitekt, fehlende Kommunikation, mangelnde Unterstützung durch das Management oder unzureichende Werkzeugunterstützung sein.

Bewertung der Produktlinienarchitektur

Die Produktlinienarchitektur hat wesentliche Auswirkungen auf die Umsetzbarkeit, die Qualität und damit den kompletten Lebenszyklus der resultierenden Systeme, und dies bei weitem mehr als die Softwarearchitektur einzelner Projekte. Ungereimtheiten und Fehler der Produktlinienarchitektur wirken sich weithin aus und sind im Nachhinein sehr schwer zu korrigieren. Daher ist es sinnvoll, bereits ab einer frühen Phase Aufwand in die Bewertung der Produktlinienarchitektur zu investieren.

Zwei Ebenen der Bewertung

Zwei Arten von Architekturen müssen im Rahmen von Produktlinien bewertet werden: die gemeinsame Produktlinienarchitektur und die Softwarearchitektur der abgeleiteten Produkte. Für beide gelten im Prinzip die Bewertungsmethoden für Softwarearchitekturen aus Kapitel 7, also z. B. die Bewertung basierend auf Szenarien oder Interviews.

Die Produktlinienarchitektur muss daraufhin überprüft werden, ob sie allgemein und robust genug ist, um den geplanten Anwendungsbereich mit seinen spezifischen Produkten abzudecken. Dazu gehören geeignete Variationspunkte, um die geforderte Flexibilität zu erreichen.

Bewertung der Produktlinienarchitektur

Schwierigkeiten bei der Bewertung von Produktlinienarchitekturen ergeben sich daraus, dass die Hardware oder andere Teile des Systems zum Zeitpunkt der Evaluierung noch nicht verfügbar bzw. noch nicht definiert sind. In diesem Fall müssen Abschätzungen angegeben werden, z. B. welche Hardware zur Implementierung der verschiedenen Produktvarianten benötigt wird.

Die Evaluierung muss in geeigneten Abständen wiederholt und dabei überprüft werden, da die Produktlinienarchitektur während ihres Lebenszyklus an neue Anforderungen angepasst wird.

Bei der Bewertung der Architekturen der einzelnen Produkte muss überprüft werden, ob die aus der Produktlinie abgeleitete Architektur die Anforderungen und Qualitätsattribute des jeweiligen Produkts erfüllt. Falls die Architektur eines einzelnen Produkts nicht viel von der gemeinsamen Produktlinienarchitektur abweicht, können auch Ergebnisse der allgemeineren Bewertung wiederverwendet werden. Dies betrifft z. B. Szenarien, Prozesse oder Checklisten. Die Ergebnisse der Bewertung von spezifischen Architekturen können als konstruktive Rückmeldung für die Verbesserung der Produktlinienarchitektur dienen. So können beispielsweise die oben erwähnten Abschätzungen überprüft und verfeinert werden.

Bewertung der Produktarchitekturen

Wiederverwendung von Gütern

Der Architekt einer Produktlinie wird selten die Gelegenheit haben, eine Produktlinienarchitektur auf der grünen Wiese aufzusetzen. Meist wird es existierende Systeme geben, deren geistige Werte gerettet und in die neue Produktlinienstruktur überführt werden sollen. Dabei ist die Wiederverwendung von Quellcode nur ein erster Schritt; viele andere Güter können und sollten wiederverwendet werden (vgl. Abschnitt 10.1.5). Da das Suchen nach wiederverwendbaren, möglicherweise wertvollen Artefakten in Altsystemen der mühsamen Arbeit in Bergwerken gleicht, wird diese Tätigkeit in der englischsprachigen Literatur als *Asset Mining* bezeichnet.

Der Produktlinienarchitekt sollte die Softwarearchitektur eines bestehenden Systems als dessen wertvollstes Gut betrachten. Falls es

Wiederverwendung der Architektur

möglich ist, diese für die Produktlinie wiederzuverwenden, können wahrscheinlich auch die existierenden Komponenten aus der alten Softwarearchitektur einfach für die Produktlinie aufbereitet werden. In jedem Fall ist es wichtig, die Architektur des vorhandenen Systems vollständig und gründlich zu verstehen, bevor an eine Wiederverwendung gedacht werden kann. Dazu können die Bewertungsmethoden für Architekturen (Kapitel 7) beitragen.

Für wiederverwendete Güter (Bausteine oder Architekturen) sollten dieselben Qualitätsansprüche angesetzt werden wie bei speziell für die Produktlinie entwickelten Gütern. Die Kosten, die durch die Suche nach Gütern und die Überarbeitung bzw. Verallgemeinerung von Komponenten entstehen, sollten die Kosten einer Neuentwicklung nicht übersteigen. Daher setzt die Wiederverwendung von Altsystemen im Rahmen von Produktlinien eine gute Planung und Aufwandsabschätzung voraus.

Weitere Aufgaben des Architekten im Produktlinienansatz

Neben den in den vorigen Abschnitten ausgeführten Aktivitäten hat der Produktlinienarchitekt eine Reihe von weiteren Aufgaben, die hier nur kurz aufgelistet werden sollen. Eine vollständige Diskussion dieser Aufgaben findet sich in [Clements02b].

- **Komponenten-Entwicklung.** Der Produktlinienarchitekt plant und leitet die Entwicklung von Komponenten. Ein Ergebnis seiner Arbeit ist die Liste von Komponenten, die als Bausteine zusammengefügt werden, um die einzelnen Produkte zu bilden.

- **Verwendung von COTS-Komponenten.** COTS-Komponenten (engl. *commercial off-the-shelf*) sind extern entwickelte, zugekaufte Komponenten. Diese Art der Wiederverwendung ist heute bereits bei verschiedensten Bausteinen einzelner Softwaresysteme zu finden (z. B. Betriebssysteme, Online-Shops). In Produktlinien kommt als Auswahlkriterium hinzu, dass die COTS-Komponenten geeignete Variationspunkte besitzen müssen, um die geforderte Flexibilität unterstützen zu können.

- **Definition von Anforderungen.** In einer Produktlinie muss ein gemeinsamer Satz von Anforderungen existieren, der von allen Produkten erfüllt werden muss. Nicht nur bei den Komponenten, sondern auch bei der Formulierung der Anforderungen wird der Architekt mit Variationspunkten arbeiten, diese können von einzelnen Parametern (z. B. maximale Datenbankgröße) bis zu kompletten Subspezifikationen reichen.

■ **Software-Systemintegration.** Integration ist das Zusammenfügen von Bausteinen zu einem kompletten Produkt. Die Integrationsfähigkeit von Komponenten steht und fällt mit deren Schnittstellen. Als besonders hilfreich für den Produktlinienbereich hat sich erwiesen, im Depot der grundlegenden Güter größere, bereits vorab integrierte Subsysteme vorzuhalten.

Das zentrale Thema *Komponenten und COTS* wird im folgenden Abschnitt genauer erläutert.

10.3.2 Komponenten – Grundbausteine der Produktlinie

Im bisherigen Teil dieses Kapitels wurden Softwarekomponenten mehrfach als grundlegende Bausteine für die Produkte einer Produktlinie genannt. Deshalb wollen wir nun etwas genauer auf diese Basistechnologie eingehen.

Komponenten im Allgemeinen

In der Definition von Softwarearchitektur in Kapitel 1 wurde sehr allgemein von Architekturbausteinen und ihren Beziehungen gesprochen. Dies ist notwendig, da Softwarearchitekturen im Allgemeinen aus vielen verschiedenen Bestandteilen zusammengesetzt sein können, z. B. Schichten, Subsystemen oder Komponenten. Für eine funktionierende Produktlinie ist jedoch eine etwas engere Vorstellung von Architekturbausteinen nötig, da die einzelnen Bausteine flexibler miteinander kombinierbar sein müssen. In diesem Zusammenhang sprechen wir deshalb also von *Komponenten*.

Für den Komponentenbegriff hat sich im Lauf der Zeit eine Reihe von Definitionen angesammelt. In diesem Buch wollen wir die Vorstellung der UML von Komponenten übernehmen, so wie sie in Kapitel 6, »Dokumentation von Softwarearchitekturen«, bei der Vorstellung der Komponentendiagramme beschrieben wurde. Diese Definition deckt sich im Wesentlichen mit der von J. Bosch für Produktlinienarchitekturen vorgeschlagenen Definition [Bosch00, S. 214]:

Definition von Komponenten

> *Eine Softwarekomponente ist das Medium der Komposition von Systemen mit explizit definierten bereitgestellten, benötigten und Konfigurationsschnittstellen sowie Qualitätsattributen.*

Wenn man eine Komponente von außen betrachtet, sieht man gemäß dieser Definition also sowohl die Schnittstellen, die eine Komponente von anderen Komponenten benötigt (engl. *required*), als auch die Schnittstellen, die für andere Komponenten bereitgestellt werden (engl.

provided). Dazu bietet die Komponente eine Möglichkeit zur Konfiguration und Parametrierung an; dadurch werden letztlich die Variationspunkte bestimmt. Schließlich hat jede Komponente bestimmte Qualitätsattribute wie Leistung oder Portierbarkeit.

Drei Grade der Wiederverwendung

Komponenten können auf drei verschiedene Arten wiederverwendet werden, die im Folgenden in der Reihenfolge wachsender Effektivität, aber auch mit steigendem Schwierigkeitsgrad aufgelistet werden [Bosch00, S. 215]:

1. Von Version zu Version des Systems: Jede Komponente muss mehrere Versionen des Softwaresystems unterstützen, dessen Bestandteil sie ist.

2. Von Produkt zu Produkt im Rahmen einer Produktlinie: Die Komponente kann in mehreren Produkten und in jedem dieser Produkte in aufeinander folgenden Versionen eingesetzt werden.

3. Von Unternehmen zu Unternehmen (als COTS-Komponente): Zusätzlich zu den beiden vorherigen Graden der Wiederverwendung kommt noch die unternehmensübergreifende Verwendung der Komponenten hinzu.

Der erste Grad der Wiederverwendung wird heute flächendeckend eingesetzt und daher oft nicht als Wiederverwendung gesehen. Jedes Unternehmen muss sich nach J. Bosch über die einzelnen Grade hocharbeiten; daher wird der dritte Grad derzeit noch selten erreicht. Hinter dem dritten Grad steckt natürlich ein kommerzielles Interesse der COTS-Produzenten: Die Komponenten werden auf dem freien Markt als Produkte angeboten. Nach dem heutigen Stand der Technik sollten sich Unternehmen zunächst auf den zweiten Grad konzentrieren und diese Technologie etablieren, bevor Komponenten in Form von COTS kommerzialisiert werden sollen.

Komponenten in Produktlinien

Komponenten und Domänen

Einsatzgebiete oder *Domänen* (engl. *domain*) beschreiben den Wirkungsbereich eines Softwaresystems oder eines einzelnen Bausteins. Beide Begriffe sind relativ: Ein Softwaresystem zur Ablaufoptimierung gehört aus Benutzersicht in die Domäne Produktionsplanung/-steuerung, eine bestimmte Komponente in diesem Softwaresystem wird sich wahrscheinlich einer der Domänen *Simulated Annealing* oder *genetischen Algorithmen* zuordnen lassen. Bei Produktlinienarchitekturen wird eine bestimmte Domäne meist durch eine primäre Komponente repräsentiert, d. h., Komponenten implementieren Domänen. Klassen innerhalb von Komponenten definieren Konzepte innerhalb der zugehörigen Domäne. Dies ist ein wertvoller Anhaltspunkt für den Architekten bei der Suche nach einer geeigneten Aufteilung in Komponenten. Die primäre Komponente wird in der Produktlinienpraxis oft durch kleinere, sekundäre Komponenten an den benötigten Leistungsumfang angepasst [Bosch00, S. 218].

Hierarchien und Granularität

Domänen lassen sich oft hierarchisch ordnen. Dies legt für die Komponenten, die diese Domänen implementieren, ebenfalls eine hierarchische Struktur nahe. Die Granularität der Komponenten muss auf einem Spektrum zwischen zwei Extremen eingestellt werden. Sehr kleine Komponenten lassen sich leicht wiederverwenden, ohne dass große Teile der Komponente weggelassen werden müssen. Sehr große Komponenten ermöglichen das Zusammensetzen von Systemen aus wenigen Bausteinen und sparen dadurch Fixkosten, die durch die Wiederverwendung anfallen (z. B. für die Suche nach Komponenten oder Anpassungsarbeiten). Es ist die Aufgabe des Produktlinienarchitekten, die Granularität der Komponenten passend und effektiv festzulegen.

Beim Einsatz von Komponenten im Rahmen von Produktlinien gibt es zwei Anwendungsfälle [Clements02b, S. 85]:

- Die Komponente ist Bestandteil der Produktlinie.

- Die Komponente ist eine Neuentwicklung für ein bestimmtes Produkt.

Die Entwicklung der Komponenten im zweiten Fall ist im Allgemeinen einfacher, da keine Variabilität gefordert ist. Der Entwickler tut jedoch gut daran, die Erweiterung der Anwendung dieser Komponente auf mehrere Produkte und schließlich für die gesamte Produktlinie zumindest in Ansätzen einzuplanen. Bei der Entwicklung der Komponenten im ersten Fall gehören Variationspunkte zum Lieferumfang. Diese Variationspunkte können nach drei Kriterien eingeteilt werden [Jacobson97]:

- der Wirkmechanismus des Variationspunkts,

- der Zeitpunkt der Spezialisierung und

- der Typ der Variabilität.

Tabelle 10-2 zeigt die von I. Jacobson zusammengetragenen Mechanismen zur Variabilität von Komponenten. Zu jedem der Mechanismen werden die drei obigen Informationen angegeben.

Mechanismus	Zeitpunkt der Spezialisierung	Typ der Variabilität
Vererbung	Bei der Definition der Klasse	Spezialisierung (z. B. Hinzufügen neuer Funktionen)
Erweiterung	Bei der Erstellung der Anforderungen	Neuer Anwendungsfall basiert auf existierendem Anwendungsfall
Verwendung	Bei der Erstellung der Anforderungen	Neuer Anwendungsfall verwendet existierenden Anwendungsfall
Konfiguration	Vor der eigentlichen Laufzeit	Eine zusätzliche Ressource wird von der Komponente geladen (z. B. Konfigurationsdatei)
Parametrierung	Bei der Implementierung von Komponenten	Definition von Funktionen mit abstrakten Eingangswerten, Festlegung bei Verwendung der Funktion
Templates	Bei der Implementierung von Komponenten	Parametrierbare Definition von Datentypen, Festlegung bei Verwendung des Templates
Generierung	Vor der eigentlichen Laufzeit	Parametrierbares Generierungswerkzeug

Tab. 10-2 Arten von Variationspunkten [Jacobson97]

Komponenten und ihre Schnittstellen

Komponenten müssen einerseits eigenständig entwickelt werden, sollen aber andererseits mit anderen Komponenten kooperieren, um gemeinsam die geforderte Funktionalität zu erbringen. *Schnittstellen* helfen, diesen scheinbaren Widerspruch aufzulösen. J. Bosch definiert den Begriff Schnittstelle wie folgt [Bosch00, S. 220]:

Definition von Schnittstellen

Eine Schnittstelle ist ein Vertrag zwischen einer Komponente, die eine bestimmte Funktionalität benötigt, und einer Komponente, die diese Funktionalität bereitstellt.

Die Schnittstelle sollte im Idealfall weder von der einen noch von der anderen Komponente abhängen, sondern eine eigenständige Einheit darstellen. Nur dann lassen sich Schnittstellen definieren und als Grundlage der Arbeit an beiden angrenzenden Komponenten verwenden.

APIs und Protokolle

Schnittstellen von Komponenten sind mehr als nur eine einfache Zusammenstellung von einzelnen Funktionen (oft als *Application Programming Interface* bezeichnet, kurz API). Genauso wie die Syntax der Schnittstellenfunktionen definiert ist, muss die Semantik der Schnittstelle festgelegt sein, z. B. die Aufrufreihenfolge oder die gegenseitigen Abhängigkeiten der Aufrufe. Durch diese Angaben wird aus einer nicht weiter spezifizierten Schnittstelle ein *Protokoll*; dieses beschreibt die Schnittstellenfunktionen zusammen mit einem bestimmten Aufrufablauf. Beispielsweise muss bei einer Dateischnittstelle eines Betriebssystems zunächst eine Datei geöffnet, dann bearbeitet und schließlich geschlossen werden. Eine andere Reihenfolge würde zu inkonsistenten Systemzuständen führen. Die Semantik von Schnittstellen lässt sich formal gut durch Protokollzustandsdiagramme oder Sequenzdiagramme beschreiben (siehe Kapitel 6, »Dokumentation«).

Bei objektorientierten Komponenten findet man außerdem oft Schnittstellen, die auf Klassen basieren. Als Beispiel führt J. Bosch die Komponente eines Kommunikationssystems an, die bei Zustandekommen einer neuen Verbindung ein Objekt erzeugt und an der Schnittstelle ausliefert, das die neue Verbindung repräsentiert. Klassenbasierte Schnittstellen werden in der Praxis häufig bei größeren bzw. komplexeren Komponenten eingesetzt.

Klassenschnittstellen

Entwurf und Entwicklung von Komponenten

Wie werden Komponenten entworfen und entwickelt? Der Entwurf von Komponenten unterliegt vielen Restriktionen und Randbedingungen:

- Aus der Softwarearchitektur ergeben sich konkrete, sowohl fachliche als auch Qualitätsanforderungen an die Komponente. Zusätzlich müssen bei der Komponentenentwicklung Richtlinien eingehalten werden, die ebenfalls vom Softwarearchitekt definiert werden (z. B. bzgl. des Entwurfs von Schnittstellen).

- Die möglichen Anwendungsszenarien einer Komponente können maximiert werden, wenn vor dem Entwurf der Komponente eine Analyse der geforderten Variabilität durchgeführt wird. Daraus resultieren wiederum Anforderungen an Entwurf und Schnittstellen der Komponente.

- Oft gibt es bestehenden Code, um den die Komponente herum gebaut werden soll. Die Verwendung dieses sog. *Legacy*-Codes soll eine Kostenersparnis bringen, indem fachliches Know-how wiederverwendet wird.

- Bei Komponenten für eine Produktlinienarchitektur ergeben sich zusätzliche Anforderungen aus der nötigen Flexibilität und den geforderten Variationspunkten. Aus einer Variabilitätsanalyse können zusätzliche Anforderungen resultieren.

Damit sind nur wenige Freiheitsgrade beim Entwurf möglich, was die Anzahl und das Gewicht der Designentscheidungen einschränkt. Dies vereinfacht die Arbeit und kann deshalb durchaus positiv gesehen werden. Andererseits müssen dadurch bei der Komponentenentwicklung viele Kompromisse eingegangen werden, was eher negativ bewertet werden muss.

Adaption von
Komponenten

Beim Einsatz von Komponenten sind oft Adaptionstechniken nötig, um die Komponente an ein Umfeld anzupassen, für das sie eigentlich zu wenige Variationspunkte mitbringt. Für diese Techniken lassen sich einige allgemeine Anforderungen angeben [Bosch00, S. 228]:

- Die Adaption sollte möglichst ohne Eingriff in die Interna einer Komponente durchgeführt werden (Black-box-Prinzip).

- Wenn möglich, sollte die Adaptionsschicht transparent sein, d. h., bei Verwendung einer adaptierten Komponente sollte es keinen Unterschied bedeuten, ob auf die adaptierte Schnittstelle oder auf die Komponente selbst zugegriffen wird.

- Adaptionen sollten orthogonal, d. h., beliebig miteinander kombinierbar sein.

- Adaptionen sollten die Kombinierbarkeit von Komponenten nicht einschränken.

- Weitere wünschenswerte Eigenschaften von Adaptionstechniken sind Wiederverwendbarkeit und Konfigurierbarkeit.

In der Praxis werden oft folgende drei Adaptionstechniken verwendet: Copy-paste, Vererbung und Wrapping. *Copy-paste* bezeichnet das Klonen von Komponenten mit nachträglicher Veränderung des Quellcodes. Diese Technik verletzt immer das Black-box-Prinzip, erhält jedoch die Schnittstelle der Komponente und ist damit transparent. Durch *Vererbung* ist es zwar möglich, eine Komponente ohne große Veränderung ihres Quellcodes zu adaptieren; der Softwareingenieur muss jedoch zur Adaption die Interna der Komponente gut kennen, was trotzdem das Black-box-Prinzip verletzt. Die Transparenz bleibt bei Adaption durch Vererbung gewahrt. Im Gegensatz zu den obigen beiden Techniken betrachtet die Adaption durch sog. *Wrapper* die adaptierte Komponente als Black-box, da bei dieser Technik eine Adaptionsschicht um die Schnittstelle der Komponente herumgelegt wird. Leider hat auch diese Technik Nachteile: Die Schnittstelle der Komponente wird durch den Wrapper natürlich verdeckt und auf eine andere Schnittstelle abgebildet, was die Forderung nach Transparenz verletzt.

10.3.3   Objektorientierte Frameworks

Grundlagen

Die Framework-Technologie wurde bereits in Kapitel 8, »Toolbox des Softwarearchitekten«, vorgestellt. Hier sollen nun die wichtigsten Aspekte vertieft und der Bezug zur Welt der Produktlinien herausgearbeitet werden. Eine viel zitierte Definition des Begriffs *Framework* ist die von R. Johnson und B. Foote [Johnson88]:

> *Ein Framework ist eine Menge von Klassen, die ein abstraktes Design für Lösungen zu einer Familie von verwandten Problemen darstellen.*   *Definition von Frameworks*

Objektorientierte Frameworks wurden in der zweiten Hälfte der 80er-Jahre entwickelt. Anfangs bildete ein Framework stets den Rahmen für Applikationen einer bestimmten Problemklasse oder Domäne. Beispielsweise erlaubt das Microsoft MFC-Framework die Entwicklung von Applikationen mit grafischer Benutzerschnittstelle. Beispiele für erste Frameworks sind *Interviews* [Linton89] und das Model-View-Controller-Framework von *Smalltalk 80* [Goldberg89]. Beide Beispiele sind ebenfalls Frameworks für die Entwicklung grafischer Benutzerschnittstellen. Innerhalb dieser frühen objektorientierten Frameworks konnten verschiedene Applikationen entwickelt werden. Das Framework war gleichzeitig Infrastruktur-Lieferant und alleiniger Applikationsrahmen.

Mittlerweile haben Frameworks diesen Anspruch auf Exklusivität   *Frameworks als*
verloren. In heute aktuellen großen Anwendungen werden zunehmend   *Komponenten*
mehrere Frameworks mit verschiedenstem Anwendungsfokus an unterschiedlichen Stellen des Systems, aber doch gleichzeitig eingesetzt. Gleichzeitig werden Komponenten in der heutigen industriellen Praxis immer größer und mächtiger, um mehr Funktionalität in einer beherrschbaren Anzahl von Komponenten unterzubringen. Beide Entwicklungen führen dazu, dass Frameworks heute selbst als Komponenten mit einem sehr hohen Grad an Konfigurierbarkeit betrachtet werden. Durch die Verwendung von objektorientierten Techniken wie z. B. Vererbung wird diese hohe Konfigurierbarkeit erreicht.

Wie bereits in Kapitel 8 beschrieben, gehorchen Frameworks dem   *Funktionsprinzip*
Prinzip der Umkehrung der Kontrolle (engl. *inversion of control*), oft auch Hollywood-Prinzip genannt: *Don't call us, we call you*. Dieses Funktionsprinzip besagt, dass die applikativen Teile vom Framework aufgerufen werden und nicht umgekehrt. Das Framework behält somit die Kontrolle und bestimmt, wann der Sourcecode der spezifischen Applikation zur Ausführung kommt. Diese Logik wird durch Prinzipien

der (meist objektorientierten) Programmiersprache implementiert, z. B. virtuelle Funktionen und Vererbung.

Frameworks in Produktlinien

Gerade in Produktlinien ist die Sichtweise hilfreich, Frameworks wie alle anderen Komponenten der Produktlinie einzustufen. Durch den Einsatz von Frameworks auf verschiedenen Ebenen einer Produktlinienarchitektur lässt sich ein hoher Grad von Wiederverwendung und Konfigurierbarkeit erreichen.

Bei der Komposition von verschiedenen Frameworks innerhalb eines Softwaresystems muss jedoch eine Reihe von Aspekten bedacht werden. Dies kommt daher, dass Frameworks zunächst nur für die Erweiterung durch applikationsspezifischen Code ausgelegt sind, nicht aber für die Kombination mit anderen Frameworks. Typische Fragen, die daraus resultieren, sind:

- Welches Framework behält die Kontrolle gemäß des Hollywood-Prinzips?

- Die Anbindung an das Framework setzt oft die Ableitung von Framework-Basisklassen voraus. Wie aber werden bestehende Klassen oder Komponenten in das Framework eingebunden?

J. Bosch diskutiert diese und weitere Probleme der Kombination verschiedener Frameworks [Bosch00, S. 244ff].

Ansätze für den Framework-Einsatz

Betrachtet man Frameworks als Komponenten, die im Rahmen eines Produktlinienansatzes für mehrere Produkte verwendet werden, sind zwei Aspekte wichtig. Der erste Aspekt ist die äußere Schnittstelle des Frameworks und die produktspezifische Funktionalität, die über diese Schnittstelle anderen Komponenten der Architektur zur Verfügung gestellt wird. Der zweite Aspekt ist die interne Schnittstelle, also die Variationspunkte des Frameworks, deren Anzahl und Ausprägung. Für den Einsatz von Frameworks als Komponenten im Rahmen einer Produktlinie führt J. Bosch vier verschiedene Ansätze an, die sich in den obigen beiden Aspekten unterscheiden [Bosch00, S. 250ff].

Produktspezifische Erweiterungen

Der bekannteste Ansatz basiert auf *produktspezifischen Erweiterungen*. Pro Produkt wird das Framework einmal instanziiert und produktabhängig erweitert. Die jeweilige Erweiterung beinhaltet vor allem produktspezifische, von Framework-Klassen abgeleitete Klassen. Beispiele für diesen Ansatz sind die meisten Applikationen mit einem GUI-Framework, z. B. das EIKON-Framework beim PDA- und Organizer-Betriebssystem Symbian. Dieser Ansatz ist zwar angenehm ein-

fach zu handhaben, bietet aber kaum Möglichkeiten zur Wiederverwendung der produktspezifischen Erweiterungen.

Ein zweiter Ansatz nutzt nicht produktspezifische, sondern *stan-*
dardspezifische Erweiterungen. Hier wird also nicht eine Erweiterung
des Frameworks pro Produkt entwickelt, sondern eine Erweiterung
pro benötigtem Standard zu einem bestimmten Systemaspekt. Eine
Komponente zur Kommunikation zwischen Knoten eines verteilten
Systems könnte beispielsweise über ein Framework realisiert werden,
das mit je einer Erweiterung zu den Netzwerkstandards TCP/IP, CAN
oder BACnet ausgestattet werden kann. Das Framework würde dann
die Schnittstellenklassen *Connection* oder *Message* enthalten. Typischerweise beinhaltet ein Framework für diesen Ansatz wenig eigenen
Code, sondern besteht hauptsächlich aus einer Definition der externen
Schnittstelle und der Anbindung an die internen Variationspunkte.
Wesentlicher Vorteil dieses Ansatzes ist die einheitliche Sicht, die das
Framework anderen Komponenten bietet.

Standardspezifische
Erweiterungen

Die beiden ersten Ansätze sehen jeweils die Erweiterung des Frameworks durch ein monolithisches Stück Software vor. Um die Wiederverwendung des Erweiterungscodes innerhalb der Produktlinie zu verbessern, kann der dritte Ansatz gewählt werden: *feingranulare*
Erweiterungen. Wichtig für diese Art der Framework-Verwendung ist
es, dass die Variationspunkte möglichst orthogonal zueinander sind.
Erst dann ist es möglich, das Framework mit vielen kleinen, voneinander unabhängigen Klassen zu bestücken. Ein Beispiel für diesen Ansatz
ist das Microsoft MFC-Framework; hier besteht eine Applikation aus
einer Instanz des MFC-Frameworks, die z. B. mit einer spezifischen
Document-Klasse und mehreren View-Klassen erweitert bzw. konfigu-
riert werden muss (vgl. das Document-View-Architekturmuster in Kapitel 8, »Toolbox«). Die Erstellung eines solchen Frameworks ist komplexer als bei den beiden obigen Ansätzen; das Konzept ist dafür
jedoch flexibler und hat ein höheres Wiederverwendungspotenzial für
die Erweiterungen.

Feingranulare
Erweiterungen

Der vierte und letzte Ansatz ist der *generatorbasierte Ansatz.* Hierbei wird die Erweiterung für das Framework aufgrund einer Spezifikation durch einen Generator automatisch erstellt. Die Spezifikation
kann z. B. in einer domänenspezifischen Sprache formuliert werden.
Der Generator ist eng mit dem Framework gekoppelt, da er Quellcode
erzeugt, der zum Framework passen muss. Die Vorteile dieses Ansatzes
sind u. a. Flexibilität, ein hoher Wiederverwendungsgrad und die automatische Sicherstellung der konzeptuellen Integrität der Erweiterungen. Dagegen ist es schwer, Framework, Eingabeformat und Generator
so zu entwerfen, dass dieser Ansatz möglich wird und ein möglichst

Generatorbasierter Ansatz

breites Anwendungsspektrum abdeckt. Um dies zu erreichen, wird der Softwarearchitekt weitreichende Erfahrung im Applikationsbereich des Frameworks mitbringen müssen.

10.4 Technische und organisatorische Aufgaben

Im vorausgehenden Abschnitt wurden wichtige softwaretechnische und architekturrelevante Aspekte von Produktlinien behandelt. In diesem Abschnitt werden diese Aufgaben zur Einführung und zum Betrieb einer Produktlinie nun durch technische und organisatorische Aufgaben vervollständigt.

10.4.1   Technische Aufgaben

Damit ein Produktlinienansatz gelingt, reicht es nicht, nur die Software-Engineering- und Architekturaspekte zu betrachten. Auch für die technische Geschäftsleitung gibt es einige Aufgaben, die erfüllt sein müssen, um die Produktlinie zum Laufen zu bringen. P. Clements diskutiert diese technischen Aufgaben ausführlich [Clements02b, S. 152ff]; wir wollen an dieser Stelle nur die wichtigsten Tätigkeitsfelder kurz anreißen.

Software-Konfigurationsmanagement

Konfigurationsmanagement für Software (kurz SCM) beschäftigt sich mit den Produkten eines Softwareprojekts und deren Veränderungen. Im Rahmen von SCM-Aktivitäten ist oft von *Artefakten* die Rede: Damit können Softwarebausteine, Hardware-Komponenten oder Dokumentation gemeint sein. Bei einem Produktlinienansatz muss SCM gleichermaßen die Basiskomponenten als auch die Produkte verwalten. Jedes Produkt hat seine eigene Konfiguration. Da einzelne Komponenten in mehreren Produkten verwendet werden, gibt es in einer Produktlinie nur einen SCM-Prozess. Die Hauptaufgabe des SCM-Systems ist die schnelle, automatisierte Rekonstruktion jeder Version jedes einzelnen Produkts der Produktlinie. Dies kann nur in Verbindung mit mächtigen Softwarewerkzeugen ermöglicht werden.

Make-or-Buy-Analyse

Softwarekomponenten im Rahmen einer Produktlinie können aus einer der folgenden vier Quellen stammen:

- eigene Neuentwicklung

- Übernahme aus bisherigen Projekten (sog. *Legacy*-Code)

- Zukauf eines Standardproduktes (COTS-Komponenten)

- Beauftragung einer Fremdentwicklung

Die Entscheidung, welche der vier Alternativen für jede einzelne Komponente die günstigste ist, muss in einer frühen Phase jedes Projekts getroffen werden. Diese Entscheidung basiert auf verschiedenen softwarebezogenen, technischen, wirtschaftlichen und politischen Faktoren. Die Aufgabe für das technische Management ist es nun, fundierte Entscheidungen durch die Analyse dieser Faktoren zu treffen.

Dabei ist darauf zu achten, dass aufgrund einer anderen Kostenverteilung und Organisationsstruktur bei Produktlinien andere Faktoren ausschlaggebend sein können als bei einzelnen Softwareprojekten. Abhängigkeiten von Drittanbietern wiegen schwerer, wenn die zugekauften oder außerhalb entwickelten Komponenten in jedes Produkt der Produktlinie einfließen würden. Die Neuentwicklung (sowohl im Unternehmen als auch durch Dienstleister) einer Komponente ist wegen des höheren Anspruchs an die Wiederverwendbarkeit höher. Schließlich wird die Übernahme aus bestehenden Projekten in Produktlinien eine größere Rolle spielen als bei einzelnen Projekten, da die wenigsten Unternehmen ohne vorherige Erfahrung und existierende Produkte eine Produktlinie aufsetzen.

Technische Planung

Diese Aufgabe konzentriert sich auf die Planung von *Projekten*. Projekte können sowohl die Entwicklung von Basiskomponenten sein, die in mehrere bzw. alle Produkte einfließen werden, als auch die Entwicklung der Produkte selbst. Im Gegensatz dazu blickt die organisatorische Planung über Projekte hinaus und plant auf der strategischen Ebene.

Die technische Planung geschieht iterativ und begleitet jedes Projekt vom Kick-off bis zum Projektende. Dabei gibt es die folgenden Teilaufgaben:

- Erarbeiten eines Plans und Abstimmung mit Management

- Bestimmung der notwendigen Ressourcen

- Klärung der Machbarkeit mit den eingeplanten Personen und Teams

Die verschiedenen Pläne in einer Produktlinienorganisation haben viele Querbezüge und Verästelungen. Beispielsweise gibt es klare Abhängigkeiten eines Produkts von den Komponenten, die dafür geliefert werden müssen. Umgekehrt können neue Komponenten aus aktuellen Produkten extrahiert und als Basiskomponenten veredelt werden. Hier ist es Aufgabe der technischen Planung, diese Querbezüge vorzusehen und realistisch einzuschätzen.

10.4.2   Organisatorische Aufgaben

Neben den Aufgaben für das technische Management gibt es eine Vielzahl von Aspekten, die von organisatorischer Seite bearbeitet werden müssen, um eine Produktlinie zu betreiben. Die folgende Liste gibt nur einen groben Überblick; viele Details zu den einzelnen Themen werden in [Clements02b, S. 220ff] diskutiert.

- Analyse der Wirtschaftlichkeit eines Produktlinienansatzes
- Produktmanagement bzw. Management der Kundenschnittstellen
- Strategie zur Akquisition und Beauftragung von Zukaufkomponenten
- Finanzierung der Komponenten- und Produktentwicklung
- Etablierung einer Produktlinienorganisation
- Marktanalyse in Hinblick auf Produktfamilien
- Organisatorische Planung
- Organisatorisches Risikomanagement
- Bildung von passenden Organisationsstrukturen
- Vorhersagen von technologischer Entwicklung und Trends
- Organisation von Schulung und Weiterbildung

Der Softwarearchitekt in einer Produktlinienorganisation muss obige Aufgaben nicht ausführen; er muss jedoch einen Überblick über die nötigen Tätigkeitsfelder in technischer und organisatorischer Hinsicht haben, um bei Problemen in der Produktlinie fehlende oder unzureichend behandelte Aspekte identifizieren zu können.

10.5 Zusammenfassung

Die Begriffe Produktlinien und Produktfamilien kommen in der Welt der Informatik zwar bereits seit einiger Zeit vor, dennoch wurden und werden diese Themengebiete erst jetzt erschöpfend behandelt. In der Praxis beherrschen nur wenige Unternehmen die Produktlinientechnologie im Bereich der Software, die aber einen wesentlichen Wettbewerbsvorteil darstellen kann. Für den Softwarearchitekten lohnt sich deshalb die Beschäftigung mit dem Thema Produktlinien, da dieses Wissen und dazu natürlich die praktische Erfahrung bei vielen Unternehmen gefragt sein wird, die mit Software einen großen Teil ihrer Wertschöpfung erbringen.

In diesem Kapitel haben wir uns komprimiert mit Softwareproduktlinien beschäftigt. Dabei konnten wir uns immer wieder auf Softwarearchitektur im Allgemeinen beziehen: Softwarearchitektur stellt ein Kernthema für Produktlinien dar. Sie ist das zentrale Gut und sollte deshalb möglichst produktübergreifend wiederverwendet werden. Gleichzeitig ist Softwarearchitektur Rahmen und Vehikel für die Wiederverwendung von Komponenten, Spezifikationen und Prozessen.

Im Rahmen dieses Kapitels konnten viele Themen aus dem Bereich der Produktlinien nur angerissen werden. Wiederverwendung als ein zentrales Thema wurde an verschiedenen Stellen behandelt. Die Tätigkeiten des Softwarearchitekten zum Betrieb von Produktlinien wurden ausführlich dargestellt, aufgeteilt in fachliche, technische und organisatorische Aktivitäten. Softwarebezogene Themen, wie z. B. Komponenten und Frameworks, wurden ebenfalls behandelt. Weitere Themen, mit denen sich der Softwarearchitekt über die Inhalte dieses Kapitels hinaus beschäftigen könnte, werden hier ergänzend aufgeführt:

- **Produktlinien-Untersuchung.** Unter dem Begriff *Technical Probe* bietet P. Clements einen Test an, mit dem Organisationen (z. B. Unternehmen) feststellen können, ob ein Produktlinienansatz Erfolg hätte [Clements02b, S. 399].

- **Produktlinien in kleinen Organisationen.** Produktlinien bringen nicht nur großen Unternehmen Vorteile, auch bei kleinen Organisationen kommen sie in Frage [Clements02b, S. 485].

- **Generative Programmierung.** Generierung von Artefakten ist ein mächtiges Mittel, um Variabilität herzustellen. Unter dem Begriff generative Programmierung fassen Czarnecki und Eisenecker eine Reihe von interessanten Technologien und Mechanismen zusammen [Czarnecki00].

Selbst für den informiertesten Softwarearchitekten in einem wohlwollenden Umfeld wird es noch eine Herausforderung sein, eine Produktlinie für Software einzuführen und zu betreiben. Hier ist Verständnis und Unterstützung durch viele Beteiligte nötig, allen voran Management und Entwicklungsmannschaft. Viel zu oft wird Wiederverwendung durch Produktlinien als großes Ziel definiert, um dann doch unter dem Druck von Fertigstellungsterminen und Projektanforderungen hintangestellt zu werden. Vielleicht kann dieses Kapitel dazu beitragen, die Möglichkeiten von Produktlinien zur Verbesserung von Effektivität, Produktivität und Qualität allen Beteiligten aufzuzeigen.

Literatur

[Alexander77] C. Alexander, S. Ishikawa, M. Silverstein, M. Jacobson, I. Fiksdahl-King, S. Angel: *A Pattern Language*. Oxford University Press, 1977.

[Abowd97] G. Abowd, L. Bass, P. Clements, R. Kazman, L. Northrop, A. Zaremski: *Recommended Best Industrial Practice for Software Architecture Evaluation*. Technischer Bericht CMU/SEI-96-TR-025, Pittsburgh, Software Engineering Institute, Carnegie Mellon University, 1997.

[Baldwin00] C. Y. Baldwin, K. B. Clark: *Design Rules: The Power of Modularity, Vol. 1*. MIT Press, 2000.

[Bass03] L. Bass, P. Clements, K. Bass: *Software Architecture in Practice: Second Edition*. Addison-Wesley, 2003.

[Beck00] K. Beck: *Extreme Programming explained: Embrace Change*. Addison-Wesley, 2000.

[Bittner02] K. Bittner, I. Spence: *Use Case Modeling*. Addison-Wesley, 2002.

[Boehm95] B. Boehm: Engineering Context. *Proceedings of the First International Workshop on Architectures for Software Systems*. CMU-CS-TR-95-151 from the School of Computer Science, Carnegie Mellon University, April 1995.

[Boehm00] B. Boehm, C. Abts, A. W. Brown, S. Chulani, B. K. Clark, E. Horowitz, R. Madachy, D. Reifer, B. Steece: *Software Cost Estimation with Cocomo II*. Prentice-Hall 2000.

[Booch94] G. Booch: *Objektorientierte Analyse und Design: Mit praktischen Anwendungsbeispielen*. Addison-Wesley, 1994.

[Booch99] G. Booch, I. Jacobson, J. Rumbaugh: *The Unified Modeling Language User Guide*. Addison-Wesley, 1999.

[Bosch00] J. Bosch: *Design and Use of Software Architectures*. Addison-Wesley, 2000.

[Brooks95] F. Brooks: *The Mythical Man-Month: Essays on Software Engineering (Anniversary Edition)*. Addison-Wesley, 1995.

[Brownsword96] L. Brownsword, P. Clements. *A Case Study in Successful Product Line Development*. Technischer Bericht CMU/SEI-96-TR-016, Pittsburgh, Software Engineering Institute, Carnegie Mellon University, 1996.

[Buschmann96] F. Buschmann, R. Meunier, H. Rohnert, P. Sommerlad, M. Stal: *Pattern-Oriented Software Architecture: A System of Patterns*. John Wiley, 1996.

[Christiansen98] T. Christiansen, N. Torkington: *Perl Cookbook*. O'Reilly, 1998.

[Clements02a] P. Clements, R. Kazman, M. Klein: *Evaluating Software Architectures: Methods and Case Studies*. Addison-Wesley, 2002.

[Clements02b] P. Clements, L. Northrop: *Software Product Lines: Practices and Patterns*. Addison-Wesley, 2002.

[Clements03] P. Clements, F. Bachmann, L. Bass, D. Garlan, J. Ivers, R. Little, R. Nord, J. Stafford: *Documenting Software Architectures: Views and Beyond*. Addison-Wesley, 2003.

[Covey99] S. R. Covey. *The Seven Habits of Highly Effective People*. Simon & Schuster, 1999.

[Crowley85] J. Crowley. *Navigation for an Intelligent Mobile Robot*. IEEE Journal of Robotics and Automation, RA-1, Nr. 1, S. 31-41, März 1985.

[Czarnecki00] K. Czarnecki, U. W. Eisenecker. *Generative Programming*. Addison-Wesley, 2000.

[Datamation68] Datamation Magazin. Cahners Publ. Co., April 1968.

[Davis93] A. M. Davis: *Software Requirements: Objects, Functions, States*. Prentice-Hall, 1993.

[Davis95] A. M. Davis: *201 Principles of Software Development*. McGraw Hill, 1995.

[Dijkstra68] E. Dijkstra: *The Structure of the T.H.E. Multiprogramming System*. Communications of the ACM 18(8), 1968.

[Dikel01] D. M. Dikel, D. Kane, J. R. Wilson: *Software Architecture: Organizational Principles and Patterns*. Prentice Hall, 2001.

[Duden01] *Duden – Das Fremdwörterbuch*. 7. Aufl. Mannheim 2001. [CD-ROM].

[Erman80] L. D. Erman, F. Hayes-Roth, V. R. Lesser, D. Raj Reddy: "*The Hearsay-II Speech Understanding System: Integrating Knowledge to Resolve Uncertainty*", ACM Computing Survey 12, 1980.

[Fenn01] J. Fenn, A. Linden: *Trends for 2002 to 2007: Up the Slope of Enlightenment*. Gartner Group Report AV-15-1389, Dezember 2001.

[Fowler02] M. Fowler, D. Rice, M. Foemmel: *Patterns of Enterprise Application Architecture*. Addison-Wesley, 2002.

[Fowler03] M. Fowler: *UML distilled*. Third Edition. Addison-Wesley, 2003.

[Gamma94] E. Gamma, R. Helm, R. Johnson, J. Vlissides: *Design Patterns: Elements of Reusable Object-Oriented Software*. Addison-Wesley, 1994.

[Garland03] J. Garland, R. Anthony: *Large-Scale Software Architecture: A Practical Guide Using UML*. John Wiley, 2003.

[Goldberg89] A. Goldberg, D. Robson: *Smalltalk-80 – The Language*. Addison-Wesley, 1989.

[Harel87] D. Harel: *Statecharts: A Visual Formalism for Complex Systems*. Science of Computer Programming 8, S. 231-274, 1987.

[Harel98] D. Harel, M. Politi: *Modeling Reactive Systems with Statecharts: The Statemate Approach*. McGraw-Hill, 1998.

[Harold01] E. R. Harold, W. S. Means: *XML in a Nutshell*. O'Reilly, 2001.

[Hoch00] D. J. Hoch, C. R. Roeding, G. Purkert, S. K. Lindner: *Erfolgreiche Software-Unternehmen*. Hanser, 2000.

[Hoffman00] D. Hoffman, D. Weiss (Herausgeber): *Software Fundamentals: Collected Papers by David L. Parnas*. Addison-Wesley, 2001.

[Hofmeister99]   C. Hofmeister, R. Nord, D. Soni: *Describing Software Architecture with UML*. In: Software Architecture edited by Patrick Donohoe, S. 145-159. Kluwer Academic Publishers, 1999.

[Hofmeister00] C. Hofmeister, R. Nord, D. Soni: *Applied Software Architecture*. Addison-Wesley, 2000.

[IEEE00] IEEE Architecture Working Group: *IEEE Recommended Practice for Architectural Description of Software-Intensive Systems*. IEEE-Std-1471-2000. IEEE, September 2000

[Jacobson92]   I. Jacobson: *Object-Oriented Software Engineering: A Use Case Driven Approach*. Addison-Wesley, 1992.

[Jacobson97] I. Jacobson, M. Griss, P. Jonsson: *Software Reuse: Architecture, Process and Organization for Business Success*. Addison-Wesley, 1997.

[Jacobson99] I. Jacobson, G. Booch, J. Rumbaugh: *The Unified Software Development Process*. Addison-Wesley, 1999.

[Jazayeri00] M. Jazayeri, A. Ran, F. van der Linden: *Software Architecture for Product Families: Principles and Practice*. Addison-Wesley, 2000.

[Johnson88] R. E. Johnson, B. Foote: *Designing Reusable Classes*. Journal of Object-Oriented Programming. 1 (2), 22-5.

[Kazman99] R. Kazman, M. Barbacci, K. Klein, S. Carriere, S. Woods: »*Experience with Performing Architecture Tradeoff Analysis*«. Proceedings of the 21st International Conference on Software Engineering, S. 54-63. ACM Press, 1999.

[Klein93] M. H. Klein et al.: *A Practitioners' Handbook for Real-Time Analysis: Guide to Rate Monotonic Analysis for Real-Time Systems*. Kluwer Academic Publishers, 1993

[Kobryn98]   C. Kobryn: *Modeling Enterprice Software Architecture Using UML*. Proceedings of International Enterprice Distributed Object Computing Workshop, IEEE San Diego, November 1998.

[Kruchten95] P. Kruchten: *The 4+1 View Model of Architecture*. IEEE Software 12(6):, S. 42-50,1995.

[Kruchten00] P. Kruchten: *The Rational Unified Process: An Introduction, Second Edition*. Addison-Wesley, 2000.

[Krasner88] G. E. Krasner, S. T. Pope: *A cookbook for using the Model-View-Controller user interface paradigm in Smalltalk-80*. Journal of Object-Oriented Programming, 1(3), S. 26-49. August/September 1988. SIGS Publications, New York, 1988.

[Kruglinski96] D. Kruglinski: *Inside Visual C++*. Microsoft Press, 1995.

[Linton89] M. A. Linton, J. M. Vlissides, P. R. Calder: *Composing user interfaces with Interviews*. IEEE Computer, 22 (2).

[Liu95] J.W.S. Liu, R. Ha: «*Efficient Methods of Validating Timing Constraints*" in [Son95].

[Martin00] D. Martin, M. Birbeck, M. Kay, B. Loesgen, J. Pinnock, S. Livingstone, P. Stark, K. Williams, R. Anderson, S. Mohr, D. Baliles, B. Peat, N. Ozu: *Professional XML*. Wrox Press, 2000.

[Miller56] G. Miller: *The Magical Number Seven, Plus or Minus Two: Some Limits on Our Capacity for Processing Information*. The Psychological Review Vol. 63 (2), S. 86. März 1956.

[Musser01] D. R. Musser, A. Saini, G. J. Derge: *The STL Tutorial and Reference Guide.* 2nd Edition. Addison-Wesley, 2001.

[Oestereich01] B. Oestereich: *Objektorientierte Softwareentwicklung: Analyse und Design mit der Unified Modeling Language.* Oldenbourg, 2001.

[OMG04] *UML 2.0 Superstructure FTF Interim Report* (ptc/04-01-11). www.omg.org, 2004.

[Parnas72] D. L. Parnas: *On the Criteria to be Used in Decomposing Systems into Modules.* Communications of the ACM, 15, 12, S. 1053-1058, Dezember 1972. Zitiert nach [Hoffman01].

[Paulish02] D. J. Paulish: *Architecture-Centric Software Project Management: A Practical Guide.* Addison-Wesley, 2002.

[Rumbaugh91] J. Rumbaugh, M. Blaha, W. Premerlani, F. Eddy, W. Lorensen: *Object-oriented modeling and Design.* Prentice Hall, 1991.

[Rechtin00] E. Rechtin, M. Maier: *The Art of System Architecture.* CRC Press, 2000.

[Robertson99] S. Robertson, J. Robertson: *Mastering the Requirements Process.* Addison-Wesley, 1999.

[Rosenberg99] D. Rosenberg, K. Scott: *Use Case Driven Object Modeling with UML: A Practical Approach.* Addison-Wesley, 1999.

[Royce98]] W. Royce: *Software Project Management: A Unified Framework.* Addison-Wesley, 1998.

[Schäfer94] S. Schäfer, J. Prieto-Díaz, M. Matsumoto: *Software Reusability.* Ellis Horwood, 1994.

[Schienmann02] B. Schienmann: *Kontinuierliches Anforderungs-management.* Addison-Wesley, 2002.

[SEI01] Software Engineering Institute, Carnegie Mellon University. 5. *Product Line Practive Workshop Report,* 2001.

[Selic94] B. Selic, G. Gullekson, P. T. Ward: *Real-time Object-Oriented Modeling.* Wiley & Sons, 1994.

[Shaw96] M. Shaw, D. Garlan: *Software Architecture: Perspective on an Emerging Discipline.* Prentice Hall, 1996.

[Simon82] H. Simon: *The Sciences of the Artificial.* MIT Press, 1982.

[Smith90] C. U. Smith: *Performance Engineering of Software Systems.* Addison-Wesley, 1990.

[Son95] S. H. Son (Herausgeber): *Advanced in Real-time System.* Prentice Hall, 1995.

[Starke02] G. Starke: *Effektive Software-Architekturen: Ein praktischer Leitfaden.* Hanser, 2002.

[Stroustrup97] B. Stroustrup: *The C++ Programming Language.* 3rd Edition. Addison-Wesley, 1997.

[Szyperski97] C. Szyperski: *Component-Software – Beyond Object-Oriented Programming.* Addison-Wesley, 1997.

[Vlissides98] J. Vlissides: *Pattern Hatching, Design Patterns Applied.* Addison-Wesley, 1998.

[Witt94] B. Witt, T. Baker, E. Meritt: *Software Architecture and Design: Principles, Models and Methods.* Van Nostrand Reinhold, 1994.

Index